목차

1. 프롤로그 09

2. 2023 OTT 전망 리뷰 37

    해외 38

      01. OTT 생태계 "시계 제로" 38
      02. 2023 OTT 단기 미래 ... "안착의 시대" 39
      03. 넷플릭스 가입자 감소의 순환 고리 시작 41
      04. 뉴스 전문 OTT 서비스 시대의 개막 43
      05. NFL+ 시작 ... 뜨거워지는 OTT 스포츠 48

    국내 50

      01. 4강 혹은 1강 3중의 경쟁 지형 50
      02. IP 확보와 콘텐츠 수급 전략 53
      03. 스포츠 중계권 확보 경쟁 55
      04. 광고 요금제 도입과 복수 플랫폼 이용 56
      05. OTT 정책 변화와 OTT 시장의 변화 58

3. 2023 OTT 10대 이슈 61

글로벌 62

01. OTT에서 K-콘텐츠의 인기 62
02. 프랑스 살토 청산 68
03. 넷플릭스의 독주와 디즈니+의 추락 70
04. 넷플릭스 아이디 공유 차단 77
05. 생성AI와 OTT 82
06. 작가·배우 파업과 OTT 93
07. OTT 가격 인상과 광고 상품 확산 104
08. 지상파 라이브러리 시청 지속 109
09. 스트리밍과 뉴스 'CNN'의 도전 116
10. FAST의 부상…지상파 방송사들도 패스트 대열에 121

국내 131

01. 국내 OTT 어려움 심화 131
02. 넷플릭스는 경쟁자인가 파트너인가? 넷플릭스의 국내 투자와 협력 ... 132
03. 쿠팡플레이의 약진 133
04. 넷플릭스와 SKB 소송 종료 139

05. OTT 자체 등급 분류제 시행 153
06. 제작비 증가와 방송, OTT, 영화 생태계 간의 연계성 강화 156
07. 지상파와 넷플릭스의 관계 설정 변화 159
08. OTT 저널리즘 162
09. 국내 OTT 해외 진출 전략 171
10. 국내 OTT 정책 진단 173

4. 2024 OTT 전망 189

해외 190

01. 슬픈 스트리밍의 시대 190
02. 스트리밍 TV 및 번들링 192
03. 전통 미디어 생태계 붕괴 195
04. FAST 시장 가속화 198
05. AI와 OTT 199

국내 201

01. 한계에 직면한 국내 OTT 시장 201
02. 국내 OTT 시장 구조 개편 일어날까? 202
03. 요금 정책 다양화 203

04. 제2, 제3의 누누티비는 다시 등장할 것인가? 205
05. <오징어 게임> 시즌2와 넷플릭스와의 관계 설정 206

5. OTT 현황 209

해외 210

01. 넷플릭스 210
02. 디즈니+ 214
03. 훌루 매각 협상 시작 225
04. Max 229
05. 파라마운트+ 233
06. 애플TV+ 236
07. FAST의 TV화를 주도하는 아마존, 구글 244
08. 프라임 비디오 251
09. 로쿠 257
10. Tubi 261
11. Pluto 261
12. Freevee 262
13. Plex 262

14. VUit 262

　　15. LG 채널스 263

　　16. 삼성 TV플러스 263

국내 ·· 264

　　01. 전반적 현황 264

　　02. 넷플릭스 266

　　03. 티빙 270

　　04. 웨이브 273

　　05. 쿠팡플레이 275

　　06. 왓챠 276

　　07. 디즈니+ 278

6. 국내 OTT 이용행태 ·· 287

OTT 플랫폼 이용 현황 ··· 289

　　01. 플릭스 패트롤 289

　　02. 넷플릭스 290

화제성 조사 ·········· 292

   01. CJ ENM의 CPI ·········· 292

   02. 코바코 RACOI ·········· 293

   03. 굿데이터 코퍼레이션 ·········· 294

K-콘텐츠의 OTT 소비 현황 ·········· 296

   01. OTT 앱 이용현황 ·········· 297

   02. 주요 SVOD 점유율 ·········· 300

   03. SVOD 이용 콘텐츠 톱10 ·········· 301

이용행태 설문조사 ·········· 306

   01. 조사개요 ·········· 306

   02. 이용 현황 ·········· 306

   03. 이용 서비스 현황 ·········· 308

   04. 넷플릭스 광고 모델 도입에 대한 의견 ·········· 309

   05. 넷플릭스 ID 공유 제한에 대한 의견 ·········· 310

   06. 토종 OTT 합병에 대한 의견 ·········· 311

   07. 토종 OTT의 성장성에 대한 의견 ·········· 311

7. 에필로그 ··· 315

8. 부록(국내 OTT 오리지널) ··· 323

    넷플릭스 ·· 324

    티빙 ·· 327

    웨이브 ·· 329

    쿠팡플레이 ·· 332

    왓챠 ·· 333

    디즈니+ ·· 334

01 프롤로그

프롤로그

 지난해 처음으로 저자들이 OTT(Over The Top)에 대한 트렌드를 정리하기로 의기투합하여 『OTT 트렌드 2023』을 발간한 지 벌써 1년이 되었다. OTT 시장이 안정되면 더 이상 트렌드를 정리할 내용이 없어질 수도 있겠다는 걱정도 했었다. 매년 같은 이름을 단 시리즈를 내려면 그만한 이슈가 꾸준히 발생해야 하기 때문이다.

 『OTT 트렌드 2023』을 출간하고 1년이 된 시점에서 리뷰를 해 보니 다행히 지난 1년간 OTT 시장은 더 커지고, 더 불안정해지면서 하루가 멀다 할 정도로 새로운 이슈가 발생하였다. 저자들은 여러 분야에서 이러한 현상을 꾸준하게 깊이 들여다보고 정리하여 학회 세미나, 저널, 언론 등에서 적극적으로 발제, 기고, 토론, 인터뷰 등을 수행했다.

 유건식은 《PD저널》의 <유건식의 OTT 세상> 칼럼을 통해 OTT 트렌드를 지속적으로 파악하여 현황과 전망, 대책 등을 제시하고 있다. 특히 OTT 저널리즘과 관련하여 《신문과 방송》과 《언론중재》에 전문적인 글을 게재하였다.

 한정훈은 엔터테인먼트 테크놀로지 전문 미디어&랩 다이렉트미디어랩을 설립한 뒤 OTT와 AI 등 미디어 시장의 도달률과 부가가치를 높이는 산업을 연구 중이다. 여전히 한국과 미국을 오가며 OTT시장 변화를 분석 예측하고 있다. 이 책에도 그 연구 결과가 담겼다. OTT, 메타버스, AI 등의 진화를 논의하는 지난 10월 LA에서 "글로벌 테크놀로지 서밋" 등을 개최하였다.

 노창희는 디지털산업정책연구소장으로 OTT에 대해 산업적인 측면과 문화적인 측면 등 다각적인 차원에서 관심을 가지고 연구하고 있다. 《아주경제》,

《한국대학신문》에 미디어, 문화 산업 및 문화적 현상으로서 미디어 소비에 관한 글을 정기적으로 기고하고 있다. 산업적인 분석과 문화적인 분석을 동시에 활용하여 유의미한 인사이트를 발굴하는 것에 주안점을 두고 미디어 산업과 문화를 연구하고 있다.

지난해 영상 콘텐츠 시장이 OTT 플랫폼이 주도하는 생태계로 전환된다고 전망하고, 『OTT 트렌드 2023』을 쓰는 이유를 네 가지로 밝혔다.

첫째, OTT에 대한 체계적이고 종합적인 정리이다. OTT 시장이 한 치 앞도 알 수 없을 정도로 변화가 심하고, OTT의 성장에 따라 다양한 이슈가 떠오르고 있다. 이에 대해 종합적이고 체계적으로 바라볼 필요가 있다. 국내외의 OTT 서비스 현황, 주요 이슈, 국내 OTT 이용행태, 국내 OTT 오리지널 작품 현황, OTT 시장 전망 등을 정리하고자 한다.

둘째, OTT에 대한 역사적인 기록 유지이다. 서울대 소비트렌드분석센터가 발간하는 『트렌드 코리아』가 2009년부터 매년 대한민국의 경제, 사회, 문화 등의 전망을 담으면서 소비 트렌드 분석의 표준이 되었다. 이처럼 매년 OTT 트렌드 책을 통해 OTT와 관련하여 국내외에서 발생하는 사건이나 현상을 기록하고자 한다.

셋째, OTT 발전 방향에 대한 합리적 전망이다. OTT 시장은 안정이 되지 않은 매우 급변하는 시장이다. 그런 만큼 이 시장을 따라잡기 힘들다. 국내외 시장의 세밀한 변화를 포착하여 거시적인 시각으로 전망하여 시장의 흐름을 이해하는 데 도움을 주고자 한다.

넷째, 젊은 세대와 호흡이다. 세대가 젊을수록 OTT에 대한 이해도가 높고 수용성이 좋다. 본 도서 작업을 하면서 MZ 세대의 취향에 더욱 관심을 기울이고, 이해하려고 한다. 이를 통해 미디어가 미래 세대를 끌어들이는 방법을 모색하고자 한다.

이러한 필요성은 여전히 유효하다. OTT 관련 학술 자료가 2021년에 842건으로 가장 많았고, 2022년에도 큰 차이가 없었다. 2023년은 아직 완결이 안 됐지만 현재 추세로 본다면 상당히 감소할 전망이다. 여기에는 지난해 말부터 불기 시작한 챗GPT의 영향이 매우 클 것이다. AI는 산업과 생활의 모든 면에 영향을 끼치면서 학계도 관심이 급증했다.

<표1> DBPIA에 등록된 OTT 논문 수

구분	2019	2020	2021	2022	2023 (11.02 기준)
학술저널	388	401	457	450	159
학위논문	131	142	186	124	
학술대회 자료	130	106	169	206	80
전문잡지	13	5	2	27	24
동향자료	4	29	16	20	21
연구보고서	3	6	12	11	6
계	669	689	842	838	290

한국콘텐츠진흥원에서는 올해 연 4회 《글로벌 OTT 동향분석》을 발간하기도 했다. 이는 저자들이 지난해부터 시작한 작업이 필요함을 입증하는 일이며, 공적인 기관에서 직접 OTT 현황을 파악하고 대응하여 K-콘텐츠의 성장에 기여하는 활동이라 생각한다. 저자들은 여기에도 밀접한 관계를 맺고 있다.

2023년 OTT 시장의 변화

앞에서 언급했듯이 2023년에도 OTT 시장은 많은 변화를 겪었다. 첫째, OTT 시대가 되면서 TV 분류가 달라지고 있다. 기존에는 지상파TV, 케이블TV, 위성TV로 구분했는데, TV와 스트리밍 미디어 분석기업인 TVREV는 새롭게 구분했다. 무료와 구독으로 나누고, 이를 다시 리니어(Linear)과 온디맨드(On-demand)로 구분하였다. 주된 차이점은 구독 모델에만 무광고(AD-Free)가 있다는 점이다. 이런 형태로 시장이 변화한 이유는 FAST 서비스가 VOD 서비스를 시작하면서 발생하였다. FAST가 초기에 리니어 채널을 출시한 이유는 파라마운트가 소유한 FAST 서비스인 플루토 TV(Pluto TV)와 같은 플랫폼이 인기 TV 프로그램의 리니어 판권을 비교적 저렴하게 구매할 수 있었기 때문이다. 당시 넷플릭스, 훌루, 아마존 프라임 등 SVOD 서비스에 공급하지 않는 공포 영화, 90년대 수사 드라마, 고전 시트콤 등을 제공하여 인기를 끌었다. 그러나 FAST 서비스가 증가하면서 차별화된 콘텐츠가 필요해지면서 온디맨드 서비스를 추가하고 있다. 이는 케이블TV가 90년대에 실행한 멀티플렉싱(Multiplexing) 전략과 유사하다. 멀티플렉싱은 HBO가 스핀오프하여 HBO 2, HBO 코미디, HBO 라티노 등의 채널을 론칭하는 형태이다.[1]

<표2> 새로운 TV 분류

비즈니스 모델	무료(FASTs)		구독(SVOD)	
	CracklePlus, Freevee, LG Channels Plus, Peacock, Pluto, Roku Channel, Samsumg TV Plus, Tubi, VIZIO, WatchFree, Xumo, Niche Services		Amazon, AppleTV+, Max, Disney+, Hulu, Netflix, Paramount+, Peacock, Niche Services	
전달방법	선형(Linear)	온디맨드(On Demand)	선형	온디맨드
	생방송(Live) (뉴스, 스포츠) 채널	AD-Supported (AVOD)	생방송 (뉴스, 스포츠) 채널(도입 예정)	AD-Supported (AVOD) AD-Free

출처: TVREV

점차 기존의 TV 시청 시간 점유율은 감소하고 스트리밍이 증가하고 있는 점이 이를 반증한다고 보인다. 닐슨이 미국에서 2021년 5월부터 스트리밍을 포함하여 시청 시간을 조사하여 발표하는데, 2023년 7월 처음으로 TV를 리니어로 시청하는 비율이 50% 아래로 떨어졌다. 지상파로 보는 비율이 2021년 5월 25%에서 7월 20.0%로 5%가 하락하였다. 케이블TV는 39%에서 29.6%로 거의 10%가 하락하였다. 반면 스트리밍은 26%에서 38.7%로 12.7%나 급증하였다.

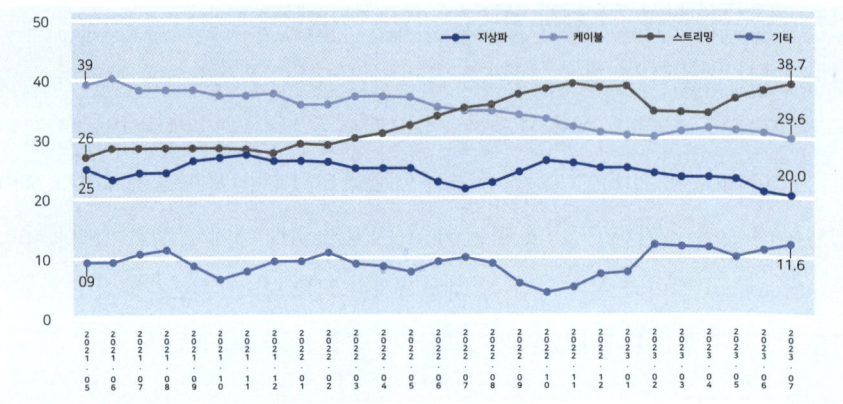

<그림1> 미국 TV 시청 시간 점유율 변화

둘째, OTT 시장을 넷플릭스가 주도하고 있다. 2022년까지만 해도 OTT 업체의 경쟁이 치열했다. 지난해부터 서서히 결과가 나오고 있는데, 국내외를 막론하고 2023년부터 넷플릭스만 막대한 흑자를 기록하고 있고, Max를 제외한 디즈니+나 피콕 등 다른 서비스는 막대한 적자를 면치 못하고 있다.

2023년 상반기 기준 가입자수는 넷플릭스가 가장 많은 2억 3,839만 명(2023년 3분기는 2억 4,715만 명)이다. 2022년 말에는 디즈니 2억 3,470만 명보다 적었는데 디즈니+가 인도에서 크리켓 중계권을 확보하지 못하면서 가입자가 1,500만 명이나 감소하여 역전시켰다. 디즈니는 2억 1,960만 명이며, Max는 9,580만 명, 파라마운트+는 6,100만 명, 피콕은 2,400만 명이다.

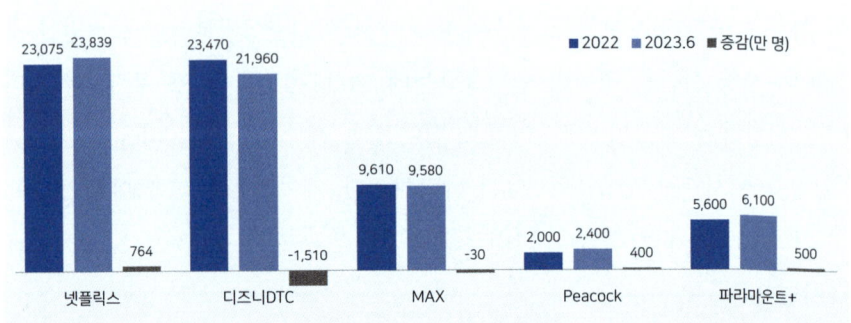

<그림2> 글로벌 주요 OTT 유료 가입자 현황(만 명)

출처: 각사 IR자료

넷플릭스가 이렇게 성과를 올린 데는 오리지널에 대한 투자라고 볼 수 있다. 2022년 주요 OTT가 1,476편을 공개했는데 이중 넷플릭스가 742편으로 절반을 차지한다.[2] 2021년에는 신규 타이틀이 거의 두 배 증가했는데, 2022년에는 약 4% 증가에 그쳤고, 2023년에는 OTT 경영 상황의 악화와 작가와 배우 노조 파업 등으로 신규 오리지널이 대폭 감소할 전망이다

<그림3> 연도별 OTT 플랫폼별 신규 오리지널 콘텐츠 편수

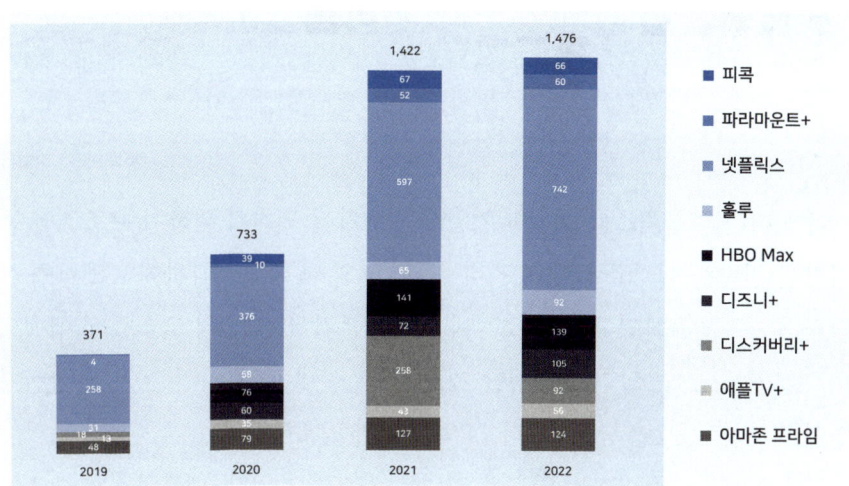

출처: Diesel Labs

넷플릭스는 2022년 56.3억 달러의 영업 이익을 달성했고, 2023년 상반기에만 35.4억 달러의 영업 이익을 달성했다.[3] 디즈니의 OTT 사업은 2022년 (1.1~12.31기준)[4] 44.8억 달러의 영업 적자를 기록하였고, 2023년 상반기에는 영업 적자 규모가 11.7억 달러로 감소하였다.[5] Max는 2022년 16억 달러의 영업 적자를 기록했지만, 2023년 상반기에는 5천만 달러의 영업 흑자를 기록했다.[6] 피콕은 2022년 25.2억 달러의 영업 적자를 기록하였고, 올해 상반기에는 13.6억 달러로 적자 규모가 커졌다.[7] 파라마운트+는 2022년 18.2억 달러의 영업 적자와 2023년 상반기에 9.4억 달러의 적자를 기록하였다.[8]

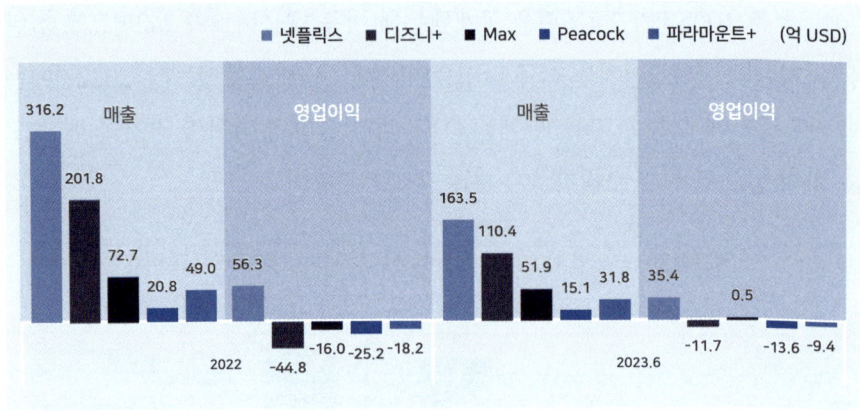

<그림4> 미국 주요 OTT 매출 및 영업 이익 현황(억 USD)

출처: 각사 IR자료

　이에 따라 넷플릭스를 제외한 기업들은 적자를 면하기 위하여 구조조정 등 다양한 전략을 펼치고 있다. 디즈니는 7천 명의 해고를 포함하여 7조 원을 절감하겠다고 발표하였다. 구조조정에 따라 2분기에는 1.5억 달러를 집행했으며, 3분기에 1.8억 달러를 집행할 예정이다.[9] 실제 디즈니+의 2023년 상반기 영업 적자는 2022년 상반기보다 7.8억 달러가 감소하였다.

　국내에서도 넷플릭스는 압도적 지위를 차지하고 있다. 넷플릭스는 매출이 계속 급증하여 2022년 7,733억 원을 기록하였고, 웨이브는 2,735억 원, 티빙은 2,476억 원이다. 영업 이익은 넷플릭스가 143억 원임에 비해 웨이브는 1,217억의 적자, 티빙은 1,192억 원의 적자를 기록했다. 티빙은 올해 상반기만 879억 원의 적자를 기록했다. 국내 OTT는 이러한 상황에서 적자를 탈피하기 위해 제작에 대한 투자를 감소하고 있다. 왓챠는 매물로 나왔지만 LGU+에서 구매의사를 철회하여 갈 곳을 잃고 있다. 6월에 음원제작 자회사 블렌딩의 지분 51%를 플랫폼 오지큐에 80억 원에 매각하였다.[10]

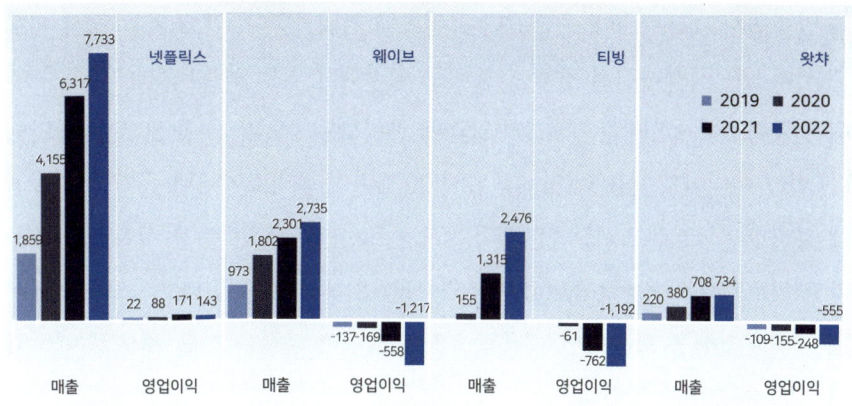

<그림5> 국내 주요 OTT 매출 및 영업 이익(억 원)

출처: 각사 IR자료

이러한 현상은 순이용자 수의 증감에 따른 결과이기도 하다. 2023년 9월에 1,15만 명으로 압도적으로 1위를 기록하였고, 티빙이 572만 명으로 2위, 쿠팡플레이가 560만 명으로 3위, <무빙>에 힘입어 디즈니+가 500만 명으로 4위, 웨이브가 414만 명으로 5위를 기록했다. 그래프를 보면, <킹덤>을 공개한 넷플릭스의 순이용자 수가 2019년부터 급격하게 증가고, 나머지는 완만히 증가했으나 최근 디즈니+가 급격이 증가했음을 알 수 있다.

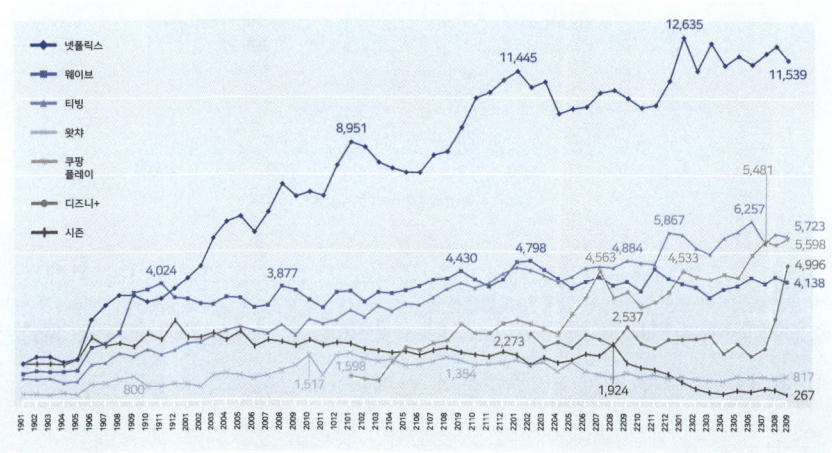

<그림6> 국내 주요 OTT 월평균 순이용자 수(천 명)

셋째, 콘텐츠 독점의 전략 변화다. 글로벌 미디어 기업이 직접 OTT 플랫폼을 만들면서 넷플릭스에 공급했던 콘텐츠를 거둬들였다. 이 조치는 당시 새로운 서비스를 시작하면서 당연한 조치로 생각했다. NBC유니버설은 피콕을 위해 넷플릭스에게 5년 동안 4.3억 달러에 공급했던 <오피스>를 2021년 중단했다. 워너 미디어도 HBO Max를 위해 2020년 넷플릭스에 5년 동안 5억 달러에 공급했던 <프렌즈>를 중단했다. <오피스>는 5,200만 분을 시청한 기록을 갖고 있고, <프렌즈>는 3,200만 분의 시청 기록을 갖고 있다.[11] <그림7>에서 보는 프로그램을 회수하면 넷플릭스가 엄청나게 타격을 받을 것으로 예상했다. 결과는 그렇지 않았다.

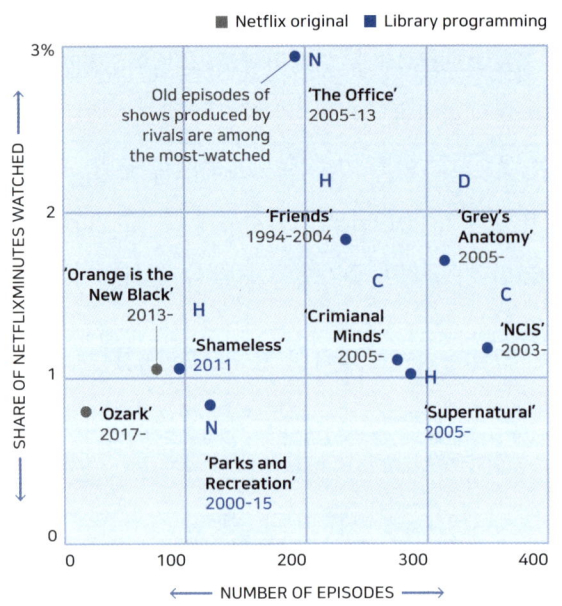

<그림7> 2018년에 넷플릭스에서 시청한 상위 10개 프로그램

오리지널 콘텐츠는 신규 가입자를 유치하고, 다량의 라이브러리 콘텐츠는 가입자를 유지한다고 알려졌다. 그러나 판매를 통해 더 많은 수익을 창출할 수 있다고 판단할 때는 타 플랫폼에 판매할 수 있다. 그 예가 비아콤CBS로 <옐로스톤>을 2020년에 에피소드당 150만 달러를 받고 피콕에 판매했다.[12]

이와 유사한 사례가 최근 벌어지고 있다. 워너브라더스 디스커버리는 10년 만에 <인시큐어(Insecure)>, <밴드 오브 브라더스> 등 HBO 콘텐츠를 넷플릭스에 공급했다. 데이비드 자슬라브 CEO는 2022년 HBO 콘텐츠의 60%는 Max 가입자가 소비하지 않는다고 밝히면서 기존 콘텐츠를 로쿠 채널, 아마존 프리비(Freevee)와 같은 타사 OTT에 공급하겠다고 밝혔다.[13] 디즈니는 <더 아메리칸즈(The Americans)>와 <X-파일> 등 10개의 TV쇼를 영국 채널4에 공급하는 계약을 체결했다.[14] 컴캐스트도 엑스피니티(Xfinity) X1, 온라인 TV 플렉스, 스트림 가입자에게 7월 10일부터 경쟁사인 Max에 일주일간 무료로 제공하였다.[15] BBC는 디즈니의 십대 코미디 드라마 <러브, 빅터>의 세 개 시즌을 확보하였다.[16]

또한 미국 작가노조나 배우 노조 파업에서 나타났듯이 라이브러리에 대해서도 기간에 따라 작가, 배우, 감독에게 리지듀얼[재상영분배금]을 지급해야 하므로 콘텐츠 보유에 대한 전략이 바뀌고 있다. 극장에서 개봉되거나 TV에서 방영된 이후 오랜 시간이 지난 영화·드라마들을 막대한 비용을 쓰면서 보유하는 것보다는 별로 인기가 없는 작품들을 빼버리는 것이 업체들의 손익 개선이 도움이 된다고 판단했다. 시장분석업체 모펫네이던슨의 애널리스트 마이클 네이던슨은 워너브라더스가 이를 처음 인식했고, 디즈니가 뒤따랐다고 말했다.[17] 디즈니는 디즈니+와 훌루에서 영화와 TV쇼를 삭제하여 3분기에 15억 달러의 손상비용(Impairment charge)이 발생한다고 밝혔다. 또한, 세금과 기타 비용을 줄이기 위해 디즈니+와 훌루에서 <더 월드 어코딩 투 제프 골드블럼>, <Y: 더 라스트 맨> 등 50편을 삭제했다. 이를 통해 추가로 4억 달러를 상각하겠다고 말했다.[18] 이를 통해 많은 라이브러리가 능사는 아니라는 사실이 새롭게 드러났다. 아울러 주목받지 못하는 다수가 핵심적인 소수보다 더 큰 가치를 창출한다는 '롱테일 법칙'에도 일정 정도 한계가 있음을 알 수 있게 됐다.

넷째, 국내 OTT 시장에서 쿠팡플레이의 급성장이다. 2020년 12월 24일에 론칭한 쿠팡플레이는 2년 반이라는 짧은 기간에 2023년 7월 코리안클릭에서 조사하여 발표한 국내 월 순이용자 수(MAU)에서 넷플릭스에 이어 2위를 차지하였다.

쿠팡플레이의 성공 사례는 아마존이 2005년 아마존 프라임 비디오를 출시하고, 2018년 회원이 1억 명으로 증가한 사례와 비교할 수 있다.[19]

<그림8> 아마존의 역사: 2005년 아마존 프라임 멤버십 출시 이후 가입자 급증

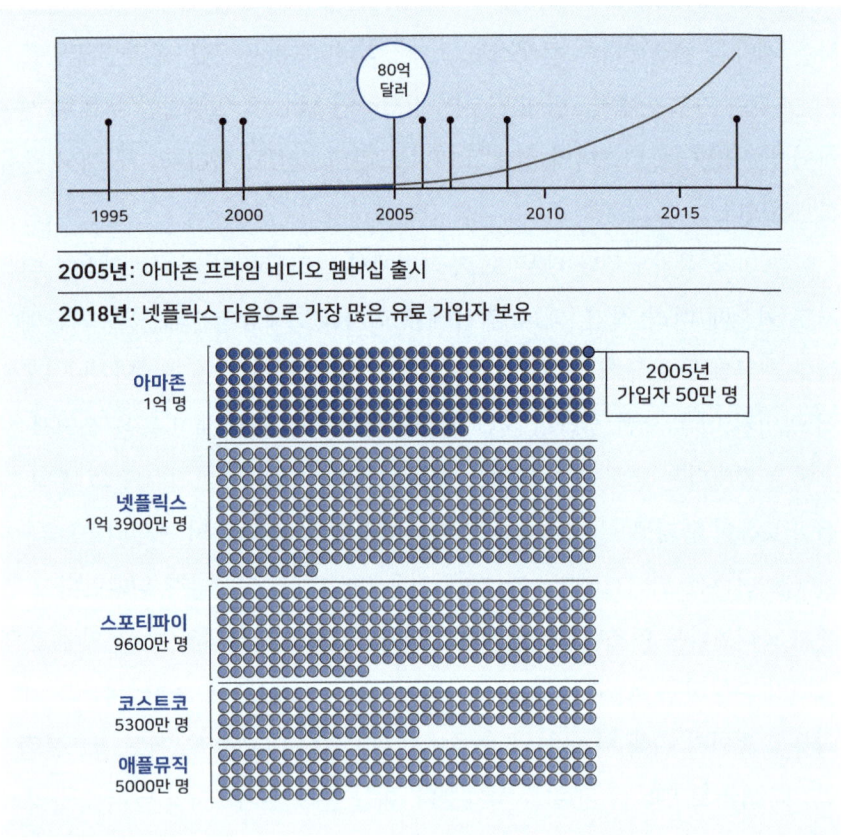

출처: 유건식(2019). 넷플릭소노믹소(한울, 250쪽)

쿠팡은 2022년 3분기부터 흑자로 전환한 이후 4분기 연속 1천억 원 이상의 영업 흑자를 기록하였다. 올해는 상반기에만 3,302억 원의 영업 이익[20]을 달성하여 쿠팡플레이에 더 공격적으로 투자할 여력이 생겼으므로 쿠팡플레이의 성장도 더욱 기대할 수 있게 되었다. 이 부분은 국내 10대 이슈에서 자세히 다룬다.

다섯째, 작가노조와 배우노조 파업이다. OTT는 올드 미디어를 대체하는 미디어로 넷플릭스의 VOD가 2007년 출시한 것을 기준으로 하면 16년 만에 미디어 시장의 핵심으로 떠올랐다. 레이건 전 대통령이 당시 배우 노조 위원장 시절이던 1960년 작가노조와 배우노조의 동반 파업 이후 63년 만에 동시 파업으로 할리우드가 멈춰 섰다. 두 파업 모두 넷플릭스 등 OTT와 밀접한 관계가 있다. OTT에서 많은 작품이 만들어지면서 작가나 배우의 수입이 적어졌기 때문이다.

TV 프로그램이 방송이 되면 재방이 되거나 케이블TV에 판매하거나 OTT에 판매하거나 해외에 판매하면 배우나 작가나 감독은 노조와 제작사협회가 합의한 일정액을 지급받는다.[21] 방송 프로그램이 넷플릭스 등 OTT에 공급되면 TV쇼의 저작권자는 일정액을 지급하도록 계약되어있다. 재상영분배금이라고 번역하기도 하는 리지듀얼이 이번 파업에서 쟁점 중의 하나다. 영화나 TV쇼가 OTT에 공급되면 기존 방송 프로그램의 리지듀얼이 일정 비율로 감액되고, OTT는 기존 TV쇼보다 에피소드 수가 적으므로 연간 발생하는 수익이 급감하게 된다. 그래서 작가노조나 배우노조에서 이 부분의 현실화를 요구하여 상당한 수준으로 타결됐다.

한국은 방송사와 작가협회·실연자협회가 각각 계약을 맺고 방송사가 권리를 소유하고 있는 경우에는 방송사가 두 협회에 판매 금액의 일정 비율을 지급한다. 그러면 두 협회는 작가와 배우에게 분배한다. OTT 오리지널의 경우에는 OTT 이외에 더 이상 유통을 하지 않기 때문에 현재와 같은 상황이라면 더 이상 추가 수익이 발생하지 않는다. 한국은 미국과 환경이 다르지만, 넷플릭스는 글로벌 기업답게 글로벌 표준을 한국에서 자발적으로 적용하려는 노력이 필요하다.

여섯째, SVOD보다 AVOD의 성장이 높다. PwC의 글로벌 엔터테인먼트 & 미디어 전망 2023-2027에 따르면 2023년 OTT 시장은 1,330억 달러로 SVOD 874억 달러(2022년 대비 +12.2%), AVOD 355억 달러(2022년 대비 +23.5%), TVOD 100억 달러(2022년 대비 +2.4%)로 추정된다.[22]

<그림9> 글로벌 OTT 시장 규모 및 전망(2018~2027)

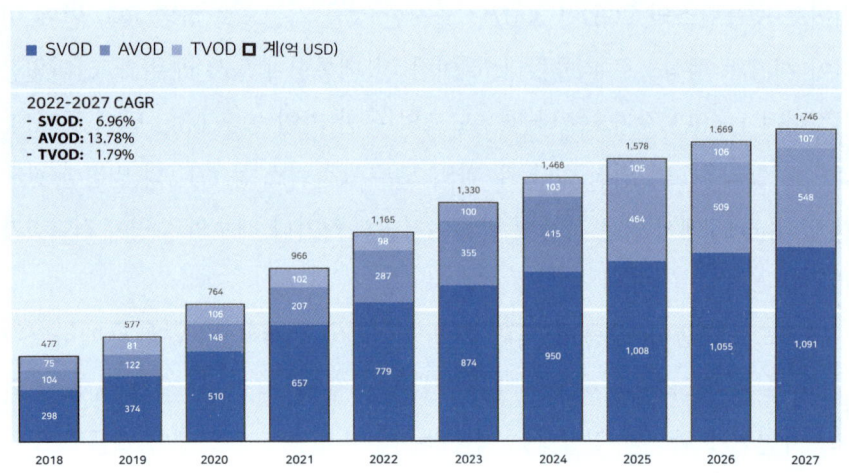

출처: PwC, Global Etertainment & Media Outlook 2023-2027

  영국에 본사를 둔 다국적 회계감사 기업인 PwC에 따르면, OTT 시장은 2022년부터 2027년까지 8.43%가 성장할 것으로 전망된다. AVOD가 13.78%로 가장 성장률이 높고, SVOD는 6.96%로 낮다. SVOD는 2020년 26.4%의 성장 이후 급격히 하락하고 있고, AVOD도 2021년 39.9%까지 도달했다가 2022년부터 급격히 떨어지는 추세이다.

  세 종류의 OTT 중에서 SVOD의 비중은 68.0%에 정점에 도달했다가 점차 하락하여 2023년 65.8%, 2024년 64.7%, 2027년에 62.5%가 될 전망이다. AVOD는 2021년 21.4%로 상승세를 시작하여 2023년 26.7%, 2024년 28.3%, 2027년 31.4%로 증가할 전망이다. 이를 보면, SVOD의 성장은 포화상태에 도달하여 OTT 시장은 점점 AVOD로 넘어가는 추세이므로 FAST와 광고 지원 VOD에 각별한 주시가 필요하다.

<그림10> 글로벌 OTT 연도별 성장률 전망(2018~2027)

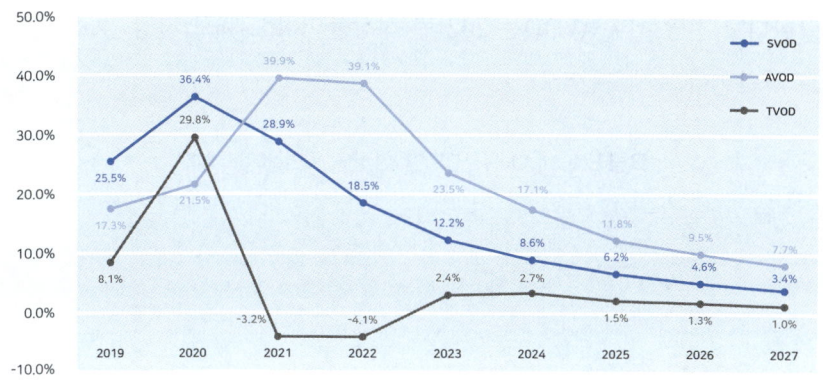

출처: PwC, Global Etertainment & Media Outlook 2023-2027

PwC는 국내 OTT 시장의 규모로 올해 30.4억 달러로 SVOD 26억 달러, AVOD 4.2억 달러이다. 2027년에는 SVOD 33.8억 달러, AVOD 6.9억 달러로 전망한다. PwC에 따르면 향후 5년간 OTT 시장은 지속적으로 시장한다.

2022년부터 2027년까지 연평균 성장률이 22.74%에 달한다고 전망한다. 글로벌과 달리 SVOD가 23.2%로 높고, AVOD는 20.4%로 약간 낮다.

<그림11> 국내 OTT 시장 규모 및 전망(2018-2027)

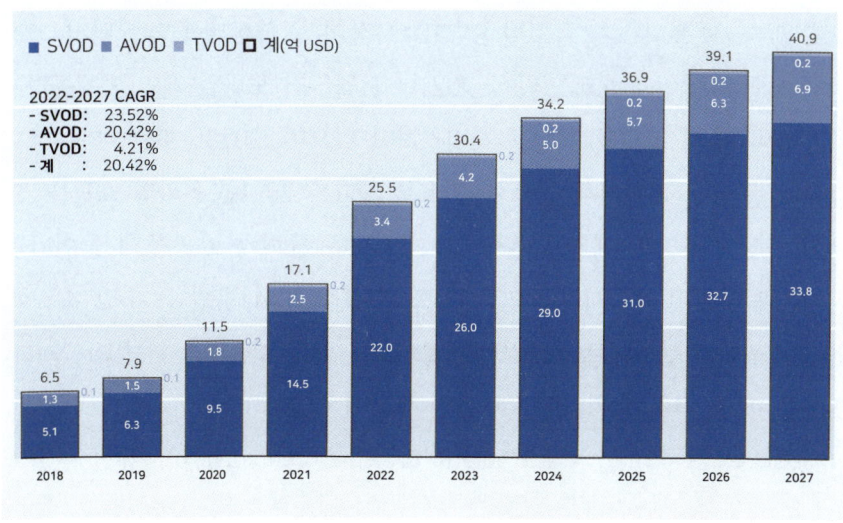

SVOD의 성장률은 2022년 51.7%에서 2023년 18.5%로 하락하고 지속적 하락한다고 전망한다. AVOD는 2021년 성장률이 40.3%로 가장 높고 지속적으로 하락한다고 예측한다.

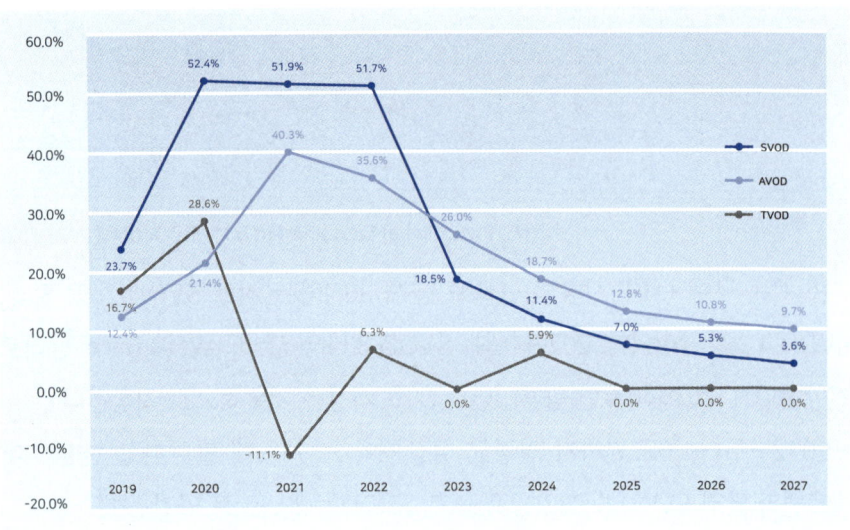

<그림12> 내 OTT 연도별 성장률 전망(2018~2027)

일곱째, OTT가 커머스 등의 사업으로 확장하고 있다. 넷플릭스 등의 OTT 사업자들은 이제 OTT 가입자가 포화상태라고 진단하고 다른 수익 모델을 찾고 있다. 넷플릭스가 글로벌 SVOD 시장이 포화상태를 맞으면서 가장 먼저 사업을 다양화하고 있다.[23] 2021년 11월부터 모바일 게임을 제공하기 시작하여 80개 정도의 게임을 서비스하고 있으며, 2023년 8월부터는 TV, 컴퓨터 등 모든 기기에서 즐길 수 있도록 했다.[24] 2021년 온라인 쇼핑몰[25]도 운영하고 오프라인 매장도 운영하고 있다. 넷플릭스 쇼핑몰에 들어가면 콘텐츠에 나왔던 액세서리나 의류, 카드, 수집품, 도서, 음반 등이 있다. 또한, 2021년 월마트 웹사이트에 디지털 스토어로 시작한 넷플릭스 허브(The Netflix Hub)는 미국 2,400개 월마트 오프라인 매장에 진출했다.

애슬레틱 브루잉 컴퍼니(Athletic Brewing Company)와 제휴한 무알콜

맥주는 넷플릭스 드라마 <위처(The Witcher)>를 처음으로 활용했다. 한국에서 트러플 팝콘, 블랙타이거 새우 과자, 투둠 초코릿 프레첼, 제주 라거 등도 출시했다.

또 지난해에는 LA의 그로브 쇼핑센터에 팝업 스토어를 오픈하여 한정판 상품과 <기묘한 이야기> 시즌4의 빌런 베크나(Vecna)의 실물 크기의 복제품 등을 판매했다. 6월에는 넷플릭스 시리즈에서 호평받은 셰프들이 참여하는 넷플릭스 바이트(Netflix Bites)라는 식당을 미국 LA에서 오픈했다.[26]

여덟째, 과도한 제작비의 증가로 K-드라마가 축소되고 있다. 2013년 드라마 회당 평균 제작비가 3억 7,000만원 수준이었는데, 지금은 평균 10억 원 내외로 추산된다. <재벌집 막내아들>의 회당 제작비가 22억 원에 달했고, <이상한 변호사 우영우>는 9억여 원, <수리남>은 58억여 원 수준이었다. <오징어 게임>의 경우 253억 원(회당 약 28억 원)이었고, 시즌2는 총 1,000억 원이 넘을 것으로 알려졌다.[27]

드라마 제작비가 급증하면서 방송사는 편성을 축소시켰고, 이에 따라 미편성 드라마가 100편에 달한다는 말까지 나돈다. 지상파 방송 3사와 케이블 채널 tvN 등은 올해 드라마 편성을 줄였다. 광고 시장이 침체되어 수익이 안 나기 때문이다. 일제히 수목극을 잠정 폐지했고, 그 대신 예능 등 가성비 좋은 프로그램을 편성했다. SBS는 2015~2019년엔 연 최대 20편의 드라마를 방영했는데, 2020년 12편, 2021년과 2022년에는 각각 10편으로 드라마 편성 수를 줄였다. 또 스튜디오드래곤의 올해 상반기 TV 방영 회차는 전년 동기 대비 23회차나 감소했다.[28]

콘텐츠진흥원에서 발간한 『2022 방송 프로그램 외주제작 거래 실태 보고서』에 따르면 제작비 규모에 대해 방송사와 제작사의 인식 차이가 크다. 방송사에서는 드라마 제작비를 많이(1~5 중의 4) 지급하는데, 그에 비해 제작사는 적다(1~5 중의 2)고 응답했다(9쪽).

그럼에도 드라마 제작사가 선호하는 방송 사업자의 순위가 2021년에 비해 바뀌었다. 1+2+3순위 중복응답 기준으로 2021년에는 해외 OTT가 77.8%로

1위였는데, 2022년에 지상파가 1위(76.7%)로 바뀌었다. 2위 종편(73.3%), 3위 해외 OTT(70%), 4위 국내 OTT(56.7%) 순으로 나타났다. 1년 전에 비해 OTT 선호도가 6~8%포인트 가량 감소한 수치다. 이는 넷플릭스에서 성공해도 IP를 확보하지 못하면 해외 리메이크나 출판 등 부가수익을 못 얻는다는 걸 제작사들도 확인했기 때문으로 해석된다.[29]

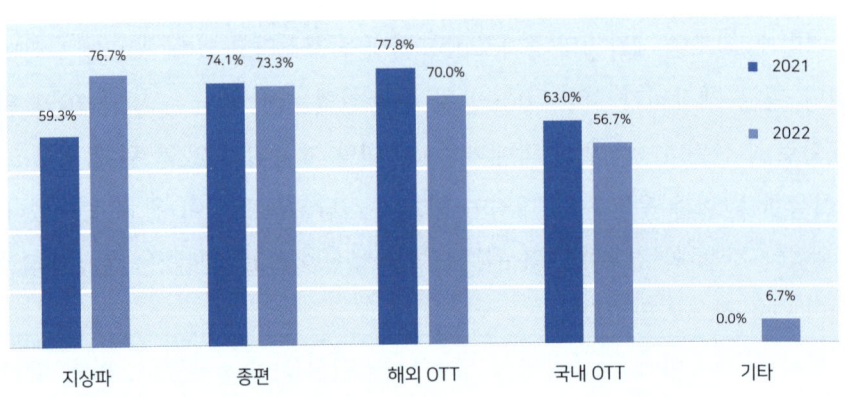

<그림13> 드라마 외주 제작사 채널 선호도

출처: 방송 프로그램 외주제작 거래 실태 보고서(2021 122쪽, 2022 445쪽)

아홉째, 'OTT 저널리즘'이라는 용어가 나타났다. 이 단어는 넷플릭스에서 올해 3월에 공개한 <나는 신이다>와 웨이브에서 공개한 <국가수사본부>의 등장으로 새롭게 떠올랐다.

OTT 서비스의 대명사인 넷플릭스는 2007년부터 영화와 TV쇼를 VOD로 서비스를 시작하였고, 2012년부터는 <릴리해머>를 시작으로 오리지널 TV쇼와 영화를 제작하고 있다. <하우스 오브 카드>의 대성공 이후 넷플릭스는 콘텐츠의 영역을 지속적으로 확장하여 예능과 다큐멘터리, 더 나아가 저널리즘 영역으로 넓히고 있다.

넷플릭스에서 3월 3일 공개한 다큐멘터리 <나는 신이다: 신이 배신한 사람들>(이하 <나는 신이다>)은 기존 방송에서 사이비 종교에 대해 다루었을 때보다 훨씬 화제가 되었고, 같은 날부터 공개하기 시작한 웨이브의 <국가수사본부>

까지 언론에 회자되고 있다. 공영방송 탐사보도의 쇠락 국면30)에서 두 다큐멘터리가 저널리즘 본연의 기능도 수행한다는 긍정적인 평가를 얻으면서 OTT 저널리즘이라는 용어까지 나왔다. 반면에 OTT 콘텐츠는 상대적으로 심의에서 자유로운 속성 때문에 기존 방송 저널리즘보다 선정적이고 자극적이라는 지적도 받고 있다.

아직 OTT 저널리즘에 대한 분명한 정의는 없고, 공식적인 단어로 부르기에는 시기적으로 빠른 느낌이 있다. 셧슨(Schudson, 2003:11)이 저널리즘에 대해 정의한 "일반 대중이 관심을 갖고 중요하게 생각하는 당대 현안에 대한 활동, 실행, 또는 정보를 생산하거나 확산하는 행위"라는 정의를 따르면, OTT 저널리즘은 'OTT 플랫폼을 활용하여 공중에게 공적 관심을 알리고 확산하는 행위'라고 조작적 정의를 내릴 수 있다. 이 부분은 국내 10대 뉴스에서 자세히 다룬다.

열째, 저렴한 OTT의 종말이다.31) 최근 OTT 서비스들이 가격을 인상하고 있다. 넷플릭스는 미국에서 7월부터 베이직 요금제를 없애 실질적인 인상을 했고, HBO와 디스커버리가 합병하여 6월부터 맥스(Max)로 통합하면서 4K 영상을 볼 수 있는 얼티메이트(Ultimate) 요금제를 19.99달러에 출시하였으며, 디즈니+는 10월에 프리미엄을 3달러나 올렸다. 티빙도 12월부터 베이직 요금제는 월 7,900원에서 9,500원으로 스탠다드는 월 10,900원에서 1,3500원으로, 프리미엄은 월 1,390원에서 17,000원으로 인상할 예정이다.

유료TV를 끊고 OTT로 옮겨가는 주요 이유가 콘텐츠를 이용하는 비용이 너무 비싼 데 있었다. 이제는 결코 OTT 요금이 저렴하지 않게 되었다. 실제로 CNN에서는 "저렴한 스트리밍의 시대는 공식적으로 끝났다"고 보도했다. 이러한 현상을 스트림플레이션(streamflation)이라고 한다.

넷플릭스는 2007년 구독료만 내면 광고 없이 콘텐츠를 시청할 수 있는 SVOD 모델을 출시하여 화제를 모았다. 그것도 월 7.99달러라는 저렴한 비용으로 영화와 TV쇼를 즐길 수 있었다. 올해 미국 케이블TV에서 밝힌 바에 따르면 평균 케이블TV 요금은 83달러와 비교하면 10분의 1 가격이다. 점차 가격을 인상하여 프리미엄은 월 22.99달러로 초기에 비해 15달러나 증가하였고, 도입하지 않을 것 같던 광고 요금제까지 도입했다. 거기에다 7월에는 혼자 볼 수 있는 가장 저렴한 요금제인 베이직 요금제를 없애버렸다. 앞으로 넷플릭스 신규 가입자는 저렴한 광고 요금제에 가입하거나 비싼 요금제를 선택해야 한다.

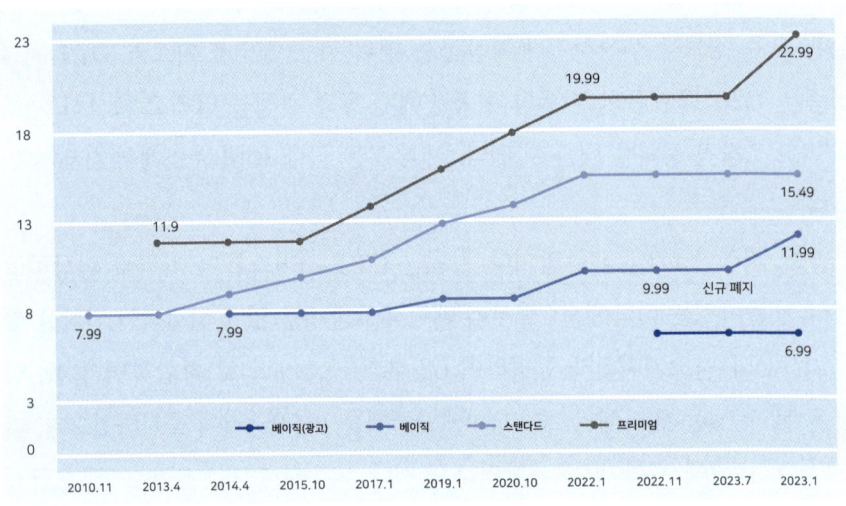

<그림14> 넷플릭스 미국 요금 변화(USD)

디즈니도 디즈니+, ESPN+, 훌루의 구독 가격을 급격히 올리고 있다. 디즈니+가 출시되었을 때는 요금제가 단순했다. 디즈니+만 볼 때는 월 6.99달러의 SVOD였고, 훌루(광고)와 ESPN+으로 구성된 번들 상품을 선택할 때는 월 12.99달러였다. 2021년 번들 상품에서 광고를 없애 19.99달러의 가장 비싼 상품을 출시했다. 디즈니+는 지난해 10월 큰 변화를 주었는데, 광고 모델을 도입한 것이다. 광고 모델은 7.99달러로 하고 광고가 없는 모델은 3달러 인상하여 10.99달러로 올렸다. 올해 10월에는 디즈니+ 프리미엄을 3달러나 올려 13.99달러로 인상되고, 광고가 전혀 없는 프리미엄은 24.99달러로 인상된다. 기본 요금제는 처음보다 7달러가 인상되고, 훌루와 ESPN+를 같이 보는 번들도

12.99달러에서 24.99달러로 12달러나 인상된다. 이번 구독료 인상은 20%가 넘으며, 4년 전 출시 가격의 2배나 된다. 이번 인상의 특징은 넷플릭스와 마찬가지로 수익성이 더 높은 광고 지원 요금제를 활성화하려는 밥 아이거의 뜻으로 읽힌다. 지난 2분기 실적발표에서 밥 아이거는 스트리밍 광고 시장이 성장하고 있고, 유선 TV 광고 시장보다 더 낫기 때문에 디즈니+와 훌루의 광고 모델이 전망성 있다고 밝혔다. 실제로 광고 지원 모델을 도입한 이후 디즈니+의 매출은 4% 증가한 반면 구독자 감소는 1%에 불과했다.

HBO 맥스는 2020년에 14.99달러 단일 가격만 출시하였는데, 지난해 11월 9.99달러의 광고 모델을 출시하였다. 워너브라더스와 디스커버리가 합병하면서 올해 6월부터 OTT 서비스인 HBO 맥스와 디스커버리+를 통합하여 맥스(Max) 브랜드로 출시하면서 기존 광고 모델(Ad-Lite)은 9.99달러, 광고 없는 모델(Ad-Free)은 15.99달러 그대로이지만, 4K 영상을 볼 수 있는 얼티메이트(Ultimate) 요금제를 19.99달러에 출시하여 결국 4달러가 인상된 셈이다.

파라마운트+는 올해 6월 광고 지원 모델은 4.99달러에서 5.99달러로 인상하였고, 프리미엄은 9.99달러에서 11.99달러로 인상하였다. 피콕도 올해 7월 프리미엄은 4.99달러에서 5.99달러로 인상하였고, 프리미엄+는 9.99달러에서 11.99달러로 인상하였다.

OTT의 초기에는 가격의 저렴함이 강점이었는데 이제는 아니다. OTT 서비스별로 구독 금액을 인상한 미국 OTT 구독료 평균 금액이 87달러로 높아져 유료TV 83달러보다 높아지게 된다. OTT의 저렴함이 종말을 고하게 된다. 가격을 올리는 이유는 서비스마다 조금 다르다. 넷플릭스는 막대한 콘텐츠 제작과 수급에 소요되는 비용을 조달하고, 그동안 가격을 인상하여도 가입자 이탈이 거의 일어나지 않은 것에 자신감을 얻어 수익성을 높이고자 함으로 보인다. 넷플릭스를 제외한 OTT 플랫폼은 가입자 증가의 한계를 느끼고 적자를 만회하기 위해 가격을 인상한다고 생각한다.

<표3> 국내 OTT 요금제 현황

브랜드	글로벌			국내			
	넷플릭스	애플TV+	디즈니+	웨이브	티빙	쿠팡플레이	왓챠
출시일	2016.1.6	2021.11.4	2021.11.12	2019.9.1	2020.6.1	2020.12.14	2016.1.31
동시접속	1/1/2/4	6	4	1/2/4	좌동	2	1/4
요금제	광고형 베이직 5,500 베이직 9,500 스탠다드 13,500 프리미엄 17,000	6,500	9,900	베이직 7,900 스탠다드 10,900 프리미엄 13,900	좌동	4,990	베이직 7,900 프리미엄 12,900

국내는 상대적으로 요금 변화가 심하지 않다. 넷플릭스는 2021년 5년 만에 스탠다드는 요금을 월 12,000원에서 13,500원으로, 프리미엄은 14,500원에서 17,000원으로 인상하였다. 웨이브와 티빙의 경우에는 웹으로 결제하면 베이직 7,900원, 스탠다드 10,900원, 프리미엄 13,900원이나 2022년 3월부터 앱스토어나 구글플레이에서 결제하면 인앱결제 수수료 15%를 내야하므로 실질적으로 각각 9,000원, 12,500원, 16,000원으로 가격이 인상되었다. 국내에서는 넷플릭스 프리미엄이 가장 비싼 요금인 17,000원이다.[32]

넷플릭스는 미국에서 베이직 요금제를 없애고, 무료 아이디 공유를 폐지하여 실질적인 가격 인상을 하였고, 디즈니+도 가격을 인상하였으며, 국내 OTT는 적자에 시달리고 있으므로 국내외 OTT 모두 요금제에 변화를 주거나 가격을 인상할 가능성이 있다.

이 책이 담고 있는 내용은?

　제2장은 2023년 전망에 대해 자체 평가로 『OTT 트렌드 2024』에서 추가하였다. 해외 전망으로는 ① OTT 서비스 2023년 성장성 "시계 제로", ② 2023 OTT 단기 미래 … '안착의 시대', ③ 넷플릭스 가입자 감소의 순환 고리 시작, ④ 뉴스 전문 OTT 서비스 시대의 개막, ⑤ NFL+ 시작 … 뜨거워지는 OTT 스포츠였다.

　해외 전망은 2023년 예상과 유사하게 진행되었다. 넷플릭스를 제외하고는 성장을 못하고 있다. 특히나 모두 수익성을 중요시하고 있다. 여와 피콕을 제외하고는 100만 명 성장성이 불투명하다. 넷플릭스의 가입자 감소가 순환 고리에 들어갈 것으로 전망했으나 아이디 공유 제한과 광고 요금제를 도입하면서 이를 탈피하고 있다고 보인다. 뉴스에 있어서는 지역 로컬 스트리밍이 확산되고 있으며 FAST 형태로 론칭되고 있다. OTT에서 스포츠는 여전히 경쟁이 치열해지고 있다. 또한, 영업이익으로 성장시키기 위해 노력하고 있다.

　국내 전망으로는 ① 4강 혹은 1강 3중의 경쟁 지형, ② IP 확보와 콘텐츠 수급 전략, ③ 스포츠 중계권 확보 경쟁, ④ 광고 요금제 도입과 복수 플랫폼 이용, ⑤ OTT 정책 변화와 OTT 시장의 변화였다.

　국내 전망은 2023년의 예상이 크게 벗어나지 않은 가운데 4강 혹은 1강 3중의 경쟁 지형에서 쿠팡플레이의 약진이 두드러지게 나타난 것이 특징이라고 할 수 있다. 콘텐츠 수급은 여전히 OTT 경쟁 지형에서 있어 핵심적인 요소를 차지하고 있으나 콘텐츠 수급 비용 증가가 사업자들의 부담을 가중시키고 있는 상황이라고 할 수 있다. 광고 요금제 도입은 아직까지 가시적인 영향을 주고 있지는 않은 것으로 보이며, 복수 플랫폼 이용에 대한 니즈 증가는 누누티비와 같이 무료로 복수 플랫폼의 콘텐츠를 이용할 수 있는 불법 서비스 이용으로 이어질 수 있어 이에 대한 대응방안 마련이 필요한 상황이다. OTT 정책과 관련해서는 2023년에 자체등급분류제도가 최초로 시행되었다는 것을 눈여겨볼 필요가 있으며, 여전히 OTT 진흥 정책 마련이 필요하다는 주장이 지속적으로 제기되고 있는 상황이다.

제3장은 저자 세 명이 회의를 거쳐 글로벌과 국내 10대 이슈를 뽑아서 정리하였다. 글로벌 10대 이슈로는 ① OTT에서 K-콘텐츠의 인기, ② 프랑스 살토 청산, ③ 넷플릭스의 독주와 디즈니+의 추락, ④ 넷플릭스 아이디 공유 차단, ⑤ 생성AI와 OTT, ⑥ 작가·배우 파업과 OTT, ⑦ OTT 가격 인상과 광고 상품 확산, ⑧ 지상파 라이브러리 시청 지속, ⑨ 스트리밍과 뉴스 'CNN'의 도전, ⑩ FAST의 부상…지상파 방송사들도 패스트 대열에이다.

국내 10대 이슈는 ① 국내 OTT 어려움 심화, ② 넷플릭스는 경쟁자인가 파트너인가? 넷플릭스의 국내 투자와 협력, ③ 쿠팡플레이의 약진, ④ 넷플릭스와 SKB 소송 종료, ⑤ OTT 자체 등급 분류제 시행, ⑥ 제작비 증가와 방송, OTT, 영화 생태계 간의 연계성 강화, ⑦ 지상파와 넷플릭스의 관계 설정 변화, ⑧ OTT 저널리즘, ⑨ 국내 OTT 해외 진출 전략, ⑩ 국내 OTT 정책 진단이다.

제4장에서는 2024년 OTT 시장에 대해 전망해 보았다. 2024년 글로벌 OTT 시장은 풍요 속에 빈곤으로 정리했다. OTT의 전성 시대가 왔지만 OTT시장에서 수익을 남기기에는 쉽지 않을 것으로 보인다는 지적이다. 글로벌 시장을 다룬 4장에서는 ① 슬픈 스트리밍의 시대, ② 스트리밍 TV 및 번들링, ③ 전통 미디어 생태계 붕괴, ④ FAST 시장 가속화, ⑤ AI와 OTT를 담았다.

국내에서는 ① 한계에 직면한 국내 OTT 시장, ② 국내 OTT 시장 구조 개편 일어날까?, ③ 요금 정책 다양화, ④ 제2, 제3의 누누티비는 다시 등장할 것인가?, ⑤ <오징어 게임> 시즌2와 넷플릭스와의 관계 설정 등을 전망에서 다루었다. 국내 OTT 시장은 성장 한계 직면하면서 사업자 간 인수합병이 이뤄지는 것이 하는 전망이 지속적으로 나오고 있다. 이와 같은 상황에서 넷플릭스와 디즈니 플러스는 요금 정책을 변경하면서 수익을 확대하고자 노력하고 있다. 한편, 2024년에 공개될 것으로 예상되는 <오징어 게임> 시즌2는 <오징어 게임> 시즌1이 촉발시켰던 IP 관련 이슈 등 넷플릭스와 국내와의 관계에 대해 다시 한번 성찰하게 하는 기회를 제공할 것으로 전망된다.

제5장에서는 OTT 현황을 정리했다. 한국리서치의 KOI 자료에 따르면 유튜브가 33.9백만 시간으로 가장 많이 이용하고, 다음으로 넷플릭스가 3.5억 시간이다. 콘텐츠의 국적은 한국이 78.8%(5.3억 시간)로 가장 많고, 다음이 미국으로 6.7%(0.6억 시간)이다.

플릭스 패트롤에서는 넷플릭스의 경우 TV쇼는 <더 글로리>가 1위, 영화는 <길복순>이 1위이고, 디즈니+의 경우 TV쇼에서는 <카지노>가 1위, 영화에서는 <범죄도시 2>가 1위다. 넷플릭스가 자체 발표하는 주간 순위에서 <마스크걸>이 8월 14일에서 20일 주간에 1위를 했다. 굿데이터코퍼레이션에서 조사하는 FUNdex에서는 2023년 상반기에 드라마는 넷플릭스의 <더 글로리> 파트 2가 1위, 비드라마는 Mnet의 <보이즈 플래닛>이 1위를 차지하였다. 한국리서치의 KOI에서는 상반기에 <더 글로리>가 1위를 차지했다.

제6장에서 국내 OTT 이용행태를 분석하였다. 한국리서치에서 운영하는 KOI(Korea OTT Index) 1,001명의 패널 데이터를 받아 이를 기준으로 정리하였다. 넷플릭스 이용률이 70.0%로 압도적으로 높고, 쿠팡 39.7%, 티빙 33.0%, 디즈니+ 23.8%, 웨이브 19.4%순이다. 이용 개수는 평균 3.2개로 유료형은 2.3개, 무료형은 0.9개이다. 넷플릭스 광고 요금제는 미이용자가 가입할 의사는 21.4%였으나 실제는 6.3%로 낮았다. 넷플릭스의 ID 공유 제한에 대해서는 63.4%가 수용하기 어려워 탈퇴하겠다는 응답을 보였다.

부록에는 OTT가 심혈을 기울여 제작하는 국내 OTT 오리지널 현황을 정리했다. 넷플릭스, 티빙, 웨이브, 디즈니+, 쿠팡플레이 등에서 제작하는 오리지널 내역이다.

2년째 맞는 본 도서가 산업계에서 OTT 시대에서 미디어의 경영 전략을 수립하는 데 도움이 되고, 학계의 OTT 연구에서 주요한 참고문헌이나 교재로 활용되었으면 하는 마음이 간절하다.

1) https://www.tvrev.com/news/learning-from-cable-trotta
2) https://variety.com/vip/streaming-content-strategy-austerity-1235619458/
3) https://ir.netflix.net/investor-news-and-events/investor-events/default.aspx
4) 디즈니의 회계연도는 3월 1일부터 다음해 2월 말까지이다.
5) https://thewaltdisneycompany.com/investor-relations/#forms
6) https://ir.corporate.discovery.com/financials/quarterly-results/default.aspx
7) https://www.cmcsa.com/financials
8) https://ir.paramount.com/earnings-materials#menu
9) https://www.thewrap.com/disney-remove-streaming-content-shows-movies-disney-plus-hulu/
10) https://economist.co.kr/article/view/ecn202306220029
11) https://cmf-fmc.ca/now-next/articles/streaming-wars-using-nostalgia-as-a-weapon/
12) https://www.cbr.com/yellowstone-paramount-plus-peacock-studio-streaming-issues-reason/
13) https://www.mediaplaynews.com/warner-bros-discovery-third-party-hbo-content-licensing-goes-big-with-netflix-debut/
14) https://worldscreen.com/tveurope/2023/07/05/disney-channel-4-in-streaming-pact/
15) https://www.mediaplaynews.com/comcast-giving-xfinity-subs-free-week-access-to-rival-max-streaming-service/
16) https://advanced-television.com/2023/09/22/bbc-acquire-disneys-love-victor/
17) http://news.heraldcorp.com/view.php?ud=20230530000228
18) https://www.nexttv.com/news/disney-reports-dollar15-billion-quarterly-write-off-charge-for-removing-shows-from-disney-plus-and-hulu?utm_term=1F41734C-0D74-4885-9FFE-F15FE4A86D23&utm_campaign=C74FC4FA-5D4D-4151-8915-3043BA411DBE&utm_medium=email&utm_content=194D4451-D7C5-49D1-968F-6830A5234891&utm_source=SmartBrief
19) https://www.bloomberg.com/graphics/2019-amazon-reach-across-markets/
20) https://www.getnews.co.kr/news/articleView.html?idxno=637113
21) 이에 대한 세부적 내용은 『OTT 트렌드 2023』을 참조하기 바란다.
22) https://www.kocca.kr/globalOTT/vol02/document/5_1_globaldata.pdf
23) http://www.pdjournal.com/news/articleView.html?idxno=75292

24) http://www.newsculture.press/news/articleView.html?idxno=530585
25) https://www.netflix.shop/
26) https://about.netflix.com/en/news/netflix-bites-first-ever-pop-up-restaurant
27) https://www.mk.co.kr/news/culture/10806876
28) https://www.mk.co.kr/news/culture/10806876
29) https://www.mk.co.kr/news/culture/10806876
30) 박인규(2017). 탐사저널리즘의 주체 변동: 공영모델의 조락과 비영리모델의 부상. 『한국콘텐츠학회논문지』, 17(8). 27-38.
31) http://www.pdjournal.com/news/articleView.html?idxno=75317
32) https://allaboutshaving.kr/디즈니-플러스-가격/

02

2023 OTT 전망 리뷰

해외

01. OTT 생태계 "시계 제로"

2023년 글로벌 OTT 시장은 예측한대로 상당한 어려움을 겪었다. 넷플릭스, 디즈니, 맥스 등은 경기 침체로 인해 투자 규모를 줄이고 서비스를 통합하기도 했다. 디즈니는 디즈니+의 해외 사업을 재정비하고 7,000여 명을 구조조정하겠다고 밝혔다. 2023년 <카지노>, <무빙> 등 한국 콘텐츠가 인기를 끌었지만, 전체 디즈니를 구하기는 어려웠다. 디즈니는 2019년 OTT 시장 진출 이후 100억 달러 이상의 돈을 날렸다. 이에 디즈니는 글로벌 OTT 사업부를 정비하고 최소 성과 위주의 비즈니스를 진행하기로 했다. 또 ABC 방송 매각을 추진하는 등 OTT를 살리기 위한 전방위적 노력을 시작했다.

워너브러더스.디스커버리(WBD)는 자사가 보유한 OTT 플랫폼들을 정비하기 시작했다. 맥스(MAX)는 HBO MAX와 디스커버리를 통합해 '맥스(MAX)'를 런칭시키는 등 몸집 줄이기에 나섰다. 구매 비용을 절감하고 통합은 가속화시켰다. 결국 맥스는 CNN 실시간 채널을 OTT에 편성하고 실시간 스포츠 중계도 시작했다. 사실상 맥스는 TV와 같아졌다. 이제 더이상 물러설 곳이 없다는 판단 때문인 것으로 보인다.

이외 다른 서비스들도 인수합병(M&A)과 묶음 상품 번들링(Bundling)을 고민하기 시작했다. 디즈니 역시, 훌루를 컴캐스트에서 인수해 통합하는 동시에 2024년 디즈니+와 훌루의 묶음 상품(하드 번들)을 내놓을 것으로 예상된다. 미국 OTT들은 해외 사업에서 이미 몸을 합치고 있다. 파라마운트와 NBC유니버설은 유럽 시장에서 '스카이 쇼타임'이라는 브랜드로 두 회사의 콘텐츠를 합쳐 제공하고 있다.

OTT 사업자들은 일제히 가격을 올리고 있다. 수익성을 확보하기 위해서 최근 2년 사이 평균 2달러 이상(글로벌 시장) 가격을 높였다. 이제 미국에서 2023년 11월 기준, 광고 상품과 프리미엄 상품 간 가격 격차는 5달러 중반에 달하고 있다. OTT에서 수익을 올리고 있는 사업자는 넷플릭스를 제외하고는 아직 없다. 가입자 증가세도 예전 같지 않다. 2023년 2분기 글로벌 시장에서 100만 명 이상을 모집한 OTT는 넷플릭스와 피콕, 단 두 곳뿐이다.

OTT 사업자들의 광고 상품은 이제 필수다. 2022년 11월 광고 모델을 시작한 넷플릭스는 이제 광고 편성을 늘리고 있다. 광고 시작 후 1년, 넷플릭스는 광고주들의 선택지를 확대하기 위한 조치에 들어갔다. 넷플릭스는 미국에서 15초와 30초 광고가 포함된 '광고 상품'을 판매하기 시작했다. 또 10초, 20초 및 60초 광고를 제공할 예정이다. 또 미국 광고주들은 넷플릭스 화면에서 이르면 2024년부터 QR코드를 사용할 수 있게 된다. 협찬(Sponsorships) 역시 글로벌 시장에서 전면적으로 확대한다.

넷플릭스는 회사 블로그에서 "우리의 목표는 단순히 업계에서 기대하는 것과 동일한 제품과 도구를 제공하는 것이 아니다"며 "현재 존재하는 상품보다 더 크고 더 나은 광고 상품을 구축하는 것이 목표"라고 설명했다.

02. 2023 OTT 단기 미래 ... "안착의 시대"

2023년 OTT 사업자들은 가입자 성장보다는 수익을 따지기 시작했다. 투자자들을 역시 더 이상 가입자 규모에 집착하지 않고 있다. 오히려 이제 얼마 버는지로 관심이 변화되었다. 넷플릭스도 2023년 이후 가입자 확보 전망을 더 이상 내놓지 않고 있다. 구독자를 확보하는 전략보다 지키는 정책이 더 중요해진 것이다. 2023년은 전략 수정에 따른 숨고르기의 시간이었다고 할 수 있다.

넷플릭스, 디즈니+, 훌루 등 주요 메이저 OTT들은 2024년을 수익 달성의 원년으로 선언했다.

당장 글로벌 OTT사업자들은 해외 사업을 고민하기 시작했다. 디즈니는 실적이 악화되고 있는 인도 지역에서 보유 중인 OTT 핫스타(Hotstar)의 매각도 검토하고 있다. 악시오스(AXIOS)는 디즈니가 사모펀드 블랙스톤(Blackstone)에 핫스타 지분을 넘기는 협상을 하고 있다고 보도했다.[33] 핫스타 인디아는 인도 최고 OTT 서비스였지만, 현지 인기 스포츠인 크리켓 중계권을 잃고 나서 가입자가 급감했다. 2023년에 구독자 1,700만 명이 감소했다. 블랙스톤은 현재 핫스타의 4대 채권자다.

2023년 상반기는 미디어 기업들의 주가도 급락했다. 주가가 감소했다는 의미는 OTT 등 미디어 기업들의 미래 가치가 역시 불투명하다는 이야기다. 2023년 상반기 디즈니, 파라마운트, 폭스 등 메이저 엔터테인먼트 기업들의 가치는 S&P500을 밑돌았다. 경기 악화 등 2022년의 불안한 상황이 2023년에도 이어졌기 때문이다. OTT 비즈니스 수익 손실, 작가와 배우 파업 등도 주가에 좋지 않은 영향을 미쳤다. 2023년 하반기에도 미디어 기업들의 손실이 이어졌다.

작가와 배우들의 파업 때문에 OTT 기업들의 부채 비율은 계속 높아지고 있다. 2023년 3분기 미국 주요 기업들의 주가는 로쿠 등 일부를 제외하고는 대폭 하락했다. 넷플릭스와 파라마운트 글로벌은 14%와 19%가 감소했다.

<그림15> 메이저 미디어 기업들의 2023년 3분기 주가 변동률

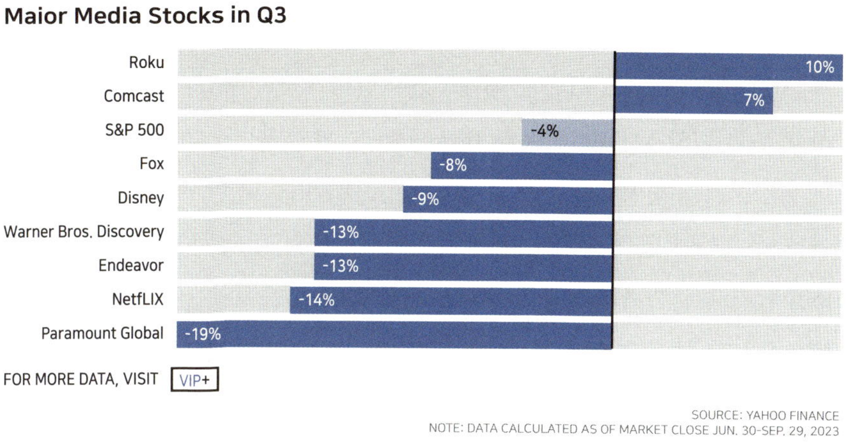

Major Media Stocks in Q3

기업	변동률
Roku	10%
Comcast	7%
S&P 500	-4%
Fox	-8%
Disney	-9%
Warner Bros. Discovery	-13%
Endeavor	-13%
NetFLIX	-14%
Paramount Global	-19%

SOURCE: YAHOO FINANCE
NOTE: DATA CALCULATED AS OF MARKET CLOSE JUN. 30-SEP. 29, 2023

출처: 방송 프로그램 외주제작 거래 실태 보고서(2021 122쪽, 2022 445쪽)

2024년도 상황이 간단치 않아 보인다. OTT 사업자들의 치열한 경쟁은 수익 개선을 더디게 할 것으로 전망된다.

03. 넷플릭스 가입자 감소의 순환 고리 시작

2022년 1분기와 2분기 넷플릭스의 구독자는 감소했다. 그러나 당초 예측과는 달리 2023년 3분기 이후 넷플릭스 구독자는 늘어나기 시작했다. 넷플릭스 오리지널의 인기는 여전했고 광고 모델, 비밀번호 공유 제한 등 시장에 최적화된 대응을 한 덕분이다. 특히, 넷플릭스를 위기에서 건져낸 것은 한국을 중심으로 한 인터내셔널 콘텐츠. 2023년 3분기는 900만 명이라는 엄청난 숫자의 신규 가입자가 늘었다.

2023년 4월 미국을 국빈 방문한 윤석열 대통령이 첫 번째 공식 일정으로 잡은 스케줄은 의외였다. 글로벌 1위 스트리밍 사업자 넷플릭스의 공동 CEO 테드 사란도스(Ted Sarandos)를 만난 것이다.

윤 대통령을 만난 자리에서 넷플릭스 테드 사란도스 CEO는 4년간 25억 달러의 한국 투자를 약속했다. 1년 평균 6.25억 달러 투자는 예년에 비해 규모가 늘어난 것이다.

넷플릭스가 2023년 1월 공개한 자료에 따르면 2016년까지 한국 콘텐츠 투자액은 7억 달러이고 2021년 한해에도 5억 달러를 쏟아부었다.

시장 분석 회사 MPA(Media Partners Asia)는 넷플릭스가 2022년 한국 콘텐츠에 7억 달러를 집행했을 것으로 분석했다. 넷플릭스의 한 해 전체 콘텐츠 투자 금액은 170억 달러 수준이다. 버라이어티는 2025년 넷플릭스의 투자액은 200억 달러 수준까지는 상승할 것으로 전망했다.

넷플릭스가 한국 콘텐츠 투자를 늘리겠다고 나선 배경에는 정치가 아닌 경제가 있다. 한국 콘텐츠는 투자 대비 효율이 매우 뛰어나기 때문이다. 글로벌 시장에서 1억 4,200만 명이 시청한 <오징어 게임>의 경우 9억 달러의 가치를 넷플릭스에게 안겨줬다고 블룸버그가 보도한 바 있다. <오징어 게임>의 제작비가 214만 달러였던 것을 감안하면 엄청난 수익이다.

광고 상품의 성공적 안착도 넷플릭스 가입자 확대에 긍정적인 영향을 미쳤다. 넷플릭스는 광고 상품 판매율을 높이기 위해 영국과 미국에서 프리미엄 상품 중 가장 저렴한 상품(10.99달러)을 없앴다. 또 10월에는 프리미엄 상품 가격을 3달러 인상한 22.99달러로 올렸다. 베이직 플랜 가격은 월 11.99달러다. 현재 광고 지원 상품(Basic with Ad) 가격은 6.99달러이며 소비자들이 가장 많이 선택하는 스탠다드 플랜 가격은 15.49달러다. 광고와 광고가 없는 상품의 가격 차는 10달러 가까이 된다. 자연스럽게 광고 상품으로 고객들을 유인하기 위해서다. 그 이유는 광고 상품이 일반 프리미엄 상품보다 객단가가 높기 때문이다.

2023년 11월 1일 넷플릭스는 미국 광고 상품의 월간 평균 이용자(MAU)가 1,500만 명에 달한다고 밝혔다. 넷플릭스는 광고 기반 상품 정확한 구독자를 공개하지 않았지만, 2023년 3분기의 경우 2분기에 대비 70% 성장하며 광고 상품이 순항하고 있다고 설명했다.

2023년 10월 3분기 실적 발표 당시 넷플릭스는 신규 가입자(광고 상품을 판매하는 국가)의 30% 정도가 광고 기반 상품 가입자라고 설명했다. 넷플릭스 이후

OTT서비스에서 광고 모델은 일반화됐다. 맥스(Max), 피콕(Peacock), 파라마운트+(Paramount+), 디즈니+(Disney+) 등도 광고 기반 상품을 판매하고 있다.

물론 이들 서비스가 넷플릭스보다 광고 모델을 먼저 선보였지만, OTT에서 광고 모델을 안착시킨 것은 넷플릭스가 맞다. 넷플릭스는 OTT에서 광고 모델을 구독 이후 일반적인 수익 상품으로 인정받게 했다.

광고 모델의 안착은 넷플릭스의 새로운 성장을 꿈꾸게 했다. 2023년 2분기와 3분기 구독자가 급격히 증가한 것을 감안할 때, 광고 모델이 더 성장할 경우 앞으로 상당 기간은 구독자가 증가할 것으로 예상된다.

04. 뉴스 전문 OTT 서비스 시대의 개막

2023년 OTT트렌드에서 뉴스의 중요성을 언급했다. 예상한대로 OTT서비스에서 뉴스는 핵심 서비스로 떠올랐다. 실시간으로 사람들을 OTT앞에 집결시키지만 스포츠보다는 제작비가 상대적으로 저렴한 서비스가 뉴스다. 미국 OTT서비스들은 앞다퉈 뉴스를 편성하기 시작했다. MAX(워너브라더스 디스커버리의 OTT)는 CNN을 OTT에 편성하기 시작했다. 2023년 9월 27일 CNN 실시간 채널을 방송하는 CNN맥스 채널이 맥스에서 서비스되었다. 케이블TV 채널이 OTT에 들어 오기는 이번이 처음이다.

뉴스 콘텐츠와 다큐멘터리를 전문 제작하는 NBC뉴스 스튜디오(NBC News Studios)가 출범 이후 처음으로 오리지널 팟캐스트(Podcast)를 내놨다. 구독 미디어에 통할 포맷을 출시한 것이다. NBC뉴스 스튜디오는 자신이 하지 않은 살인 누명을 쓰고 23년간 감옥 생활을 했던 벨라스케즈(Jon-Adrian "JJ" Velazquez) 케이스를 다룬 탐사 보도 팟캐스트 'Letters from Sing Sing'[34]를 2월 30일 공개했다.

2020년 출범한 뉴스, 다큐멘터리 전문 스튜디오인 'NBC뉴스 스튜디오'가 영상 플랫폼 외 팟캐스트를 제작한 것은 이번이 처음이다. 이 팟캐스트를 시작으로 NBC뉴스 스튜디오는 멀티 플랫폼 제작사로 영역을 확대하고 있다. 다른 뉴스 미디어들도 OTT를 준비 중이다. 스튜디오 형태를 갖춘 곳도 있고 스튜디오식으로 운영하는 사업자도 있다.

미국 지역 방송 사업자인 콕스 미디어 그룹(Cox Media Group)[35]이 지역 신문 그룹 맥클러치(McClatchy)와 손잡고 '하이퍼 로컬 OTT(hyper-local streaming network) '네이버후드TV(Neighborhood TV, NTV)'를 런칭했다. 하이퍼 로컬 OTT 뉴스는 말 그대로 지역에 더 집중하는 지역 뉴스다.

NTV는 여러 지역 OTT 뉴스를 연결 하는 '네트워크 지역 스트리밍'이다. 지역 방송들을 하나의 플랫폼 안에 넣는 '지역 뉴스 포털'이라고도 볼 수 있다. 그러나 지역 시청 제한도 없어 NTV는 한국에서도 볼 수 있다. 콕스 미디어 그룹은 NTV가 현재 60개 지역 TV와 라디오 방송을 기존 권역을 시작으로 미국 전역의 수천 개 지역 커뮤니티로의 확장을 계획하고 있다고 밝혔다.

<그림16> 네이버후드 TV

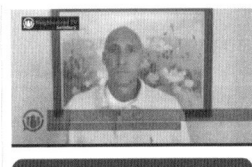

출처: https://www.neighborhoodtv.com

많은 지역 방송들이 로컬을 기반으로 한 서비스를 OTT로 내놨지만, 도달률과 수익 창출(적정규모의 광고 오디언스 확보)로 고전하고 있다. NTV는 '지역'이라는 오리지널 콘텐츠를 더 살리고 '도달률'이라는 단점을 극복하려는 시도인 셈이다.

NTV는 모바일과 PC 방송 테스트를 거친 뒤 2023년 8월 22일 공식 데뷔했다. 현재는 한 화면에서 콕스 미디어 그룹의 지역 방송을 운영 중인 애틀랜타와 샤롯 두 곳의 지역 방송이 송출된다.

NTV는 웹사이트와 스트리밍을 플랫폼, 모바일 앱을 통해 24시간 7일 볼 수 있다. 하이퍼 로컬 지역 뉴스를 보다 더 큰 지역에 송출하는 것이 목표다. 지역 NTV직원이 제작하는 콘텐츠와 비디오 플랫폼 스팅어(Stringr)로부터 받은 영상, 샤롯과 애틀랜타에 있는 콕스 지역 방송(WSB-TV, WSOC-TV) 전용 스트리밍 서비스 콘텐츠 등을 주로 방송한다.

로컬 TV 스트리밍 속속 확산

OTT는 미국 지역방송도 어렵게 만들고 있다. 이에 많은 지역 방송들이 TV를 떠나 스트리밍 서비스와 플랫폼을 론칭하고 있다. 이들 지역 스트리밍에는 기존 리니어TV에서 방송되지 않는 오리지널 콘텐츠도 많이 방송되고 있다.

하스트(Hearst)는 2021년 베리 로컬(Very Local)이라는 이름의 광고 기반 OTT TV를 런칭했다. 대표 지역 방송인 싱클레어(Sinclair)도 지역 뉴스와 스포츠를 주로 방송하는 OTT 뉴스 TV '스티어(STIRR)'를 2019년부터 운영하고 있다.

또 지역 방송 뉴스 채널을 묶은 플랫폼 '뉴스온(NewsON)'도 있다. 싱클레어가 주도하는 뉴스온은 지역 뉴스 채널과 프로그램(VOD)를 하나의 앱으로 24시간 볼 수 있는 스트리밍 서비스다. PC와 모바일 뿐만 아니라 로쿠(Roku)나 애플TV 등 스마트TV에서도 시청할 수 있다.

광고를 기반으로 무료 라이브 TV채널을 제공하는 개념이어서 '지역 FAST 플랫폼'으로 불리기도 한다. 2021년 2월 현재 미국 인구의 75%가 넘는 160개 방송 시장, 275개 TV방송사들이 뉴스온에 참여하고 있다. 뉴스온은 2015년 미국 주요 지역 방송그룹들이 만들었다. ABC소유 지역 방송사, 콕스 미디어 그룹(Cox Media Group), 하스트텔레비전(Hearst Television), 미디어 제네럴(Media General), 레이콤미디어(Raycom Media), 허바드 브로드캐스팅(Hubbard Broadcasting) 등이 초기 투자자다.

FAST를 살리는 미국 지역 뉴스

이들 지역 스트리밍 네트워크나 플랫폼들은 최근 큰 인기를 끌고 있는 광고 기반 스트리밍 TV FAST에도 런칭되면서 오디언스를 계속 확대하고 있다. 광고를 보는 대신 콘텐츠(방송)을 무료로 보는 스트리밍 TV(Free Ad Supported Streaming TV, FAST)에서 가장 중요한 장르는 뉴스다. 시청자들을 매일 플랫폼에 모이게 하는 저력이 있기 때문이다. 특히, 젊은 세대를 중심으로 전통 TV를 보지 않는 경향이 높아지고 있는 상황에서 뉴스채널들의 FAST 진출은 더 강화되고 있다. NBC, CBS, ABC, 폭스 등 미국 전국 뉴스 스테이션은 모두 FAST 채널을 보유하고 있다.

로컬 뉴스 채널 역시 FAST에서 가장 각광 받는 장르다. 2022년 미국에서 지역 뉴스 채널은 FAST에서 크게 성장했다. 지역 뉴스 FAST 채널의 근간은 NTV와 베리로컬과 같은 지역 방송사들이 운영하는 스트리밍 네트워크다. 이들 스트리밍 네트워크가 그대로 FAST 채널에 탑재되는 경우도 많다.

버라이어티에 따르면 미국 메이저 FAST 서비스에 공급되는 로컬 뉴스채널은 2023년 7월~2022년 7월 1년 사이 81개(60%)가 증가했다. 미국 FAST 플랫폼에 가장 많이 공급된 FAST 채널 중 2위는 지역 지상파 방송인 스크립스(Scrips)가 공급 중인 FAST였다.

<그림17> 미국 지역 뉴스 FAST 송출 현황

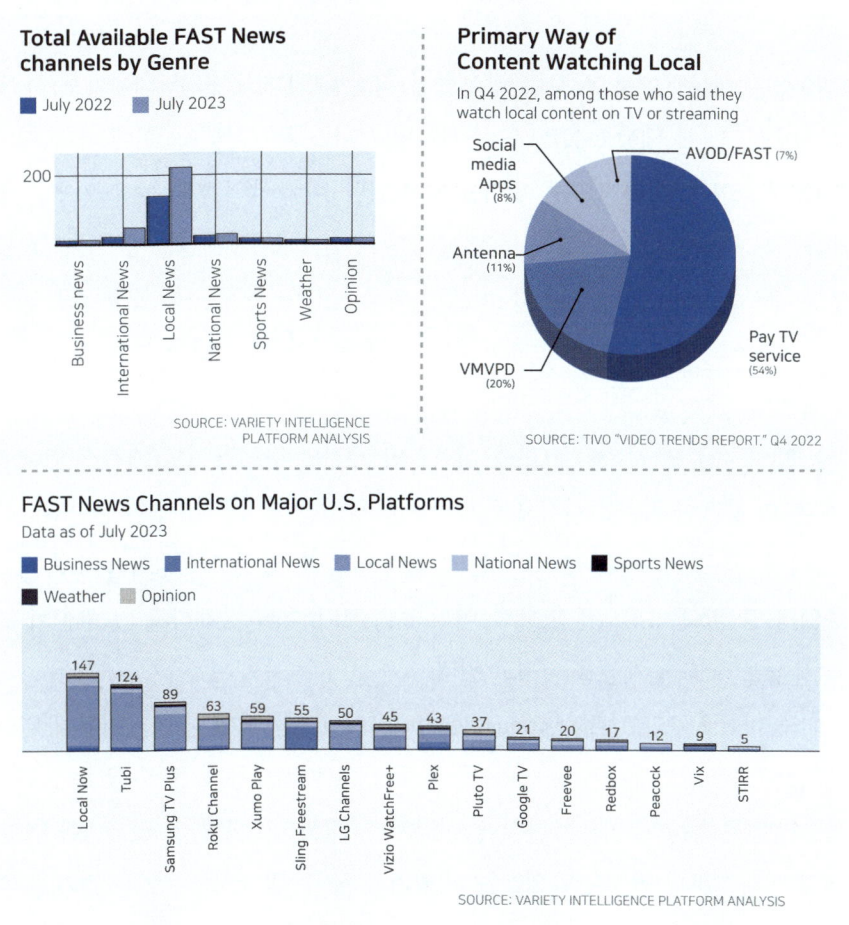

출처: 버라이어티

　웨더 그룹이 보유한 로컬 나우(Local Now)는 투비(Tubi), 삼성 TV플러스 등 메이저 FAST 플랫폼에 가장 중요한 자리를 차지하고 있다. 지역 기반 서비스로 삼성 TV플러스는 시청자가 살고 있는 지역에서 가장 가까운 지역 방송 뉴스를 스트리밍해주기 때문에 인기가 많다.[36]

05. NFL+ 시작 ... 뜨거워지는 OTT 스포츠

2023년 예상한대로 스포츠 리그들이 직접 OTT에 진출한 해이기도 하다. NFL이 NFL+를 내놨고 NBA도 스트리밍 서비스를 시작했다. 이에 따라 케이블TV의 스포츠 생태계도 큰 위기를 맞고 있다. 미국 케이블TV는 스포츠를 중계하면서 구독자를 모으고 구독자들이 낸 수신료로 TV채널들에게 수신료를 주는 구조로 되어 있다. 그러나 2022년 미국 NFL이 자체 구독 모델 스트리밍 앱을 내놨다. 이제 미국에서 케이블TV를 통해서가 아닌 앱을 통해 스포츠를 구독할 수 있는 방법이 늘고 있다.

2023년 9월 초 시작된 차터와 디즈니의 재전송 갈등에서도 예전 같았으면 ESPN의 불랙아웃으로 시청자들이 불만을 펼칠만 했지만, 방송이 중단되더라도 이제 스포츠 중계를 볼 수 있는 방법이 늘었다. 당연히 시청자들의 불만도 줄었다. ESPN은 US오픈과 대학 미식축구, NFL 등을 중계하고 있는데 이 모두 유튜브TV도 중계권을 가지고 있다.

미국 미식축구리그(The National Football League)은 자체 중계 케이블 채널인 NFL네트워크와 레드존(RedZone)을 바로 스트리밍을 통해 볼 수 있는 NFL+를 2022년 내놨다. 이용자들이 늘어나자, 가격까지 인상하고 있다. NFL+는 미국 미식축구의 월, 목, 일요일 모든 경기를 볼 수 있다. 볼 수 있는 경기 수에 따라 프라임버전 가격은 월 9.99달러에서 14.99달러까지 다양하다.[37] 특히, 자기 거주 홈 경기뿐만 아니라 원정 경기도 시청할 수 있어 NFL팬들에게 인기가 매우 높다. PC뿐만 아니라 모바일로도 시청할 수 있다.

NFL+의 가격 인상은 스트리밍 서비스들의 가격 인상과 궤를 같이하고 있다. 디즈니+와 훌루(Hulu)가 이용 가격을 20% 이상 올린 2023년 8월 9일 다음 날 NFL+도 가장 저렴한 요금제를 월 4.99달러에서 6.99달러로 인상했다. 아직은 많은 시청자가 케이블TV를 통해 스포츠 경기를 보고 있지만 NFL은 미래 플랫폼으로 스트리밍을 선택했다. 목요일 저녁 NFL은 아마존 프라임 비디오가 중계하고 있다. 구글의 유튜브 역시, 일요일 티켓(Sunday Ticket package) 경기를 중계한다. NFL팬들은 유튜브를 통해 자기 지역 외 경기를 볼 수 있다.

보다 많은 경기가 스트리밍으로 넘어감에 따라 스트리밍 스포츠 중계권 비용도 높아지고 있다. 아마존은 NFL 중계를 위해 매년 12억 달러를 지급하고 있다. 예전 폭스가 냈던 중계권료의 두 배가 넘는 금액이다. 월스트리트저널은 유튜브의 경우 일요일 저녁 티켓을 위해 매년 20억 달러를 낼 것으로 전망했다. 위성방송인 디렉TV의 중계권료보다 25% 이상 인상된 금액이다.[38]

NFL은 NFL+ 구독자를 공개하고 있지 않지만, 업계에서는 수백만 명으로 예상하고 있다. NFL 미디어&비즈니스 담당 브라이언 로랩(Brian Rolapp)은 인터뷰에서 "NFL네트워크와 레드존 경기 추가로 상당수의 스트리밍 이용자 증가를 예상하고 있다"고 밝혔다. 특히, 경기 하이라이트와 경기 재방송 등을 하는 레드존의 경우 충성 구독자가 상당히 많다.

두 채널이 NFL+앱에 포함되면서 NFL의 미디어 파트너 찾기 작업도 수월해질 것으로 전망된다. 스트리밍 서비스에 대한 투자가 늘어나면서 NFL역시, 앱과 케이블TV채널(NFL Network, RedZone, NFL.com)을 함께 운영할 전략적인 파트너를 2년째 찾고 있다. NFL은 이 전략적 파트너에게 일부 지분을 매각할 방침이다.[39]

국내

01. 4강 혹은 1강 3중의 경쟁 지형

『OTT 트렌드 2023』에서 예측한 것처럼 국내는 4강 혹은 1강 3중의 경쟁 구도가 유지되고 있는 양상이다. 하지만 쿠팡플레이의 경쟁력이 높아지고 있는 반면, 웨이브의 경쟁력은 저하되고 있고, <무빙> 릴리즈 이후 디즈니+가 반등하고 있어 1강 2중 2약의 구도로 재편될 가능성도 배제하기 어려운 상황이다. 우려되는 것은 넷플릭스가 국내에서 차지하는 영향력이 더욱 높아지고 있다는 것이고, 다행스러운 것은 넷플릭스 이외에 글로벌 사업자가 대한민국에서 국내 사업자들의 점유율을 위협할 정도로 성장하지 못하고 있다. 각 사업자별 동향은 사업자 동향을 다룰 때 다시 구체적으로 살펴보고자 한다. 하지만 넷플릭스의 경우 콘텐츠 투자 및 인력 양성 지원 등 국내 미디어 산업에 긍정적으로 기여하는 부분도 있기 때문에 넷플릭스의 독주 체제를 마냥 비판적으로 보기는 어려운 상황이다.

넷플릭스는 2023년에도 여전히 가입자, MAU(Monthly Active User, 월간 활성 사용자) 등 모든 측면에서 국내에서 가장 영향력 있는 OTT 사업자다. 2023년 국내 미디어 산업이 어려움에 직면하면서 콘텐츠 제작자들이 가장 선호하는 투자처이자 유통플랫폼이기도 하다. 여전히 IP 확보가 어렵다는 점 등 콘텐츠 제작자 입장에서 협업 시 단점이 있기는 하지만 제작비 전부와 이윤을 보장해주고 글로벌 시장에서 인지도를 획득할 수 있다는 측면 등 제작자 입장에서는 넷플릭스가 가진 장점이 단점보다 크다. 이는 넷플릭스가 국내 미디어 산업에 긍정적인 영향을 미치고 있는지와는 별개의 문제다. 넷플릭스가 국내 미디어 산업 전반에 긍정적인 영향을 주건 부정적인 영향을 주건 간에 제작자 입장에서 넷플릭스를 선호할 수밖에 없는 특장점을 가진 것이 사실이다. 특히, 2023년과 같이 투자를 받기 어려운 환경에서는 안정적인 제작비를 보장해 주는 넷플릭스와의 협업이 더욱 절실할 수밖에 없다. 또한, 국내 영화 시장이 어려움에 처하면서 영화 제작자들도 넷플릭스와의 협업을 선호하고 있는 상황이다.

티빙은 가입자와 MAU 등 객관적인 지표 측면에서 성과가 개선되고 있고, 향후 경쟁력 향상이 가장 기대되는 사업자이기도 하다. 하지만 문제는 적자다. 이는 웨이브도 마찬가지인데, 두 사업자 모두 늘어난 적자를 어떻게 흑자로 전환 할 수 있을 것인지가 가장 큰 관건이 될 것으로 보인다. 매각설이 제기된 지 오래인 왓챠의 상황은 더욱 좋지 않다.

쿠팡플레이는 국내 SVOD 중 가장 독특하고도 강력한 패키징 포트폴리오를 갖춘 OTT 서비스다. 쿠팡플레이는 와우 멤버십을 4,990원에 가입하면 결합상품으로 이용할 수 있다. 물론, 상품 구매 비용이 별도로 들지만 와우 멤버십은 경쟁 OTT 서비스의 가장 낮은 요금제보다도 저렴한 가격이다. 쿠팡플레이는 스포츠 중계권 확보를 통해 경쟁력을 강화해 왔다.[40] 쿠팡플레이는 제휴 파트너도 확대해 나가고 있다. 쿠팡 와우 멤버십에 가입되어 있는 U+tv 이용자는 IPTV를 통해 쿠팡플레이에서 제공하는 콘텐츠를 시청하는 것이 가능하다.[41] 쿠팡은 이와 같이 경쟁력 확보를 위한 노력을 통해 티빙에 앞서 이용률 측면에서 2위 사업자로 올라서고 있는 모양새다. 8월에는 티빙을 넘어서는 MAU를 보여도 주며 성장세를 보인다. 모바일인덱스·마클(2023)의 조사 결과에 따르면 쿠팡의 8월 OTT앱 이용자는 수는 563만 명으로 540만 명의 이용자 수를 기록한 티빙 보다 많은 것으로 나타났다.[42]

웨이브는 일정 규모 이상의 가입자와 MAU를 확보하고 있으나 실적 측면에서 넷플릭스뿐 아니라 티빙, 쿠팡플레이에게도 미치지 못하고 있는 상황이기 때문에 3중 사업자 중 모멘텀 마련이 가장 필요한 사업자라고 판단된다.

이러한 가운데 고전을 면치 못하는 디즈니+는 <무빙>의 선전을 기점으로 웨이브를 추격하고 있는 양상이다. 이러한 양상이 지속된다면 2024년에는 국내 OTT 시장에서 유효 경쟁을 펼치고 있는 넷플릭스, 티빙, 쿠팡플레이, 웨이브, 디즈니+ 등 다섯 개 사업자가 1강, 2중, 2약 구도로 경쟁을 펼칠 가능성도 있다.

<그림18> 2023년 8월 OTT앱 이용자 수 순위

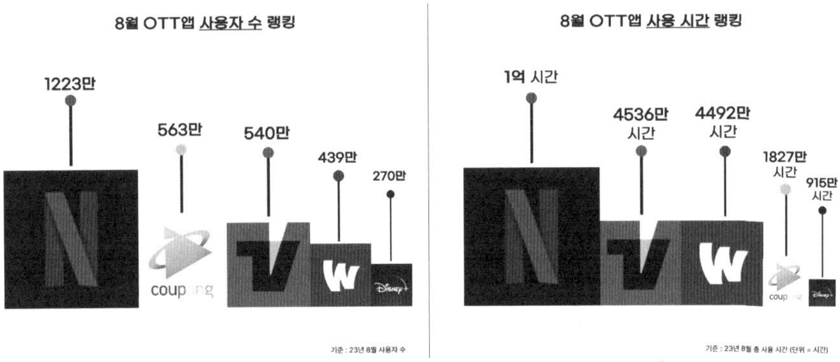

8월 OTT앱 사용자 수 랭킹: 1223만(N), 563만(쿠팡), 540만(T), 439만(W), 270만(디즈니+)

8월 OTT앱 사용 시간 랭킹: 1억 시간(N), 4536만 시간(T), 4492만 시간(W), 1827만 시간(쿠팡), 915만 시간(디즈니+)

기준: 23년 8월 사용자 수 / 기준: 23년 8월 총 사용 시간 (단위 = 시간)

자료: 모바일인덱스·마클 (2023)

하지만 웨이브가 이용 시간 측면에서는 쿠팡플레이와 디즈니+보다 여전히 월등히 높아 향후의 경쟁 구도에 대해서는 쉽게 얘기하기 어려운 상황이다. 쿠팡플레이의 경우 스포츠 이벤트에 대한 관심도에 따라 이용자 수 차이가 크게 나타날 수 있다는 점도 고려할 필요가 있다. 정리해 보자면 4강 혹은 1강 3중의 경쟁 지형이 큰 틀에서 유지되고 있는 가운데 디즈니+의 약진과 웨이브의 고전으로 인해 현재의 구도가 변화될 가능성도 나타나고 있는 상황이다. 2024년 OTT 시장의 경쟁구도는 어떻게 변화할 것인가? 스포츠 중계권을 기반으로 경쟁력을 확보하고 있는 쿠팡플레이와 <무빙>으로 반등에 성공하는 디즈니+의 사례를 볼 때 2024년에도 역동적인 경쟁 구도가 조성될 전망이다.

02. IP 확보와 콘텐츠 수급 전략

<이상한 변호사 우영우> 사례의 출현으로 2023년에는 국내 제작사 등 국내 사업자가 IP를 보다 많이 확보할 수 있을 것이라 기대되었다. 그러나 IP 관련 논의는 여전히 여러 가지 논란을 불러일으키고 있다. 저작권 관련 문제는 이해관계자별로 첨예한 갈등을 불러일으키고 있는 상황이다. 뒤에서 넷플릭스 부분에서 다시 언급하겠지만 재상영분배금 이슈 등 2023년에도 저작권 관련 이슈는 갈등적 사안으로 다양한 의견이 개진되고 있다.

2023년에 눈에 띄는 IP 확보 사례나 콘텐츠 수급 전략을 찾아보기는 어려워 보인다. 오히려 주목할만한 부분은 국내 OTT 사업자들이 시즌제 오리지널을 적극 활용하고 있는 부분과 넷플릭스를 위주로 해서 OTT 오리지널 콘텐츠의 상징과도 같았던 일괄 출시 전략이 아닌 파트제를 활용하는 경우가 늘어났다는 것이다. 티빙의 <환승연애>와 웨이브의 <피의 게임> 등 시즌제 예능이 좋은 반응을 얻었다.

한 가지 눈여겨 볼만한 사례는 디즈니+ 오리지널 <무빙>의 성공이다. 아래에 인용한 닐슨의 자료에서 확인할 수 있는 것처럼 <무빙> 릴리즈 후 디즈니+의 이용량은 두드러지게 높아지고 있다. 관건은 600억 이상의 제작비가 투입된 것으로 알려진 <무빙>에 투자한 것처럼 디즈니+가 국내 오리지널에 투자할 여력이 있을 것인가다.

<그림19> 디즈니+ <무빙> 효과

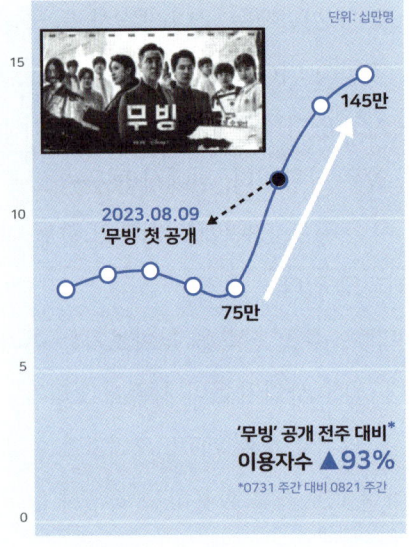
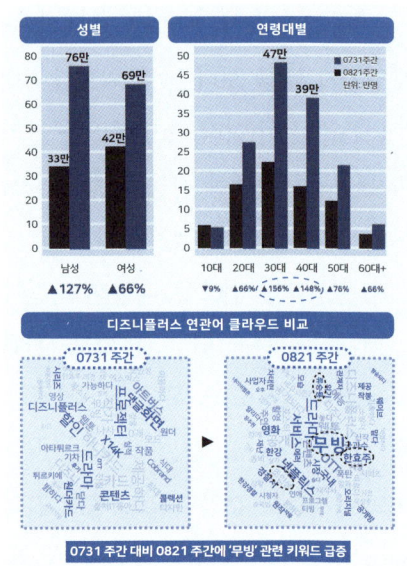

자료 : 닐슨(2023)[43]

디즈니+가 <무빙>과 같은 콘텐츠를 앞으로도 계속 내놓는다면 디즈니+는 티빙, 쿠팡플레이, 웨이브와 경쟁할 수 있는 플랫폼으로 성장할 가능성이 높다. 하지만 <무빙>과 같은 오리지널 콘텐츠의 성공이 일회성으로 그친다면 디즈니+의 상승세는 일시적인 현상에 그칠 것이다.

파트제 도입은 넷플릭스 오리지널 <더 글로리>와 디즈니+의 오리지널 <카지노>로 인해 도마에 올랐다. OTT를 통해 시즌 전체를 몰아보는 데 익숙해졌던 이용자들이 파트제로 공개된 오리지널에 대한 불만을 표출하면서 이슈가 된 것이다. 하지만 오리지널 제작을 포함해서 콘텐츠 수급에 어려움을 겪고 있는 OTT 사업자들은 앞으로도 파트제를 선호할 가능성이 높다. 넷플릭스를 비롯한 OTT 사업자들이 일괄 출시 전략을 전적으로 고수하지 않고 파트제를 도입한 것이 시사하는 것은 OTT가 최적화된 서비스를 제공하는 매체라는 신화는 이제 끝났다는 것이다. 콘텐츠라는 희소한 자원을 가지고 다른 플랫폼들과 경쟁해야 하는 OTT 사업자들은 수많은 콘텐츠를 가지고 이용자에게 최적화된 서비스를 제공한다기보다는 경쟁력 있는 콘텐츠를 가지고 이용자에게 마케팅을 잘해야 하는 상황에 놓이게 된 것이다. 2024년에도 콘텐츠는 OTT 사업자에게 가장 중요한 자원이 될 것이고, 가장 확보하기 어려운 자원이 될 것이다.

03. 스포츠 중계권 확보 경쟁

　스포츠 중계권 확보는 OTT 시장에서 더욱 중요한 요소가 되어갈 것으로 예상했는데 실제로 그렇게 되어가고 있다. 쿠팡플레이는 스포츠 중계를 통해 MAU를 늘려가면서 국내OTT 사업자 중에서 가장 높은 성장세를 보이고 있으며, 다른 OTT 사업자들도 스포츠 중계권 확보를 위해 노력하고 있다. 스포츠 중계에 가장 많은 투자를 하고 있는 OTT는 쿠팡플레이다. 쿠팡플레이는 스페인 라리가와 이강인 선수가 이적한 파리 생제르망으로 인해 주목받고 있는 프랑스 프로축구 리그1의 중계권을 가지고 있다. 쿠팡플레이는 이외에도 K리그, 축구 국가대표팀 경기, 조규성 선수가 활약하고 있는 덴마크 프로축구 리그 등을 중계하고 있다.[44]

　티빙은 김민재 선수가 활약하고 있는 바이에르 뮌헨이 포함되어 있는 분데스리가 중계권을 가지고 있다.[45] 티빙은 KBO 프로야구를 중계하면서 관련된 오리지널을 제작하기도 했다. 티빙 오리지널 <아워게임: LG트윈스>는 OTT 제작된 국내 프로야구 관련 다큐멘터리다.[46]

　티빙, 쿠팡플레이와 같은 OTT 서비스뿐 아니라 TV 채널 스포티비가 가지고 있는 스포츠 OTT 서비스 스포티비 나우는 MLB 등 스포츠 중계를 서비스해 왔는데 항저우 아시안게임을 중계하면서 다시 주목받고 있다.[47] 스포티비 나우와 같은 사례는 향후 예능, 드라마 등 다양한 장르를 종합적으로 제공하는 OTT뿐 아니라 스포츠 전문 OTT 서비스가 등장할 수 있다는 것을 보여주는 사례다.

쿠팡플레이와 티빙은 앞으로도 스포츠 중계에 꾸준히 투자할 것으로 전망되며, 스포츠 중계권 확보는 향후 OTT 경쟁 지형에서 더욱 중요해질 전망이다. 스포츠 중계권 위주의 경쟁력 확보가 가지는 문제점은 스포츠 중계권 확보에 많은 투자가 필요하다는 것과 스포츠 중계권 확보의 효과는 일시적일 수밖에 없다는 것이다. 드라마와 예능과 같은 오리지널 콘텐츠를 제작하게 되면 릴리즈 직후에 기대되는 가입자나 이용률 증가와 같은 효과를 오래 지속하기는 어렵지만 오리지널 콘텐츠가 축적되게 되면 가입자 이탈 방지에 큰 효과를 거둘 수 있다. 하지만 스포츠 중계는 스포츠 중계에 투입되는 재원에 비해 콘텐츠에 경쟁력이 유지되는 기간이 짧다는 것이 치명적인 단점이 될 수 있다.

그럼에도 불구하고 국내 OTT 사업자들은 스포츠 중계가 가지고 있는 장점이 크기 때문에 앞으로도 경쟁력 있는 스포츠 중계권을 확보하기 위해 노력할 것이다. 2024년에도 스포츠 중계권 확보는 경쟁력 확보를 위한 중요한 요소가 될 것이다.

04. 광고 요금제 도입과 복수 플랫폼 이용

넷플릭스가 2022년 11월 국내에서 광고요금제를 도입하고, 디즈니+도 글로벌 시장에서 광고요금제를 도입하면서 국내에서도 광고요금제를 도입할 가능성이 생기면서 글로벌 OTT 사업자들의 광고요금제 도입이 국내 OTT 시장에 미칠 영향에 대한 우려가 제기되었다. OTT 가입자 잠식, 국내 레거시 미디어 광고 잠식 등 글로벌 OTT 사업자의 국내 광고요금제 도입이 국내 미디어 생태계에 부정적으로 작용할 수 있기 때문이다. 넷플릭스 광고요금제 도입은 OTT 시장에 미치는 영향을 넘어 다양한 측면에서 국내에 영향을 줄 수 있다는 측면에서 많은 관심을 모았다. 넷플릭스 광고요금제 도입의 성과와 영향은 아직 확인하기 어려운 상황이다.

넷플릭스뿐 아니라 OTT 시장 전체에서 광고가 차지하는 비중이 높아질 것으로 전망된다. 하지만 국내 OTT들의 경우 아직까지 광고요금제를 도입하지는 않고 있다. 국내 OTT들이 광고요금제를 도입하지 않고 있는 이유는 여러가지가 있을 수 있지만 광고요금제 도입으로 가입자는 늘어날 수 있지만 전체적인 매출은 증가하지 않거나 감소할 수 있다는 우려가 광고 요금제 도입을 주저하게 만드는 요소로 작용하고 있다.[48]

복수 플랫폼 이용은 지속적으로 늘어나고 있다. 하지만 이용자들이 보고 싶은 콘텐츠가 산재되어 있는 상황에서 누누티비와 같이 여러 플랫폼의 콘텐츠를 불법적으로 모아서 제공해 주는 서비스를 이용하고자 하는 니즈가 높아지고 있는 상황이다. 넷플릭스, 디즈니+는 글로벌 시장에서 광고요금제를 도입하면서 저가 요금제를 출시하는 한편, 요금을 높이는 정책을 펼치고 있는데 이와 같은 요금 다양화가 시장에서의 경쟁에 어떻게 작용할지에 예의주시할 필요가 있다.

2024년에는 광고요금제를 적용하는 국내 OTT 서비스가 등장할 가능성을 배제하기 어렵다. 2024년에는 단순히 광고요금제 도입이 아니라 다양한 요금 정책이 등장하면서 시장의 변화가 더욱더 복합적으로 나타날 가능성이 크다. 와우 멤버십으로 요금제가 단일화되어 있는 쿠팡플레이 외에 티빙, 웨이브 등 국내 사업자들도 광고요금제 도입을 고려할 가능성을 배제하기 어렵다. 티빙은 넷플릭스의 광고요금제 도입과 미디어 환경 변화에 따라 11월에 광고요금제를 도입했다.

각각의 OTT 플랫폼이 오리지널 콘텐츠를 배타적으로 활용하는 경향이 심화되는 상황에서 복수 플랫폼 이용 경향은 높게 나타날 수밖에 없다. 2023년에 이와 관련하여 주목해서 볼만한 이용행태는 누누티비와 같은 불법 서비스를 이용창구로 활용해 복수 플랫폼을 통해 접할 수 있는 콘텐츠를 무료로 이용하는 경우가 늘어났다는 것이다. 복수 플랫폼 이용에 대한 니즈 증가는 무료로 다양한 플랫폼에서 제공되는 오리지널 콘텐츠를 모아서 제공하는 불법 서비스에 대한 이용 의향을 높이고 있는 것이다. OTT 플랫폼 간 경쟁이 치열하게 전개되고 있는 상황에서 복수 플랫폼 이용에 대한 이용자의 니즈는 더욱 높아질 것이다. 이러한 와중에 사업자들이 어떠한 전략으로 이용자를 유인하고자 할 것인지는 2024년에도 주목할만한 포인트가 될 수밖에 없을 것으로 보인다.

05. OTT 정책 변화와 OTT 시장의 변화

OTT 법제화의 필요성은 지속적으로 제기되겠지만 현실화되기는 어렵다고 전망했었다. OTT 진흥을 위한 정부의 노력은 계속되었지만, OTT와 관련된 큰 틀에서의 정책적 변화는 찾기 힘든 상황이다. 가장 눈여겨 볼만한 정책적 변화는 OTT 자체등급분류제도가 처음으로 시행된 것과 OTT를 통해 유통된 콘텐츠가 세액공제 대상에 포함되었다는 것이다. 두 가지 이슈 모두 뒤에서 구체적으로 다룰 것이기 때문에 여기서는 간략히 다루고 넘어가도록 하겠다.

자체등급분류제도는 이제 막 시행되었기 때문에 향후 경과를 잘 살펴볼 필요가 있다. 자체등급분류제도가 논의되면서부터 우려가 제기되었던 선정성 높은 콘텐츠의 범람 등이 실제로 문제가 될지 등에 대해서는 아직까지 예단하기 어려운 상황이다.

세액공제의 경우 OTT를 통해 유통된 콘텐츠에 한해 세액공제가 적용받는 것으로 법이 개정되었지만 OTT 플랫폼 자체에 대한 세액공제는 적용되고 있지 않아 추후 개선이 필요하다는 지적도 지속적으로 이뤄지고 있는 상황이다. 세액공제의 대상을 콘텐츠뿐 아니라 플랫폼으로도 확대해야 한다는 필요성이 계속해서 제기되고 있다.

2024년에도 OTT 정책은 OTT 진흥을 중심으로 검토가 이뤄질 전망이다. 국내 미디어·콘텐츠 사업은 국가의 핵심적인 성장동력 중 하나일 뿐 아니라 수출 등 관련 산업에 미치는 영향이 크고 플랫폼 경쟁력이 낮다는 것이 약점으로 꼽히고 있기 때문이다. 2024년에는 보다 실효성 있는 정책적 지원 방안 마련이 이뤄져 국내 OTT 산업 진흥에 기여할 수 있기를 기대해 본다.

33) https://www.axios.com/pro/media-deals/2023/10/11/disney-talks-blackstone-india-business

34) https://link.chtbl.com/lfss_pr

35) https://www.cmg.com/

36) https://www.axios.com/2023/08/22/exclusive-cox-media-group-launches-hyper-local-streaming-service-neighborhood-tv

37) https://www.wsj.com/articles/nfl-launches-its-own-streaming-service-nfl-11658754000?mod=article_inline

38) https://www.wsj.com/articles/youtube-cements-its-tv-shift-with-nfl-sunday-ticket-deal-11671711836?mod=article_inline

39) https://www.wsj.com/articles/nfl-explores-strategic-options-for-media-properties-including-selling-stakes-11624475230?mod=article_inline

40) 유건식 (2023). 국내 OTT 2위 차지한 쿠팡 앞으로의 행보는. <방송영상 트렌드&인사이트>, 35호, 47-51.

41) 조성미 (2023. 7. 30). LG유플러스 "U+tv에서 쿠팡플레이 보세요". <연합뉴스>.

42) 모바일인덱스·마클 (2023). <2023 대한민국 OTT 트렌드 인사이트>.

43) 닐슨 (2023). '무빙' 효과로 화제성과 이용 성과를 모두 잡은 디즈니+. <NIELSEN DIGITAL NOW>.

44) 권택경 (2023. 8. 9). 다가오는 해외축구 개막, 중계 볼 수 있는 OTT는? <IT동아>.

45) 손정빈 (2023. 8. 17). 김민재 경기 티빙에서 본다…분데스리가 생중계. <뉴시스>.

46) 윤정민 (2023. 3. 28). "야구 콘텐츠 모두 담았다"…티빙, 프로야구 생중계·최강야구 등 제공. <뉴시스>.

47) 김나나 (2023. 9. 18). 스포츠 전문 채널 SPOTV, 아시안게임 중계 나선다. <스트데일리뉴스>.

48) 이시훈·변상규·노창희·강신규·남신영 (2023). <글로벌 OTT가 국내 광고시장에 미치는 영향>. 서울: 한국방송광고진흥공사.

03

2023 OTT 10대 이슈

글로벌

01. OTT에서 K-콘텐츠의 인기

　글로벌 시장에서 한국 콘텐츠의 인기는 2023년에도 여전했다. <오징어게임> 정도의 인지도를 가진 작품들은 나오지 않았지만 꾸준한 인기를 끌었다. 특히 <이상한 변호사 우영우>의 경우 넷플릭스에 공개되면서 큰 바람을 탔다. 메이저 스튜디오나 채널이 아닌 한국 콘텐츠가 인기를 끈 것은 이례적이다. 2023년에도 이런 작은 K콘텐츠 바람들이 이어졌다. 드라마뿐만 아니라 예능 콘텐츠에도 K바람이 불어닥친 것이 특징이다. MBC가 제작한 <피지컬 100(Physical:100)>은 그야말로 대박을 쳤다. 100명의 게스트가 출연해 상금을 두고 몸싸움을 벌이는 리얼리티쇼인 이 작품은 2023년 1월 24일 넷플릭스에 공개돼 비영어 콘텐츠 리스트를 휩쓸었다. 30일 총 시청 시간은 1억 9,200만 시간이나 됐다. 현재 시즌2가 준비 중이다. 이후 한국 콘텐츠는 꾸준한 인기를 끌었다. 콘텐츠 수요 측정 기관 패럿 애널리스틱스(PA)에 따르면 한국 콘텐츠의 글로벌 수요는 우상향이다. 한국 국내에서 인기를 끈 콘텐츠가 글로벌 시장에도 통했다는 이야기다.[49]

<그림20> 글로벌 콘텐츠의 이동성

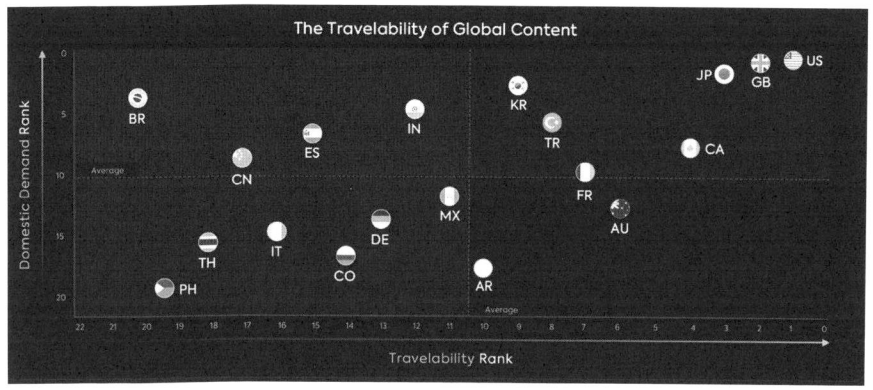

출처 : https://variety.com/2023/tv/asia/moving-disney-hulu-korea-1235704441

한국 콘텐츠의 인기는 2023년 넷플릭스에서 방송된 한국 드라마의 활약상을 보면 쉽게 알 수 있다.

넷플릭스는 2023년 4월에 1월 전체 구독자의 60%가 한국 콘텐츠를 봤다고 밝혔다. 한국 콘텐츠의 글로벌 수요는 넷플릭스가 매주 발표하는 시청률 순위인 '톱10(Top10)'에서도 확인할 수 있다. 2023년 4월 17일~23일 주간에 넷플릭스 비영어 영화의 글로벌 톱10 중 7위가 <길복순>이었다.

<그림21> 넷플릭스 비영어권 영화 톱10(2023.4.17.~23)

비영어 TV쇼는 더 화려하다. 김희애 주연의 <퀸메이커>가 2위며 <더 글로리>는 6위에 올랐다. 9위는 한국 TVN 드라마 <환혼>이었다. <퀸메이커>는 심지어 직전 주에는 1위에 올랐었다. 라틴 아메리카에서도 한국 콘텐츠 수요가 급증하고 있다. PA에 따르면 라틴 아메리카 지역 한국 드라마 영화 수요 점유율은 2020년 2월 2.4%에서 2022년 2월에 3.2%까지 높아졌다.

<그림22> 일본과 한국 콘텐츠의 수요 증가

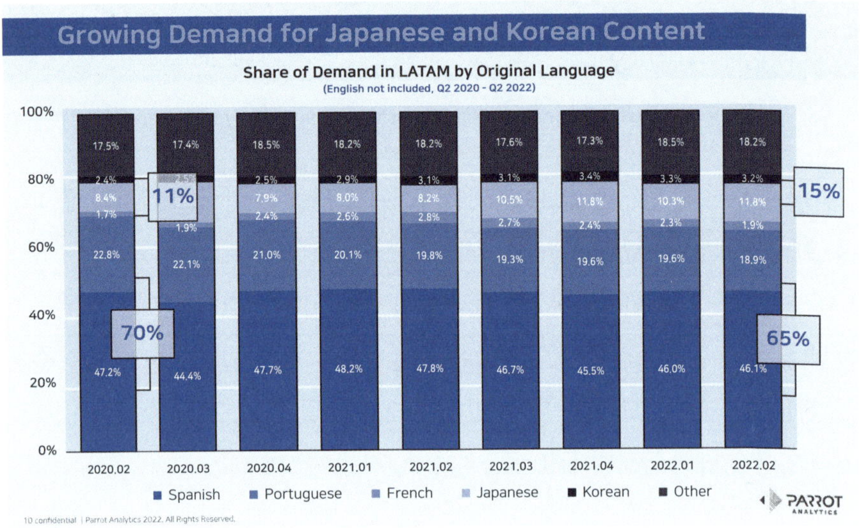

출처 : 패럿 어낼리틱스

넷플릭스에게 한국 콘텐츠는 시청률 이상의 가치가 있다. 스트리밍 서비스 경쟁으로 북미 지역 가입자가 정체 상태를 보이는 넷플릭스의 경우 아시아 시장 확대가 아주 큰 희망이다. 아시아 시장에서 한국 콘텐츠의 위상은 두말하면 잔소리다.

2023년 1분기 171만 명의 구독자가 증가한 넷플릭스는 미국과 캐나다 지역에서 10만 명이 늘어나는데 그쳤지만, 아시아 지역에서는 150만 명이 증가했다. 비밀번호 공유 단속의 영향으로 라틴 지역 구독자는 45만 명이 감소했다.[50] 아시아가 없었다면 다시 한번 가입자가 줄어들 뻔했다.

MPA(Media Partners Asia)는 넷플릭스가 한국 콘텐츠를 포함, 아시아 콘텐츠에 2023년 19억 달러를 쓸 것이라고 예상했다. 전년 대비 12% 늘어난 수준이다. 이런 투자로 넷플릭스의 아시아 지역 매출은 전년 대비 12% 늘어난 40억 달러에 달할 것으로 전망했다. 19억 달러를 더 써서 40억 달러를 벌 수 있다면 괜찮은 장사다.

아시아 시장 공략에는 한국 콘텐츠만큼 강한 무기가 없다. MPA는 19억 달러 중 47%는 한국과 일본에 투자한다. 이와 관련 넷플릭스는 한국 콘텐츠에 대한 투자를 계속 늘리고 있다. 2023년 1월 넷플릭스는 올해 34편의 한국 콘텐츠에 투자하겠다고 밝혔다. 2022년에도 2022년에는 역대 최다인 25편의 한국 영화, 드라마에 투자했다. 넷플릭스에 이어 한국에 진출한 애플TV+, 디즈니+ 등도 한국 콘텐츠 투자를 확대하고 있다.

넷플릭스는 한국 콘텐츠에 대한 자신들의 기여도를 인정받고 싶어 한다. 넷플릭스 덕분에 한국 콘텐츠뿐만 아니라 한국 창작자들도 주목받기 시작했다는 것이다. 또 그들의 제작 투자는 VFX, SFX, 포스트 프로덕션, 재무, 제작 등과 같은 콘텐츠 제작 기업까지 긍정적인 영향을 주고 있다고 넷플릭스는 자료를 통해 밝혔다. 말 그대로 넷플릭스 생태계가 만들어졌다는 것이다. 더빙이나 자막 등이 수요도 증가했고 로컬 기술 기업인 덱스터 스튜디오, VFX 웨스트월드(Westworld) 등은 넷플릭스의 덕을 봤다는 것이다.

<그림23> 미국내 비영어 시리즈의 수요(2019.10~2022.9)

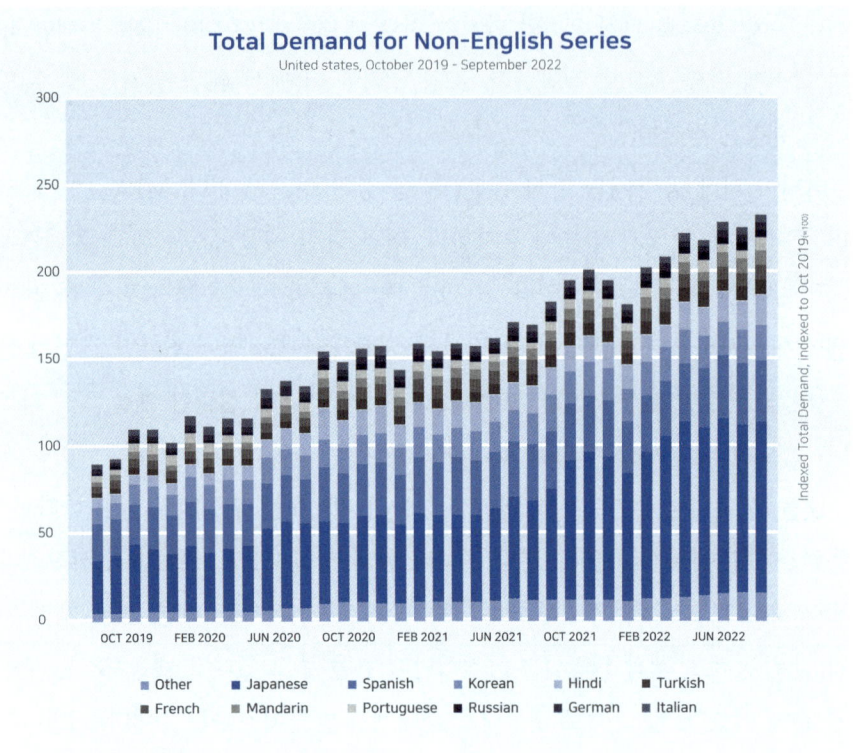

넷플릭스는 컨설팅 기업 딜로이트 자료를 이용해, 2021년 넷플릭스가 한국 콘텐츠 사업에 56조 원의 효과와 1만 6,000개의 일자리를 창출했다고 설명했다. 더 나아가 한국 음식과 패션, 관광 산업에 27조 원의 매출 효과를 냈다고 설명했다. 전경련이 2023년 4월 시장조사 지관 모노리서치에 의뢰해 국민 1,011명을 대상으로 '한류 확산에 대한 국민 인식'을 조사한 바에 따르면 2000년대 초반과 비교해 한류 영향력이 50배 이상 커진 것 같다고 답한 응답자가 전체의 절반 가량(43.9%) 됐다.

한국 콘텐츠의 인기는 서서히 다른 OTT로 확산됐다. 디즈니+와 훌루에서 방송된 한국 드라마 <무빙>은 7일 기준, 역대 한국 오리지널 중 가장 많이 시청한 콘텐츠가 됐다. 2023년 8월 9일 방송된 이 작품은 한국, 일본, 홍콩,

태국 등에서 방송됐는데 아시아태평양 지역에서도 가장 많이 본 콘텐츠에 올랐다. <무빙>이 방송된 국가는 총 65개였다.

한국 콘텐츠에 대한 인기는 앞으로도 더 높아질 가능성이 크다. 패럿 어낼리틱스 기준으로 2017년만 해도 전 세계 평균보다 낮았던 한국 콘텐츠 수요는 2020년 <기생충>을 기점으로 늘어나기 시작해 2022년에는 글로벌 평균을 상회하기 시작했다. 드라마에 집중됐던 수요도 버라이어티 등으로 넓어졌다.

<그림24> K-콘텐츠의 수요 증가

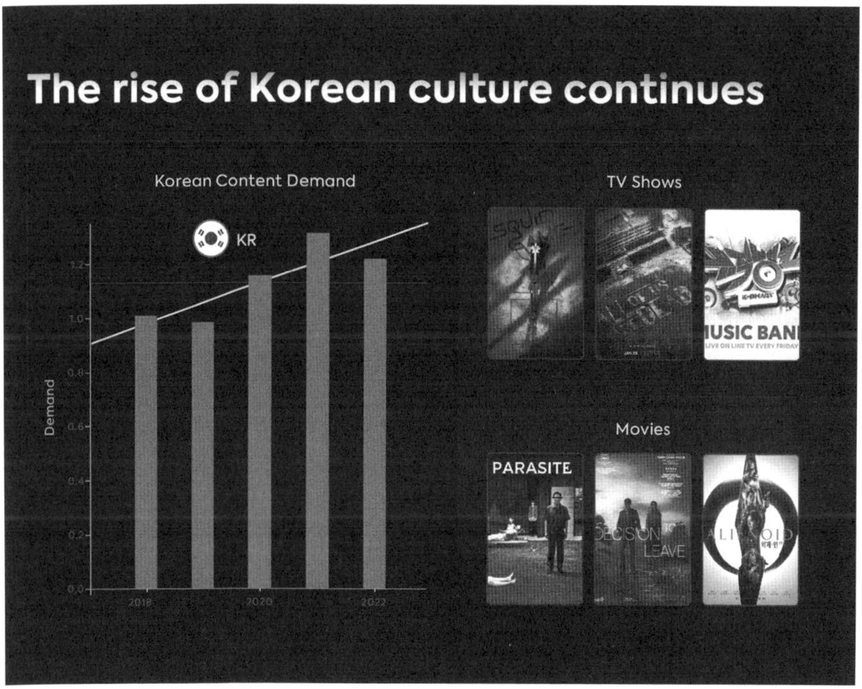

다만, 투자 금액보다 저작권 귀속 문제 등 넷플릭스와 한국 콘텐츠 스튜디오 간 해결해야 할 문제는 많다. 자칫하면 한국이 넷플릭스의 하청 기지로 전락할 수도 있다는 지적도 있다. 넷플릭스가 투자 후 저작권을 공유하기보다 많은 돈을 투자하더라도 독점 권리를 가지는 경우가 많기 때문이다. 넷플릭스를 통해 확보한 글로벌 인기가 허망할 수 있다는 이야기다.

<그림25> 넷플릭스 비영권 TV쇼 톱10(2023.4.17.~23)

제작비를 보전받는 대신, 저작권을 오로지 넘기는 계약은 매우 위험하다. 미래에 얻을 수익을 앞당겨 수령하는 것뿐만 아니라, 창작자로서 누려야 되는 상업적인 이익을 투자자에게 넘겨주는 꼴이기 때문이다. 제작비 확보를 위한 현실적인 대안이 없다고 하지만 이런 계약이 장기화될 경우 넷플릭스가 만든 규모의 경제에 한국 기업들은 당할 수 밖에 없다. 투자 금액보다는 투자의 질도 매우 중요하다.

02. 프랑스 살토 청산

넷플릭스에 맞서겠다고 만든 2020년 10월20일 출범한 프랑스의 스트리밍 서비스 살토는 2년 5개월 만인 지난 3월 27일 서비스를 종료했다. 미디어오늘에 따르면 프랑스 현지 언론은 "프랑스판 넷플릭스가 공식적으로 폐지된다"(리베라시옹), "프랑스판 넷플릭스의 대실패"(르 피가로), "프랑스판 넷플릭스가 되려고 했던 플랫폼이 멈추다"(르몽드) 등 "프랑스판 넷플릭스의 실패"로 조명했다.

살토는 프랑스 공영방송 텔리비지옹과 지상파 민영방송사 M6, TF1의 3사합작으로 만든 스트리밍 플랫폼이다.

그러나 결과는 초라했다. 프랑스 문화부가 집계한 OTT 시장 현황자료를 보면 2022년 6월 살토의 점유율은 1.3%에 그쳤다. 넷플릭스(60.1%), 아마존프라임비디오(15.5%), 디즈니+(11%) 등 미국 OTT 사업자와 경쟁 구도를 만들지 못했다. 암페어(Ampere Analysis) 집계 역시 살토의 스트리밍 시장 점유율은 3%에 불과하다. 미국 매체 버라이어티에 따르면 살토 가입자는 80만~90만 명 수준이다. 반면 넷플릭스는 프랑스에서 1,200만 명 이상 가입자를 확보하고 있다.

살토는 프랑스 주류 방송사들의 콘텐츠를 모아서 볼 수 있다는 강점이 있었지만, 그 이상의 '카드'는 없었다. HBO맥스와 제휴를 맺고 콘텐츠를 공급하는 등 콘텐츠 다변화 전략을 세웠지만 정작 이용자를 끌어들일 만한 독자적인 오리지널 콘텐츠에는 소홀했다. 넷플릭스에서도 프랑스 작품들을 찾아볼 수 있었고, 프랑스에선 영화 극장 개봉 후 3년 후에야 방송사나 OTT를 통해 공개할 수 있는 등 홀드백 기간이 길다는 점도 독자적 콘텐츠 수급 부족의 요인이 됐다.

다국적 콘텐츠로 무장한 넷플릭스와 경쟁이 어려울 정도로 투자액이 적기도 했다. 프랑스 일간지 리베라시옹은 "이 플랫폼은 3년 동안 1억 3,500만 유로라는 소극적인 투자 계획으로 시장에 출시됐다"고 지적했다. 프랑스 통신사인 AFP통신 역시 "살토는 1억 3,500만 유로를 투자해 투자 측면에서 경쟁할 수 없었다"고 지적했다.

이런 가운데 살토의 주주인 방송사 간 합병 시도가 무산되면서 반등의 기회를 갖지 못하게 됐다. TF1과 M6는 합병을 추진했는데 프랑스 정부는 광고 시장과 여론 영향력 측면의 불균형을 우려해 제동을 걸었다.

이 외에도 미국 콘텐츠를 선호하는 프랑스 이용자의 취향, 살토에 참여한 방송사들이 무료 서비스를 별도로 운영한 점, 사업자 간 협력이 긴밀하게 이뤄지지 않은 점, 통합 프로젝트에 2년여가 걸린 탓에 넷플릭스 등 해외사업자를 제때 견제하지 못한 점 등이 패인으로 거론된다. 프랑스 텔리비지옹의 전 임원은 리베라시옹과 인터뷰에서 "세 주주가 같은 방향을 바라본 적이 없다"고 지적했다.

프랑스 보도에 따르면 살토는 2022년에만 1,200억 원(9,300만 유로)에 가까운 적자를 본 것으로 알려졌다. 모회사의 지원이 없는 프랑스 지상파 방송사들로는 견디기 힘든 적자 규모다.

살토는 콘텐츠 수급에도 어려움을 겪었다. 프랑스 정부의 강력한 홀드백(극장이나 TV공개 독점 기간)때문이다. 프랑스 영화는 극장 개봉 후 36개월이 지나야 케이블TV나 스트리밍 서비스에 공개할 수 있다. 지상파 방송에서 편성되는 콘텐츠를 보다 저렴한 가격에 편리하게 보는 데 만족하는 시대는 지났다. 넷플릭스에 비해 경쟁력이 떨어지는 오리지널 콘텐츠를 참을성있게 봐줄 소비자는 많지 않다.

03. 넷플릭스의 독주와 디즈니+의 추락

2023년, 넷플릭스(Netflix)는 승승장구했다. 넷플릭스는 2022년 1분기 20만 명과 2분기 97만 명의 구독자가 감소한 바 있다. 2022년 상반기 구독자 감소가 200만 명에 가까웠던 셈이다. 하지만, 2022년 3분기 감소세에서 벗어나 3분기 241만 명의 가입자 추가를 시작으로 4분기 766만 명, 2023년 1분기 185만 명. 2분기 589만 명, 3분기 876만 명이 증가하였다.

당시 넷플릭스가 2분기 연속 침체에서 벗어난 이유는 '오리지널 콘텐츠'의 강세 때문이다. 넷플릭스도 실적 발표에서 2022년 3분기 TV와 영화 성과를 적극 홍보했다. 라이언 머피의 <괴물: 제프리 다머 스토리>[51]는 역대 2위 시청률(영어 오리지널, 8억 2,400만 시간 시청)을 달성하기도 했다. 역시 3분기에 방송된 <기묘한 이야기> 시즌4(13억 5,000시간 시청)와 한국산 오리지널 콘텐츠 <이상한 변호사 우영우>, <그레이맨(The Gray Man)> 등도 좋은 평가를 받았다고 공개했다.

특히, 주주 서한에서 넷플릭스는 K 콘텐츠 성과를 강조했다. <오징어게임>이 비영어 콘텐츠로는 최초로 에미상(감독상)을 받았다고 언급했다. 또 <우영우>는 28개 국가에서 시청률 주간 시청률 1위(비영어)를 기록한 바 있다고 설명했다. 우영우는 공개 첫 한 달(28일 동안) 동안 4억 2,000만 시간이 시청돼 비영어 콘텐츠 시청률 역대 6위를 기록했다. <수리남(Narco-Saints)>은 런칭 이후 1억 2,800시간이 시청됐다고 설명했다. 실적 발표 비디오 컨퍼런스에서 테드 사란도스(Ted Sandos) 넷플릭스 공동 CEO는 "로컬 콘텐츠의 인기가 급상승하고 있다"며 "특히, <이상한 변호사 우영우>는 한국을 넘어서는 현상이 됐다"고 강조했다. 당시 넷플릭스는 콘텐츠 투자비의 경우 170억 달러(2022년) 규모를 유지할 것이라고 강조했다.

넷플릭스의 강세는 2023년에도 이어졌다. 2023년 2분기 무려 590만 명이 증가했다. 광고 모델 구독자가 늘었고 비밀번호 공유 단속 효과도 서서히 나타나고 있는 모양새다.

하지만 디즈니+는 같은 기간 분위기가 완전 달랐다. 디즈니+는 2019년 11월 등장 이후 급격하게 성장했다. 2021년 2분기 글로벌 OTT 서비스는 1,860만 명 구독자가 늘었는데 디즈니+ 덕이 컸다. 2022년 7~9월 분기에도 디즈니+는 글로벌 시장에서 1, 210만 명의 구독자를 확보했다.

2023년 들어 분위기는 확 바뀌었다. 2023년 4~6월 분기 디즈니는 글로벌 시장에서 1,250만 명이 줄었다. 인도 지역에서 크리켓 중계권을 상실했기 때문이다. 디즈니의 부진 때문에 글로벌 시장 OTT신규 가입자 증가도 310만 명으로 줄었다.

2022년 11월 디즈니(Disney) CEO 밥 아이거(Bob Iger)가 복귀했다. 아이거는 오는 2026년까지 임기를 보장받았다. 그렇지만, 2026년까지 그가 그 자리에 있을 것이라고 보는 이들은 적다. 픽사, 루카스필름, 마블 등을 인수하면서 죽어가던 디즈니를 살렸고 중국 상해에 디즈니파크를 만들어냈던 그의 마법이 사라지고 있기 때문이다.

복귀한 아이거는 디즈니의 과거 영광을 살리지 못하고 있다. 그러나 단순히 그의 경영 실패는 아니다. 디즈니를 둘러싼 근본적인 변화의 흐름이다. 디즈니는 2023년 8월 9일 4~6월 실적을 발표했다. 어닝콜에서 아이거는 현재 엔터테인먼트 산업의 위기를 말했다. 그는 작가와 배우 조합의 파업으로 모든 제작이 중단됐고 시청 패턴으로 변화로 자신들의 근간인 케이블TV, 실시간 TV비즈니스의 외형이 계속 줄어들고 있다고 지적했다.

버라이어티에 따르면 케이블TV 등 2023년 1분기 미국 유료 방송 구독 가입자는 410만 명이 감소했다. 전체 가입자 역시 미국 인구의 절반이 안된다. 한때 전체 인구의 90% 가량이 봤던 케이블TV, 위성방송의 지위가 급격히 떨어지고 있는 것이다.

디즈니와 같은 콘텐츠 사업자들은 위기를 겪을 수밖에 없다. ABC, ESPN, ABC, FX채널, 디즈니 채널, 프리폼 등 디즈니의 실시간 TV부문(Linear TV segment)의 2023년 6월 말 기준 영업 이익은 전년 동기 대비 23% 폭락한 18억 9,000만 달러였다.[52] 전문가들의 예상에 비해 1억 달러나 낮았다. 실시간 TV부문 매출 역시 66억 9,000만 달러로 2022년 6월 말에 비해 7%나 하락했다.

케이블과 지상파 비즈니스는 디즈니의 현금엔진이었다. 하지만, 현재는 디즈니의 위기 엔진이 됐다. 레거시 미디어의 상징 디즈니는 최악의 시기를 겪고 있다. 디인포메이션에 따르면 미디어와 엔터테인먼트 부문 이익은 2분기에 18% 감소했고 회계연도 첫 3분기 동안 46%나 떨어졌다.

이런 상황에서 밥 아이거는 케이블과 실시간 TV사업 부문 매각까지 고려하고 있다고 밝혔다. 2023년 7월 선밸리 컨퍼런스에서 진행된 CNBC와 인터뷰에서 아이거는 "ESPN을 포함한 케이블TV사업 전체를 다시 평가하고 있다"며 "매각이나 전략적인 제휴가 가능하다"고 충격적인 발언을 했다. 마블과 루카스필름 인수전을 함께했던 심복들(케빈 마이어 전 디즈니+대표, 톰 스태그 전 디즈니 CFO)을 회사로 다시 불러들여 고문을 맡겼다. ESPN과 스트리밍 서비스 등에서 손잡을 전략적 파트너(strategic partnership) 혹은 매각 대상자를 찾고 있다는 소문이 나왔다.

2023년 8월 9일 ESPN은 온라인 스포츠 베팅 시장에 진출한다고[53] 밝혔다. ESPN은 카지노 회사 펜 엔터테이먼트(Penn Entertainment)와 10년간 20억 달러 규모 거래로 온라인 스포츠 베팅 브랜드 'ESPN BET'을 런칭하기로 합의했다. 사실 디즈니의 온라인 스포츠 베팅 시장 진출은 충격이었다. 어린이와 가족 팬이 많은 디즈니는 그동안 사행성이 큰 베팅 시장과는 거래를 두고 있었다. 하지만, 근본적인 실적 악화는 디즈니의 비즈니스 전략을 다시 구성하게 할 수밖에 없었다.

다행히 파크 부문의 실적은 디즈니를 더 큰 위기에서 건졌다. 디즈니의 파크 부문(Parks & Experiences) 6월 말 기준 매출은 83억 2,600만 달러로 국내 4%, 인터내셔널에서 무려 94%가 증가했다. 하지만, 파크 비즈니스 역시 영업 이익이 줄었다. 때문에 어닝콜에서 아이거는 미래가 낙관적이라고 강조했지만, 그의 목소리는 공격적이기보다 수비적으로 들렸다.

디즈니의 위기는 스트리밍에서 왔다. 디즈니의 스트리밍 비즈니스는 2019년 11월 디즈니+ 런칭 이후 100억 달러의 손해를 봤다. 6월 말 분기 디즈니 DTC 비즈니스 적자는 5억 1,200만 달러였다. 1년 전 적자 11억 달러에 비해 줄었지만, 여전히 가장 큰 부담이다.[54]

이에 반해 4~6월 분기 디즈니+ 스트리밍 구독자는 겨우 80만 명(1억 5,700만 명) 늘었고 매출은 9% 오른 55억 달러였다. 인도 지역 스트리밍인 디즈니+핫스타는 크리켓 경기 중계권 확보 실패로 1,250만 명(전체 1,700만 명)이 빠졌다.

디즈니는 훌루(Hulu)와 디즈니+의 2024년 수익 전환을 기대하며 10월에 구독료를 대폭 인상했다. 디즈니+의 시작 당시 월 6.99달러였지만 10.99달러 인상에 이어 10월 12일 13.99달러로 올렸다. 런칭 시점과 비교하면 배 이상 구독료가 뛴 것이다.[55]

전략적 선택의 다양성이 필요한 엔터테인먼트 비즈니스

아이거는 디즈니+의 해외 진출 전략을 다시 짜고 있다. 이후 디즈니+는 한국 등 글로벌 시장에서 오리지널 제작을 대폭 줄였다. 또 ABC, 내셔널 지오그래픽, FX, 디즈니 채널 등의 매각 가능성을 언급해 큰 파장을 낳았다.[56]

밥 아이거는 "디즈니가 장기적으로 성공하려면 전통 TV 비즈니스 공식에 대해 다시 생각해야 한다고 강조했다. 특히, 수익 압박이 심한 OTT 비즈니스[57]와 미래 수익 악화가 예상되는 지상파나 케이블TV 네트워크[58]에 대한 수술이 필요하다는 것이 아이거의 생각이다. 아이거는 "실시간(전통) TV는 상대적으로 높은 이익을 안겨주지만, 코드 커팅 트렌드는 피할 수 없다"며 "실시간 TV 비즈니스에서 '전략적 선택의 다양성(variety of strategic options)'을 고려하고 있다"고 강조했다. 디즈니의 미국 내 TV네트워크 부문 2023년 6월 말 분기 매출은 전분기 대비 4% 감소했다.

<그림26> 디즈니 주가 추이

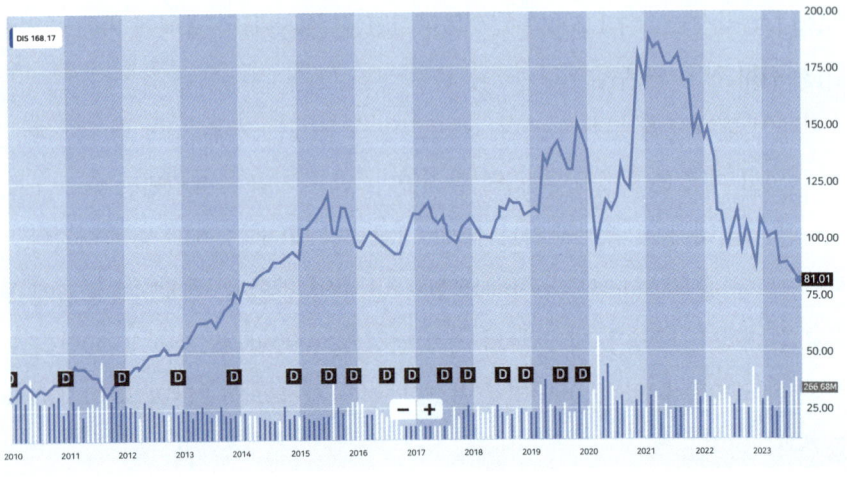

출처 : 야후

글로벌 TV가 되겠다던 디즈니의 목표도 바뀔 가능성이 있다. 디즈니, 워너 브라더스 디스커버리, 파라마운트 글로벌, NBC유니버설 등 OTT를 운영하는 모든 스튜디오는 2024~2025년에 흑자 전환 목표를 밝혔다. 이를 위해 스트리밍 서비스들은 정리해고, 비용 절감, 투자 축소 등의 전략을 택하고 있다.

하지만, 시장 상황은 녹록지 않다. 광고 시장 침체[59], 할리우드 파업[60] 등은 스튜디오들의 목표를 방해할 수 있다. 마그나에 따르면 2023년 미국 광고 시장은 전년 대비 겨우 3.4% 성장할(3,260억 달러) 것으로 예상된다. 그러나 상당수 광고는 방송이 아니라 틱톡, 인스타그램 등 소셜 미디어 부문으로 간다.

<그림27> 디즈니+ 가입자

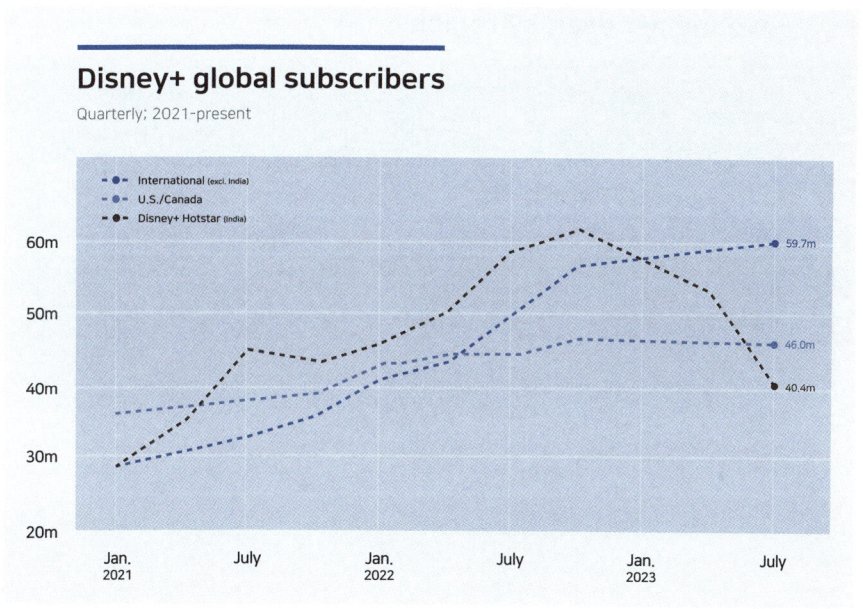

디즈니도 7,000여 명을 정리하면서 이미 한국 등에서의 디즈니+ 인력을 대폭 줄였다. 디즈니가 2024년 OTT 부문 흑자를 달성하기 위해서는 글로벌 전략을 수정할 수밖에 없을 것으로 보인다. 콘텐츠 자체 생산보다는 인터내셔널 유통 사업자들로부터 콘텐츠 라이선스를 확보하는 전략을 강화해야 한다. 한국 콘텐츠 산업에게는 기회가 될 수 있다.

1인당 객단가가 낮은 인도 사업(Disney+Hotstar)은 매각을 검토해야 한다. 밥 아이거도 실적 발표에서 "해외 시장 전략을 다시 검토하고 있다"고 말했다. 인도 스트리밍 '디즈니+핫스타'는 디즈니가 2019년 폭스를 인수하면서 경영하게 됐다.[61] 디즈니+핫스타의 1인당 매출(ARPU)는 0.59달러 수준이다. 북미 지역 7.31달러와는 큰 차이가 난다.

<그림28> 디즈니+ 1인당 객단가 추이

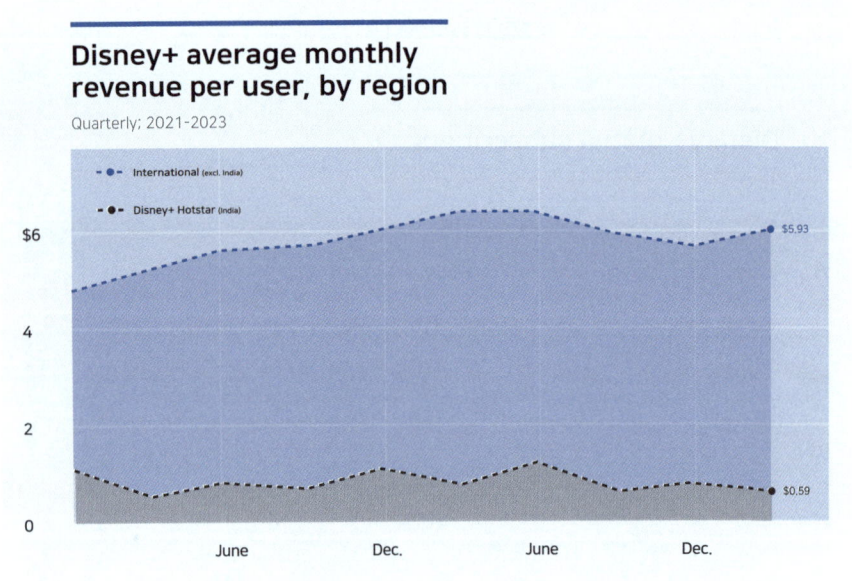

하지만, 디즈니와 아이거의 지금 전략들은 코로나바이러스 이후 진행되는 '시장 대응'에 가깝다.[62] 그래서 장기적인 생존 전략이 필요하다는 지적이 많다. 디즈니+에 필요한 것은 '1인당 고객 가치'를 높이는 것이다. 디즈니+는 월 이용 가격을 계속 높이고 있다.[63] 무분별한 진출 대신, 유럽(영국, 프랑스, 스위스 등)과 캐나다에 광고 기반 상품을 내놓는 등 객단가를 높이는 전략으로 가고 있다. 밥 아이거는 2022년 12월 미국에서 처음 내놓은 디즈니+ 광고 상품 구독자는 6월 말 현재 330만 명이라고 밝혔다. 디즈니는 광고 상품 판매 국가를

계속 늘리고 있다. 2023년 11월 1일에는 캐나다와 유럽에 광고 탑재 상품을 내놓는다.

캐나다에서 광고 상품을 내놓는 것은 의미가 크다. 2023년 4~6월 디즈니+는 미국과 캐나다의 30만 명의 구독자를 잃었다. 2023년 6월 북미 지역 디즈니+ 구독자는 4,600만 명이다.

디즈니는 두 개 이상의 스트리밍을 묶어 파는 번들(Bundle) 상품을 강력하게 밀고 있다. 번들 고객의 이탈률이 낮기 때문이다. 2023년 9월 6일 디즈니는 미국에서 새로운 프리미엄 스트리밍 번들(디즈니+, 훌루 광고 없는)을 월 19.99달러에 판매한다. 기존 스탠다드 상품에 비해 37% 저렴한 가격이다. 밥 아이거는 또한 넷플릭스처럼 비밀번호 공유를 제한하는 방법을 고려하고 있다고 밝혔다.

04. 넷플릭스 아이디 공유 차단

넷플릭스(Netflix)가 2023년 5월 23일(미국시간) 미국에서 전격적으로 비밀번호 공유 제한(추가 요금제)을 실시했다. 6월부터 한 집에 사는 가족이 아닌 사람들과 넷플릭스 계정을 나눠쓰기 위해선 월 7.99달러의 추가 요금을 내야 한다. 미국에서는 반발이 당장 나왔다. 추가 요금 가격이 너무 비싸고 같이 살지 않는다고 해서 과금을 유도하는 것이 문제라는 지적이다. 이에 구독자 이탈도 예상된다.

한국에서는 아직 시행되지 않고 있지만 2024년에는 본격적으로 도입될 가능성이 높다. 2023년 6월 한국을 방문한 테드 사란도스 공동 CEO는 포시즌스 호텔 서울에서 진행한 '넷플릭스와 한국 콘텐츠 이야기' 행사에서 "계정 공유 방식의 경우 글로벌하게 지속할 예정"이라며 "오늘(22일) 특별하게 공지할 것은 없으나 기대해달라"고 말했다. 계정 공유 제한 정책을 적용할 것이라고 시사했지만 구체적인 시행 시점은 공개하지 않았다.[64]

넷플릭스가 비밀번호 공유 제한 성공을 자신하는 이유는 오리지널 콘텐츠에 대한 충성도를 믿기 때문이다. 넷플릭스 CEO 그레그 피터스는 서비스 초기 이탈이 있겠지만 가격 인상 때와 비슷한 양상이 펼쳐질 것이라고 말했다. 결국 다시 넷플릭스로 돌아올 것이라는 이야기다.

실제, 2023년 2분기 실적 발표에서 넷플릭스는 589만 명, 3분기에는 876만 명의 구독자를 확보했다. 이 수치를 비밀번호 공유 단속의 결과라고 해석하는 이들도 있다.

하지만, 공유 제한 정책이 실패할 것이라는 분석도 있다. 넷플릭스의 오리지널 점유율이 계속 떨어지고 있기 때문이다. 패럿 애널리틱스가 2023년 1분기 '오리지널 콘텐츠 수요'를 분석한 결과, 넷플릭스 오리지널 글로벌 수요(global share of demand for streaming originals)는 역대 최저인 37.9%였다. 2020년 1분기에는 55.1%였다. 이에 반해 모든 OTT 오리지널 수요(Global demand for originals from all other streamers)는 12.5% 성장했다. 넷플릭스를 제외한 다른 스트리밍 오리지널 수요가 더 높아지고 있다는 의미다.

<그림29> 오리지널 콘텐츠에 대한 플랫폼별 글로벌 수요 점유율

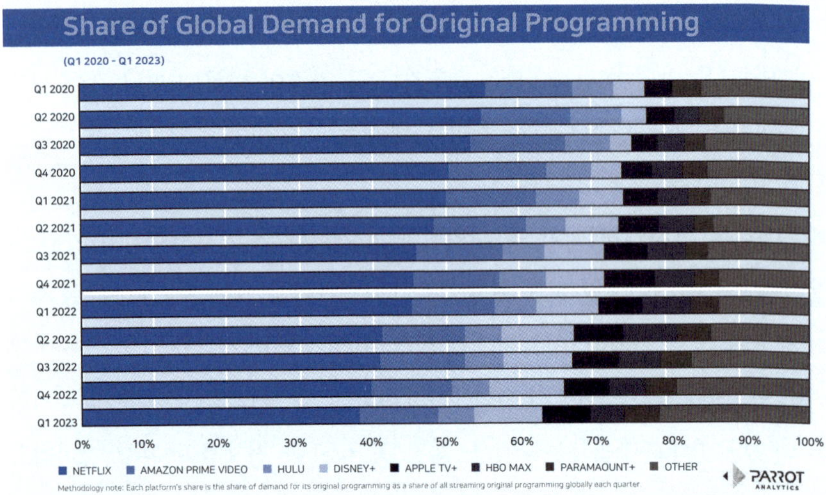

출처 : 패럿 어낼리틱스

넷플릭스 글로벌 오리지널 콘텐츠 수요는 2020년 1분기부터 2022년 1분기까지 지속적으로 감소했다. 대신 디즈니+, HBO MAX, 애플TV+가 점유율은 증가했다. 2022년 이후 넷플릭스의 경쟁자는 6개로 늘어 아마존 프라임 비디오, 훌루, 파라마운트+가 추가됐다. 패럿 어낼리스틱스에 따르면 2023년 1분기 기준 이들 6개 서비스가 전체의 수요의 41.2%를 차지했다.

하위 그룹의 도발도 심상치 않다. AMC+와 같은 틈새 스트리밍과 글로벌 시장에서 각 지역 사업자(웨이브, iQiyi, Zee5)의 점유율 확대도 이들 6개를 괴롭히고 있다. 이런 상황에서 넷플릭스가 비밀번호 공유 제한 정책을 성공적으로 마무리할 수 있을까? 이 싸움이 장기전이라고 생각된다면 넷플릭스는 라이브러리 보전에 더 힘써야 할 것으로 보인다.

넷플릭스에 이어 디즈니도 계정 공유 제한

넷플릭스에 이어 디즈니+가 비밀번호 공유 금지 정책을 2023년 11월 1일부터 미국 캐나다에서 실시한다고 밝혔다. 디즈니는 공지글을 통해 "만약 공유가 허용되지 않은 상품을 구독하고 있다면 집 밖에서는 아이디를 돌려쓸 수 없다"고 밝혔다.

디즈니는 디즈니+ 가입자가 해당 조건을 위반했다고 회사가 판단한 경우, "계약에서 허용하는 대로 서비스에 대한 접근을 제한 또는 종료하거나 다른 조치를 취할 수 있다"라고 고지했다. 디즈니+가 계정 공유 금지를 위반했을 시 불이익을 준다는 것을 예고하는 것이다.

<그림30> 계정 공유 금지에 대한 넷플릭스 이용자 반응

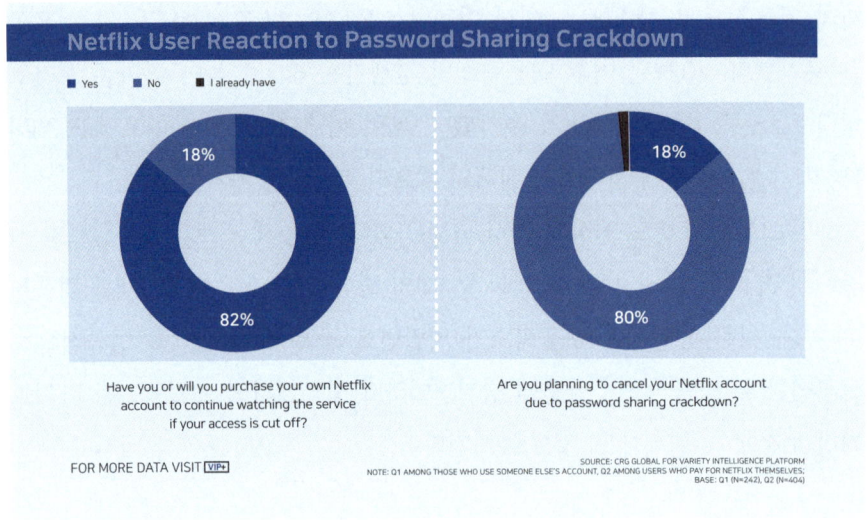

출처 : 버라이어티

아이거 "2024년 비밀번호 유료 공유 전세계 확대"

2019년 스트리밍 시장 진출 이후 DTC부문에서만 100억 달러의 손해를 본 디즈니는 비밀번호 공유 제한 등 수익화 다변화 전략을 계속 고민해 왔다. 특히 구독자 증가세가 정체를 보이고 있는 상황에서 이 전략은 더 절실하다. 2023년 7월 1일 기준, 디즈니+의 가입자는 미국과 캐나다에서 30만 명이 감소해 4,600만 명에 머물렀다. 전체 디즈니+ 구독자의 경우 80만 명의 증가(1%)한 1억 570만 명이었다. 이 수치는 크리켓 중계권을 잃으면서 가입자 24%가 감소한 디즈니+핫스타 인도 구독자를 제외한 것이다.

디즈니 CEO 밥 아이거(Bob Iger)는 2023년 8월 9일 실적 발표에서 "우리는 계정 공유를 다루는 방법과 구독자가 친구 및 가족과 계정을 공유할 수 있는 최선의 옵션을 적극적으로 탐구하고 있다"며 "2024년 말 공유 정책에 대한 조건과 함께 구독 계약을 업데이트하기 시작할 것이며 2024년 수익화 촉진 전략을 펼칠 것"이라고 설명했다. 2024년 비밀번호 공유 제한 정책을 확대하겠다는 의지를 보인 것이다.

이용 가격도 인상했다. 디즈니+는 2013년 10월 12일부터 디즈니+프리미엄(광고 없는) 월 구독 가격을 27%(13.99달러) 인상했다. 광고 없는 훌루의 구독 상품 가격도 20% 높였다. 다만, 가장 많은 사람이 가입하는 디즈니+훌루 번들(Bundle)은 여전히 9.99달러(월)에 판매된다. 디즈니+의 광고 편성도 확대했다. 2023년 11월 1일부터 디즈니는 캐나다(월 $7.99 달러)와 영국(월 £4.99), 8개의 유럽 국가(월 €5.99)에서 월 7.99달러에 디즈니+ 광고 지원 버전을 런칭했다.

<그림31> 디즈니 DTC 분야 영업 이익

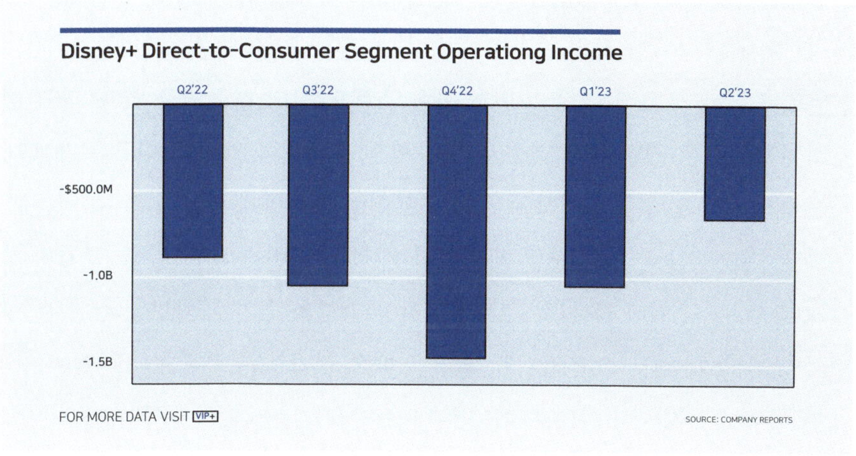

출처 : 버라이어티

비밀번호 공유 금지 확산

스트리밍 서비스의 비밀번호 공유 제한 정책 성공 여부는 아직 알 수 없다. 하지만, 스트리밍 시장이 침체되면서 계정을 나눠쓰는 가입자들에 대한 단속은 여러 사업자로 확산되고 있다.

디즈니에 앞서, 넷플릭스는 2023년 5월 중순, 100개 넘는 국가에서 계정 공유 유료 프로그램을 시작했다. 불법으로 계정을 공유하는 구독자를 막거나 가족이 아닌 사람과 넷플릭스 계정을 공유하기 위해선 추가 비용을 내도록 만들었다. 2023년 2분기 넷플릭스는 590만 구독자를 확보했다. 당초 예상보다 두 배 이상된 수치인데 비밀번호 공유 단속 영향인 것으로 알려졌다. 넷플릭스 공동 CEO 그레그 피터스(Greg Peters)는 지난 9월 투자자 컨퍼런스에서 "우리는 당분간 비밀번호 공유 비즈니스를 강화할 것"이라며 "나는 그것을 과도기적인 상황으로 생각한다"고 덧붙였다.[65]

맥스(MAX) 역시 계정 공유 제한 정책을 만지작거리고 있다. NBC유니버설의 피콕(Peacock)은 같은 가구 내에서만 계정을 공유할 수 있다고 했지만, 위반할 경우 단속은 하지 않고 있다.

파크 어소시에이트(Parks Associates)의 조사에 따르면, 대부분 스트리밍 서비스 구독자들이 자신들의 유료 계정 정보를 친구나 가족과 공유하고 있다. 파라마운트+ 구독자의 절반이 공유 중이며 ESPN+의 구독자의 62%가 비밀번호를 함께 쓰고 있다. 비밀번호 공유 트렌드는 더 강화되고 있다. 파크 어소시에이트는 2019년 이후 2022년까지 계정 공유는 48% 늘었다고 공개했다. 이에 비밀번호 공유를 금지하는 것이 스트리밍의 수익에 도움이 될 수 있다.[66]

전문가들은 결국 거의 모든 사업자가 계정 비밀번호 무단 공유 금지에 나설 것으로 보고 있다. 현실적으로 스트리밍 수익을 추가로 확보할 수 있는 방법이 많지 않기 때문이다. 하지만, 관건은 대체 불가능한 콘텐츠를 가졌는지에 대한 여부다. 버라이어티 조사에 따르면 오리지널 충성도가 높은 넷플릭스의 경우 비밀번호 공유가 금지될 경우, 자신의 돈으로 신규 가입하겠다는 응답이 많았다.

05. 생성AI와 OTT

주어진 명령에 따라 텍스트, 오디오, 비디오, 이미지 등을 만들어내는 생성 AI는 테크놀로지와 미디어, 엔터테인먼트 시장을 흔들고 있다. AI의 급속한 확산에 바이든 백악관까지 나서면서 전 세계는 AI에 빠져들고 있는 분위기다. OTT 서비스도 마찬가지다.

OTT에도 AI가 깊숙하게 들어왔다. 유료와 무료 스트리밍, FAST, 실시간 채널, VOD도 다르지 않다. 특히, FAST의 업계는 오랫동안 AI가 스트리밍의 진정한 장점을 실현하는 핵심 요소가 될 것이며, 이는 AVOD와 SVOD에도 동일하게 적용될 것이라고 말해왔다.

OTT가 콘텐츠를 스트리밍하는 방식은 기술 발전으로 인해 급격하게 변할 것으로 보인다. 그러나 대부분의 경우, 일반 소비자는 인식하지 못한다. 광고 및 콘텐츠 추천, 새로운 콘텐츠를 제공하는 방식 변화는 시스템 하부에서 이뤄지기 때문이다. AI도 마찬가지다.

AI적용, 개인정보 과다수집 필요성 줄여

AI를 OTT에 탑재하면 사용자들에게 굳이 개인정보 입력이나 로그인을 요구하지 않아도 광고 효율성을 높일 수 있다. 사용자 선호도와 행동(user preference and behavior)에 기반한 머신 러닝 및 AI기반 알고리즘은 로그인이나 다른 개인 장벽을 설정하지 않아도 광고 시청자를 특정할 수 있고 이들에게 개인 특화된 자료를 제공할 수도 있다.

AVOD와 SVOD에 AI가 적용되면 현재 사용자에게 가장 어필하기 쉬운 영화와 TV프로그램을 노출하는 알고리즘을 향상시킬 수 있다. 시청자가 일반적으로 연중 혹은 일일 시청하는 콘텐츠 종류와 같은 추가적인 선호도 조사를 굳이 하지 않아도 될 수도 있다.

늘어나는 콘텐츠, 필수적인 AI EPG

FAST는 AI 추천(Recommendation)이라는 새로운 영역을 개척할 수 있다. FAST는 광고를 보는 대신 TV콘텐츠를 무료로 보는 스트리밍 TV(Free Ad-Supported Streaming TV)다. 현재 대부분 FAST 서비스는 프로그램 제공 가이드 EPG(electronic programming guides)를 제공한다. 실시간 채널과 함께 VOD도 공급하기 때문에 집중도를 높이기 위해서다.

문제는 FAST에서 제공하는 콘텐츠와 채널 숫자는 계속 늘어나고 있다. 현재 미국 FAST 플랫폼별 제공하는 채널 숫자는 40개에서 400개에 달한다. 채널 탐색과 콘텐츠 찾기는 더 어려워졌다.

AI는 이런 복잡한 EPG를 바꿀 수 있다. 사용자가 특별히 설정하지 않아도 AI는 이용자가 원하는 채널을 찾아서 그것만 서비스해 줄 수 있다. 구글TV와 같은 통합 서비스는 800개 이상의 FAST 채널을[67] 제공하지만 피로하지 않을 수도 있다.

AI의 대량 언어모델, 머신러닝은 계속해서 시청자의 기호와 서비스가 제공하는 콘텐츠를 업데이트할 수 있다. 사람이 구분하는 알고리즘을 넘어설 수 있는 것이다. 가장 중요한 것은 AI 기반 개인 맞춤형 추천은 FAST 이용시간을 늘릴 수 있다는 점이다.

장기적으로 AI는 EPG 채널 추천을 넘어설 수도 있다. 사용자들의 선호에 따라 개인 추천 채널들을 만들 수 있다. 또 계절과 시간 등을 반영한 맞춤형 채널 구성을 해줄 수 있다. 예를 들면 아침에는 뉴스, 저녁에는 드라마 채널들을 몰아서 보여줄 수 있는 것이다.

AI더빙 증가

AI는 제작에도 쓰이고 있다. OTT 서비스 사업자들의 해외 진출이 늘어나자, AI 더빙(dubbing)에 대한 수요와 공급도 늘고 있다. AI 더빙의 핵심은 특정 언어 콘텐츠를 다른 언어로 변환하는 기술이다. 처음 자동 더빙 기술이 등장했을 때는 톤이 문제였다. 기계음은 시청자들을 불편하게 만들었다. 그러나 머신러닝 기술은 이런 장벽을 없애고 있다.

AI생성 보이스에는 두 가지 방법이 있다. 기존 목소리를 만들어내는 것과 새로운 합성 목소리를 창조하는 것이다. 요즘에는 둘 다 사람의 목소리에 가깝다.

<탑 건 매버릭>에서 발 킬머가 연기하는 아이스맨은 소난틱이라는 기업이 만들어낸 합성 보이스다. AI 보이스 클로닝(AI Voice Cloning)은 배우들의 실제 음성에 기반한 '합성 목소리'도 자연스럽게 만든다. 현존하는 오디오나

비디오 텍스트에 기반해 AI 앵커에게 새로운 노래를 부르게 할 수 있다. 베리톤(Veritone)과 같은 서비스는 영어를 한국어 등 116개 언어로 자연스럽게 번역할 수 있다.

페이퍼컵(Papercup)이나 싱크워즈(SyncWords)와 같은 AI 더빙 기업들은 스트리밍 서비스의 글로벌 진출에 따라 부상하고 있다. 또 미국에 살고 있는 소수 인종들도 자막에서 해방시킬 수 있다.

미국 캘리포니아 산타모니카에 위치한 플로우리스(Flawless)[68]는 원본 영상 촬영 후 배우들의 입 움직임과 얼굴 표정을 편집하는 딥페이크 스타일 툴의 개발에 집중하고 있다. AI 기술이 적용된 이 툴을 이용하면 더빙 없이도 배우들이 다른 나라 언어로 말하는 장면을 자연스럽게 연출할 수 있다.

또 심의 연령에 맞춰 언어 수위도 조절할 수 있다. 실제 풀로우리스는 성인 등급(R) 영화 <가을(Fall)>을 AI 툴을 통해 13세 등급으로 순식간에 전환시켰다. 또 더빙을 위한 합성 인간 보이스를 만들어내는 AI 스타트업 페이퍼컵(Papercup)은 어떤 언어로도 콘텐츠를 볼 수 있게 하는 것이 목표다.

AI 라이브 더빙, 자막 서비스를 하는 싱크워즈는 저렴한 가격이 특징이다. 하루만에 실시하는 분당 AI 번역 비용은 검수하는데 들어가는 3.5달러에 불과하다. 3~5일을 기다릴 수 있다면 1.95달러로 떨어진다. VOD와 라이브 스트리밍에도 적용이 가능하다. 현재 100개 이상의 언어로 더빙과 자동 자막 처리가 가능하다.[69]

영국 기반 스타트업 페이퍼컵(Papercup) 역시 빠르고 저렴한 번역과 통역 서비스를 자랑한다. 이 회사 솔루션의 기본 가격은 분당 20달러다. 특히, 번역의 퀄리티를 유지하기 위해 인간 검수 과정을 꼭 거치고 있다. 아울러 오남용을 막기 위해 라이선스보다는 완제품을 공급하고 있다. 최근 시리즈A에서 2,000만 달러를 투자받았는데 영국 스카이와 가디언 미디어 그룹도 참여했다. 유튜브 구독자 1위 미스터 비스트도 자신의 유튜브 글로벌 진출에 이 회사의 번역, 통역 솔루션을 사용했다.[70]

이외 과거 배우들의 음성을 복제해 영화나 비디오 게임에 사용하는 기술을 가진 레스피처(Respeecher)와 영화와 TV쇼 더빙을 위해 생성 AI를 이용하는 딥더브(Deepdub)도 많은 주목을 받고 있다.

이들 AI 더빙 솔루션은 글로벌 진출에 집중하고 있는 FAST 서비스에서 수요가 높다.[71] 향후에는 모든 엔터테인먼트 회사들이 AI더빙을 콘텐츠에 적용할 수도 있다. AI와 OTT의 시너지 가능성은 무한하다. 그러나 아직은 장기적인 과제다. AI는 시청자들을 위한 더 나은 광고, 더 좋은 콘텐츠 추천, 개인화된 OTT 채널 등의 기회를 제공할 수 있다.

폭스 FAST에 AI도입

폭스 그룹은 광고 기반 스트리밍 서비스 FAST 투비(Tubi)에 생성AI (Generative AI)를 적용한 AI 검색 시스템을 2023년 9월 26일 공개했다. AI가 새로운 TV 프로그램과 볼만한 영화를 제안하는 비서 역할을 하는 콘셉트다.[72]

투비의 AI 추천툴 '래빗AI(Rabbit AI)'는 챗GPT가 탑재된 인공지능이다.[73] 투비의 모바일 앱 하단에 보이는 AI 추천툴은 애플 IOS용으로만 만들어졌다. 이용 방법은 간단하다. 친구에게 영화 추천을 묻는 것처럼 텍스트로 원하는 것을 질문하면 된다. 홍보 영상에는 사용자가 '상어가 나오는 코미디 영화(Any movies that are funny about sharks)'라고 입력하자, 래빗AI가 'Shark Bait' 'Sharknado' 'Sharkula', 'Bigfoot vs Megalodon' 등의 영화를 추천하는 장면이 나온다. 사용자들은 '나의 결과 리스트(My List watchlist)'와 '검색 리스트'도 저장해 나중에도 활용할 수 있다.

<그림32> 투비의 래빗 AI 화면

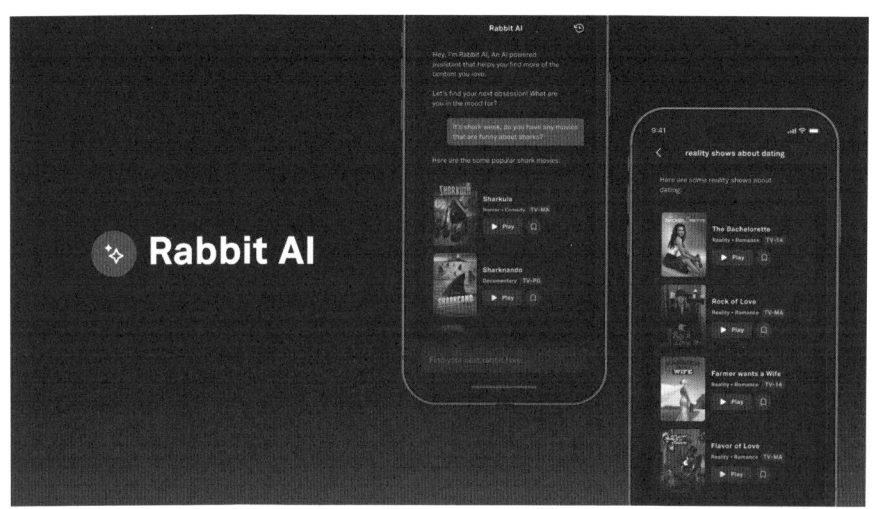

현재 투비는 마이리스트, 선호도, TV와 영화 시청 패턴 등의 검색 기능을 제공하고 있다. 래빗AI는 여기에 AI를 적용해 정확도와 만족도를 높이는 방식을 사용하고 있다. 래빗AI 검색, 알고리즘에도 반영돼 추천 정확도는 계속 높아진다. 콘텐츠에 대한 질문을 하면 할수록 더 똑똑해진다는 이야기다.

래빗AI는 현재 미국에서만 사용할 수 있다. 폭스는 베타 운영 후 문제점을 보완해 다른 국가로 적용 대상 지역을 확대하고 안드로이드 버전도 조만간 출시한다. 다만 현재까지는 래빗AI 플러그인 기능은 오픈AI 구독자만 사용할 수 있다.

래빗AI라는 이름은 투비의 마스코트 토끼에서 왔다. 투비는 2023년 2월 NFL 결승전인 슈퍼볼에서 처음으로 사람들을 구멍에 빠트리는 토끼를 등장시킨 광고를 선보였다. 사람들이 투비의 매력에 빠져든다는 컨셉트다. 투비에 따르면 미국에서 2만 개가 넘는 타이틀을 보유하고 있다.

비디오 스트리밍에 AI에 적용될 경우 새로운 시너지를 만들어낼 수 있다. 스트리밍 서비스 구독자들은 의외로 검색이 쉬운(혹은 검색에서 상위에 노출되는) 콘텐츠를 그냥 시청하는 경우가 많기 때문이다. 블레이크 바세트(Blake Bassett)

투비 제품 담당 이사는 "최근 설문 조사에 따르면 스트리밍 이용자 5명 중 한 명은 '검색이 쉬운' 콘텐츠를 먼저 본다고 답했다"고 말했다. 그는 또 "투비의 경우 시청자를 위한 콘텐츠 검색에 최적화되어 있다"며 "투비(Tubi)에서는 대형 라이브러리, 개인화 및 머신러닝 알고리즘 덕분에 특정한 콘텐츠를 제대로 찾을 수 있는 위치에 있다. 래빗 AI로 콘텐츠 발견 경험을 다시 재미있게 만들고 있다"고 강조했다.

검색 기능을 더 활성화하고 AI를 적용해 더 미세한 추천을 하면 더 많은 콘텐츠를 보게 된다. 많은 콘텐츠 수급비를 투입해 다양한 프로그램을 보유하고 있는 스트리밍 플랫폼의 경우 자원을 효율적으로 활용할 수 있게 된다.

특히, 무료 스트리밍 플랫폼일수록 검색의 편의성과 정확성에 기대는 성향이 높다. AI를 이용해 검색의 편의성을 더할 경우 오디언스를 잡아둘 수 있는 힘은 더 커진다. 버라이어티가 베보&퍼브리시스 미디어(Vevo and Publicis Media)에 구독자들의 TV시청 습관을 조사한 결과 시청할 콘텐츠를 쉽게 찾을 수 있는 것, 즉 콘텐츠 검색 과정을 편리하게 하는 것이 이 시청자들이 FAST 채널을 찾는 주요 요인이었다. 당연한 말이지만 콘텐츠 검색이 더 편할수록 해당 채널이나 플랫폼을 이용할 가능성이 높아진다는 이야기다.

버라이어티가 발표한 조사(1,476명)에 따르면 사용자들로부터 높은 평가를 받은 무료 스트리밍 서비스들은 '영화와 TV타이틀의 제공 갯수'와 함께 '잘 구성되어 있다(well organized)'는 평가를 받았다. 영화와 TV 제공 갯수만큼이나 검색이나 구성이 잘 되어 있는지가 중요한 것이다.

<그림33> FAST 채널 주요 이용 요인

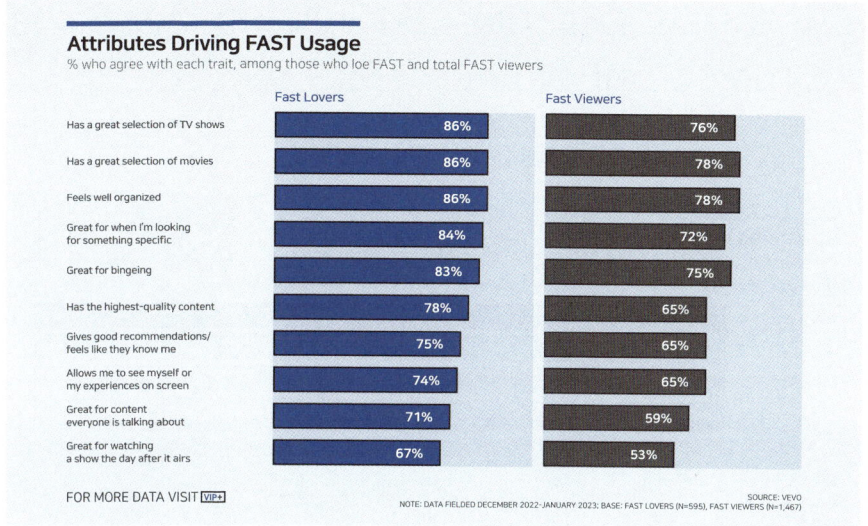

출처 : 버라이어티

　탐색성(navigability)은 스트리밍 시대 핵심이다. 훌루, 맥스, 디즈니+ 등 주요 메이저 스트리밍 서비스에 대한 지난 5월 버라이어티조사(SmithGeiger survey)에서도 플랫폼에 대한 불만 중 주요 사안으로 탐색성 문제가 자주 언급됐다.[74] FAST 애호가의 85%가 채널을 선택하는 주요 요인으로 '특정한 것을 찾고 있을 때 유용함(great for when I'm looking for something specific)'을 꼽았다.

　패스트의 매력은 케이블TV의 최대 강점인 '그냥 방송되는 프로그램을 보는 것(just see what's on experience of cable)'이라는 매력을 스트리밍에서 경험할 수 있다는 것이다. 때문에 베보 조사에서 '원하는 것이 나올 때까지 콘텐츠를 검색하는 경향(browse or scroll until I come across something)'은 FAST가 가장 높았다(59%) 유료 방송(MVPD)나 유료 구독 서비스(Ad Free SVOD)는 검색 경향이 45~50% 수준이었다. 검색 시간이 길어질 경우 광고 플랫폼에는 도움이 된다.

　사용자들이 FAST에 열광하는 이유는 검색의 용이성을 넘어 자신이 즐기는 콘텐츠를 쉽게 찾을 수 있기 때문이다. 단지 검색이 쉬워서가 아니라, 좋아하는 콘텐츠를 편리하게 볼 수 있어서 FAST를 방문한다는 이야기다. 이 지점에서 AI는 효과적으로 능력을 발휘할 수 있다. 자신의 즐기는 콘텐츠를 검색할 수 있게 기술이 돕는다면 체류 시간은 더 늘어날 수 있다.

<그림34> 스트리밍 시청 습관

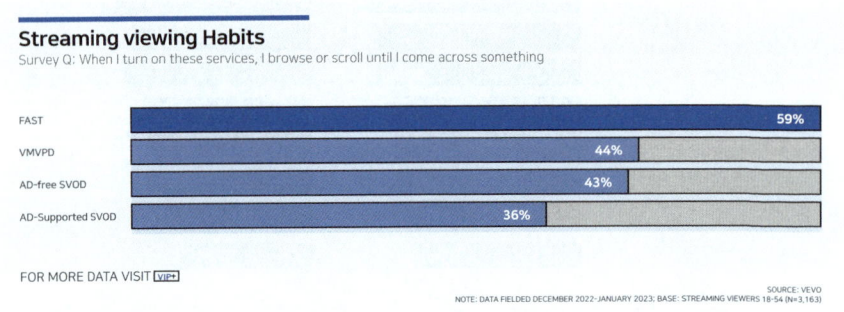

출처 : 버라이어티

실시간 TV채널이 포함된 FAST는 검색의 자유도 준다. VOD를 검색하는 대신 FAST 앱에 들어가서 무엇이 방송되고 있는지 확인하면 된다. 이때 사용자들은 실시간 채널들의 편성표인 EPG를 주로 활용한다. 여기에 AI가 붙어 AI EPG가 된다면 취향을 저격할 수 있다. 케이블TV를 중단하고 스트리밍 서비스로 이동하는 코드 커팅은 점점 일반화되고 있다.

그러나 코드 커팅의 대역설은 TV시청자들이 선택의 자유를 그다지 좋아하지 않는다는 것이다.[75] TV시청은 원래 수동적이다. 앞서 언급했듯 콘텐츠 검색(content discovery)은 유료 스트리밍 이용에서 가장 큰 불편한 요소다. 많은 소비자들이 본인이 보고 싶은 콘텐츠를 찾는 것에 대한 어려움을 호소하고 있다. 이런 점에서 실시간 채널은 스트리밍에게 고객을 끌어들이는데 가장 강력한 무기가 될 수 있다. 여기에 AI가 붙는다면 그 힘은 배가 된다.

스트리밍에 AI를 접목시키는 시도는 오디오 스트리밍에도 한창이다.[76] 글로벌 1위 음악 스트리밍 서비스 스포티파이(Spotify)는 생성AI보이스 기술을 이용, 유명 영어 팟캐스트의 목소리를 영어, 프랑스어, 독일어 등으로 번역해 전

달하고 있다. 닥스 셰퍼드(Dax Shepard)의 'eff won with DRS'. 더링어(The Ringer)의 'The Rewatchables'. 2023년 말 출시 예정인 트레버 노아의 새로운 오리지널 팟캐스트 등에 AI를 이용한 번역 기술을 적용하고 있다. 물론 AI 번역은 점점 더 확대되고 있다. 보이스 변환 기술이 적용된 에피소드는 스포티파이를 통해 9월 25일부터 글로벌 전역에서 서비스되고 있다.

코코와, AI추천 시스템 도입

북미 최대 한국 엔터테인먼트 스트리밍 플랫폼 코코와+(KOCOWA+)가 구독자들의 콘텐츠 몰입도를 높이기 위해 생성AI를 품었다. 코코와+는 AI기반 검색 기능(KeyTalk)을 도입했다고 9월 29일(미국시간) 밝혔다. K엔터테인먼트 스트리밍에 AI가 도입되기는 이번이 처음이다. 코코와+가 도입한 AI 검색 '키토크(KeyTalk)'는 질문에 대한 답을 통해 보다 개인화된 시청 경험을 제공하는 것이 핵심이다.

코코와+의 키토크의 가장 큰 특징은 넓은 검색 범위다. 소비자들은 메타 데이터를 통해 원하는 콘텐츠 정보를 보다 빠르게 얻어 효율적으로 이용할 수 있다.

사실 방송 시장에서 스트리밍 서비스가 일반화되면서 콘텐츠 검색 지연 문제는 비용 불편과 구독자 이탈로 이어지고 있다. 닐슨이 지난 2023년 8월에 발표한 자료에 따르면 자신이 원하는 드라마, 영화를 스트리밍에서 찾는데 미국인들은 평균 10.5분을 쓰고 있다. 닐슨(Gracenote data analysis)에 따르면 2021년 7월 미국, 영국, 캐나다, 멕시코, 독일 등에서 서비스되는 콘텐츠는 190만 개였다. 그러나 2023년 7월 그 숫자는 270만 개로 늘었다.

때문에 스트리밍에서 가장 중요한 것은 '검색 시간 단축'과 '정확한 표적 검색'이다. AI키토크는 이에 최적화됐다. AI기반 데이터 변환 기술을 이용해, 다양한 언어와 썸네일, 검색 지점을 제공해 정밀한 콘텐츠 추천이 가능하다. 게다가 질문에 따라 서로 다른 결과를 노출시켜줘 이용자 만족도도 높을 것으로 예상된다.

코코와+는 기본적으로 이용자의 검색 결과와 질문을 바탕으로 '개인에 최적화된' 콘텐츠를 추천한다. 시청 만족도가 더 높을 수 밖에 없다. 박근희 코코와+ 대표는 "코코와+는 보다 더 개인화된 엔터테인먼트 소비 경험을 제공하기 위해 노력하고 있다"며 "구독자들은 기본적인 추천을 넘어 새로운 단계의 몰입과 콘텐츠 탐색 만족도를 AI키토크를 통해 얻을 수 있다"고 강조했다.

특히, AI키토크(KeyTalk)는 다양한 언어를 쓰는 K콘텐츠 팬들에게 큰 도움을 줄 전망이다. K팝, 드라마, 예능, 영화 등 다양화되고 있는 한국 콘텐츠를 보다 정교하게 찾아볼 수 있기 때문이다. 틱톡 스타일의 검색 기능은 젊은 세대들의 만족도도 높일 수 있다.

코코와+는 AI 검색 기능 개발을 위해 프롬프트(명령어) 엔지니어링 회사 키토크(KeyTalk AI)와 파트너십을 맺었다. 키토크AI는 이용자에게 구어체 표현의 단어 키워드인 '키토크(keytalk)'로 자신이 원하는 결과물을 도출할 수 있도록 돕는 솔루션 회사다. 키토크AI는 구독자가 AI를 활용해 원하는 콘텐츠나 검색 결과를 얻을 수 있도록 적합한 명령어인 키토크를 제공한다.

적절한 키워드를 조합해 이용자가 원하는 영화, 드라마, 연예인을 찾을 수 있도록 해주는 '마이무비(Maimovie)', '스테이피아', '글램아이(Glamai)', '마이셀럽스 스타(Mycelebs Star)'가 키토크AI의 대표 솔루션이다.

예를 들어 마이셀럽스 스타(Mycelebs Star)가 탑재된 코코와+는 검색의 깊이를 더해줄 수 있다. '런닝맨과 같은 단어를 담은 쇼(shows like Running Man)' 찾는 대신 자연어 기반으로 '런닝맨'과 유사한 내용의 버라이어티 쇼를 노출해 준다. 코코와+는 키토크 탑재로 구독자들의 콘텐츠 검색 시간이 단축되고 만족도도 대거 높아질 것으로 보고 있다.

코코와+의 AI테크놀로지 탑재는 K콘텐츠의 글로벌 확산에 더 큰 도움을 줄 것으로 예상된다. 이에 앞서 코코와+는 UI/UX를 소비자에 최적화했고 콘텐츠 매니지먼트 시스템(CMS)역시, 자체 개발해 '콘텐츠 노출도'를 최상급으로 높였다. 이런 기술력을 바탕으로 코코아+는 K-드라마, K팝, 공연, 기타 콘텐츠를 서울에서 방송된 뒤 수 시간 내 5개 언어로 번역하고 전 세계로 유통하고 있다. 통상적으로 한국에서 금요일 방송된 주말 드라마를 미국에서도 자막과 함께 같은 요일에 즐길 수 있다.

한편, 코코와+는 웨이브, SK스퀘어 아메리카스, KBS, MBC, SBS가 합작해 만든 '웨이브아메리카스'가 서비스하는 스트리밍 플랫폼이다. 유료 구독 스트리밍을 2017년 미국에 런칭했고 2023년 9월 현재 미국, 캐나다, 멕시코, 브라질에서 서비스를 하고 있다. 2만 5,000시간 분량 한국 드라마, 영화, 리얼리티, 예능, K팝 콘텐츠를 제공하고 있다.

06. 작가·배우 파업과 OTT[77]

할리우드가 멈춰 섰었다. 지난 5월 2일 미국 작가노동조합(WGA, Writers Guild of America West)이 영화 및 TV 프로듀서 연합(AMPTP, Alliance of Motion Picture and Television Producers)을 상대로 파업을 시작했고, 7월 13일부터는 미국 배우·방송인 노동조합(SAG-AFTRA, Screen Actors Guild - American Federation of Television and Radio Artists)이 파업에 들어갔다. AMPTP에는 디즈니, NBC 유니버설, 파라마운트, 소니 등 기존 할리우드 스튜디오뿐만 아니라 OTT 오리지널 제작사인 넷플릭스나 아마존, 애플 등 350개 기업이 포함되어 있다. WGA는 2007년 이후 16년만에 파업에 돌입했고, SAG-AFTRA는 1980년 이후 43년 만이다. 무엇보다 두 노조의 동시 파업은 1960년 이후 63년 만이다. 그만큼 할리우드의 콘텐츠 산업이 처한 상황이 좋지 않음을 대변한다.

두 노조와 달리 파업을 하지 않은 감독노동조합(DGA, Directors Guild of America)의 합의 모두 넷플릭스 등 OTT와 밀접한 관계가 있다. WGA는 9월 24일, SAG-AFTRA는 11월 8일 AMPTP와 잠정 합의했다.

WGA 파업

　WGA의 파업은 지금까지 일곱 차례 있었다. 1953년(14주), 1960년(153일), 1973년(112일), 1981년(96일), 1985년(2주), 1988년(22주), 2007년(100일)으로 1985년을 제외하고는 3개월 이상 진행됐다. WGA의 첫 번째 파업이 있었던 1953년에 영화의 TV 프로그램 재사용에 대한 Residuals(재상영분배금)[78]이 처음 도입됐고, 1960년에는 영화를 TV에서 상영할 경우에도 리지듀얼을 받을 수 있게 됐다. 1981년에는 작가도 제작자의 수익을 분배받을 수 있게 됐고, 1988년에는 해외 유통으로 인한 리지듀얼이 추가됐다. 2007~2008년 파업은 인터넷 유통 수익을 배분받는 효과를 얻었다.

　WGA는 1만 1500명 이상의 회원을 보유한 단체로 AMPTP의 산하 기업들과 2020년 맺은 계약 내용을 갱신하려고 6주간 협상을 했으나, 계약 만료일인 5월 1일까지 타협을 보지 못했다. 3개월이 지난 8월 4일에서야 처음으로 AMPTP의 요청으로 WGA가 만났으나 AMPTP가 협상을 진전시키기 위해서는 회원사와 협의해야 한다고 했기 때문에 협상은 더 이상 진전되지 못했다.[79] 이번 파업의 핵심은 올드 미디어보다는 OTT 플랫폼으로 인해 변화된 환경이 주된 요인이라고 볼 수 있다. OTT 스트리밍 시리즈의 작가 계약 기간을 장기로 묶어 두면서도 기존 시즌당 22~23개의 에피소드가 6~12개로 짧아지고, OTT가 성장하면서 미국 내외의 리지듀얼(Residuals, 재상영분배금)이 이슈가 되고 있기 때문이다. OTT에 대한 리지듀얼은 2007~2008년 파업 이후 처음 도입됐다. 디지털 다운로드와 광고 기반 인터넷 서비스 등의 뉴미디어 플랫폼에서 재사용될 경우가 대상이었다. 2017년에는 SVOD를 위해 만들어진 프로그램과 첫해 AVOD 스트리밍에 대한 리지듀얼이 인상되었고, 해외 뉴미디어 유통에 따른 리지듀얼이 도입됐다.

　이번 파업의 쟁점은 첫째, 최저임금 인상이다. WGA는 3년간 리지듀얼을 포함한 6%-5%-5%의 인상을 요구했지만, AMPTP는 4%-3%-2%의 인상과 리지듀얼은 일회성으로 2% 또는 2.5% 인상을 수용하겠다고 밝혀 매년 최저

임금 인상률이 2% 이상 차이가 난다.

둘째, 스트리밍 영화 기준의 강화이다. WGA는 스트리밍 영화의 예산이 1,200만 달러 이상인 경우 장편 영화 조건을 적용받고, 최초 보상 및 리지듀얼 조건의 개선을 요구하였다. 이에 AMPTP는 4,000만 달러 이상의 예산이 소요되는 96분 이상으로 조건을 강화하고, 리지듀얼은 제외하고 최초 보상만 9% 인상할 수 있다고 응답했다.

셋째, 스트리밍을 위한 최저 기준 수립이다. WGA는 최소 13주의 고용과 리지듀얼 도입을 포함하는 SVOD(구독모델 OTT)용 고예산 TV쇼 기준을 추가로 요구했다. 여기에 AMPTP는 기준을 30분은 70만 달러, 60분은 115만 달러 이상의 코미디와 버라이어티 프로그램으로 한정하고 최소 고용조건과 리지듀얼은 거부했으며, 작가는 일일 단위로 고용될 수 있다고 밝혔다.

넷째, 작가룸의 작가 숫자이다. WGA는 기획 단계에서는 4명의 작가-프로듀서를 포함하여 최소 6명의 스태프 작가를 요구하고, 제작 단계에서는 6회까지는 회당 작가 1명, 6회를 넘어갈 경우 최대 12명의 작가를 한도로 2회당 1명의 추가 고용을 요구하였다. 또한 기획 단계에서는 최소 연속 10주의 기간과 제작 단계에서는 최장 52주를 한도로 회당 최소 3주의 고용 기간을 요구하였다. 하지만 AMPTP는 모두 거부했다.

다섯째, 해외 스트리밍 리지듀얼의 인상이다. 1시간짜리 에피소드의 첫해 기준으로, 해외 가입자가 2,000만 명 이하인 경우에는 리지듀얼 기준의 50%($6,673), 4,500만 명 이하는 75%($10,009), 7,500만 명 이하는 100%($13,346), 이를 초과할 경우는 150%($20,018)를 주장하였다. 이에 대해 AMPTP는 100만 명 이하는 8%($1,068), 150만 명 이하는 16%($2,135), 2,000만 명 이하는 35%($4,671), 4,500만 명 이하는 40%($5,338), 이를 초과할 경우에는 60%($8,007)를 주장하였으며, 파라마운트+와 맥스는 최저 라이선스 기준의 리지듀얼을 계속 지급하겠다고 밝혔다.

여섯째, 추가 보상이다. WGA는 스트리밍의 시청에 따른 추가 보상을 위해 프로그램의 시청자 수를 밝히라고 요구하였지만, AMPTP는 거부하였다.

일곱째, AI의 활용이다. WGA는 AI가 대본을 쓰거나 수정할 수 없고, 기존 대본을 AI의 훈련에 사용할 수 없다고 주장했다. 하지만 AMPTP는 이를 거절하고 향후 논의할 연례회의를 제안하였다.

올해의 파업은 할리우드가 매우 어려운 시기에 발생했다. 전통적인 방송 및 케이블 프로그램에서 스트리밍 서비스로 산업의 중심 축이 변화하면서 영업 실적이 악화된 미디어 회사들은 해고를 포함한 대폭적인 비용 절감을 단행하고 있다. 이에 따라 작가들은 일자리가 줄어들고 일부 수입원을 잃게 되었다.

파업에 대한 동조의 물결은 과거에 비해 더 크다. 배우노조(SAG/AFTRA)와 감독노조(DGA)도 지원 성명을 냈었다. 영국, 프랑스, 캐나다, 호주, 아일랜드 등의 작가노조도 할리우드 스튜디오의 집필 요청을 거부하고 조합원에게 동참을 요구하였다.

넷플릭스의 공동 CEO인 테드 서랜도스는 1분기 실적을 발표하면서 전 세계에서 예정된 프로그램과 영화가 많이 있어 다른 OTT 서비스보다 콘텐츠를 잘 공급할 수 있다고 밝혔다. 이 말 때문에 협상이 결렬되었다는 소문과 함께 작가들의 넷플릭스 구독 취소 운동도 벌어졌다.

그럼에도 글로컬 전략을 구사하고 있는 넷플릭스는 이번 WGA 파업의 수혜자가 될 수 있다. 넷플릭스는 현재 한국, 일본, 스페인, 브라질, 프랑스 등 40개 지역에서 프로덕션을 운영하고 있다. 파업이 지속되면 한국 시장에서 콘텐츠 제작에 더 심혈을 기울일 것이다. 다른 할리우드의 미디어 기업들이 부러워할 지점이다.

워너브라더스 디스커버리 CEO 데이비드 자슬라브도 맥스에서 준비 중인 콘텐츠를 활용할 뜻을 밝혔다. 이를 보면, 할리우드 미디어 기업들은 이번 파업을 접하면서 글로벌 콘텐츠나 자사 OTT 콘텐츠를 적극적으로 활용하면서 WGA 파업에 대비하고 있다.

작가 파업은 미디어 산업에 큰 상처를 남긴다. 그동안 경과(2007년 3만 7700개 일자리와 21억 달러의 경제 생산 손실)를 보면 파업이 상당 기간 지속되면 수십억 달러의 영업 손실이 발생하고, 대량 해고로도 이어진다. 가입자 이탈도 생겨

OTT의 가입자 증가 목표에 상당한 타격을 줄 것이다. 제작사도 작가도 어려운 상황이다.

SAG-AFTRA 파업

SAG-AFTRA도 지난 6월부터 한 달여 AMPTP와 협상을 벌였지만, 최종 타결에 이르지 못해 파업에 들어갔고, 11월 8일 최종 합의하였다. 이번 파업은 어느 정도 예견됐었다. WGA와 쟁점이 유사해서 그런지 일찍부터 SAG-AFTRA는 WGA의 파업을 지지해 왔기 때문이다.

SAG-AFTRA는 약 16만 명의 배우, 아나운서, 방송 기자, 댄서, DJ, 뉴스 작가, 뉴스 편집자, 프로그램 진행자, 인형극가, 녹음 아티스트, 가수, 스턴트 연기자, 성우 및 기타 미디어 전문가를 대표 거대 노동조합이다. 2012년에 1933년 창립된 영화배우 노조인 SAG와 1937년 설립된 TV와 라디오 노조인 AFTRA가 통합하였다.

SAG-AFTRA 회장 프랜 드레셔는 파업에 돌입하면서 "우리는 선택의 여지가 없었습니다. 우리는 여기서 피해자입니다. 우리는 매우 탐욕스러운 AMPTP에 의해 희생당하고 있습니다"라고 밝혔다. 반면, AMPTP 측은 35년 만에 가장 높은 수준으로 최저 임금을 인상했으며 해외 리지듀얼에 대해서도 76%나 인상했다고 밝혔다. 또한 연금·건강보험료 상한액을 대폭 인상하고, 배우의 디지털 초상권을 보호하는 획기적인 AI 대책을 제안했음에도 배우조합이 파업에 들어갔다고 피력했다.

이번 SAG-AFTRA의 파업의 쟁점은 크게 두 가지인데 첫째, WGA 파업에서도 핵심 이슈이다. 하나는 OTT에서 리지듀얼(Residuals)이다. 배우들이 넷플릭스, 디즈니+ 등 OTT 업체에 저작권이 귀속되면서 리지듀얼을 제대로 받지 못하고 있다고 주장했다. 실제로 넷플릭스의 화제작 <오렌지 이즈 더 뉴 블랙>에 출연한 10명의 단역 배우들은 회당 1,000달러 미만의 출연료를 받았고, 그중 한 명인 마일스의 올해 받은 리지듀얼은 약 20달러에 불과했다고 밝혔다.

둘째, AI의 사용이다. 배우들은 자신의 외모나 목소리를 AI가 학습하여 유사하게 사용되고, 이에 따라 배우의 역할을 AI가 잠식할 것에 우려하고 있다. 실제로 <인디아나 존스 5>에서 해리슨 포드의 젊은 시절 얼굴을 AI가 만들었고, 브루스 윌리스를 AI로 합성한 광고가 배우와 합의 없이 제작되기도 했다. 이번 SAG-AFTRA의 협상 대표인 던컨 크랩트리-아일랜드는 "제작사 측은 연기자들이 하루 일당만 받고 촬영하면 그 이미지를 회사가 소유하고 동의나 보상 없이 원하는 작업에서 영원히 사용할 수 있다는 내용이 담겨 있었다"고 밝혔다.

SAG-AFTRA 파업의 의미는 첫째, WGA와 동반 파업이다. 1960년에는 동반 파업이 6주간 이어졌다. 당시 주요 이슈가 영화가 방송 채널에서 상영하는 경우 판매 금액의 일부를 리지듀얼에 포함시킬지의 문제였다. 1960년 1월 16일부터 6월 12일까지 진행된 WGA의 파업은 미국 스튜디오가 영화를 작가에게 적절한 보상 없이 방송사에 판매하는 데에 대한 이의제기였다. 대통령을 지낸 로널드 레이건이 이끈 SAG 파업은 WGA와 동일한 리지듀얼을 이슈로 3월 7일부터 4월 18일까지 지속되었다. 63년 만의 동시 파업이 진행되는 올해도 OTT로 인해 감소한 리지듀얼이 주요 이슈이다. OTT 시대가 되면서 감소한 임금과 보상에 대한 이슈이므로 작가나 배우의 입장에서는 물러서기 어려운 상황이라 두 노조의 동반 파업은 미국의 콘텐츠 제작 자체를 상당 기간 멈출 수 있다.

둘째, 배우 파업에 유명 배우의 합류다. 콘텐츠 제작 현장에서 보면 영향력은 주로 톱 배우나 작가에서 나온다. '노블리스 오블리제'라는 말처럼 이들이 움직일수록 파급력은 커진다. 맷 데이먼, 메릴 스트립, 마크 러팔로, 제니퍼 로렌스, 제시카 차스테인 등이 합류한다고 발표하였기 때문에 노조의 단결력과 힘은 커질 수 있다. 여기에는 최근 OTT 업체의 2022 CEO 연봉이 공개된 것도 한몫했다고 판단한다. 회사는 어렵다고 하면서 CEO의 연봉은 컴캐스트 9,030만 달러, 넷플릭스 7,470만 달러, 워너브라더스 디스커버리 5,340만 달러, 월트 디즈니 2,420만 달러, 파라마운트 3,200만 달러였다.

셋째, 글로벌 연대다. 오스트리아 제작자 연합 SPA도 SAG-AFTRA 파업의 영향을 받고 있음을 인정하였고, 영국 배우 노조인 '에쿼티'도 SAG-AFTRA 와 연대할 것을 밝혔다. 현대의 제작은 특정 국가에서 특정 국적의 배우만으로 이루어지지 않는다. 배우나 작가가 거의 동일한 상황에 처해 있으므로 글로벌 연대가 확대될 가능성도 높다.

넷째, 할리우드에 미치는 파장이 엄청날 것으로 예상된다. 내년 개봉 예정이었던 <데드풀 3>, <글래디에이터 2>, <미션 임파서블> 시리즈 속편 등 주요 영화들의 촬영 일정이 모두 중단되었다. 밀컨 연구소에 따르면 이번 동반 파업으로 40억 달러(약 5조 원)가 넘는 경제적 손실이 발생할 것으로 추정했다. 그럼에도 미국의 스튜디오 경영진은 조만간 작가들과 협상에 나설 계획이 없고, 대신 작가들이 일거리가 없어지면 돈이 바닥나 다시 복귀할 것이라고 전망한다. 심지어 "노조원들이 아파트나 집을 잃을 때까지 지속할 것"이라고 미국의 주요 연예 미디어인 데드라인에 말했다고 한다.[80] 파업을 시작한지 100일이 지난 8월부터 다시 협상을 시작하고 있다.[81]

DGA 합의

반면 감독노동조합(DGA, Directors Guild of America)은 AMPTP와의 합의안이 6월 24일 인준되어 파업을 피했다.

DGA가 AMPTP와 합의한 내용은 첫째, 임금과 복지가 계약 첫해(2023/2024년)부터 해마다 5%, 4%, 3.5% 인상되고, 새로 도입한 육아휴직 지원을 위한 0.5% 추가 인상된다. 둘째, SVOD를 위해 제작된 드라마 프로그램의 글로벌 스트리밍 리지듀얼(Residuals, 재상영분배금)이 인상된다. 이를 위해 새로운 리지듀얼 구조를 확보하여 가장 큰 규모가 큰 플랫폼의 경우 해외 리지듀얼이 76% 증가하여 한 시간짜리 에피소드의 경우 첫 3년 동안 약 9만 달러의 리지듀얼을 받을 것이다. 셋째, 인공지능은 사람이 아니며, 생성성 AI는 DGA 회원이 수행한 일을 대체할 수 없다. 넷째, SVOD를 위해 만들어진 버라이어티나

리얼리티 등 비드라마 프로그램의 감독이나 팀에 대해 업계 최초로 약관을 제정했다. 리지듀얼이 개선되었고, 처음으로 조감독과 무대 매니저도 잔여금을 공유하게 되었다. 다섯째, 고예산의 AVOD에 대해 업계 최초로 약관을 체결했다. 프리비(Freevee), 투비(Tubi), 로쿠(Roku) 등 AVOD에 제공되는 드라마 프로젝트에 창작자 권리 보호, 근로조건 및 리지듀얼이 규정되었다. 유닛 프로덕션 매니저와 조감독도 리지듀얼을 공유하게 된다. 여섯째, 상업 영화감독이 공식 준비 기간이 시작되기 몇 달 동안 무료로 수행하는 느슨한 준비 기간(soft prep)에도 보상받는다. 일곱째, 유료 TV와 SVOD 경우, 에피소드 감독들은 유료의 포스트 프로덕션 창작권이 확대되고, 1시간짜리 프로그램에 대해 추가된 촬영일을 보장받는다. 여덟째, 조감독은 하루 근무 시간이 1시간 단축된다. 아홉째, 안전과 관련된 사항이 강화되었다. 처음으로 파일럿 프로그램에 안전 감독단의 고용을 의무화했고, 감독과 팀원들을 위해 안전 교육 프로그램이 확대되었고, 촬영장 내 실탄 사용도 금지되었다.[82]

파업의 피해

작가들의 파업으로 ABC의 <지미 키멜 라이브!>와 같은 심야 TV쇼가 결방되었을뿐만 아니라 영화와 드라마 제작도 멈췄다. 이렇게 되면 훌루, 피콕, HBO 맥스 등은 모기업인 ABC, NBC, HBO 등의 방송사에서 신규 콘텐츠를 수급할 수 없으므로 상당한 타격을 받을 수밖에 없다. 2007년에 WGA 파업으로 37,700개 일자리와 21억 달러의 경제 생산 손실을 봤다.[83] 이번에도 파업을 상당 기간 지속하면 수십억 달러의 영업 손실이 발생하고, 대량 해고로도 이어질 수 있다. 또 OTT의 가입자 이탈도 생겨 스트리머의 가입자 증가 목표에 상당한 타격을 줄 것이다. 올해는 경제 위기와 기술의 발달에 따른 변화된 환경을 맞아서 양측의 입장이 더 팽팽하다. 작가도 물러서기 힘들고, 제작자도 동일한 입장이다.

WGA는 9월 24일 AMPTP와 잠정 합의했다. 파업이 길어지면서 SAG-

AFTRA는 임시 협약을 준수하는 독립 제작사에게는 제작을 계속할 수 있도록도 했다.[84] 그렇지만 대부분의 스튜디오는 손해를 감수하고 있다. 소니가 처음으로 <스파이더맨> 스핀오프인 <크래븐 더 헌터 앤 보스텁스터스: 애프터라이프즈 시퀄> 등 새로운 영화와 TV쇼 개봉을 늦추었다. 넷플릭스도 영국에서 <더 파워 오브 도그(The power of Dog)> 오리지널 제작을 포기하고, <어 패밀리 어페어(A Family Affair)> 등 6편의 영화 개봉을 2024년으로 연기했다.[85] 작가 파업이 100일 지나는 시점에서 호라이존 미디어(Horizon Media)에서 조사한 바에 따르면 작가 파업 지지는 45%, 배우 파업 지지는 39%에 달했으나 스튜디오는 9%, 방송사는 8%, 스트리밍 서비스는 9%에 불과했다.[86] 이런 와중에 두 노조의 파업은 유튜브 광고에만 도움이 된다는 조사도 있다. 광고 대행사 사장들은 올해 가을에 지난해보다 유튜브 광고를 20% 증가시킬 예정이라고 한다.[87]

파업 종료

지난 9월 24일 양측의 잠정 합의하고, 27일 148일 만에 파업을 끝냈다. WGA에 따르면 이번 협상으로 매년 2.33억 달러의 가치가 있다고 밝혔다. WGA가 당초 요구한 4.29억 달러에 미치지 못하지만, AMPTP가 제시한 0.86억 달러 비하면 거의 3배에 달한다.[88]

WGA에 밝힌 이번 파업에 대한 주요 합의[89]를 정리해보면 다음과 같다.

- 이번 합의의 적용 기간은 2023년 9월 25일부터 2026년 5월 1일까지 3년이다.
- 기본 임금 인상률은 2023년 9월 25일부터 5%, 2024년 5월 2일부터 4%, 2025년 5월 2일부터 3.5%이다. 일부 조항은 인상률보다 적으나 대부분 매년 3%이며 일부 비율은 한 번만 인상된다.
- 건강 기금 분담금은 2년 차에 0.5%를 인상하여 12%로 증가한다.

- AI 활용에 대한 처음으로 합의하였다. △AI는 작품 관련 자료(literary material)를 작성하거나 재작성(rewrite)할 수 없다. AI가 작성한 자료는 이 합의에 적용되는 원천으로 간주되지 않고, 작가의 크레딧이나 저작인접권(separated rights)을 침해할 수 없다. △작가는 회사가 동의하고 회사 정책을 준수할 경우, 글을 쓸 때 AI를 활용할 수 있으나 회사는 작가에게 AI 사용을 요구할 수 없다. △회사는 작가에게 제공된 자료가 AI가 만들었거나 AI가 만든 자료가 포함된 경우, 이를 작가에게 공지하여야 한다. △WGA는 AI를 훈련시키기 위해 작가의 자료를 이용하는 것이 이 합의나 다른 법에 의해 금지되어 있다고 주장할 권리를 보유하고 있다.
- 작가 고용조건의 개선이다. 스트리밍을 위해 3,000만 달러 이상의 예산이 소요되는 상업영화 길이로 쓰는 스토리와 대본의 최초 보상액은 10만 달러로 18%가 인상되고, 재상영분배금은 26% 인상된다. 해외 재상분배금의 개선과 결합하면, 가장 큰 규모의 프로젝트 기준으로는 3년간 재상영분배금은 2020년 기준 144,993달러보다 49%가 인상된 216,000달러이다.
- 고예산 SVOD 기준의 개선이다. △해외 스트리밍 재상영분배금의 경우, 글로벌 스트리밍 해외 가입자를 기준으로 산정되며, 3년간 규모가 가장 큰 사업자를 기준으로 하면 기본 인상률 2.5%를 포함하여 76% 인상 효과가 있다. 넷플릭스의 경우 현재 1시간 에피소드의 경우 18,684달러에서 32,830달러로 증가한다. △고예산 SVOD 시리즈와 영화는 개봉 후 첫 90일 또는 이후 해당 연도의 첫 90일 이내에 국내 가입자의 20% 이상이 시청하면 고정된 국내외 재상영분배금의 50%에 해당하는 보너스를 받는다. 시청자 수는 시즌이나 영화의 국내 스트리밍 시간을 런타임으로 나누어 산출한다. 2024년부터 출시되는 30분 작품의 경우 9,031달러이고, 1시간 작품은 16,415달러이며, 예산이 3,000만 달러가 넘는 스트리밍 상업 영화는 40,500달러이다. △제작사 연맹은 WGA에게 기밀유지 계약 하에 자체 제작한 고예산 스트리밍 프로그램의 국내와 해외의 스트리밍 총시간을 제공하는 데 동의한다. △파일럿과 백업 대본의 프리미엄 도입이다. 파일럿 프리미엄 150%와 백업 대본 프리미엄 115%가 고예산 SVOD 프로그램에 적용된다.

- 고예산 AVOD에 대한 최저 기준의 도입이다. FAST를 포함한 광고 기반 VOD(AVOD)는 SVOD와 동일한 조건을 적용한다. AVOD에 재사용할 경우 2%의 재상영분배금을 받는다.
- TV 및 고예산 SVOD 시리즈를 위한 작가실 고용 인원의 증가이다. 2023년 12월 1일 이후 제작하는 시즌부터 적용된다. 스토리 개발실의 단계에서 쇼러너를 포함하여 최소 3명이 작가-프로듀서를 고용해야 하며, 10주간 연속해서 고용이 보장된다. 20주 이상의 근무가 보장되는 개발실은 작품 확정 이후에는 작가룸처럼 적용된다. 시즌 1의 작가룸은 쇼러너 포함 최소 3명의 작가-프로듀서가 필요하다. 시즌 2 이상의 경우에는 한 명의 작가가 모든 에피소드를 쓰지 않는 한, 예상되는 에피소드 수에 따라 결정되는데, 에피소드가 6개 이하면 최소 3명의 작가, 7~12개는 5명, 13개 이상은 6명을 고용해야 한다. 개발실이 있는 경우에는 개발실에서 근무한 작가-프로듀서 2명을 작가실에 고용해야 한다.
- 구독 서비스에 대한 기준이다. 구독 서비스용으로 30분은 60만 달러 이상, 1시간은 115만 달러 이상이 소요되는 코미디-버라이어티, 퀴즈쇼, 비드라마 프로그램은 TV와 같이 주당 초기 보상금이 적용받는다. 여기에 적용되는 모든 프로그램은 첫 26주 이후 판매액의 1.2%에 해당하는 재상영분배금을 받는다.
- 오리지널 스트리밍 플랫폼에서 공개 후 최소 40일이 지난 후 극장에서 고예산 SVOD용으로 제작된 롱폼 프로그램을 8일 이내 동안 상영할 수 있다. 이 경우 매출의 3%를 받는다.
- 해외 무료 텔레비전 재사용에 대해서는 재상영분배금은 1.2%에서 3%로 인상한다.

SAG-AFTRA는 118일간의 파업이 11월 9일 공식적으로 종료되었다. 이 합의는 10억 달러의 가치가 WGA보다 2% 높은 평균 7%의 인상을 받아냈고, 최초의 '스트리밍 참여 보너스', AI의 위협으로부터 회원을 보호할 전례 없는 동의 및 보상 등을 얻어낸 것으로 알려졌다.[90]

07. OTT 가격 인상과 광고 상품 확산

2019년 이후 지속적으로 적자를 냈던 글로벌 OTT사업자들은 OTT가 대세가 된 2022년 이후 지속적으로 가격을 올렸다.

특히, 대부분 사업자들이 2024년을 수익 원년으로 삼은 만큼, 2023년 들어 월 이용 가격을 지속적으로 인상했다. 2023년 들어 미국 OTT 서비스들은 평균 2달러 정도 월 이용료를 인상했다. OTT 가격 인상으로 많은 소비자들이 저가 혹은 광고 기반 상품 찾고 있다. 넷플릭스는 가장 싼 요금제를 없애서 비싼 가격을 선택하거나 광고 모델로 이전을 유도했다.

2023년 8월 현재 OTT는 방송 콘텐츠 시장의 대세다. 닐슨이 매달 집계하고 있는 스마트TV 시청 점유율 게이지(The Gauge)에 따르면 2023년 7월, OTT 점유율은 38.5%다. 하루 10시간을 TV를 본다면 4시간은 스트리밍을 시청한다는 이야기다. OTT는 지상파 방송의 점유율을 넘어선지 오래됐고 케이블TV도 점점 따돌리고 있다. 7월 기준이지만 이제 두 서비스를 합친 통합 점유율은 50%가 되지 않는다. OTT가 '유료 방송 1인자'로 확실히 자리 매김하는 분위기다.[91]

불과 4년 만에 만들어진 OTT세상

이런 방송의 OTT화는 불과 4년 사이 이뤄졌다. 2019년 11월 디즈니+와 애플 TV+가 서비스를 시작한 이후 OTT는 보다 대중화됐다. 하지만, 점유율만큼 사업자들의 수익은 높아지지 못했다. 치열한 점유율 경쟁, 오리지널 투자 경쟁은 OTT 서비스들의 채산성을 악화시켰다. 2023년 9월 현재 스트리밍 서비스에서 수익을 올리는 곳은 넷플릭스뿐이다. OTT들은 적자 보존과 수익 강화를 위해 노력했다. 미국 모든 메이저 OTT들이 2022년부터 일제히 가격을 올렸다. 수익을 내라는 투자자들의 압력 때문이다. OTT들은 오는 2024년을 흑자 달성의 해로 보고 있다.

<그림35> 스트리밍 서비스 가격 인상

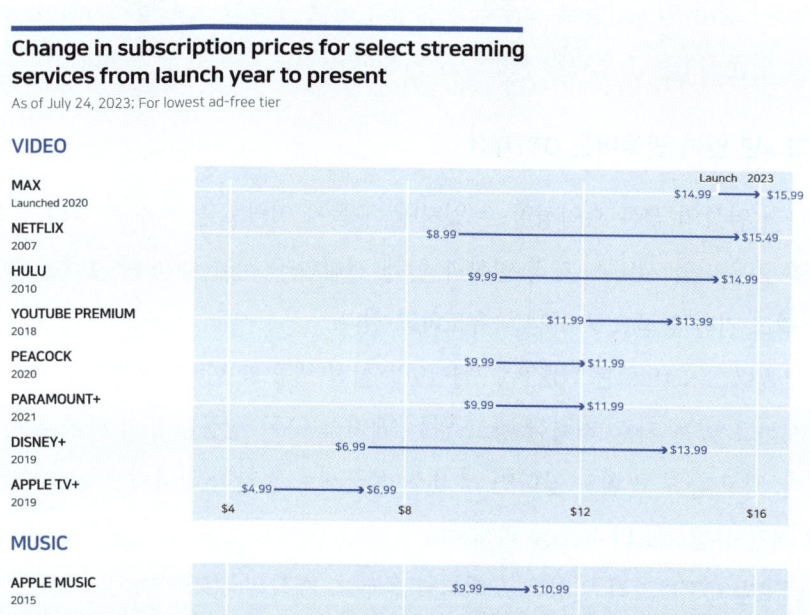

출처 : 악시오스

　NBC유니버셜이 운영하고 있는 OTT 피콕(Peacock)은 2023년 7월 초, 서비스 시작 이후 처음으로 월 구독 가격을 인상했다. 2020년 출시 이후 가격 인상은 처음이다.[92] 광고 없는 프리미엄 상품 가격을 월 10달러에서 12달러로 올렸다.

　구독 가격 인상은 비디오에 그치지 않았다. 음악 스트리밍 서비스 스포티파이(Spotify)는 유료 구독 상품 '프리미엄(premium subscription plan)'의 구독료를 1~2달러 인상한다고 밝혔다.[93] 10년 전 스포티파이 프리미엄 상품을 내놓은 이후 가격 인상은 처음이다. 이에 앞서 유튜브 프리미엄 음악(월 13.99달러)[94]과 유튜브 프리미엄 비디오 역시, 가격을 인상했다. 주요 비디오 스트리밍 서비스와 오디오 스트리밍 중 중간 상승 가격은 각각 2달러와 1달러였다.

가격 인상으로 미국 소비자들의 스트리밍 평균 이용료도 상승했다. 악시오스 조사 결과 미국인들의 스트리밍 서비스 평균 구독료는 42달러까지 상승했다.[95] 평균 2~3개 스트리밍 서비스를 이용하고 있는 것으로 알려졌다.

불과 4년 만에 만들어진 OTT세상

가격 인상의 끝은 수익성일 수 있지만, 구독자 이탈도 불러올 수 있다. OTT들은 프리미엄 서비스 가격 인상과 함께 저렴한 가격을 원하는 고객들은 더 싼 광고 기반 상품으로 고객을 유도하고 있다.

넷플릭스(Netflix)는 2023년 7월 19일 실적 발표와 함께, 영국과 미국에서 출시하고 있는 가장 저렴한 광고 없는 베이직 구독 상품(10달러) 판매를 중단했다. 광고를 보고 싶지 않다면 더 비싼 요금제로 전환하고 아닐 경우, 광고 탑재 저가 상품으로의 유도를 위해서다.

글로벌 OTT 가격 인상은 오리지널 콘텐츠 제작비 증가 영향이 가장 크다. 그동안 고객 유치를 위해 저가 서비스를 내놓은 것을 현실화하는 것이다. 그러나 한국의 경우 이런 시장은 작동하지 않고 있다. 통상적으로 경쟁사들이 가격을 올릴 경우 따라 인상하는 것이 맞지만, 넷플릭스와 체력 차이가 큰 한국 OTT들은 이런 가격 결정권을 가지지 못하고 있다. 한국 스트리밍 서비스 시장이 어려운 이유가 또 여기 있다.

OTT 광고 상품 확산

미국 방송사들의 연중 최대 이벤트인 TV광고 주 설명회 업프런트(Upfronts)가 2023년 5월 뉴욕에서 열렸다. 디즈니, 파라마운트, NBC유니버설 등 미국 메이저 TV 및 스튜디오들은 각자의 광고주들을 위해 2023년 가을 신작 콘텐츠 라인업과 새로운 전략을 소개하고 최대한 많은 광고를 끌어오기 위해 노력했다. 특히, 올해는 팬데믹의 영향력에서 벗어나 정상적으로 처음 열리는 오프라인 행사로 주목을 많이 받았다.

그러나 2023년 광고주 설명회 업프런트(Upfronts)는 어수선했다. 미국 작가노조(WGA)의 15년 만의 파업으로 당초 오프라인 행사를 예고했던 일부 방송사들이 온라인 이벤트로 전환했다. 미국 작가협회는 근로 조건과 표준 임금 인상, AI 글쓰기 허용 여부, 스트리밍 서비스 재상영분배금(residuals) 확대 등 매체 환경 변화에 따라 바뀌어야 하는 그들의 권리를 쟁취하기 위해 거리로 나섰다. 그러나 2023년 업프런트는 예년과 다른 점이 있었다. 넷플릭스와 디즈니+가 광고 모델을 시작한 뒤 처음으로 업프런트에 나왔다.

미국 OTT 가입자, 58% 광고 기반 상품 한 번 이상 이용

2023년 2월과 3월 안테나(Antenna) 조사한 바에 따르면 넷플릭스, 디즈니+, HBO MAX의 새로운 구독자 절반 이상은 광고를 보고 있다. 미국 OTT 구독자의 58%가 적어도 한 번 이상 광고 기반 서비스에 돈을 지불했다. 안테나 CEO 조나단 카슨(Jonathan Carson)은 "선택권이 주어지면, 미국인들은 광고를 선택하고 있다"고 말했다.

넷플릭스(Netflix)는 광고 없는 방대한 프로그램 라이브러리를 제공해 2억 명이 넘는 고객을 확보했다. 디즈니+, MAX 등 넷플릭스의 성공을 복제하려고 하는 경쟁자들은 비슷한 행보를 거쳤다. 하지만, 이런 단순한 자금흐름은 문제가 발생했다. 치열한 경쟁으로 자금이 필요해지면서, 광고 등 다른 수익원에 눈을 돌리기 시작했다. 특히, 광고는 미디어 기업들에게 잠재적인 성장 영역 중 하나다.

CNBC의 알렉스 샤먼(Alex Sherman)은 OTT 전쟁이 끝났다고 선언했다. 이제 점유율에서 승자와 패자가 확실히 갈렸다는 이야기다. 전쟁 초기 모든 사업자가 동시에 구독자를 확보할 수 있었다. 그러나 경쟁이 치열해지면서 한계가 보이기 시작했다. 사업자들의 생각 속도만큼, 서비스 구독자들의 지갑이 열리지 않았다. 이제 또 다른 전쟁이 시작됐다. 비용을 줄이고 OTT를 수익성 있는 비즈니스로 전환해야 하는 숙명에 돌입했다.[96]

<그림36> OTT 서비스별 SVOD와 AVOD 비율

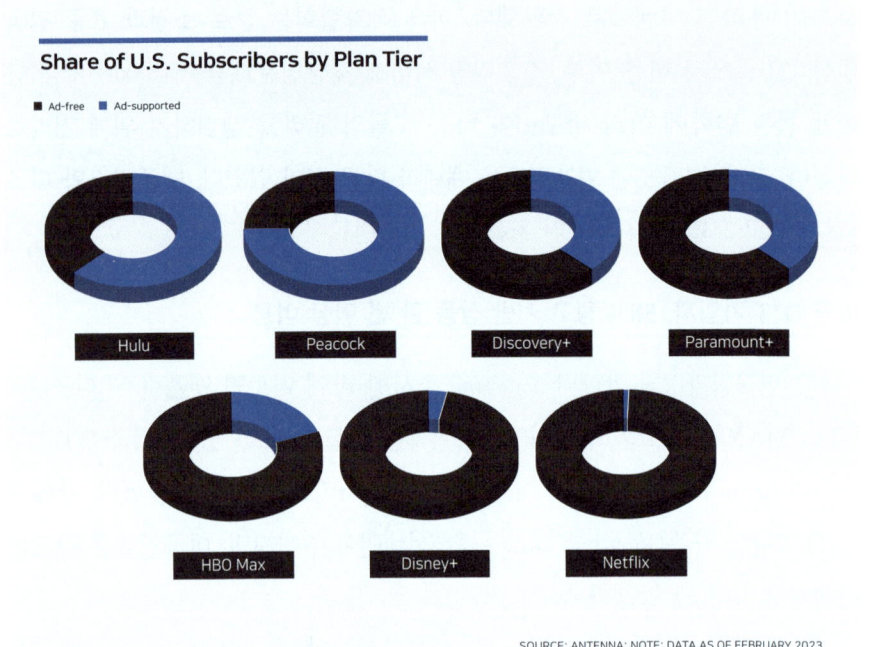

OTT대중화에 광고 상품을 찾는 구독자들

초기 OTT 구독자들은 경제적으로 여유가 있는 오디언스들이었지만, OTT가 대중화되자, 가격에 민감한 젊은 세대 등도 구독자의 주류를 이뤘다. 이들은 구독 가격을 낮출 수 있다면 광고를 기꺼이 보는 세대다.

2023년 2월 안테나에 따르면 광고를 포함하는 넷플릭스 베이직 상품을 구독하는 오디언스들은 프리미엄 상품(광고 없는) 가입자들에 비해 더 연령대가 높고 소득과 학력 수준은 낮다. 디즈니+와 넷플릭스 광고 상품 이용 4명 중 3명은 또한 다른 OTT도 이용하고 있다. 여러 OTT를 구독하기 위해 저렴한 광고 상품을 구독하는 경향이 일반적이라는 이야기다.

블룸버그는 2023년 말 거의 대부분의 미디어 기업들이 투비(Tubi)나 플루토(Pluto tv) 등 무료 광고 기반 스트리밍 TV, FAST에 진출할 것으로 예상했다.

FAST의 최대 단점은 유료 시장에서 수명이 끝난 오래된 콘텐츠로 광고 수익을 올릴 수 있다는 것이다.

FAST는 새로운 프로그램을 보길 원하는 가격에 민감한 고객들을 끌어들일 수 있다는 것이다. 일부 사업자들은 이들 상품은 '애드 라이트(ad lite)'라고 부른다. 사실 TV에 비해서는 광고 빈도나 양이 적기 때문이다. 광고가 아직은 많이 없기도 하다. 이는 TV와 거의 유사하다. 이에 넷플릭스 포함한 대부분의 OTT 서비스들은 TV 광고주 설명회에서 업프런트에 나와 자신들의 콘텐츠를 홍보하고 있다.

광고 시장에서 넷플릭스도 처음부터 성과를 보이지 못했다. 광고주들은 낮은 노출(impression)에 불만을 터뜨렸다. 그러나 넷플릭스의 경쟁력은 빠르게 높아지고 있다. 넷플릭스는 서비스 시작 두 달 만에 100만 명의 구독자가 늘었다고 밝혔다. 디즈니+와 HBO MAX 역시 아직은 유튜브는 말할 것도 없고 광고 시장 침투 규모가 훌루에 비해서도 적다. 그러나 넷플릭스와 디즈니의 광고 모델이 경기 침체 시기에 시작됐다는 것을 감안해야 한다. 경기 침체에 대한 지속적 두려움이 경제에 다가오고 있으며, 미디어 부문은 해고와 다른 비용 절감으로 어려움을 겪고 있다.

하지만, 희망적인 것이 광고 시장 성장이 완전히 부정적이지는 않다는 것이다. 여전히 대형 광고주들을 광고를 집행하고 있고 그중에서도 OTT 광고 시장은 가장 빠른 속도로 비중이 커지고 있다. 이에 반해 실시간 TV광고는 줄어들고 있다. 유튜브도 PC보다 스마트TV에 집중하기 시작했다는 것을 감안하면 OTT들의 희망이 어디에 있는지 알 수 있다.

08. 지상파 라이브러리 시청 지속

글로벌 스트리밍 시장 경쟁이 치열해지면서 각 사업자들의 생존 경쟁이 본격화되고 있다. 이와 동시에 생존력을 높이기 위한 차별화 전략도 본격화되고 있다. 인수합병(M&A)를 통한 규모의 경제를 구축하는가 하면 일부 사업자들은 오리지널 전략에 대한 수정에 들어갔다.

한동안 모든 스트리밍 사업자는 오리지널을 향해 달렸지만, 이제는 아니다. 천문학적 투자가 동반되는 오리지널이 성공의 보증 수표가 아니기 때문이다. 오리지널에 대한 의심은 사업자들의 변심으로 번지고 있다. 동시에 일부 사업자들은 편성 장르를 더 넓히고 있다. 스트리밍 시장에서 뉴스가 또 다른 화두로 떠올랐다. 경제 위기 속 스트리밍 사업자들의 차별화, 생존, 수익성 전략을 살펴본다.

오리지널 vs 라이선스

대표적인 스트리밍 플랫폼 차별화는 '오리지널'과 '라이선스(TV나 영화)'의 비중 조절이다. 한때 스트리밍 서비스들은 오리지널 개발에 모든 영량을 집중했지만 수익이 악화되고 시장 경쟁이 본격화된 이후 상황이 달라졌다. 오리지널 콘텐츠 개발은 계속되고 있지만, 새로운 구독자를 확보하기 위한 무기로 기존 TV나 영화를 편성하는 라이선스 전략도 본격화되고 있다.

아이러니하게도 올해 라이선스 전략으로 재미를 본 사업자는 다름 아닌 넷플릭스였다. 패널 애널리스틱스에 따르면 올해 1분기 넷플릭스 내 콘텐츠 수요는 오리지널보다 비오리지널(라이선스)이 높았다. 상위 수요 콘텐츠 25개 중 12개가 라이선스였다. 넷플릭스 재미는 오리지널에서 나온다는 편견이 깨지는 순간이다. 수익을 위해 보다 많은 라이선스 콘텐츠를 편성하고 있는데 효과가 발생하고 있다. 디즈니+에 대한 수요는 여전히 오리지널이 많았다. 하지만, 디즈니+의 수익성은 다른 문제다. 디즈니+의 오리지널은 고전 중이다. 특히, 한국 등 로컬 오리지널의 수익성이 낮아지면서 전체 디즈니의 스트리밍 사업도 흔들고 있다.

<그림37> 주요 미디어 스트리밍 부문 손익(2023년 1분기)

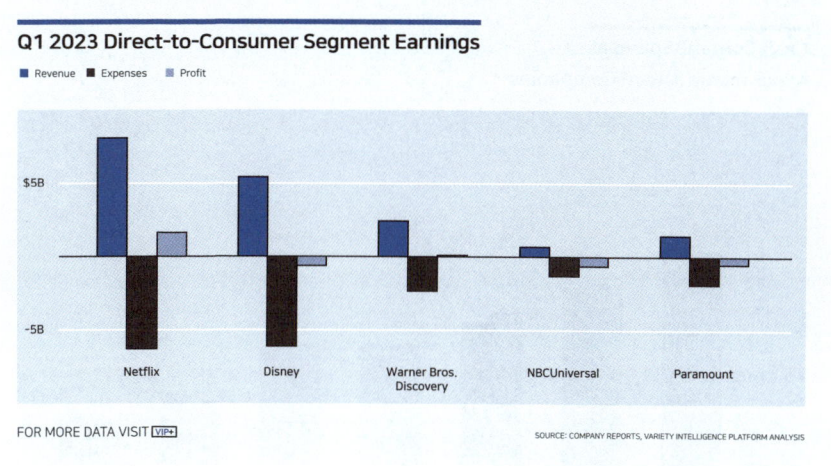

출처 : 버라이어티

라이선스 콘텐츠로의 전환은 스트리밍 서비스들의 의심에서 이뤄진 측면도 크다. 2019년 이후 4년 가까이 오리지널에 돈을 쏟아 부었지만, 수익성만 악화하고 있는 상황이다.

아마존 CEO 앤디 제시(Andy Jessy)도 최근 블룸버그와의 인터뷰에서 "할리우드 스튜디오들이 이렇게 많은 돈을 쓰는 것이 맞는지에 대한 의문이 든다"고 말했다. 이에 앤디 제시는 아마존 대작 콘텐츠에 대한 상세한 자금 집행 내용을 요청한 것으로 알려졌다. 풍선처럼 늘고 있는 할리우드 스튜디오의 비용을 비난하면서 말이다. 아마존은 세계 최대 유통기업이지만 2023년 2만 7,000명을 정리해고하는 등 상황이 좋지 않다. 제시는 아마존 전체에서 필요 없다고 여기는 37개 프로젝트를 중단시켰다.

사실 스트리밍 서비스 경쟁이 본격화되면서 할리우드 스튜디오들이 오리지널 콘텐츠에 수십억 달러를 쏟아부어왔다. 2022년 아마존도 오리지널 프로그램, 라이선스, 스포츠 등에 70억~80억 달러를 투자했다. 1년 전 50억 달러에 비하면 크게 증가한 수치다. 2023년에는 100억 달러 돌파가 예상된다.

<그림38> 미디어 테크 기업의 2022년, 2023년 콘텐츠 투자액

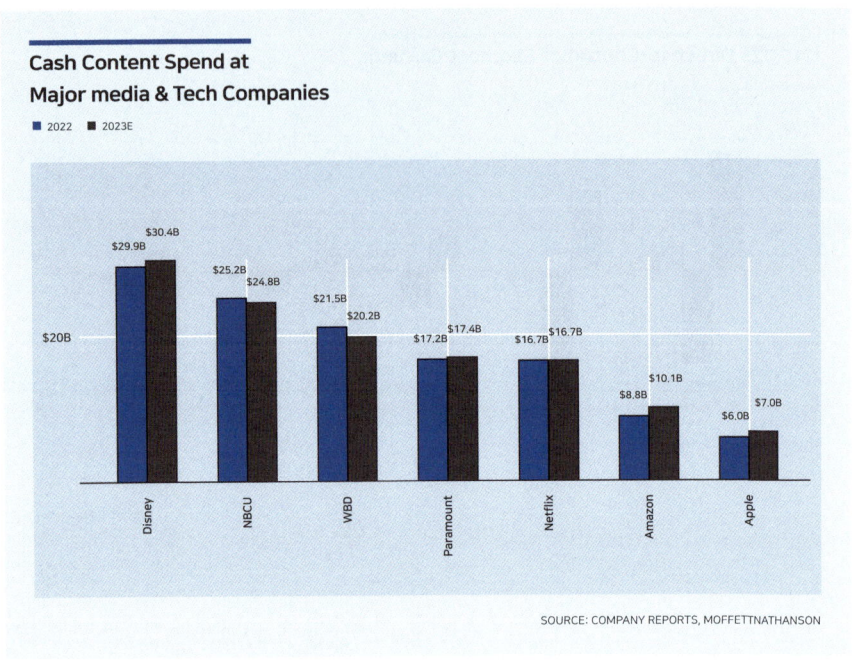

출처 : 버라이어티

그러나 스튜디오들은 이제 현실을 인식하기 시작했다. 군비 경쟁하듯 콘텐츠 투자 경쟁을 벌일 경우, 채산성이 상당히 악화될 것으로 전망하고 있다. 스트리밍 서비스가 아직까지 흑자 궤도에 오르지 못했기 때문이다.

오리지널 투자는 성공이 아니다

엄청난 돈을 쏟아부은 오리지널이 꼭 성공하는 방정식이 아니라는 사실이 증명되고 있다. 2023년 들어 아마존은 1억 달러가 넘는 돈을 투자한 대작을 5~6편을 공개했다. 그러나 실적은 좋지 않았다.

대표적인 작품이 <반지의 제왕(The Rings of Power)> TV 버전이다. 5억 달러가 넘는 돈을 투자했지만 많은 이들의 관심을 끄는 데 실패했다. 심지어 할리우드리포터에 따르면 이 작품을 끝까지 본 시청자 비율도 매우 낮았다. 시청자의 37%만이 <반지의 제왕> 시청을 마쳤다.[97] 10명 중 6명은 시리즈 시청 중간에 멈췄거나 중단한 상태인 셈이다.

아마존은 최신작 <시타델(Citadel)>에도 역사적인 2억 5,000만 달러의 비용(제작비 1억 8,500만 달러)을 썼지만, 효과는 기대 이하였다.[98] 2023년 5월 공개초기에도 닐슨 기준, 상위 10대 스트리밍 콘텐츠에 들지 못한 것이다.[99] 앤디 제시 입장에서는 오리지널 투자에 대한 다양한 생각을 할 수밖에 없다. 한때 아마존은 독립 영화제 선댄스 필름 페스티벌에도 한 해 3개 작품을 사는데 5,000만 달러를 투자하기도 했다. 일부에서는 아마존이 HBO급 콘텐츠에 수억 달러를 쏟아붓고 있지만 여전히 아마존 프라임 이용자의 대부분은 CBS 등에서 방송한 시트콤을 보고 있다고 지적하고 있다.

오리지널에 대한 과도한 투자보다는 똘똘한 라이브러리 콘텐츠 투자가 더 낫다는 이야기다. 물론 아마존의 오리지널 작품들이 결국 많은 시청률을 기록하지만, 넷플릭스의 성공과는 아주 많은 차이가 난다. 아마존 스튜디오의 CEO 제니퍼 살케도 최근 오리지널 투자에 대한 인식이 바뀐 것으로 알려졌다. 설상가상으로 팬데믹 이후 오리지널 콘텐츠 제작비는 더 높아지고 있다. <시타델>은 시즌 1은 편당 2,000만 달러 수준이었지만 팬데믹 이후 제작된 시즌2는 제작비가 더 상승한 것으로 전해졌다.

<그림39> 오리지널 콘텐츠 수요 점유율(2023년 1분기)

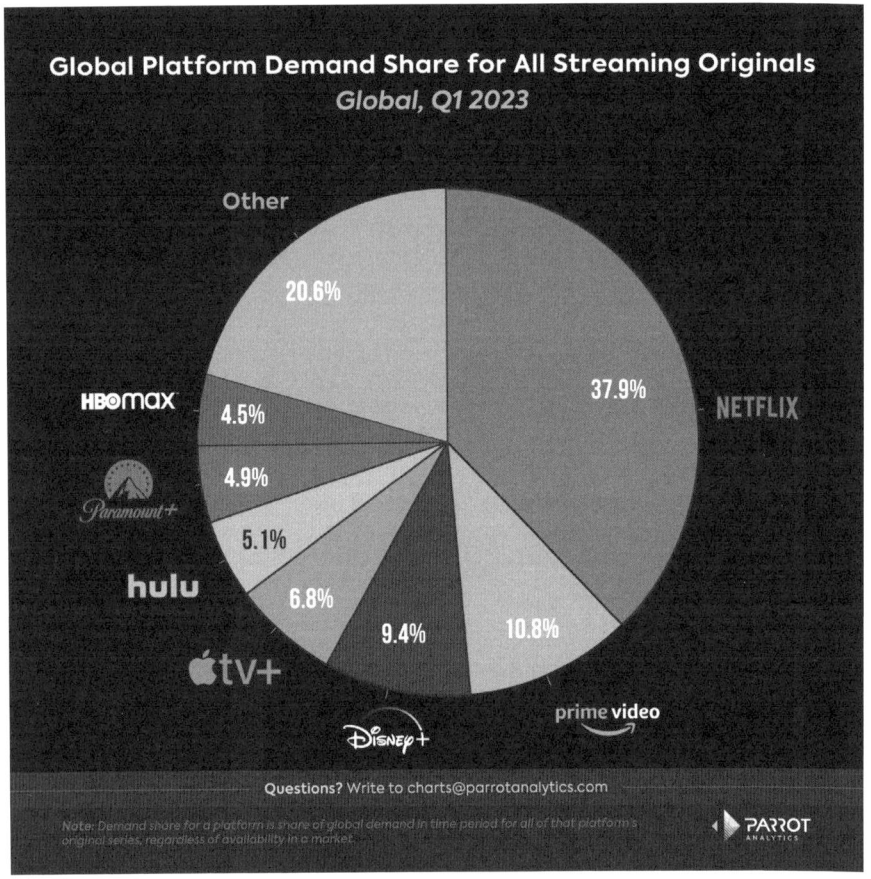

출처 : 패럿 어낼리틱스

비디오 사업 목적이 그들의 쇼핑 구독자를 늘리는데 있는 아마존 입장에선 견딜 수 없는 수준의 투자일 수 있다.[100] 이에 반해 라이선스 콘텐츠는 여전히 가치가 높다. 기존 TV나 극장에서 능력을 인정받은 만큼 스트리밍에서도 일정 수준 이상의 성적(시청률)을 내고 있다. 오리지널보다 라이선스 콘텐츠에 기대고 있는 스트리밍들도 늘고 있다.

<그림40> 2023년 1분기 플랫폼 별 상위 25개 수요 콘텐츠

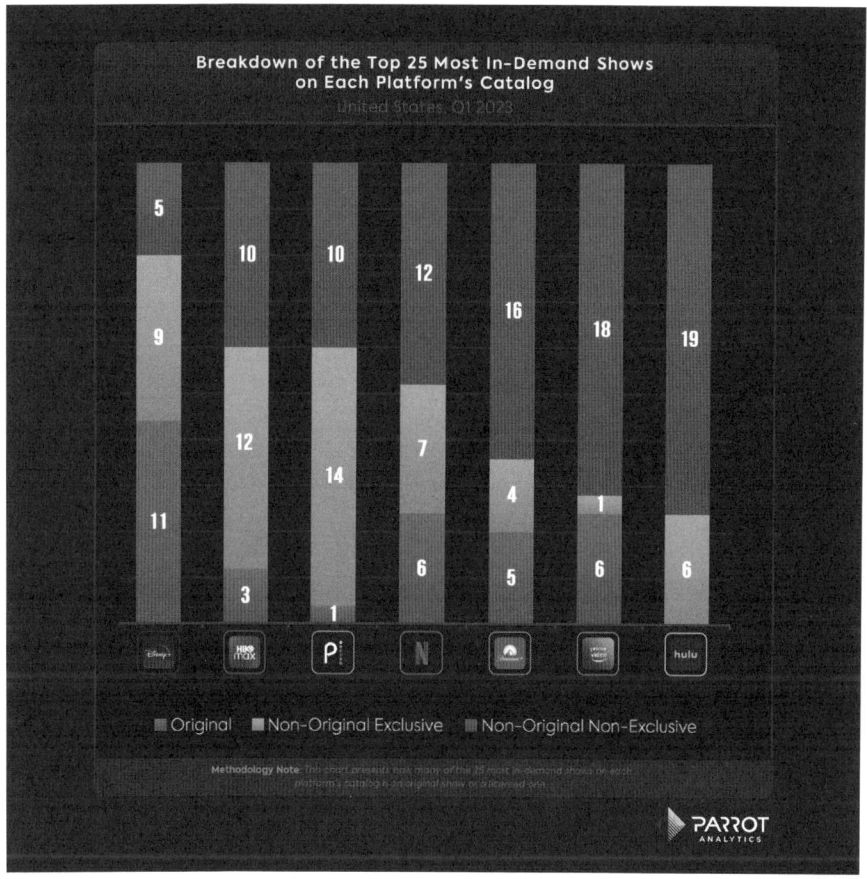

출처 : 패럿 어낼리틱스

    콘텐츠 수요를 측정하는 패럿 애널리스틱스가 '2023년 1분기 서비스 별 상위 25개 수요 프로그램'을 조사한 결과 넷플릭스조차도 순수 오리지널은 6편에 불과했다. 오히려 단독이나 독점이 아닌 콘텐츠의 수요가 12편으로 오리지널보다 높았다. '넷플릭스=오리지널'이라는 공식이 깨지는 순간이다. 디즈니+는 상위 수요 25편 프로그램 중 11편이 '디즈니 오리지널'이었다. 하지만, 디즈니+는 1분기 글로벌 시장에서 400만 명의 구독자를 잃었다.

09. 스트리밍과 뉴스 'CNN'의 도전

CNN의 디지털의 미래는 메가 스트리밍에서 시작된다. 글로벌 1위 보도채널 CNN이 스트리밍 항해를 다시 시작했다. CNN은 오는 2023년 9월 27일부터 워너브라더스 디스커버리의 스트리밍 맥스(MAX)에서 24시간 스트리밍 채널을 오픈한다고 밝혔다.[101] 2022년 3월 유료 뉴스 스트리밍 서비스 CNN+를 접은 뒤 1년 5개월 만이다.

맥스, 라이브 CNN탑재

스트리밍 맥스(MAX)에 탑재되는 CNN 맥스 채널(The CNN Max channel)의 가장 큰 특징은 케이블TV 라이브 뉴스가 그대로 방송된다는 점이다.

CNN은 <제이크 태퍼의 북클럽(Jake Tapper's Book Club)>, <울프 블리처의 상황실(The Situation Room With Wolf Blitzer)>, <앤더슨 쿠퍼 360(Anderson Cooper 360)> 등 케이블 CNN 인기 프로그램 일부를 스트리밍할 것이라고 밝혔고, 현재 CNN은 하루 최소 4시간의 케이블TV 프로그램을 라이브로 스트리밍하고 있다. 케이블TV와 유통 계약으로 인터내셔널에 방송되는 프로그램을 위주로 스트리밍할 예정이다. JB 페렛(JB Perrette)은 WBD 글로벌 스트리밍 대표는 뉴욕타임스와 인터뷰에서 "실시간 케이블TV 프로그램은 동시에 스트리밍에도 공개될 것"이라고 강조했다.

스트리밍 뉴스 오리지널도 준비 중이다. CNN은 베테랑 앵커 짐 스투토(Jim Sciutto)가 진행하는 스트리밍 온리 프로그램 등을 선보일 계획이다. 하지만, CNN맥스의 최종 라인업을 아직 최종 확정되지 않았으며 더 많은 케이블TV 콘텐츠가 스트리밍에 들어올 수 있다. 이와 관련 페렛은 CNN은 현재 일부 케이블 프로그램의 스트리밍 권리를 이미 확보한 것으로 알려졌다. 그는 "우리는 CNN이 할 수 있는 것과 할 수 없는 것을 정확히 알고 있다"고 말했다.

그러나 여전히 많은 수익이 나오는 케이블TV를 의식하지 않을 수 없다. 페럿 대표는 케이블TV를 의식해 '현재 유통 사업자들과의 계약'을 존중할 것이라고 밝혔다.

CNN 맥스채널 등장 의미는 '지각 변동'

CNN의 뉴스가 실시간 스트리밍된다는 것은 의미가 크다. 미국에서 케이블을 떠난다는 것은 기존 시장 질서를 흔드는 전략적인 판단일 수밖에 없다. CNN은 연간 매출(20억 달러)의 70% 이상을 케이블TV(프로그램 사용료, 광고)에서 올리고 있다.

때문에 그동안 CNN은 스트리밍 시장에 소극적이었다. 시장 중복을 막기 위해 케이블TV와 스트리밍 시장을 철저히 분리해왔다. 케이블TV에서 방송되는 뉴스는 유튜브나 스트리밍에서 볼 수 없었다. 또 케이블 사업자와 계약 위반을 우려해 스트리밍에서 케이블TV 프로그램을 방송하는 것을 피해왔다. 경쟁사 폭스 뉴스도 마찬가지였다.

하지만, CNN맥스 채널의 등장은 '케이블 시대의 끝이자 스트리밍 시대의 시작'을 말한다.

CNN을 움직인 건 오디언스의 변화다. 닐슨이 발표한 통합 시청 점유율(The Gauge)에 따르면 2023년 7월 기준 케이블TV와 지상파 TV의 점유율은 50%가 무너졌다. 이에 반해 스트리밍 플랫폼 점유율은 38.7%로 역대 최대였다. CNN에 앞서 미국 미디어 그룹들은 스트리밍으로 뉴스 이전을 준비해왔다. 2023년 초 NBC유니버설은 <모닝 조(Morning Joe)>, <스쿼크박스(Squawk Box)> 등 MSNBC와 CNBC의 메인 프로그램을 스트리밍 피콕(Peacock)에서 (실시간) 방송하기 시작했다. CNN의 움직임이 늦었던 이유는 케이블TV에서의 CNN위상이 매우 크기 때문이다.

<그림41> 플랫폼별 시청 시간 비율

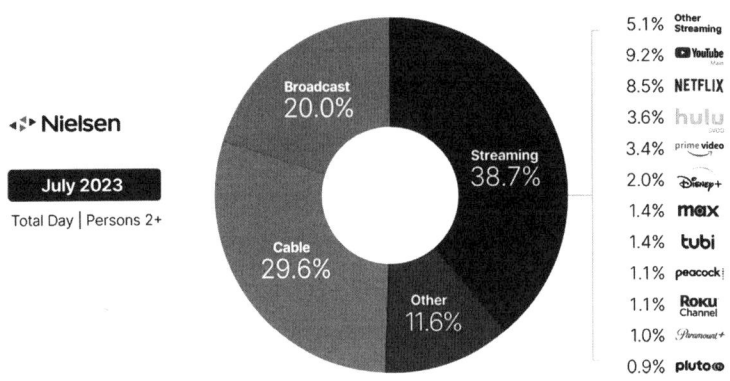

출처 : The Gauge

　페렛 대표는 CNN 맥스 채널이 '베타 모니커(beta moniker)'로 데뷔할 것이라고 강조했다. 향후 서비스를 진행하면서 계속 서비스 포맷을 수정할 것이라는 언급이다. 뉴욕타임스는 맥스가 CNN 속보 알람 기능을 추가할 수도 있다고 전망했다.

　HBO 드라마 시청할 때 화면 하단에 CNN맥스채널이 속보(breaking news)를 내보낼 수 있다는 이야기다. 스트리밍 몰입도를 높이고 뉴스 채널의 가치를 최대한 활용할 수 있는 방법이다. 또 CNN맥스 채널이 짐 아코스타(Jim Acosta), 라헬 솔로몬(Rahel Solomon), 아마라 워커(Amara Walker), 페데리카 위필드(Fredricka Whitfield) 등 인기 진행자를 등판시킨 오리지널을 만들 수도 있다고 전망했다.

스트리밍 시대 CNN의 핵심은 라이브 뉴스

　CNN의 스트리밍 도전은 이번이 처음은 아니다. 2022년 초 CNN+를 런칭하고 글로벌 시장 최초로 유료 뉴스 스트리밍에 도전했다. 하지만, 모회사 워너브라더스가 디스커버리와 합병한 이후 그해 4월 사이트가 폐쇄됐다.[102] 투자 감축과 스트리밍 전략 변경 때문이다.

그러나 WBD도 스트리밍을 무시할 수 없었다. 그래서 스트리밍 시장에 들어가되 최고의 무기를 가지고 가기로 했다. 바로 라이브 뉴스다. 기존 CNN은 CNN+을 준비하면서 <제이크 태퍼의 북클럽>, <앤더슨 쿠퍼의 육아법> 등의 스트리밍 오리지널 뉴스를 준비했었다. 그러나 시작 이후 구독자가 1만 명도 되지 않는 등 큰 주목을 받는 데 실패했다.

이에 WBD는 오리지널 중심 단독 뉴스 스트리밍의 미래를 어둡게 봤다. CNN+ 사업 종료 당시, 페렛 대표는 소셜 미디어 서비스에 CNN+를 CNN마이너스(CNN Minus)라고 쓰기도 했다. CNN의 라이브 TV뉴스가 하나도 포함되지 못했기 때문이다. 직원들과의 회의에서도 CNN+를 '뉴스 미디어의 글로벌 전화 카드(global calling card of this news organization)'라고 폄하했다. 스마트폰 시대에 필요 없는 선불 전화카드라는 이야기다.

페렛은 뉴욕타임스와의 인터뷰에서 "CNN이 서비스로 가치가 존재하기 위해선 라이브 뉴스가 포함되어야 한다. 소비자들의 기대도 CNN 생방송에 있다"며 "육아나 라이프 스타일 콘텐츠도 좋지만, 이는 주식이 아니다. 핵심은 여전히 라이브 뉴스"라고 강조했다. 그래서 CNN맥스 채널의 핵심은 라이브 뉴스다.

디지털은 이제 스트리밍 뉴스

2022년 이후 글로벌 디지털 뉴스 시장 주도권은 '스트리밍'으로 넘어갔다. 이번 CNN의 가세로 스트리밍 뉴스 시장은 더욱 강화될 수 있다. 이제 뉴스 미디어들은 단순히 유튜브, 틱톡, 인스타그램 등 디지털 플랫폼을 위한 포맷 개발이 아니라, 새로운 오디언스를 만날 '디지털 뉴스 플랫폼' 개발에 집중해야 한다.

이와 관련 CNN은 지난 2023년 6월 물러난 크리스 리히트(Chris Licht) CEO 후임으로 전 BBC와 뉴욕타임스 CEO 마크 톰슨(Mark Thompson)[103]을 임명했다. 그는 구독 미디어(스트리밍)에 집중하는 오리지널을 더 강화할 수 있다.

버티컬 뉴스, 숏 폼 뉴스, 소셜 미디어 뉴스 등 뉴스의 디지털 도전은 모두 의미가 있다. 하지만 시청자들의 소비하는 주된 뉴스 포맷은 '1분 30초 꼭지가 모여있는 30분 분량 전통 뉴스'다. 결국 뉴스 미디어들이 이곳을 정복하지 못한다면 디지털 수익은 발생할 수 없다. CNN맥스 채널 시작은 '뉴스 미디어'들이 호텔이 아닌 새로운 주거지를 찾기 시작했다는 것을 의미한다.

한국 스트리밍과 뉴스의 상관관계

　한국은 이미 뉴스 프로그램이 모든 스트리밍 서비스와 유튜브에 라이브로 송출되고 있다. CNN의 움직임이 우리에게는 새롭지 않다. 하지만, 우리가 생각해야 하는 건 미국 케이블TV시장에서의 뉴스의 지위다. 미국 뉴스는 스포츠와 함께 케이블TV 생태계를 지탱하는 주요 콘텐츠다. 케이블TV 전체 시청률 1위 역시 HBO가 아닌 폭스 뉴스 채널이다. CNN의 스트리밍 이동은 케이블TV와 스트리밍의 싸움의 승자를 보여주는 단적인 예다.

　아울러 맥스가 왜 CNN 라이브를 택했는지도 중요하다. 맥스가 CNN에게 기대하는 것은 새로운 시청자 유입과 체류 시간 증가다. 앞서 언급했듯이 드라마를 보고 있는 사이에도 뉴스 알람을 뿌려주겠다는 전략은 맥스(MAX) 스트리밍에서 벗어나지 말라는 이야기다.

　그렇다면 여기서 CNN맥스 채널 같은 스트리밍 전략이 한국에서 통할 것인가? 다시 말해 스트리밍 플랫폼을 강화시키기 위해 뉴스를 앞세울 수 있냐는 것이다. 단적으로 스트리밍에서 이미 모든 라이브 뉴스를 경험하고 있는 한국 시청자들은 뉴스가 하나 더 등장한다고 해서 전혀 감흥이 있을 수 없다.

　한국에서 스트리밍 전략이 작동하려면 CNN 전략과 반대로 '스트리밍 오리지널 뉴스'가 필요해 보인다. 새로운 드라마가 있어야 새로운 오디언스가 생기는 것과 당연한 이치다.

　한편, CNN에 앞서 ABC, CBS 등 미국 지상파 방송들은 스트리밍으로의 항해를 이미 하고 있다. NBC유니버설은 'NBC뉴스 나우(NBC News Now)를 2019

년 내놨다. NBC유니버설은 2022년 NBC뉴스 나우가 흑자를 보기 시작했다고 밝혔다. CBS(CBS NEWS LIVE) 역시 유튜브 라이브 채널 운영에 이어 자신들의 스트리밍 서비스에 라이브 뉴스 프로그램을 탑재하고 있다.

- NBC뉴스 'NBC뉴스 나우' 2019년 런칭. MSNBC 콘텐츠는 피콕에 서비스[104]
- 폭스 뉴스 2018년 유료 뉴스 스트리밍 폭스 네이션(Fox Nation) 런칭[105]
- CBS, 2014년 CBSN런칭, 이후 CBS Streaming Network로 변경[106][107]
- ABC뉴스 2020년 'ABC News Live' 런칭[108]

CBS는 2022년 스트리밍을 전담하는 'CBS 뉴스 스트리밍 네트워크'도 런칭했다. CBS 스트리밍 뉴스는 2024년 대선을 겨냥하며 오리지널 및 지역 뉴스 공급을 늘리고 있다. 2023년 5월 또 다른 정치 프로그램인 <America Decides>을 CBS뉴스 스트리밍에 런칭했다. 이 방송에는 워싱턴 정가에 출입하는 CBS유명 기자들이 총출동한다.

디즈니가 보유한 ABC(ABC News live)도 자사 스트리밍 훌루에 라이브 뉴스 스트리밍을 검토 중이다. 밥 아이거 디즈니 CEO는 CNBC와의 7월 인터뷰에서 "앞으로 어떤 일이 벌어질 지 아무도 알 수 없다"고 강조했다.

10. FAST의 부상…지상파 방송사들도 패스트 대열에

2023년 4월 15일부터 19일까지 미국 네바다주 라스베이거스에서 열린 NAB쇼가 열렸다. 미국 연방 지상파 방송 협회 NAB(National Association of Broadcasting)가 주최하는 최신 방송 기술과 장비, 정책, 트렌드를 소개하는 세계 최대 전시회다. 지상파 방송사의 혁신과 미래를 소개하는 자리지만 올해(2023년)는 인공지능 생성AI와 FAST가 행사장을 장악했다. NAB쇼 행사장 미국 네바다 라스베이거스 컨벤션센터(LVCC)에서 FAST 관련 전시와 함께 각종 세미나도 이어졌다.

광고를 보는 대신, TV콘텐츠를 무료로 보는 FAST(Free Ad-Supported Streaming TV)의 확산세가 거세다. FAST는 FAST 채널과 FAST 플랫폼으로 나뉜다. 케이블TV채널과 케이블TV플랫폼과 비슷한 형태라고 보면 된다. FAST 플랫폼과 채널은 주로 스마트TV에서 시청되는데 최근 스마트TV의 대중화와 함께 패스트 채널(FAST)도 함께 늘어나고 있다.

<그림42> NAB FAST 채널 서밋

FAST는 디지털 리니어가 온다(digital linear)

2023년 4월 17일 NAB쇼에서 열린 'FAST 채널&퓨리어스 성장(FAST Channels and Furious Growth)' 세미나에서는 FAST가 향후 미국 내에서만 3년 내에 120억 달러의 광고 매출을 올릴 것이라는 예상이 나왔다. 이에 세미나 패널들은 패스트가 케이블TV나 지상파 TV를 빠르게 대체하고 있다고 강조했다. 무료인데다, 스마트TV에서 편리하게 볼 수 있다는 장점이 있기 때문이다. 또 과거와는 달리 최근 FAST 채널들의 퀄리티도 급격히 상승하고 있다.

현장 세미나에 참석한 에이미 쿠스너 파라마운트 부사장은 "나는 스트리밍 서비스가 케이블을 완전히 대체한다고 생각한다"며 "이제 케이블 TV를 보는 사람들이 매일 줄어들고 있다. 비즈니스 관점에서 봤을때 광고 기반 디지털 리니어는 대세가 될 것"이라고 강조했다. 그녀는 또 "스마트TV가 사실상 글로벌 시장에 진출하는 만큼, FAST는 국경없는 케이블TV"라고 덧붙였다.

미국 FAST는 그야말로 전성시대다. 매출과 채널 규모가 함께 커지고 있다. 다른 어떤 나라보다 FAST 시장 참여자는 다양하다. 아마존, 컴캐스트, 파라마운트 글로벌, 폭스, 로쿠 등 거의 모든 미디어 사업자들이 각자의 FAST를 운영하고 있다.

2023년 2월 현재 미국에서 볼 수 있는 FAST 채널은 1,628개다. 다른 어떤 나라들보다 많다. 지역 뉴스 채널을 제외하고도 1,400개가 넘는 무료 방송 채널이 서비스되고 있다. 엄청난 숫자다.

50개 이상의 FAST 채널을 운영하고 있는 미국 FAST 서비스 플랫폼은 14개가 넘는다. 이 중 지역 뉴스 채널을 모아 서비스하는 로컬 나우(Local Now)는 470개가 넘는 FAST 채널을 운영하고 있다. 스마트TV FAST 삼성 TV플러스는 점유율을 크게 확대하고 있다. 삼성은 지난 2015년 FAST 시장에 들어왔다. 삼성은 2023년 2월 현재 미국에서 301개 FAST 채널을 송출하고 있으며 50개의 채널은 자체 운영하고 있다.

지역 뉴스는 FAST에서 가장 인기 있는 서브 장르(Top Sub Genres) 중 하나다. 2023년 2월 현재 버라이어티에 따르면 지역 뉴스는 201개로 가장 인기가 높은 서브 장르(뉴스 중에서도 지역 뉴스)였다. 드라마를 기반으로 한 채널은 111개, 리얼리티 쇼를 기반으로 한 채널은 97개다.

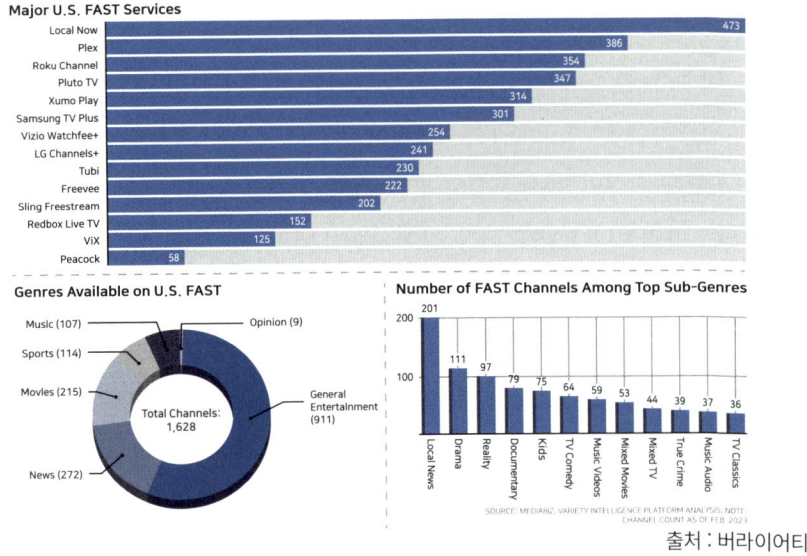

<그림43> 미국 FAST 채널 현황1

출처 : 버라이어티

 이용 시간도 늘고 있다. TVision에 따르면 2022년 4분기 투비(Tubi)의 월이용시간(MAU)은 140분 이상이었다. 이는 2021년 60분에 비해서는 100분 가량이 증가한 수치다. 조사 기관 티보(Tivo)에 따르면 광고 지원 무료 VOD인 AVOD와 FAST는 저녁 프라임 타임(8시~11시) 내 시청량이 가장 빨리 증가하는 미디어 플랫폼이었다. 스마트TV 보유 미국 성인 중 FAST 채널을 보는 시청자도 65%까지 올라섰다. 10명 중 6명 이상이 FAST 채널을 보고 있는 것이다.

<그림44> 미국 FAST 채널 현황2

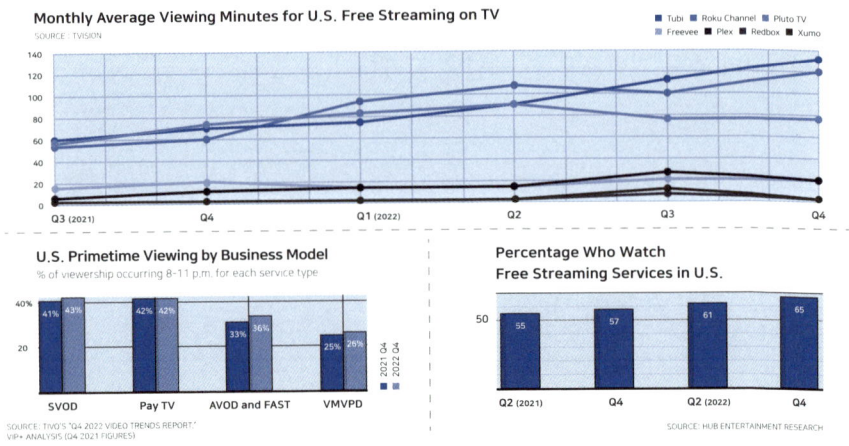

영국도 FAST

FAST 현상은 글로벌이다. FAST 열풍은 미국에만 그치지 않는다. 영국 시장은 최근 FAST가 가장 뜨겁게 확산하고 있는 지역이다. 시장 규모는 미국에 이어 2위다. 100개 이상의 FAST 채널을 제공하고 있는 FAST 서비스 플랫폼도 5개가 넘는다. 그러나 주요 FAST 플랫폼은 모두 미국 서비스다. 최근 ITVX(영국 ITV 운영)가 점유율을 높이고 있지만 아직은 부족하다. 삼성 TV플러스와 LG채널스도 2023년 2월 현재 120개가 넘는 FAST를 공급하고 있다. 영국 내 1위 FAST 서비스 플랫폼은 미국 사업자인 플렉스(Plex)다.

FAST 서비스 장르 비중은 미국과 유사하다. 2022년 4분기 전체 592개 채널 중 영국 역시 TV프로그램을 주로 제공하는 FAST가 가장 많다. FAST 채널의 65%가 TV에서 방송된 콘텐츠를 공급하고 있다. 미국의 55%보다 더 높은 수치다. 뉴스 FAST(20개)가 미국에 비해 상대적으로 적기 때문으로 보인다.

이와 함께 영국 FAST 상위 서브 장르 콘텐츠(Top Sub-Genres)에서는 다큐멘터리와 예능(리얼리티 TV) 장르가 많이 서비스된다. 전체의 거의 4분의 1을 차지한다. 어린이TV채널, TV드라마, 영화 채널, TV코미디, 사건실화(True Crime)도 상당히 많다.

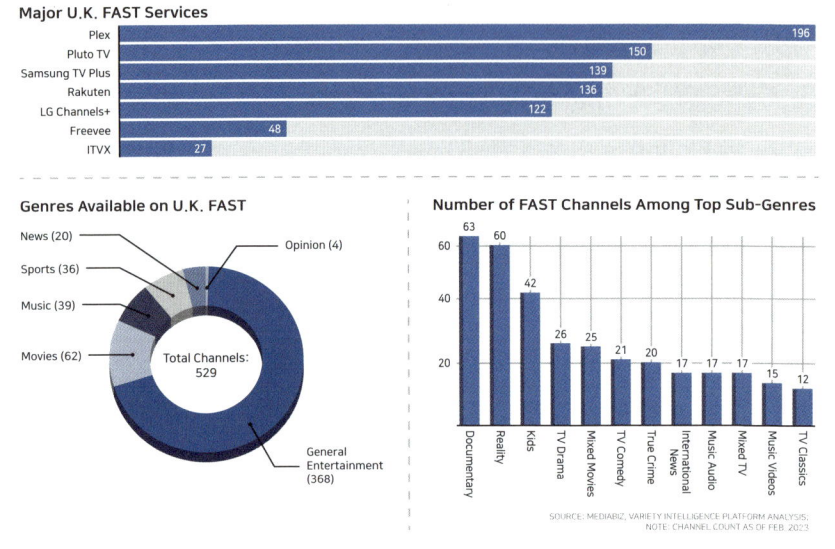

<그림45> 영국 FAST 서비스 현황

출처 : 버라이어티

글로벌 시장으로 뻗어가는 FAST

　FAST는 이제 미국을 넘어 글로벌 현상이 되고 있다. 대부분 미국 기업들이지만, 해외에 진출해 적극적으로 시장을 개척하고 있기 때문이다. 현재 글로벌 시장에 진출하고 있는 FAST 플랫폼은 대략 8개다. 이 중 플렉스(Plex)는 거의 모든 시장에 나가 있다. 그야말로 글로벌 FAST인 셈이다.

　가장 오래된 FAST 플랫폼 플루토TV는 미국과 유럽에 광범위하게 진출해있고 호주의 경우 파라마운트의 자매 방송사 '네트워크(Network 10)'의 FAST '10 Play'를 위한 FAST 채널도 제공한다. LG가 스마트TV에서 제공하는 FAST 플랫폼 LG채널스는 플루토TV와 유사하다. 라틴 아메리카, 일본, 한국, 오세아니아 지역 등에서 서비스하고 있다.

　아마존이 가지고 있는 FAST 프리비는 현재 4개 나라에만 진출해 있다. 하지만 글로벌 톱 5 FAST 마켓 중 3곳에 나가 있다. 미국과 유사한 캐나다와 호주 역시 프리비의 진출 가능국이다.

<그림46> FAST 사업자별 글로벌 진출 지역

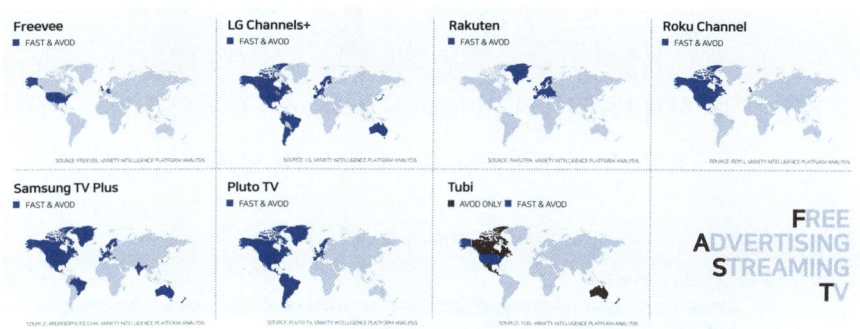

　일본 회사 라쿠텐(Rakuten)은 유럽 지역 FAST 시장을 공략하고 있다. 현재 아시아 국가 FAST 중 가장 많은 지역인 43개 지역에 런칭해 있다. 그러나 가장 핵심은 미국시장에는 아직 진출하지 않았다. 전문가들은 라쿠텐이 조만간 미국 시장에 들어올 것으로 보고 있다.

　라쿠텐은 현재 미국외 영어권 지역과 멕시코에 진출했다. 멕시코에서는 스페인어 채널을 58개나 보유하고 있다. 이에 반해 삼성전자는 자사 FAST '삼성TV플러스'를 통해 글로벌 시장에 진출했다. 북미와 브라질, 서유럽, 인도, 오세아니아 지역 등 사실상의 글로벌 통일을 이뤘다.

　폭스(Fox)가 보유한 투비(Tubi)는 전략이 다르다. FAST는 미국 내에서만 서비스하고 있고 라틴 아메리카, 오세아니아 등 9개 해외는 AVOD만을 제공하고 있다. NBC유니버설의 수모(Xumo)는 아직은 글로벌 시장에서 서비스하지 않는다. 미국과 캐나다에서만 수모를 볼 수 있다.

　캐나다는 1위 FAST 서비스는 로컬 사업자다. 캐나다 사업자 V미디어(Vmedia)의 '리버 TV'서비스는 현재 98개 채널을 제공하고 있다. 다른 서비스들은 미국산 FAST들이다. 보통 캐나다와 미국을 같은 지역으로 묶는 라이선스 계약 덕분에 <사우스파크> 등 미국에서 서비스되는 대부분 콘텐츠를 캐나다 FAST에서도 볼 수 있다.

특히, 캐나다는 로컬 뉴스에 FAST가 기대는 몇 안되는 곳 중 하나다. 캐나다에서 제공되는 지역 뉴스 채널은 15개로 방송사들은 미국시장에서 FAST 뉴스가 성공하는 방정식을 본 뒤 이를 바로 캐나다 시장에 반영하고 있다. 그러나 캐나다는 현재 미국 FAST 서비스들이 모두 눈독을 들이고 있는 시장이다. 투비가 진출해있지만 스트리밍 채널이 없고 AVDO만 제공하고 있다.

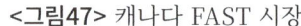
<그림47> 캐나다 FAST 시장

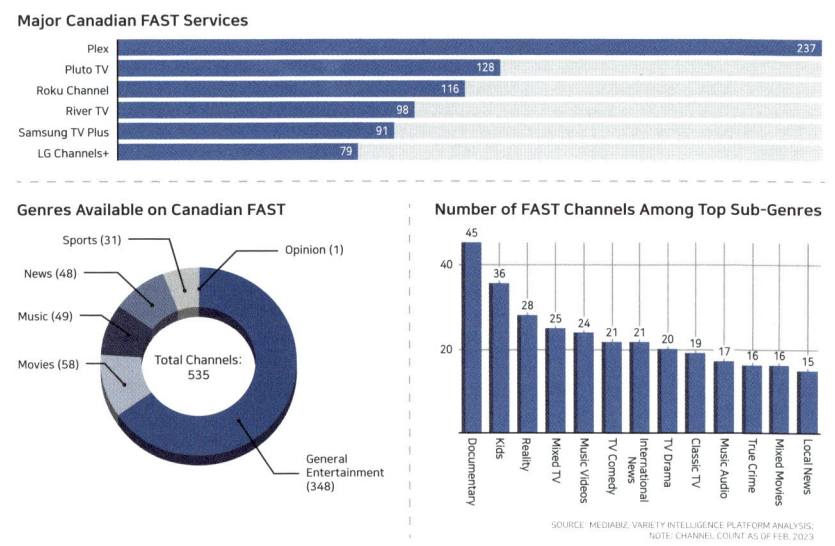

출처 : 버라이어티

버라이어티는 오는 2027년 호주가 글로벌 4위 FAST 시장이 될 것으로 예상하고 있다. 영어권인 호주 라이브 스트리밍 시장은 계속 커지고 있다. 특히, 향후에는 호주 국내 서비스들의 잠재력이 매우 높다. 나인 네트웍스의 FAST '9NOW'는 현재 9Go! and 9Life를 포함, 다양한 라이브 스트리밍 FAST를 방송하고 있다.

호주 FAST 시장의 또 다른 특징은 세븐플러스(SevenPlus)와 같은 현지 서비스들이 '콘텐츠' 단일 시리즈 채널을 만들기 위해 라이브러리 수집에 나섰다. 2023년 2월 현재, 세븐 플러스는 17개 싱글 콘텐츠 FAST 채널을 송출했다.

이는 전체의 3분의 1에 해당하는 수준이다.

결과적으로 호주 시장은 계속 성장할 것으로 보인다. 호주 로컬 뉴스는 아직까지 FAST를 진정으로 수용하지 않고 있지만, 소비자들의 디지털 소비가 증가함에 따라 결국 변화할 것으로 예상된다. 광고주들을 역시, FAST에 더 많은 눈길을 줄 수밖에 없다.

현재 호주 시장에서 가장 인기 있는 FAST 채널은 다큐멘터리, 어린이, 리얼리티 순이다. 미국과 거의 유사하다. 결국 엔터테인먼트 FAST가 증가할 경우 시장 성장성은 더 높다는 이야기다.

<그림48> 호주 FAST 시장

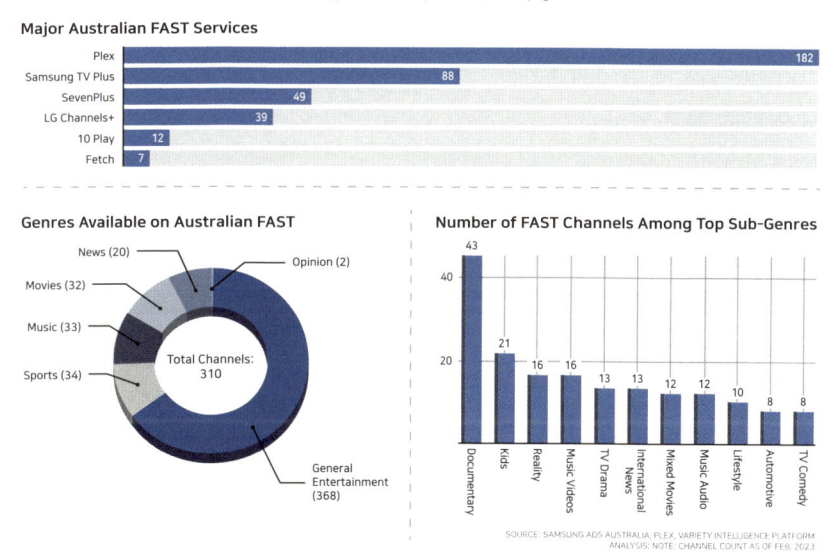

출처 : 버라이어티

독일 FAST 시장은 다양성 속 한국기업들의 독무대로 정리할 수 있다. LG 채널스가 200개가 넘는 채널을 공급하며 1위 FAST 플랫폼 자리를 차지하고 있고 삼성 역시 100개가 넘는 채널을 제공하고 있다. 여기에 하나의 국내 사업자(rlaxx TV)와 유럽 기간 라쿠텐이 서비스하고 있다. 미국 사업자인 플렉스(Plex) 제공 채널도 많다. 프리비도 이제 사업을 시작해 28개 FAST 채널을 런칭하고 있다.

버라이어티는 독일을 글로벌 5대 FAST 시장으로 추정하고 있다. 글로벌 사업자들도 독일에 더 많은 채널을 런칭할 것으로 보여 경쟁은 더 치열해질 수도 있다.

2023년 현재 독일에서 볼 수 있는 FAST 채널은 516개다. 전체의 절반 이상인 63%가 TV프로그램과 영화, 음악에 기반을 두고 있다. 아직은 이용도가 낮다. FAST 접근 가능 시청자 중 12%만 FAST를 즐기고 있다.

독일 FAST 시장의 관건은 로컬 뉴스 채널의 확대다. 많은 나라들과 마찬가지로 독일도 뉴스의 경우 글로벌 채널들이 FAST 시장을 장악하고 있다. 독일 국내 뉴스가 FAST를 하고 있는 곳은 없다. 서브 장르로는 다큐멘터리, 어린이 등이 인기가 높고(다른 유럽과 유사하게) 뮤직 비디오 채널도 FAST 형태를 많이 취하고 있다. 여기에 TV코미디 프로그램을 묶은 코미디 채널들을 FAST에서 인기를 끌고 있다.

<그림49> 독일 FAST 시장

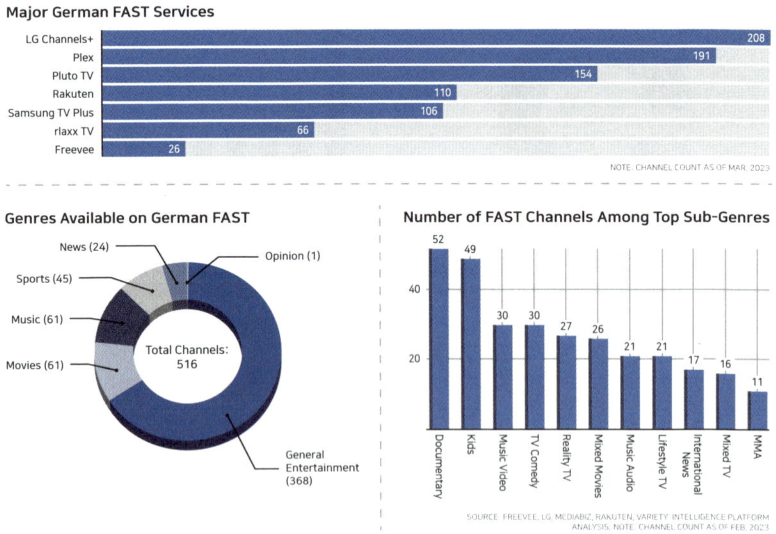

출처 : 버라이어티

국내

01. 국내 OTT 어려움 심화

티빙, 웨이브 등 국내 OTT가 감당해야 하는 적자는 갈수록 커지고 있다. 뒤에서 구체적으로 살펴보겠지만 특수성을 가지고 있는 쿠팡플레이를 제외한 티빙, 웨이브, 왓챠 등 국내 OTT 서비스들은 가입자와 매출은 증가 혹은 일정 규모의 이상을 유지하고 있는 반면, 적자 폭은 계속 커지고 있는 실정이다.

국내 OTT 사업자들의 적자 폭이 커지고 있는 이유는 OTT 시장에서의 경쟁이 치열하게 전개되면서 콘텐츠 수급 비용이 상승하고 있기 때문이다. 이러한 상황 속에서 국내 OTT 서비스 중 가장 사정이 어려운 왓챠의 경우 매각을 시도하고 있다는 보도가 지속되어 왔으나 실제 매각이 이뤄지지는 않고 있다.

<그림50> 넷플릭스 VS 티빙+웨이브 이용자 수 및 이용시간

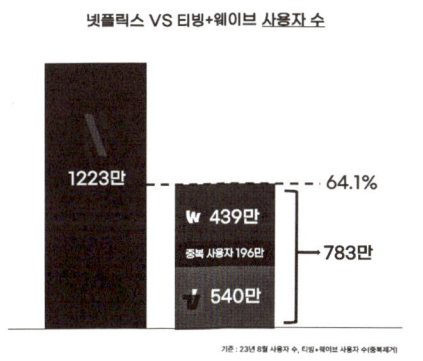
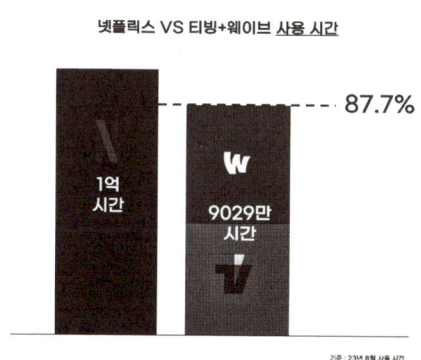

자료: 모바일인덱스·마클 (2023)[109]

한편, 티빙과 웨이브의 합병설도 끊이지 않고 간헐적으로 이슈가 되고 있다. 기업의 인수, 합병 관련해서 외부인이 판단을 내리기 어렵지만 티빙과 웨이브의 합병설이 제기되고 있는 이유는 기업의 니즈와 무관하게 국내 시장에서 넷플릭스가 독주하고 있고 국내 기업 간 합병을 통해서라도 넷플릭스와 경쟁할 만한 플랫폼이 필요하다는 주장이 계속 제기되고 있는 것이 영향을 미치고 있는 것으로 보인다. 위에 인용한 도표와 같이 티빙과 웨이브의 이용 시간을 합치면 넷플릭스와 차이를 줄일 수 있다.

하지만 사업자 간 인수, 합병은 사업자의 고유한 판단의 영역이니 만큼 외부에서 예측하기 어렵다. 또한, 사업자 간 인수합병이 OTT 시장에서 어느 정도의 시너지를 창출할 수 있을 것인지에 대해서도 함부로 예단하기 어렵다. OTT 시장은 통신 시장이나 유료방송 시장처럼 가입자의 이동이 어려운 시장이 아니기 때문이다. 즉, 사업자 간 인수합병이 가입자 증대로 직접적으로 이어질 것이란 보장이 없다는 것이다.

향후 몇 년간 국내 OTT 시장의 최대 화두는 국내 사업자들의 적자를 흑자로 전환하는 것이 될 것이다. 글로벌 진출 필요성이 지속적으로 제기되고 있는 이유도 협소한 국내 시장에서의 경쟁으로는 현재 국내 OTT 산업이 직면해 있는 문제를 근본적으로 해결하기 어렵기 때문이다.

02. 넷플릭스는 경쟁자인가 파트너인가?
넷플릭스의 국내 투자와 협력

2023년에도 국내 OTT 시장의 가장 큰 화두는 넷플릭스였다. 넷플릭스는 여전히 국내에서 압도적인 영향력을 행사하고 있기 때문이다. 넷플릭스 국내 콘텐츠 투자는 앞으로도 이어질 것이다. 이러한 가운데 넷플릭스가 국내 인력 양성에 기여하는 활동을 늘려가고 있어 관심을 모으고 있다.

한국콘텐츠진흥원과 영화진흥위원회는 넷플릭스와 제작인력 양성을 위해 협력하기로 하고 관련된 업무 협약을 맺었다. 5년간 2,000명의 전문인력을 양성하는 것이 목표다.[110] 이뿐 아니라 넷플릭스는 한국전파진흥협회(RAPA)와 '넷플릭스 VFX' 아카데미를 운영하면서 국내에서 경쟁력이 상대적으로 떨어지는 기술 인력 양성을 지원하고 있다.[111] 넷플릭스는 한국전파진흥협회에서 진행하고 있는 '디지털 선도기업 아카데미' 사업 협력 기업으로 선정되었고, VFX 양성을 위해 노력하고 있다.[112]

넷플릭스가 국내 투자를 비롯하여 인력양성에까지 신경을 쓰고 있는 이유는 넷플릭스가 그만큼 국내 시장을 중요하게 생각하고 있다는 반증이라고도 볼 수 있다. 넷플릭스는 오랜 기간 이어온 SKB와의 소송도 취하하며 국내에서의 갈등 여지를 줄여나가고 있다. SKB와 넷플릭스는 3년여간 이어져 왔던 망 이용 대가 관련 분쟁을 마무리하고 전략적 협력 관계를 맺기로 했다. SKT·SKB와 넷플릭스는 제휴를 통해 2024년부터 모바일 상품과 유료방송 IPTV에서 결합 요금제 상품을 출시하기로 합의했다.[113]

현재까지 보여준 넷플릭스의 행보를 보면 국내 사업자들과 기본적으로 경쟁을 하면서 협력하는 모습을 동시에 보여주고 있다. 유럽 등 넷플릭스와 같은 미국 사업자에 의해 자국 시장을 잠식당한 국가와 달리 대한민국은 여전히 긴장과 협력 관계를 동시에 맺고 있는 상황이다. 2024년에도 넷플릭스와의 미묘한 관계는 국내 OTT 시장에서 가장 눈여겨볼 사안 중 하나가 될 것이다.

03. 쿠팡플레이의 약진[114]

유통업으로 시작한 쿠팡이 쿠팡플레이를 선보인 후 2년 6개월 만에 코리안클릭 기준으로 7월 기준 월간 순이용자 수가 548만 명으로 토종 OTT 중에서 처음으로 티빙을 이기고 1위에 올랐다. 모바일인덱스에서는 근소한 차이로 티빙 522만 명보다 조금 적은 520만 명으로 2위를 차지했다.[115] 토종 OTT들이 넷플릭스에 밀리고 있는 지금, 쿠팡은 스포츠 중계에 주력하며 오리지널 콘텐츠를 확대하는 전략을 펴고 있다.

쿠팡플레이의 비즈니스 모델

OTT 서비스는 넷플릭스의 성공으로 한때 황금시장으로 각광받았다. 그러나 최근 국내외 미디어 시장과 함께 OTT 시장도 요동치고 있다. 대표적인 예로 디즈니는 지난해 OTT 서비스 부문 손실이 거의 6조 원에 달하면서 밥 아이거(Robert Allen Iger)를 다시 CEO로 복귀시키고, 직원 7,000명을 감원하는 구조조정을 발표했다. 국내에서도 지난해 티빙과 웨이브가 약 1,200억 원의 적자로 고민이 많아졌다. 그런 와중에 쿠팡플레이가 급성장하며 국내 OTT 중 월간 순이용자 수에서 토종 OTT 중에서 1위를 차지했다.[116]

쿠팡플레이와 비슷한 OTT 모델은 미국 글로벌 기업 아마존의 아마존 프라임 비디오다. 애플의 애플TV플러스도 애플 제품을 구매하면 OTT를 무료로 이용할 수 있도록 했지만[117] 기간이 1년으로 정해져 있어 아마존, 쿠팡과는 다르다. 아마존은 아마존 프라임에 가입한 고객에게 아마존 프라임 비디오 서비스를 무료로 이용할 수 있도록 했다. 쿠팡도 이를 벤치마킹하여 와우 멤버십(월 4,990원) 가입자에게 쿠팡플레이를 별도 비용 없이 시청할 수 있도록 했다.[118] 이러한 서비스 덕분에 와우 회원은 2022년 말 1,100만 명을 기록하며 성장했다.

와우 회원은 쿠팡에서 상품 구매 시 무료 배송을 받으므로 한 달에 두 번 정도 쇼핑하면 멤버십 비용은 만회할 수 있고, 음식 배달 서비스인 쿠팡이츠에서 할인받는다면 4~5회 주문으로 멤버십 금액 정도를 버는 효과를 얻는다. 여기에 <SNL 코리아>, <안나>, <영국 프리미어리그> 등 화제의 콘텐츠까지 볼 수 있다.

쿠팡플레이는 쿠팡의 와우 멤버십 가입자를 증가시키고 유지(Lock-in)하는 것이 주요 목적이다.[119] 쿠팡 와우 회원이 증가할수록 쿠팡플레이 이용자가 증가할 것이고, 쿠팡플레이에 경쟁력 있는 콘텐츠가 많아질수록 와우 멤버십 가입자가 증가하여 구매도 늘어나는 선순환 구조가 형성된다.

쿠팡플레이는 어떻게 성장했나?

 쿠팡플레이는 2020년 12월 24일에 론칭했다. 닐슨에서 국내 PC와 모바일 이용행태를 측정하는 코리안클릭에 따르면 토종 OTT 중에서도 올해 1월부터 2위를 유지하고 있으며, 2021년 1월 81만 명에서 2023년 7월 548만 명으로 월 이용자 수가 6.8배 증가하여 출시 2년 반 만에 1위로 올라섰다. 아이지에이웍스의 자사 데이터 분석 솔루션 모바일인덱스에서도 월간 활성 이용자 수는 2023년 1월부터 7월까지 토종 OTT 중에서 줄곧 티빙에 이은 2위를 차지했다.[120]

<그림51> 국내 OTT 월간 순이용자 수 현황(천 명)

출처: 코리안클릭

 쿠팡플레이는 처음에 영화, 드라마, 예능, 키즈 카테고리로 나뉘어 있었다. 이어 <스파이더맨> 시리즈, <밤쉘: 세상을 바꾼 폭탄선언> 등의 할리우드 영화와 <맛있는 녀석들>, <금쪽같은 내 새끼> 등 인기 국내 예능 콘텐츠를 수급했다. 특히 YBM, 대교 등을 통해 상당히 많은 교육 콘텐츠를 확보했다. 현재는 TV 15개 부문, 영화 18개 부문, 키즈 20개 부문으로 콘텐츠 수를 조정하고, 스포츠 중계권을 공격적으로 확보하면서 스포츠 생중계 부문과 뉴스 6개 방송사가 추가되었다. 콘텐츠를 개별로 구매할 수 있는 '스토어' 카테고리가 있는 것이 다른 OTT와 차별점이다.

쿠팡플레이의 성장 요인을 살펴보면 첫 번째는 쿠팡 회원 활용이다. 쿠팡의 와우 회원이 증가하면서 자연스럽게 쿠팡플레이에 대한 이용량도 증가했다. 쿠팡이 의도한 대로 시너지도 발생하고 있다.

둘째, 독점 콘텐츠의 확보다. '쿠플 시리즈'는 쿠팡플레이 오리지널로 tvN에서 시즌 8으로 끝난 <SNL 코리아>를 리부트시켜 화제와 인기를 이어가고 있다. 시즌1의 1회에 이병헌이 출연하여 시선을 확 끌었고, 시즌2 1회 신혜선, 시즌3 1회 송승헌, 시즌4 1회 정우성 등을 출연시켰다. 김수현, 차승원이 출연한 제작비 100억 원대 드라마 <어느 날>, 수지 주연의 <안나>, 신하균 주연의 <유니콘>, 장근석 주연의 <미끼> 등의 드라마도 있다. '쿠팡 독점'은 중국 드라마 <침향여설>이 대표적이다.

<그림52> 쿠플 시리즈 검색 화면

자료: 쿠팡플레이

셋째, 스포츠 콘텐츠의 확보다. 쿠팡플레이는 2021년 3월 5일부터 풀럼 FC 경기를 시작으로 토트넘 홋스퍼 FC 경기를 중계했다.[121] 축구 국가대표팀 경기의 중계권도 확보하여 3월 25일 한일 친선 A매치, 2022년 월드컵 아시아 지역 2차 예선 경기를 중계했다. 2021년 9월 10일부터는 미식축구 리그인 내셔널 풋볼 리그(NFL)도 3년간 독점 중계하고 있다. 2022년 테니스 데이비스컵, 스페인 축구 라리가 2023/24시즌부터 5년간 독점 중계, 2022년 10월 포뮬러 1 중계, 2025년부터 4년간 AFC 모든 경기 중계권 등을 확보했다. K리그는 2022년부터 생중계했으며, 지난해에는 해외 유명 축구클럽을 국내에 초청하여 K리그 클럽과 맞붙는 쿠팡플레이 시리즈를 진행하여 상당한 인기를 얻었다. 최근에는 스페인 프로축구리그 라리가의 전경기 중계를 확정지었다.

　최근 미국 미디어 업계에서도 스포츠 중계권 확보에 사활을 걸고 있다. 라이브에 대한 시청자의 욕구가 신규 가입자 확보를 위한 중요한 요소이기 때문이다. 쿠팡플레이 이용자는 여성이 더 많기 때문에 남성 고객을 유인하고자 하는 전략도 포함되어 있다. 무엇보다 쿠팡플레이는 K리그에 17개의 카메라를 투입해 다양한 각도에서 경기를 볼 수 있게 했고, 경기 전 프리뷰 쇼를 진행하면서 마치 프리미어 리그를 연상케 한다는 좋은 반응을 얻고 있다.[122] 김정운 교수는 『에디톨로지』에서 영국 프리미어가 성공한 이유로 상당히 많은 카메라를 설치하여 편집 화면을 제공했다고 했다.

　넷째, 다양한 혜택의 제공이다. 지난 6월 와우 회원을 대상으로 론칭한 '쿠플 클럽'은 쿠팡플레이를 더 많이 즐길수록 혜택을 더 많이 제공하는 리워드 프로그램이다. <SNL 코리아> 방청 초대권, K리그 대 AT. 마드리드 초대권 등도 제공했다. 이러한 혜택은 회원들을 더욱 쿠팡플레이에 묶어두는 효과(Lock-in)를 발휘한다. 이는 유튜브가 운영하는 '유튜브 TV'가 회원 한정으로 미국 프로 풋볼 리그의 관람권을 판매하는 전략과 유사하다.

쿠팡플레이의 향후 전략은

　국내외 OTT 업계의 상황은 매우 좋지 않다. 넷플릭스를 제외하고는 투자를 줄이고 있는 상황이다. 하지만 오히려 쿠팡에게는 기회가 될 수도 있다.

쿠팡은 우선 쿠팡플레이에 대한 투자를 확대할 계획이다. 쿠팡의 2022년 매출은 25조 7,685억 원이나 당기순손실은 1,005억 원이어서 누적 결손금은 6조 1,349억 원에 달한다. 그러나 2022년 3분기부터 영업 이익이 흑자로 돌아선 이후 4분기 연속 흑자를 달성하였다. 2022년에 1,362억 원의 흑자를 달성하였고, 2023년 1분기 3,073억 원과 2분기 1,940억 원의 영업 이익을 달성했다.[123][124] 쿠팡 가입자 또한 증가했기에 쿠팡플레이 이용자도 늘어날 것이고, 그러면 상대적으로 1인당 투자 비용이 감소하게 된다.

둘째, 해외 진출을 확대할 것이다. 국내 OTT 시장은 포화상태여서 이용자 확대가 어렵다. 이런 상황에서는 넷플릭스처럼 해외로 진출해야 한다. 쿠팡은 2020년 7월 싱가포르의 OTT 서비스 훅(HOOQ)을 인수했다. 국내 콘텐츠의 주요 소비처인 동남아시아에서 성과를 낼 수 있다.

셋째, 스포츠에 대한 투자를 더욱 확대할 것이다. 국내 OTT 중에서는 쿠팡플레이가 온라인 중계권을 가장 많이 갖고 있다. 2021 도쿄 올림픽 독점 중계권을 확보하는 데는 실패했지만 2024 파리 올림픽에 대한 온라인 독점 중계권 확보를 추진할 것이다. 당시에는 국민적 관심사인 올림픽 중계권을 쿠팡이 독점한다는 소식에 여론이 좋지 않았지만, 앞으로는 상황이 많이 달라질 수 있다.

넷째, 국내 미디어 기업과의 협업을 강화할 것이다. 현재 국내 방송사의 사정이 좋지 않기 때문에 OTT와 협력하지 않으면 좋은 콘텐츠를 확보하기 어렵다. 이런 상황에서 쿠팡은 좋은 파트너가 될 수 있다.

쿠팡플레이는 짧은 기간에 국내 OTT 시장에서 급성장했다. 향후 국내 OTT보다 월등한 자본력을 바탕으로 콘텐츠 투자를 확대하여 국내 OTT의 1위를 차지할 가능성도 보인다. 웨이브, 티빙 같은 구독 모델과 쇼핑과 연계할 수 있는 쿠팡의 비즈니스 모델 중 누가 우위가 될지는 모른다. 최종 승자는 누가 더 콘텐츠에 대한 투자를 많이 하고, 좋은 콘텐츠를 만들어 공급할 수 있는가에 달려있다.

04. 넷플릭스와 SKB 소송 종료[125]

SK브로드밴드(SKB)가 글로벌 OTT 공룡 넷플릭스와 벌인 세기의 소송이 끝났다. 최종 법원의 판결을 받지 않고 합의로 마무리되었다. 양측은 "고객 편익 강화를 위한 전략적 파트너십을 체결했다"[126]라고 말했다. 이로써 2019년에 시작되어 3년 6개월간 진행됐던 넷플릭스와 SKB의 망 사용료에 대한 소송이 갑자기 끝났다. 그러나 구체적인 내용은 공개하지 않았다.

넷플릭스의 법률 대리는 김앤법률사무소(김앤장)이고, SKB는 법무법인 세종이다. 망 이용 대가는 "콘텐츠 사업자(CP)가 통신사의 모든 네트워크를 이용하는 대가로 통신사에게 지급하는 비용을 말한다. CP는 통신사의 인터넷데이터센터(IDC)에 입주한 경우 접속료 등의 명목으로 망 이용 대가를 부과하고 있다. 통신사 IDC 약관에서 KT는 '접속료', SK브로드밴드는 '네트워크 서비스 이용료', LG유플러스는 '인터넷접속서비스 이용료'로 부른다.[127] 망 사용료는 통신사에 영향을 미친다. KT스카이라이프가 2023년 2분기 매출이 2.8% 증가했음에도 영업 이익은 17.2%가 감소하였다. 이의 주요 요인 중의 하나가 망 사용료 48억 원으로 지난해보다 20.5% 증가하였다.[128]

넷플릭스와 SKB의 소송은 3년 6개월 동안 진행되었지만, 그 불씨는 넷플릭스가 한국에 진출하기 7년 전인 2015년부터였다. 당시 SKB는 넷플릭스에게 망 이용 대가의 지급을 요구하였고, 넷플릭스는 이를 거부하였다. 2018년에도 넷플릭스의 트래픽이 증가하자 이용자 편의를 위해 급하게 연결지점을 미국에서 일본으로 변경하였고, 망 이용 대가 정산은 추후 협의사항으로 남겨 놓았다. SKB가 LGU+나 KT처럼 넷플릭스와 제휴를 맺었다면 이러한 소송은 일어나지 않았을 것이다.

망 이용 대가와 관련한 SK-넷플릭스 소송 경과

원고인 넷플릭스는 피고 SKB에 망 이용료를 낼 수 없다고 주장하였고, SKB는 넷플릭스가 망 이용 대가를 내야한다고 주장하였다.

소송이 일어나기 전 SKB는 2019년 11월 19일 방송통신위원회(방통위)에 넷플릭스에게 망 이용 대가와 관련하여 발생한 갈등을 중재해 달라는 재정 신청을 냈다. 전기통신사업법 제45조의 전기통신사업자 상호 간에 발생한 전기통신사업과 관련한 분쟁 중 당사자 간 협의가 이뤄지지 않을 경우에 해당한다. 넷플릭스는 처음에는 이에 응했다가 이를 거부하고 2020년 4월 13일 서울중앙지법에 '협상의무 부존재'와 '채무 부존재'를 주장하며 SKB를 상대로 소송을 제기하였다.

2021년 6월 25일 열린 1심에서 넷플릭스는 패소하였고, 7월15일 서울고등법원에 항소하여 2022년 8월 24일까지 5차 변론이 열렸다. 원고와 피고의 주장은 1심과 동일하며, 2심의 쟁점은 '무정산 합의'다.

<표4> 넷플릭스 - SKB 소송 일지

연도	날짜	내용
2015	9월	SKB, 넷플릭스에 망 이용 대가 지급 요구
2018	10월	SKB, 트래픽이 증가해 연결지점을 미국에서 일본으로 변경, 정산 논의는 협의사항으로 남겨뒀다고 주장
2019	11월 12일	SKB, 방통위에 넷플릭스와의 망 이용 대가 협상 재정 신청
	12월 13일	넷플릭스, 방통위에 이견서 등을 제출하여 재정에 응함
2020	2월 3일	SKB, 방통위에 넷플릭스 이견서에 대한 답변 제출
	4월 13일	넷플릭스, 방통위 재정 거부(패싱 논란), 서울중앙지법에 SKB 상대 '채무 부존재 확인' 민사 소송
	10월 30일	1차 변론
2021	1월 15일	2차 변론
	4월 30일	3차 변론
	6월 25일	서울중앙지법, 1심 원고 패소 판결, 넷플릭스 주장 기각
	7월 15일	넷플릭스, 항소
	9월 8일	넷플릭스, 항소이유서 제출 기한(9월 10일) 8주 연장 신청
	9월 30일	SKB, 넷플릭스 망 이용 대가 청구를 위한 반소 제기

연도	날짜	내용
2021	11월 5일	넷플릭스, 서울고등법원에 항소이유서 제출
	12월 20일	공정거래위원회, 넷플릭스 글로벌 CP 우월적 지위 이용해 무임승차 결론
	12월 23일	항소심 1차 변론준비기일
2022	3월 16일	항소심 1차 변론(망 사용료 입장차 확인, 망 이용의 유상·무상)
	5월 18일	항소심 2차 변론 (기존 입장 주장, 3차부터 쟁점 한정 진행하기로 함. 3차 무정산합의 진행 후 부당이득 반환, 상인의 보수청구권, 손해나 이득의 범위 등을 쟁점별로 살펴볼 계획)
	6월 15일	항소심 3차 변론(무정산 합의 진행했으나 입증 어려움)
	7월 20일	항소심 4차 변론(무정산 합의의 공방 공회전)
	8월 24일	항소심 5차 변론(암묵적 합의 입장차: SKB는 넷플릭스와 무상 합의한 적 없음, 넷플릭스는 SKB가 대가를 요구한 내용 없음)
	10월 12일	항소심 6차 변론(넷플릭스가 2015년 무정산 피어링 관련 내용이 담긴 계약서인 SFI를 전송했다고 주장, SKB는 서명하지 않음으로써 거부 의사를 밝혔다고 주장) 마이클 스미스 총괄: 2014년 넷플릭스가 컴캐스트, AT&T, 버라이즌 등 미국 ISP에는 망 이용 대가를 지급 사실 인정
	11월 28일	항소심 7차 변론(기존 입장 재주장)
2023	3월 29일	항소심 8차 변론(기존 입장 재주장)
	5월 15일	항소심 9차 변론(감정 의견서는 넷플릭스 6월 9일, SKB 6월30일까지 제출)
	7월 12일	항소심 10차 변론(넷플릭스 감정신청에 대한 의견을 SKB는 7월 26일, SKB 감정신청에 대한 넷플릭스 의견은 8월 23일까지 제출)
	9월 18일	소 취하 및 방송통신위원회 재정신청 취하

다음은 1심 판결 후 정리하여 PD저널에 기고[129]한 내용으로 전반적인 소송의 주장과 법원의 판결을 알 수 있으므로 일부 수정하여 수록하였다.

1심 판결의 의미

넷플릭스와 SKB의 소송(2020가합533643)의 1심 판결문을 읽으면서 몇 가지 사실에 관심이 갔다. 첫째, 망 중립성에 대한 해석이다. 망 중립성은 2003년 미국 콜롬비아 로스쿨의 팀 우(Tim Wu) 교수가 주장한 것으로 트래픽을 유발하는 모든 주체가 동일하게 처리되어야 한다는 개념이다. 이에 따라 넷플릭스는 비록 많은 콘텐츠를 제공하더라도 추가적인 비용을 부담할 수 없고, 이에 소요되는 망 확장은 SKB 같은 ISP가 담당해야 한다고 주장했다.

그러나 법원은 이를 받아들이지 않았다. 망 중립성의 전제 조건은 ISP가 CP를 차별하면 안 되지만 과도한 트래픽을 차지하는 CP에 대한 합리적인 차별은 인정한 것으로 해석된다. 미국의 선례가 크게 작용했고, 국내 시장에 미치는 영향도 상당부분 고려하지 않았을까 한다. <넷플릭소노믹스>에서도 넷플릭스가 국내 네이버나 카카오와 같이 망 이용료를 내야한다고 주장한 바 있다.

둘째, 넷플릭스가 한국에 콘텐츠 서비스를 제공하는 통로를 확인할 수 있었다. 넷플릭스는 2016년 처음 한국에 론칭했을 때는 미국 시애틀에 있는 데이터 센터(SIX)에서 직접 연결하다가 트래픽이 증가하자 2018년 4월 도쿄(BBIX)로 캐시서버를 변경했다. 넷플릭스는 미국-일본 구간 해저케이블 설치비용을 대고, SKB는 일본-한국 구간의 비용을 분담했다. 이후 트래픽이 증가하자 BBIX를 이용하지 않고 넷플릭스의 도쿄 OCA(Open Connect Appliance)와 직접 연결하기도 하고, 넷플릭스 홍콩 OCA와 직접 연동하고 있다. LGU+와 KT 올레TV는 SKB와 달리 넷플릭스가 요구하는 OCA를 국내에 두고 있다.

셋째, 넷플릭스가 해외 진출할 때, 시장 점유율이 작은 사업자부터 공략하는 '약한고리 깨기' 전략이 생각났다. 판결문에는 소송 당사자가 주고 받은 메일의 주요 내용이 정리되어 있다. 메일 내용을 보면 넷플릭스와 SKB가 치킨게임을 하고 있는 것으로 느껴진다. SKB는 망 이용 대가에 대해 협의하자고 지속적으로 주장하고, 넷플릭스는 망 증설비용을 피하기 위해 넷플릭스 캐시서버(OCA)를 설치해 주겠다는 주장만 반복하고 있다. 넷플릭스가 메일을 통해 소극적으로 대응하고, LGU+나 KT 올레TV처럼 SKB도 항복할 것이라고 판단하지 않았을까하는 생각이 든다.

넷째, SKB 내의 넷플릭스 트래픽이다. SKB이 공개한 넷플릭스의 트래픽은 2018년 5월 35Gbps, 2019년 1월 99Gbps, 2020년 1월 205Gbps, 2020년 4월 523Gbps로 급증했다. 코리안클릭에 따르면 동 기간 동안 넷플릭스 월간 순 이용자도 각각 34만 명, 128만 명, 425만 명, 618만 명으로 이용자가 가파르게 늘었다.

다섯째, 국제사법의 준거법이다. 이번 소송은 미국 회사가 대한민국 회사를 상대로 대한민국 영토 밖에 설치된 SKB의 국제선 망의 이용과 관련된 소송이다. 국제사법에 따라 준거법을 결정해야 했는데, 당사자의 합의에 따라 대한민국 법으로 준거법이 정해졌다.

아직 최종 판결이 나지는 않았지만 '골리앗' 넷플릭스는 망 사용료 소송에서 '다윗' SKB에게 참패했다. 넷플릭스는 전 세계에서 동일한 서비스를 유지하고 있기 때문에 이 결정은 넷플릭스와 각국 ISP에게 큰 영향을 미칠 것이다. 따라서 앞으로 진행될 항소심에 전 세계적인 관심이 집중되고 있다.

2심 쟁점

2021년 1심 패소 이후 넷플릭스는 1심 판결이 '콘텐츠 사업자(CP)에게 인터넷 사업자(ISP)의 책임까지 전가했다'며 항소했고, SKB는 넷플릭스에 '유상 서비스를 이용했으면 대가 지급을 이행하라'며 반소했다.

2심은 1차와 2차 변론에서 양측의 기본 입장을 들었고, 3차부터 쟁점을 한정해 진행하였다.

2022년 3월 16일에 시작된 2심 변론의 쟁점은 넷플릭스의 빌앤키프(Bill and Keep) 정산방식 인정 여부, SKB의 부당이득 반환 청구권, 무정산 합의 등이다.

첫째, 넷플릭스가 주장하는 빌앤키프 정산방식이다. 빌앤키프는 최초 CP로부터 망 이용 대가를 받은 ISP가 또 다른 ISP에 망을 연동할 때, 트래픽 교환량이 비슷한 경우 물물교환(bater)형식으로 정산하는 ISP 간 거래 방식이다. 넷플릭스도 오픈커넥트얼라이언스(OCA)를 제공하므로 ISP간 인터넷망 이용 대가 정산 방식의 하나인 빌앤키프 방식을 취할 수 있다고 주장하였다. 이에 SKB는 빌앤키프는 ISP 간 트래픽 교환량이 대등한 경우 이를 무정산하는 것이므로 이를 적용할 수 없고, OCA 설치도 망 이용 대가 지급 거부의 근거가 될 수 없다고 주장했다.

OCA는 넷플릭스가 전세계 이용자들에게 원활한 서비스를 제공하기 위해 구축하고 있는 넷플릭스 전용 콘텐츠 전송 네트워크(CDN)로 158개국에 1만 7천대를 운영하고 있다. 이것을 설치하면 넷플릭스의 모든 콘텐츠 복사본이 우리나라에 있다고 보면 된다. 국내에서는 LGU+만이 국내에 있는 OCA를 이용하고 있다.

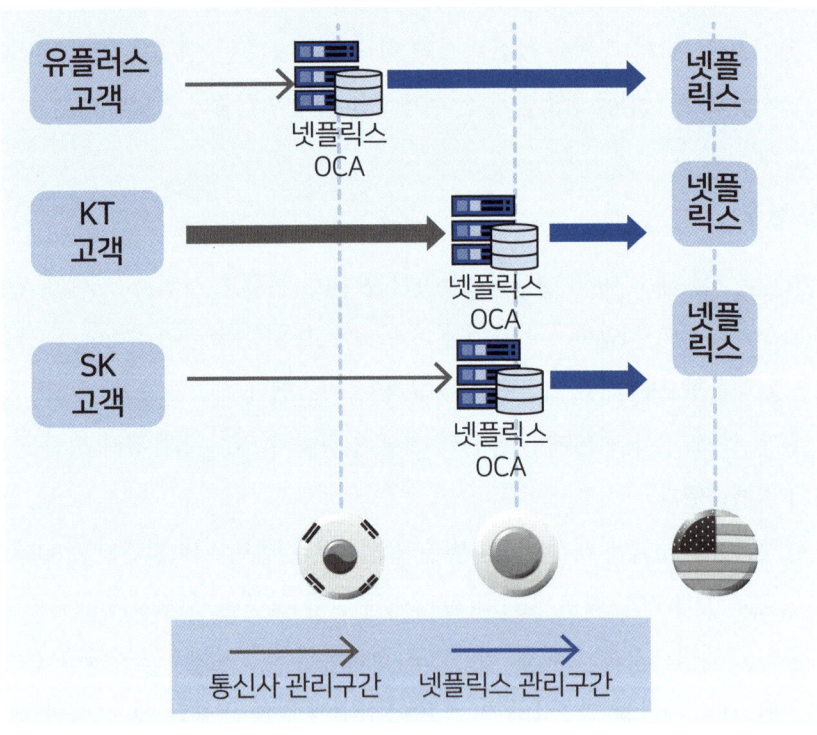

<그림53> 국내 통신사 OCA 이용도

출처 : Mr. Probe(2021.10.7.)[130]

둘째, SKB가 넷플릭스에 요구하는 부당이득 반환 청구권이다. SKB는 1심 판결이후 넷플릭스가 협상에 전혀 응하지 않은 채 망 이용 대가 지급을 이행하지 않아 부당이득반환을 청구하고 있다. 이에 넷플릭스는 여전히 네트워크 연결 대가를 지급하는 것이 인터넷 생태계의 근간을 위협하는 판결이라고 주장하였다.

<그림54> 국내 통신사 OCA 이용도

출처 : 김문기(2020.4.8.)[131]

셋째, SKB의 무정산에 대한 합의. 넷플릭스가 2심 4차 변론에서 주장한 내용이다. 넷플릭스는 2016년 망 연결 당시 SKB가 비용 정산에 대해 언급하지 않은 것은 묵시적으로 무정산에 합의한 것으로 주장했다. 넷플릭스는 2018년 5월 망 연결지점을 미국 시애틀에서 일본 도쿄로 변경했을 때 망 이용대가 정산을 언급 없이 2018년 10월에 갑자기 대가를 요구하였고, SKB가 무정산 피어링 의사를 밝혔다고 주장했다. 피어링이란 협약을 맺은 두 당사자 간에 트래픽을 전송하는 직접접속 방식이다.

<그림55> 트래픽 교환과 대가 지급/정산

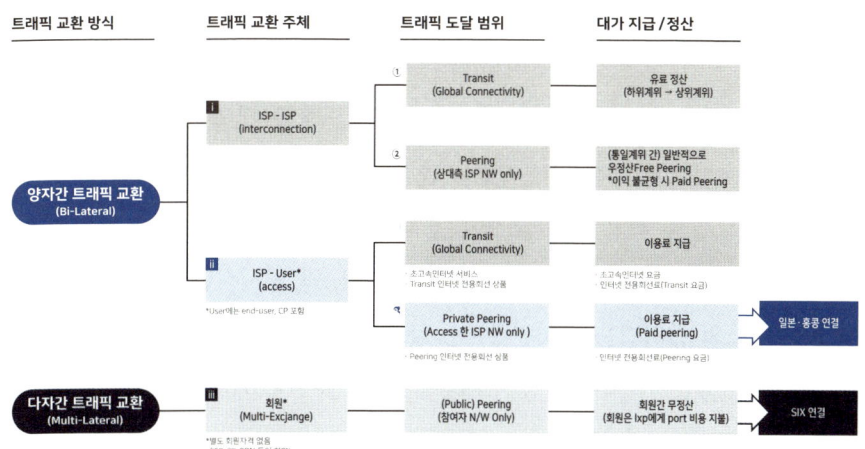

출처: 임혜선(2022.8.24. 아시아경제)[132]

이에 SKB는 2015년부터 넷플릭스에 망 이용 대가를 지급해달라고 주장했으며, 넷플릭스가 시애틀에 위치한 인터넷교환포인트(IXP)인 인터넷교환노트(SIX)를 통해 일방적으로 트래픽을 소통시킨 것을 사후에 알게 되었다고 주장했다. 2018년에 사용자 편의를 위해 연결지점을 시애틀에서 일본으로 변경하였는데, 이는 오픈 방식의 SIX가 아닌 <그림56>처럼 '프라이빗 피어링'인 브로드밴드교환노드(BBIX) 방식으로 진행했으므로 당연히 유상이라고 반박했다. 망 이용 대가 정산에 대해서는 우선 급하게 연결을 진행하고 협의사항으로 남겨 놓았다고 주장했다.

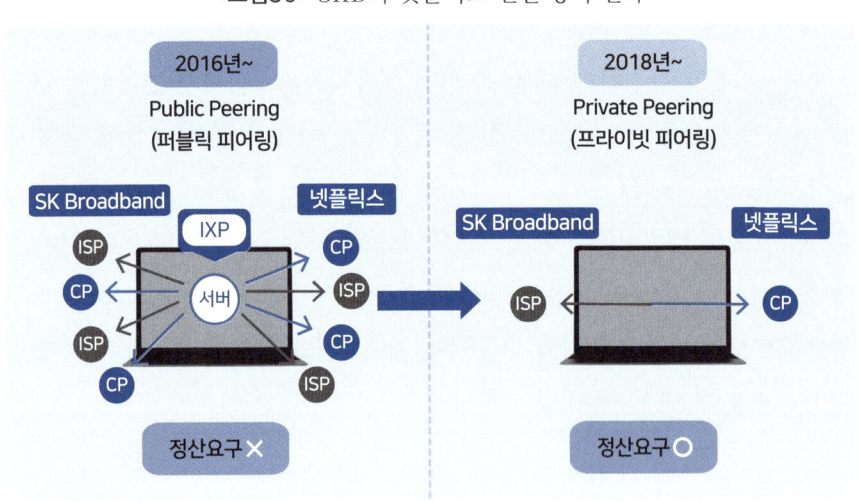

<그림56> SKB의 넷플릭스 연결 방식 변화

출처 : 심화영(2022.7.20.)[133]

재판부는 2심 1차 변론에서 양측에 재판의 핵심 쟁점에 대한 서면답변을 요청했는데 이에 대해 답변이 2심 판결의 주요 논거가 될 듯하다. ① 기계적 측면에서 망을 이용중인가? 연결에 대한 비용은 실제 누가 부담하는가? ② 돈을 안내고 피어링을 할 때 SK브로드밴드의 명시적인 동의가 있었나? ③ 넷플릭스의 증거법은 무엇인가? ④ 양측이 처음 연결할 때 연결 유지에 대한 협의가 있었는가? 이메일 등 구체적인 협상 증거가 있는가? ④ 빌앤킵 원칙은 국제에만 적용되는 것인가? 국내에도 적용되는 것인가? ⑤ 피어링에 관한 동의가 있었다면 SK브로드밴드가 주장하는 부당이득의 근거는? ⑥ 넷플릭스 코리아는 국내에서 무슨 일을 하나? ⑦ SK브로드밴드의 국내 망 이용 대가를 징수하는 근거는? ⑧ 넷플리스가 다른 ISP에 망 이용 대가를 지급한 사례는? ⑨ 통신ISP와 착신ISP의 개념 차이. 어떻게 연결되는 것인지? 미국에 있는 넷플릭스와 국내의 이용자는 어떻게 연결되는 것인가? ⑩ 트랜짓 비용이 뭐에 대한 대가인지? 트랜짓 비용은 종량인가? 정액이냐? ⑪ SK브로드밴그가 국내 CP에게 제공하는 서비스는 무엇인가? ⑫ 모든 국내 CP로부터 망 이용 대가를 받고 있나? 지급받는 기준은 무엇인가? 등이다.[134]

2심 재판은 지금까지 쟁점에 대해 특별한 결론이 내리지 못하고 쌍방이 치열하게 주장을 되풀이하고 있다. 제10차 변론에서 망 사용료 감정기관 선정과 감정 방식을 두고 대립하였다. SKB는 SKB의 감정을 수행할 기관으로 한국전자통신연구원(ETRI)과 정보통신정책연구원(KISDI)를 추천했고, 넷플릭스는 감정인으로 우지숙 서울대학교 교수, 강병민 경희대학교 교수, 전응준 변호사를 각각 추천했다, ETRI와 KISDI는 백본망 원가와 가입자망 원가를 모두 합산한 원가를 ISP가 송수신하는 트래픽의 총량으로 나눠 계산하는 방식 등을 활용해 왔는데, 이에 따라 SKB는 양측의 트래픽 비율이 0.3:99.7 수준으로 정산하는 것이 필요하다고 보고 있다.

그러나 양측은 서로가 추천한 감정기관과 감정인에 대해 반대한다고 입장을 표명했다. 재판부는 감정사항을 먼저 정리한 다음 감정 방식과 절차를 정하겠다고 정리하고, 우선 원고와 피고가 신청한 사항을 ETRI와 KISDI에 보내 감정이 가능한지 확인하겠다고 밝혔다.

넷플릭스가 요청한 감정신청에는 ▲국내 ISP들이 해외에서 해외 CP 및 CDN과 피어링할 때 대가를 지급받는지 여부 ▲피고가 해외의 상위 계위 ISP에 지불하는 트랜짓 비용 ▲피고가 트랜짓을 통해 넷플릭스 콘텐츠를 전송할 때 소요되는 국제해저케이블 비용 ▲피고가 OCA를 국내망에 분산 설치할 경우 감소하는 비용 ▲피고가 인터넷 이용자들로부터 지급 받는 인터넷접속서비스 이용료 등을 감정의 목적물로 보고 감정신청서를 제출하였다. 재판부는 넷플릭스의 감정신청에 대한 SK브로드밴드 측의 의견을 7월 26일까지 받았고, 이어 넷플릭스가 신청하는 감정사항을 8월23일까지 받기로 했다.[135]

망 사용료 관련 법안

넷플릭스와 SKB 소송이 화제가 되면서 망 사용료에 대한 관심을 증가하였다. 망 사용료와 관련하여 <표5>와 같이 8개의 법안이 나왔는데 글로벌 CP가 국내 ISP의 망을 활용할 때 일정 수준의 대가를 지불하도록 의무화하는 내용을 담고 있다. 2022년 9월 20일 국회는 '망무임승차방지법(전기통신사업법 개정안)' 공청회를 개최하였으나 진전을 이루지 못했다. 그럼에도 국내 ISP(인터넷제공사업자)를 중심으로 정치권이 힘겨루기에 몰두하고 있다는 지적[136]도 있었듯 이 법안은 국회에서 잠자고 있다.

<표5> 망 무임승차 방지법안 제출 현황

발의자	주요내용
전혜숙 의원 (20.12.11)	◇ **금지행위 추가** - 부가통신사업자가 통신망 이용 또는 제공에 관하여 불합리하거나 차별적인 조건 등을 부당하게 부과하는 행위 및 계약 체결을 부당하게 거부하는 행위 ◇ 통신망 이용, 제공 현황을 파악하기 위한 **실태조사 실시 및 결과 공표** ◇ 금지행위에 대한 조치 - 전기통신사업자 간 협약 외에 **계약**에 대해서도 체결·이행 또는 내용의 변경을 명할 수 있도록 함
김영식 의원 (21.7.15)	◇ **금지행위 추가** - 일정 규모 이상의 부가통신사업자가 정당한 이용 대가 지급하지 않고 인터넷접속역무를 제공받거나 제공을 요구하는 행위
김상희 의원 (21.11.19)	◇ 정보통신망 서비스 **이용계약 체결 의무 부과** - 일정 기준에 해당하는 기간통신사업자가 정보통신망 서비스를 제공하고자 하는 경우 또는 부가통신사업자가 기간통신사업자의 정보통신망 서비스를 이용하고자 하는 경우 ◇ 이용계약 체결 시, 이용 기간·전송용량·이용 대가 등 계약에 포함 ◇ **계약 체결 시 준수 의무** - 계약체결 시 상대방의 이익을 부당하게 제한하거나 다른 계약조건과 부당하게 차별하는 행위, 특정 계약 내용 수용 강요 행위 금지 등

발의자	주요내용
이원욱 의원 (21.11.25)	◇ 전기통신사업자는 기간통신역무의 이용·제공에 관한 계약 체결 시 정보통신망의 이용 기간, 전송용량, 이용 대가 등을 **계약내용에 반영 의무** ◇ **계약 체결 시 준수 의무** - 계약 체결 시 거래상 이익을 부당하게 제한, 다른 유사한 계약과 불리하게 계약을 체결, 불합리한 사유로 계약 지연 및 거부 금지 등 상대방에게 불이익을 주는 조건 설정 등 금지
양정숙 의원 (21.12.21)	◇ 일정 규모 이상의 부가통신사업자에 정보통신망 **이용·제공계약 체결 의무 부과** ◇ 망 이용계약 시 **적정한 대가 산정 의무 부과**(전송용량, 이용 기간, 부가통신사업자의 사업규모, 사용량/기간 할인율, 기존 계약 산정 방식 등 종합적 고려) ◇ **금지행위 추가** - 망 이용계약 체결을 거부하거나 정당한 대가의 지급을 거부하는 행위 금지
박성중 의원 (22.4.14)	◇ 일정 규모 이상의 부가통신사업자에 **망 이용계약 체결 의무 부과** ◇ 차별적 계약 또는 **일방의 권리나 이익의 부당한 침해 금지**
윤영찬 의원 (22.9.8)	◇ 부당한 계약체결 및 **망 이용 대가 지급 거부 금지**
민형배 의원 (23.8.9)	◇ **부가통신사가** 서비스의 원활한 제공과 이용에 필요한 전기통신설비 **구축·운용 비용을 분담 의무**

출처 : 안정상(2022.9.1.) 망 이용 대가 논란과 입법적 개선방안 검토. 11쪽. 윤영찬, 민형배 의원 추가

제21대 국회 하반기 과학기술정보방송통신위원회(이하 과방위)가 잇따라 파행되면서 글로벌 CP(콘텐츠제공사업자)의 망 사용료 지급을 의무화하는 전기통신사업법 개정안 처리가 난항을 겪고 있다. 정부 부처 간의 입장 차이도 존재한다. 국회 과방위가 일정 규모 이상 부가통신사업자의 망 이용계약 체결을 의무화하는 망무임승차방지 법안을 통과시키려하는 가운데, 문체위는 CP의 입장을 대변하고 있다.[137] 심지어 국회 과학기술정보방송통신위원회와 문화체육관광위원회는 2022년 9월 20일 오전에 공청회와 토론회를 개최할 정도이다.[138] 망무임승차방지법이 통과될 경우, 미국 정부도 국내 콘텐츠 기업에게 망 이용료를 부과할 가능성이 커질 수 있다는 우려를 표명하고 있다. 구글도 반대 입장을 표명하면서[139] 망 이용료에 대한 법률은 글로벌한 관심을 끌고 있다.

이동관 방송위원장은 2023년 8월 18일 국회 인사청문회에서 박완주 의원의 망 사용료에 대한 입장을 묻는 질문에는 "신중한 검토가 필요하다 입장"[140]이라고 밝히고, 윤두현 의원의 "해외 OTT를 통제하지 못하고 있다"는 질의에

대해 "OTT 규제와 관련해 국내 기업들이 차별받고 있는 측면이 있다. ... FTA 등 IP 문제가 있으니 공론을 수렴해 나가겠다"[141]고 답변하여 쉽게 결론이 나지 않을 듯한 느낌이다.

망 사용료 관련 해외 동향

넷플릭스와 SKB의 소송은 전 세계의 관심을 끌고 있었다. 과학기술정보통신부가 주요 부가통신서비스 안정성 확보 의무 사업자에 대해 2021년 10~12월 동안의 국내 트래픽 발생량을 조사한 결과, 구글 27.1%, 넷플릭스 7.2%, 메타 3.5%, 네이버 2.1%, 카카오 1.2% 순으로 집계됐다.(2022년은 동기간에 구글 28.6%, 넷플릭스 5.5%, 메타 4.3%, 네이버 1.7%, 카카오 1.1%) 넷플릭스는 여전히 막대한 트래픽을 유발하고 있다. 한국뿐 아니라 유럽연합(EU) 등 국내외 의회에서는 빅테크 규제 방안의 하나로 망 사용료 지급계약을 법제화하려는 법안들이 논의되고 있다.[142]

미국 캔자스와 뉴저지 등 13개 주의 시와 카운티(광역시)는 넷플릭스와 훌루에게 케이블 TV가 몇십 년간 내는 동일한 금액(10억 달러에 육박할 수도 있음)의 지역 프랜차이즈 비용(총 수익의 최대 5%)을 내라고 소송을 제기했다. 지자체는 케이블 TV에게 유선망을 제공하고, 케이블TV는 이를 활용해 서비스를 제공하면서 프랜차이즈 사용료를 내고 있다. 지자체는 광대역 인터넷 네트워크가 공공인프라 영역으로 취급받는 상황에서 사용료를 내서 인프라 발전에 기여해야 한다는 논리다.[143] LA 카운티 판사는 2022년 4월 랭커스터시가 소를 제기할 권리가 없고, 권리가 있더라도 넷플릭스와 훌루가 공공 재산의 인프라를 소유하거나 운영하지 않기 때문에 수수료가 면제된다고 판결했다. 제기한 소를 기각하였다. 기존 네바다, 아칸소, 네바다, 텍사스에서 승소한데 이은 판결이다.[144] 텍사스 25개 도시에서 동일한 소송을 제기했다.[145]

2021년 11월 유럽 13개 통신사는 "미국 빅테크 기업, 네트워크 개발 분담해야"한다는 성명을 냈다. 2021년 12월 미국통신사업자연합회도 "빅테크도

망 투자 기여해야 한다"고 주장했다. 2022년 2월 세계이동통신사업자연합회도 "글로벌 콘텐츠사업자가 망 투자를 분담해야"한다는 입장이다.[146]

그러나 넷플릭스는 제7차 변론에서 유럽연합(EU) 27개 회원국의 통신산업 규제를 총괄하는 유럽전자통신규제기구(BEREC)가 망 이용 대가 지급 강제에 반대하는 입장을 최근 재확인했다고 강조했다. BEREC는 2022년 10월 관련 보고서에서 "ISP의 망 투자 및 관리 비용은 ISP의 이용자들이 지급하는 요금으로 충분히 충당되고, CP들이 무임 승차한다는 증거는 없다"고 밝힌 바 있다.[147]

넷플릭스와 SKB 소송 합의의 배경과 함의

SKB가 1심에서 이겼기 때문에 2심에서도 우위에 있다고 할 수도 있는 상황에서 갑작스럽게 소송을 끝낸 데는 넷플릭스가 더 적극적으로 합의를 원하지 않았을까 생각한다. 호서대 변상규 교수는 1심 판결을 근거로 1년간 넷플릭스가 지급할 사용료로 1,465억 원이라고 산출하기도 했다. 법원은 10차 변론에서 한국전자통신연구원(ETRI) 등의 망 사용대가 감정에 대한 의견을 SKB는 7월 26일, 넷플릭스는 8월 23일까지 제출하도록 했었기 때문에 어느 정도 판결을 정리하는 시점이었을 것이다.

미국에서는 소송이 끝까지 가지 않고 중간에 합의로 끝나는 경우가 많다. 합의로 끝나는 소송의 장점은 막대한 소송비용을 절감도 하고, 판결의 선례가 남지 않는다는 점이다. 만약 세계가 주시하고 있는 이번 소송에서 넷플릭스가 2심에서도 패소했다면 넷플릭스를 상대로 하는 유사한 소송에 주요한 논리를 제공하게 된다.

넷플릭스 입장에서는 일부 언론에서 추정한대로 SKB에 400억 원을 지급하고 소송을 끝내서 선례를 남기지 않는 편이 훨씬 나은 선택이었다고 생각한다. 그래야 해외에서도 이어질 수 있는 소송을 어느 정도 차단할 수 있다. 그리고 앞으로 미래 지향적 파트너로서 논란이 됐었던 OCA를 SKB에 무상으로 제공하면서 한국 시장에서 더욱 넷플릭스의 입지를 강화할 수 있다고 판단했을 것이다. 망 사용료와 관련하여 유튜브가 트래픽이 더 많음에도 넷플릭스가 망 사용료 분쟁을 대변하는 모습에서 탈피하는 효과도 있다.

SK 입장에서도 합의가 나올 수 있다. 2심에서도 이긴다고 해도 분명히 넷플릭스는 상고를 할 것이기 때문에 또 대법원에서 지난하게 논리 싸움을 펼쳐야 한다. 그러는 동안 SKT와 SKB는 한국의 통신 시장과 IPTV 시장의 변화에 대응하기도 어렵고 성장성에 근본적인 한계를 갖게 된다. 또한, 넷플릭스가 일정 금액의 비용을 지급한다면 더 이상의 소송이 실익이 없다고 판단하여 SKB의 모기업인 SKT가 직접 나서서 합의를 주도하였을 것이다.

SKT와 SKB가 얻을 수 있는 이익은 우선 SK 그룹 내의 통신과 IPTV의 시장 확대이다. SKT와 SKB가 밝힌대로 2024년 상반기부터 SK의 고객이 스마트폰, IPTV(B tv) 등에서 넷플릭스를 편리하게 시청하고 결제할 수 있는 환경을 제공하고, 번들 요금제를 비롯한 다양한 상품을 마련할 수 있다. 번들 요금제에는 넷플릭스를 SKT 요금제, SKB의 IPTV 상품, SKT의 구독 상품 T우주 등과 결합하는 요금제가 해당된다. 또한, 더 많은 고객이 넷플릭스를 경험할 수 있도록 넷플릭스가 최근 출시한 광고형 요금제 관련 상품도 내놓을 수 있다. 그리고 SKT와 SKB는 넷플릭스와 그동안 축적해 온 대화형 UX, 맞춤형 개인화 가이드 등 AI 기술로 소비자 친화적인 엔터테인먼트 경험을 만들 수 있다.

이번 합의는 여러 가지 의미도 갖고 국내외 미디어 지형에 영향도 미칠 것이다. 첫째, 망 사용료는 무료가 아니라는 점이다. 망 사용료에 대해 구체적으로 밝히지 않았지만, 변상규 교수가 계산한 연간 1,465억 원에는 턱없이 부족하지만 넷플릭스는 SKB에게 400억 원을 지급한 것으로 추정된다. 컨설팅 업체 스트란드 컨설트(Strand Consult)는 합의 발표 이후 "넷플릭스의 합의 결정은 다른 네트워크를 무료로 사용할 권리가 있고 데이터 교환 및 정산이 무료라는 넷플릭스의 주장이 정당하지 않다는 것을 시사한다. … 동영상 스트리밍과 관련된 비용은 실제 비용이며 반드시 부담해야 한다는 사실은 남아 있다"고 밝혔다.

둘째, 망 사용료에 대한 국내 입법 추진의 동력이 사라졌다. 전혜숙 의원 등이 발의한 8건이 발의되어 있는데, 이제 분쟁이 종결되어 입법의 우선순위에 밀리게 되면서 21대 국회에서 과연 처리될지 의문이다.

셋째, 글로벌 망 사용료 논의의 확산이다. 소송이 합의로 끝나 최종 판례가 나오지는 않았지만, 그동안 나온 논의는 국내에서 구글, 해외에서 빅테크의 망 사용료와 관련하여 분쟁이 지속될 것이고 이 소송은 중요한 레퍼런스로 작용할 것이다. 실제로 유럽연합집행위원회(EC)는 넷플릭스·메타 등 글로벌 빅테크들의 망 투자 비용 분담을 골자로 한 가칭 '기가비트연결법(Gigabit Connectivity Act)' 입법을 준비하고 있다.

넷째, 국내에서 넷플릭스의 위치가 공고화하고 국내 제작사의 넷플릭스 의존도가 심화될 것이다. 넷플릭스는 해외에 진출할 때 약한 고리깨기 전략을 편다고 알려져 있다. 국내를 보면 넷플릭스는 딜라이브, CJ헬로, LGU+, 올레TV와 순차적으로 공략했고, 이제 마지막 남은 SKB와 전략적 제휴를 맺었다. 국내 OTT의 가입자와 이용자 수, 매출 등에서 절대 지존이 되었다. 콘텐츠 공급에 있어서도 국내 방송사의 경영 악화에 따라 드라마 편성을 감소시키고 있어 넷플릭스에 대한 의존도는 더욱 심화될 것이다. 결국 국내 지상파도 MBC가 <피지컬: 100>이나 <나는 신이다>를 공급했듯이 넷플릭스에 드라마 공급을 확대하는 전략을 선택할 수밖에 없을 것이다.

05. OTT 자체 등급 분류제 시행

2023년은 자체 등급 분류 사업자가 처음으로 지정된 해로 기억될 만하다. 영상물등급위원회는 자체등급분류사업자 제도 시행 이후 처음으로 '넷플릭스서비시스코리아 유한회사', '콘텐츠웨이브 주식회사', '월트디즈니컴퍼니코리아 유한책임회사', '주식회사 티빙', '쿠팡 주식회사', '애플코리아 유한회사', '주식회사 왓챠' 등 7개 회사를 자체등급분류사업자로 지정 공고했다.[148]

 아래의 그림에서 확인할 수 있는 것처럼 비디오물에 대한 등급 분류 수요는 지속적으로 높아지고 있는 상황이다. 특히, OTT 이용량이 크게 증가했던 코로나 기간 동안 비디오물 등급 분류 수요는 2배 이상 증가했다(2020년 7,957건 → 2021년 16,167건). 2022년에는 2021년보다는 등급 수요가 소폭 감소했지만 늘어나는 비디오물의 수요를 고려할 때 자체등급분류제도와 같은 자율 규제 체계 마련은 필수적이었다고 할 수 있다.

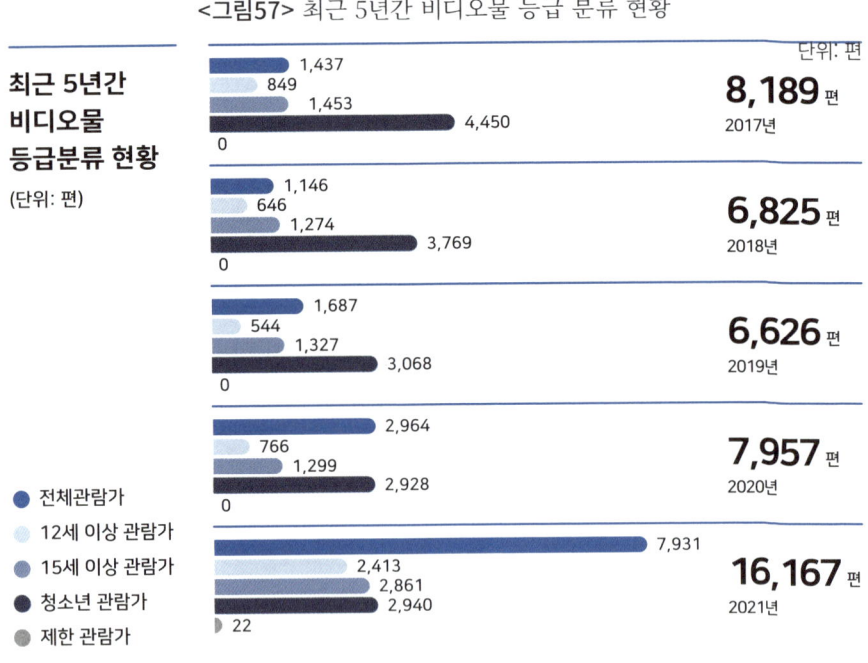

<그림57> 최근 5년간 비디오물 등급 분류 현황

자료: 영상물등급위원회(2023)

 자체등급분류제도는 OTT 사업자들의 콘텐츠 수급이 지연되면 사업자가 피해를 입게되고, 보고 싶은 콘텐츠 이용이 늦어져 이용자도 피해를 입게 되는 상황 속에서 OTT 산업 진흥에 기여하고 이용자 편의를 높여 줄 것이라 기대되었다. 아울러, 영상물등급위원회 등 공적 영역의 행정 비용이 감소와 콘텐

츠 사업 진흥에 기여할 수 있을 것이라고 평가받아 왔다.[149)]

한편, 영상물등급위원회에서는 2차로 '㈜엘지유플러스(U+tv)', '㈜엘지유플러스(U+모바일tv)'를 자체등급분류 사업자로 지정했다. IPTV 사업자를 자체등급분류 사업자로 지정했다는 측면에서 의미 있는 사업자 지정이라 할 수 있다.[150)]

<표6> 「영화비디오법」 상 제50조의4(자체등급분류사업자의 준수사항)

제50조의4(자체등급분류사업자의 준수사항) 자체등급분류사업자는 다음 각 호의 사항을 준수하여야 한다.
1. 제50조 제5항에 따른 비디오물 등급분류 기준에 따라 자체적으로 등급분류를 할 것
2. 제1호에 따라 등급분류한 온라인비디오물에 대하여 제65조에 따라 등급과 내용정보 등을 표시하고 이를 영상물등급위원회에 통보할 것
3. 문화체육관광부령으로 정하는 바에 따라 등급분류책임자를 지정하고 해당 등급분류책임자는 영상물등급위원회가 실시하는 등급분류 업무에 필요한 교육을 받을 것
4. 자체등급분류 업무와 관련된 영상물등급위원회의 자료제출 요청에 따를 것
5. 그 밖에 자체등급분류 업무의 적정성 유지 등에 관하여 필요한 사항으로서 문화체육관광부령으로 정하는 사항을 준수할 것

자료: 영상물등급위원회(2023)

자체등급분류사업자로 지정되면 「영화 및 미디오물의 진흥에 관한 법률」 제50조의4(자체등급분류사업자의 준수사항)에 의거 등급 분류에 필요한 교육을 받는 등의 후속조치가 이뤄져야 한다. 등급 분류 책임자는 연 2회 이상 교육을 이수해야 한다. 자체등급분류 사업자는 사자에 따라 부여된 식별코드에 따라 자체등급분류 번호를 관리해야 한다.

<표7> 자체등급분류번호 구성체계

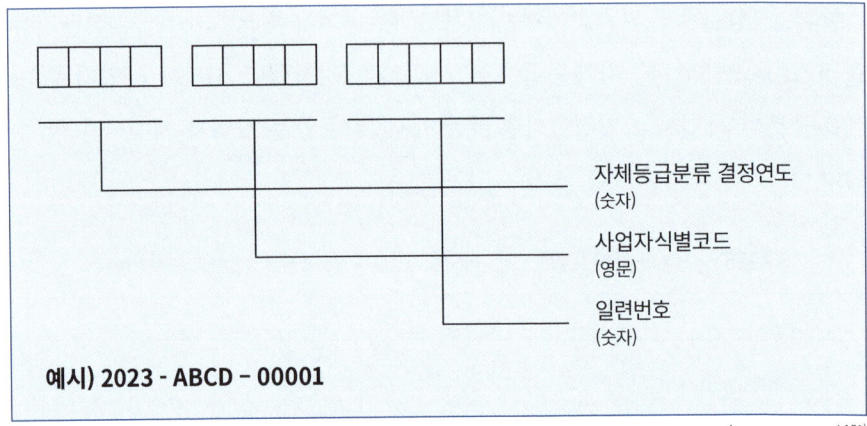

출처: 영상물등급위원회 (2023. 8. 25)[151]

자체등급분류 제도 도입의 필요성에 대해서는 많은 논란이 없었으나 OTT에서 제공하는 콘텐츠의 폭력성과 선정성이 심화됨에 따라 이에 따른 우려가 제기되고 있는 상황이다.[152] 제도 정착 과정에서 관련된 문제점들을 정비해 나갈 필요가 있다. 그럼에도 불구하고 자체등급분류제도 도입과 시행의 의미는 매우 크다. 국내의 경우는 OTT 사업자를 포함하여 인터넷 영역에서의 자율규제나 공동규제가 정착되어 있지 않은 상황이다. 이런 상황 속에서 도입된 자체등급분류제도 도입과 이행은 향후 OTT를 포함한 인터넷 영역에 있는 사업자들이 생태계 내에서 어떻게 스스로가 지켜나가야 할 규범을 설정하고 이를 지켜나갈 것인지와 관련하여 중요한 사례가 될 것이다.

06. 제작비 증가와 방송, OTT, 영화 생태계 간의 연계성 강화

2023년 8월 9일 공개되어 디즈니+에 반등의 기회를 제공하고 있는 <무빙>의 총 제작비는 약 650억 원으로 보도되고 있다.[153] 한편, 쿠팡플레이가 제작하는 오리지널 콘텐츠 SNL코리아의 회당 제작비는 12억 원으로 10회로 제작되는 한 시즌에 투입되는 제작비는 120억 원 수준인 것으로 알려져 있다.[154]

이와같이 OTT가 활성화되면서 국내 영상 시장에 투자되는 제작비 규모는 계속 높아지고 있다.

OTT에 수급되는 콘텐츠를 포함해서 국내 콘텐츠 제작비는 지속적으로 상승하고 있다. OTT로 인한 콘텐츠 수급 경쟁이 치열해지면서 국내뿐 아니라 미국 등 글로벌 시장에서도 제작비 상승이 이슈가 되고 있다. 국내의 경우 국내 시장 규모에 비해 제작비 상승이 가파르게 나타나고 있어 OTT 시장을 비롯해 미디어 산업 전반에 부담으로 작용하고 있다.

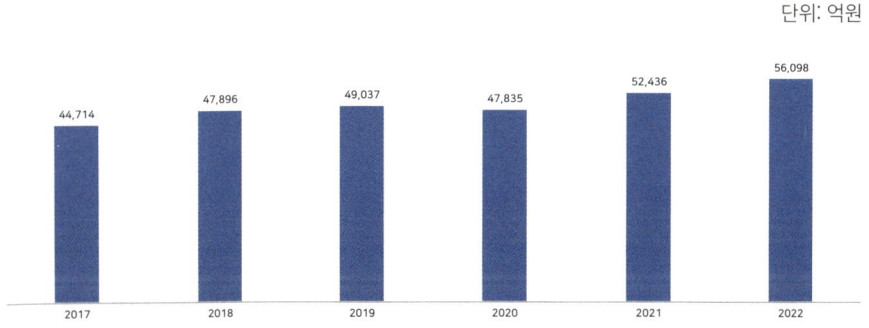

<그림58> 방송 프로그램 제작비 추이

자료: 방송통신위원회(2023)

우리나라 방송 프로그램 제작비는 2017년 4조 4,713억원에서 2022년에 5조 6,098억 원으로 5년 사이에 1조 이상 증가하는 등 가파르게 늘어가는 양상이 나타나고 있다. 제작비 상승은 전 세계에서 나타나고 있는 공통적인 현상이지만 국내에서 나타나는 제작비 상승을 특히 눈여겨볼 필요가 있는 이유는 국내 전체 시장 규모에 비해 제작비가 차지하는 비중이 크기 때문이다.

넷플릭스가 국내에 콘텐츠 투자를 하기 전에도 국내 콘텐츠는 일본, 중국 등 동아시아를 중심으로 아시아 지역에서 경쟁력을 확보하고 있었다. 이 때문에 중국 자본 등 해외 자본이 유입되면서 제작비가 국내 방송사나 제작사가 감당하기 어려울 정도로 높아지기 시작했다. 다른 국가도 마찬가지지만 국내의 경우 방송 시장, 영화 시장, OTT 시장은 밀접하게 연결되어 있다. 이 때문에 각 영역에서의 제작비 상승은 타 영역에서의 제작비 상승으로 이어지게 된다. 특히, 국내 OTT의 경우 국내 방송사에서 방영하고 있는 콘텐츠나 방영했던 콘텐츠를 킬러 콘텐츠로 활용하고 있다. 가령, 뒤에서 다시 언급하겠지만 올 상반기에 가장 좋은 반응을 얻었던 콘텐츠 중 하나인 <킹더랜드>는 넷플릭스와 티빙에서 방영과 거의 동시에 릴리즈되어 신규 가입자 유입과 가입자 이탈 방지에 큰 역할을 했다. <킹더랜드>는 사례 중 하나일 뿐 경쟁력 있는 국내 방송 콘텐츠 대부분이 방송과 OTT에서 같이 공개되고 있다. 이는 방송 콘텐츠의 제작비 상승 혹은 OTT 오리지널 콘텐츠 제작비 상승은 다른 영역의 제작비 상승과 연결될 수밖에 없다는 것을 의미한다.

<그림59> 2013~2022년 한국 영화 실질 개봉작 평균 총제작비 구성

단위: 억원

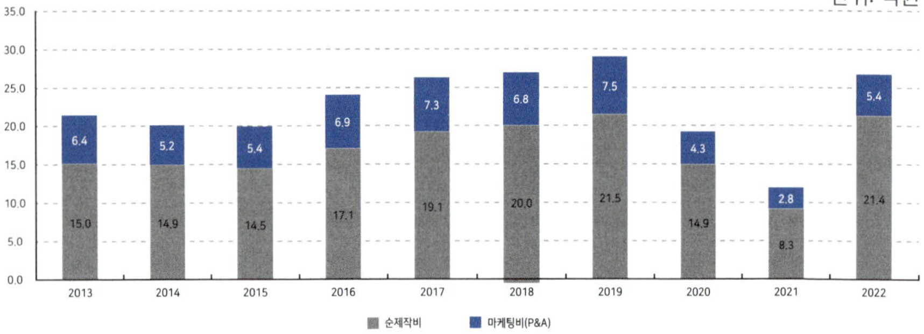

연도	순제작비	마케팅비(P&A)
2013	15.0	6.4
2014	14.9	5.2
2015	14.5	5.4
2016	17.1	6.9
2017	19.1	7.5
2018	20.0	6.8
2019	21.5	7.5
2020	14.9	4.3
2021	8.3	2.8
2022	21.4	5.4

자료: 영화진흥위원회(2023)[155]

영화산업과 방송산업의 인력 중첩 현상이 심해지면서 한쪽에서의 제작비 상승이 다른 분야에서의 제작비 상승으로 이어지는 현상이 자연스러워진 상황이다. 코로나 이전까지 성장을 지속해 오던 국내 영화산업의 경우도 마케팅비를 포함한 순제작비가 가파르게 높아지는 추세가 지속되어 왔다. 극장 관객 수는 절반 수준으로 감소했지만 편당 제작비는 거리두기가 해제된 2022년에 코로나 이전 수준으로 회복되었다.

이러한 상황 속에서 넷플릭스는 국내에 향후 4년 동안 한화 3조 3,000억 원 규모에 달하는 25억 달러를 투자하기로 해서 화제를 모은 바 있다.[156] 넷플릭스 국내 매출이 7,700억 원 수준인 걸 감안한다면 넷플릭스의 국내 투자 규모는 국내에서 벌어들인 수익을 재투자하는 수준이라고 볼 수 있다. 또한, 넷플릭스가 상대적으로 제작비가 저렴한 국내 콘텐츠를 글로벌 가입자 확보에 활용하고 있다는 점을 고려한다면 넷플릭스의 투자 규모가 크다고 보기 어려울 수 있다. 하지만 경기 침체로 인해 제작비 확보가 어려운 상황에서 넷플릭스가 국내에 제작비를 투자하는 것 자체는 긍정적으로 바라볼 필요가 있다고 판단된다.

OTT 제작비가 높아지면서 드라마의 제작비가 급격히 상승했고, 지상파를 중심으로 드라마 제작 편수를 줄이고 있다. 산업적으로 보면 리스크가 크고 광고 등 방영권 시장에서 제작비 회수가 어려운 드라마에 투자하기를 방송사들이 꺼리는 것은 자연스러운 현상이다. 하지만 드라마는 한류의 진원지가 된 중요한 장르로 국내 영상산업 생태계의 지속가능한 발전이라는 측면에서 방송사의 드라마 제작 감축의 의미에 대해 곰곰이 생각해 볼 필요가 있다. 현재까지의 상황을 고려해 볼 때 2024년에도 OTT를 포함한 국내 미디어·콘텐츠 분야의 재원 구조가 개선되기는 어려워 보인다. 제작비를 효율적으로 활용하면서 성과를 극대화할 수 있는 고민이 필요한 시점이다.

07. 지상파와 넷플릭스의 관계 설정 변화

넷플릭스가 국내에 진출하면서 많은 방송사가 우려를 표명했지만 가장 강한 거부감을 가지고 있었던 것은 지상파 방송사였을 것이다. 구체적으로 확인하기는 어렵지만 지상파 방송사들은 넷플릭스가 국내에 진출했을 때 넷플릭스와의 협업을 꺼려 왔던 것으로 알려져 있다. 넷플릭스가 국내에 진출했을 무렵인 2016년에는 이미 지상파의 위상이 과거와 같지 않았고, CJ ENM이나 종편 등 경쟁력 있는 유료방송 PP들에게 콘텐츠 경쟁력 측면에서 우위를 점하고 있다고 보기 어려운 시기였다.

지상파 방송사들의 넷플릭스 국내 진출에 대한 적대감을 확인할 수 있었던 대표적인 사례는 지상파 방송사들이 LG유플러스와 넷플릭스 제휴에 대해 공식적으로 반대 입장을 표명했던 일이다.[157] 지상파들은 LG유플러스에 이어 KT도 넷플릭스와 제휴할 방침을 밝히자 역시 공개적으로 비판했다.[158] 지상파들이 국내 이통사와 넷플릭스 사이의 제휴에 대해 드러내 놓고 반감을 표출한 것은 글로벌 OTT의 국내 진출에 따른 실제적인 위협이 가장 큰 이유였겠으나 지상파의 존재감이 약화되고 있는 상황에서 국내 미디어 생태계에 큰 영향을 미칠 것이 분명한 넷플릭스의 국내 진출 자체에 대한 부정적 인식이 깔려 있었다고 보아야 할 것이다.

넷플릭스 국내 진출은 중국 자본이 국내에 유입되기 어려워진 시기와 맞물린다. 이로 인해 넷플릭스가 국내에 진출한 2016년 이후 지금까지 넷플릭스는 국내 콘텐츠 분야의 가장 큰 투자처가 되었다. 지상파의 넷플릭스에 대한 적대감도 완화되는 양상이 나타났으며 지상파는 넷플릭스에게 콘텐츠를 판매하기도 하고 콘텐츠 제작 시 협업하는 사례도 등장하기 시작했다. 2021년 MBC 김태호 PD가 연출한 <먹보와 털보>를 넷플릭스에 독점으로 공급한 사례를 시작으로 방송사가 오리지널을 공급하는 사례가 출현했다.[159]

이제 지상파를 포함한 국내 방송사들과 넷플릭스 사이의 관계는 적대적이라기보다는 협력적인 양상으로 나타나고 있다. 넷플릭스 입장에서는 국내 콘텐츠를 확보하지 않고는 경쟁하기 어려운 대한민국 시장에서 국내 방송사들과의 협업은 필수적이다. 이를 넘어 국내 콘텐츠가 글로벌 시장에서 경쟁할 수 있는 경쟁력을 갖추고 있기 때문에 국내 방송사와 협력적인 관계를 유지하는 것은 넷플릭스 입장에서 합리적인 선택이다.

경기 침체와 미디어 환경 변화로 인해 레거시 방송산업의 경쟁력이 저하되어 있는 상황에서 국내 방송사들은 투자처 확보가 쉽지 않은 상황이다. 이 때문에 CJ ENM을 비롯한 국내 방송사들은 넷플릭스와의 협업을 선택했고, 지상파도 이 대열에 합류한 것이다.

<피지컬 100>, <나는 신이다> 등은 MBC 제작진이 제작하고 넷플릭스에서 독점적으로 유통된 콘텐츠들이다. 지상파의 경우에도 콘텐츠 유통 환경에 대응해서 자사 작품을 자사 관련 플랫폼에만 유통시킨다는 원칙을 버리고 유통 전략을 다각화하는 전략을 선택한 것으로 볼 수 있다.[160] 앞서 언급한 두 작품은 상업적으로도 큰 성공을 거두었을뿐 아니라 화제를 모으는 데도 성공했다. 영상 소비가 디지털 매체 중심으로 이뤄지면서 콘텐츠의 화제성은 더욱 중요해지고 있다.

<피지컬 100>의 경우 글로벌에서 흥행을 이끌어 내면서 큰 주목을 받았다. <피지컬 100>은 MBC에서 넷플릭스에 먼저 제안했다는 것이 시사적이다.[161] 지상파와 넷플릭스 협업이 갖는 강점은 지상파 제작진들이 가진 오랜 제작 노하우와 넷플릭스의 자본력이 결합되어 시너지를 창출할 수 있고, 지상파에서는 방영하기 어려운 콘텐츠를 넷플릭스에서는 큰 부담 없이 릴리즈 할 수 있다는 것이다. <피지컬 100>이나 <나는 신이다>의 경우 사실 지상파에서 방영하기 부담스러운 측면이 있는 콘텐츠들이다. 하지만 넷플릭스에서는 지상파에서 방영하는 것과 비교할 때 훨씬 적은 부담을 가지고 제작할 수 있어 그간 지상파 방송의 한계에 갇혀 있던 제작진들에게는 일종의 해방구로 기능할 수도 있다.

국내 방송사가 넷플릭스와 협업하거나 투자를 받아 콘텐츠를 제작하고 넷플릭스에서 배타적으로 공급하는 것은 전혀 새로운 일이 아니나 지상파가 넷플릭스에 방영권을 주고 콘텐츠를 납품한 것은 그동안 지상파가 보여온 행보를 고려하면 일종의 '사건'이라고 볼 수 있다.

지상파의 넷플릭스 납품에 대해서는 긍정적인 시각과 부정적인 시각이 대립하고 있다. 긍정적인 측면은 미디어 산업의 재원구조가 어려운 상황에서 지상파도 기존의 비즈니스 모델에 구애받지 않고 투자 재원을 다각화할 수 있다. 이는 다양한 콘텐츠를 OTT를 통해 접하고 싶어하는 이용자 입장에서도 긍정적인 측면이 존재한다.[162] 지상파를 비롯한 국내 방송산업이 갈수록 넷플릭스에 종속화될 것이라는 우려도 지속적으로 제기되고 있다. 직수율이 매우 낮은 수준이기는 하지만 국내 지상파는 여전히 플랫폼으로서의 기능도 가지고 있다. 이러한 상황에서 글로벌 OTT에 제작비를 의존하게 되면 콘텐츠, 플랫폼 사업자로서 지상파가 가지고 있는 위상은 더욱 낮아질 우려가 있다.

앞으로도 지상파와 넷플릭스 간 협업 사례는 등장할 가능성이 높아 보인다. 넷플릭스는 이미 성공한 사례를 가지고 있고 지상파 사업자는 콘텐츠 투자처가 필요하기 때문이다. 이러한 협력 구도의 변화가 어떠한 영향을 미칠지 아직은 예의주시할 필요가 있다.

08. OTT 저널리즘[163]

방송콘텐츠 이용이 OTT로 이동하는 현상은 이 책의 기본 전제 사항이다. OTT의 최고 인기 장르는 <오징어 게임>을 포함하여 <킹덤>이나 <지옥>, <더 글로리> 등 TV 드라마였다. 이후 <솔로 지옥>이나 <피지컬: 100> 등 예능이 추가되기 시작하였고, 최근에는 다큐멘터리 <나는 신이다: 신이 배신한 사람들>(이하 <나는 신이다>)와 <국가수사본부: 끝을 보는 사람들>(이하 <국가수사본부>)이 화제가 되었다. 이렇게 유튜브나 OTT가 드라마나 예능에 이어 저널리즘의 영역까지 파고드는 현상이 나타나면서 '유튜브 저널리즘'이나 'OTT 저널리즘'이라는 담론이 대두되었다.

주로 영화와 드라마 콘텐츠에 집중하던 넷플릭스나 웨이브 같은 OTT가 <피지컬:100> 이나 <피의 게임> 같은 예능으로 확장하였고, 이제는 화제의 다큐멘터리까지 제작하여 영향을 끼치고 있다. 넷플릭스에서 지난 3월 3일 공개한 다큐멘터리 <나는 신이다>가 기존 방송에서 다루었을 때보다 훨씬 화제가 되고, 같은 날 공개한 웨이브의 <국가수사본부>도 회자가 되면서 'OTT 저널리즘'이라는 용어를 사용하기에 이르렀다.

<나는 신이다>는 MBC에서 제작(연출 조성현)하여 넷플릭스에서 공개한 다큐

멘터리로 JMS(기독교복음선교회 정명석) 3부, 오대양(박순자) 1부, 아가동산(김기순) 2부, 만민중앙교회(이재록) 2부 등 총 8부작 콘텐츠다. 스스로를 신이라 부른 4개의 사이비 종교의 만행과 이를 폭로하는 사람들의 인터뷰로 구성되어있는데, 충격적인 영상을 노출하여 공개하자마자 대한민국을 떠들썩하게 했다. 대체적인 반응은 사이비 종교 단체의 악행에 대한 경악과 노골적이고 선정적인 장면에 대한 놀람이다.

<국가수사본부>는 국가수사본부의 사건 발생부터 검거까지, 누군가의 삶을 위해 '끝을 보는' 강력계 형사들의 이야기를 담은 13부작 100% 리얼 수사 다큐멘터리다. 친절한 이웃(1~2회), 방망이와 작대기(3회), 설계자들(4회), '용이'한 거짓말(5회), 택배 왔습니다(6회), 강릉 블루스(7회), 끝까지 간다(8회), 형사의 낮과 밤(9회), 거미줄 속, 숨바꼭질(10회), 헤어 나올 수 없는(11회), 빨간 헬멧을 쓴 남자(12회), 경찰공무원 복무규정(13회)으로 구성되었다. 이러한 다큐멘터리가 나오면서 언론에서는 OTT 저널리즘에 대해 "현직 PD들이 만든 다큐멘터리를 OTT에 유통하며 기존 지상파에서의 제약을 극복해 기존 PD 저널리즘에 심층성을 더한 저널리즘"[164]이라고 긍정적으로 보기도 하고, "저널리즘으로 포장된 OTT"[165]라고 폄하하기도 한다.

아직 OTT 저널리즘에 대한 분명한 정의는 없다. 저널리즘에 대해 마이클 셔드슨(Michael Schudson)은 "일반 대중이 관심을 갖고 중요하게 생각하는 당대 현안에 대한 활동, 실행, 또는 정보를 생산하거나 확산하는 행위"[166]라고 하고, 김찬중은 "뉴스를 취재 편집해서 미디어를 통해 보도, 논평, 해설 등을 하는 활동이며 이 과정에서 수반되는 관행과 원칙들을 포함한다. 객관성과 공정성, 사실과 의견의 분리 등 불편부당한 방식으로 사실을 전달하는 저널리즘 원칙이 강조된다"고 했다.[167]

저널리즘을 정의하면서 좀 더 이슈를 강조하는 셔드슨에 따르면, OTT 저널리즘은 'OTT 플랫폼을 활용하여 공중에게 공적 관심을 알리고 확산하는 행위'라고 조작적 정의를 내릴 수 있다. <나는 신이다>나 <국가수사본부>는

MBC의 <PD수첩>이나 SBS의 <그것이 알고 싶다>와 유사한 포맷이므로 이를 기준으로 보면, 시사 다큐멘터리라고 할 수도 있고 탐사보도라고 할 수 있다. 이 분류를 따르면 OTT에서 공개된 시사 다큐멘터리나 탐사보도라고 정의할 수도 있다.[168]

이에 앞서 2019년 무렵 국내에서는 유튜브의 저널리즘 기능과 관련하여 논의가 일어났다. 정치 유튜버들이 객관적 사실보다는 특정 사안이나 이미 보도된 뉴스 등에 자신의 주관적 논평이나 의견을 덧붙여 방송하면서 이를 저널리즘으로 인정할지 아니면 부정할지에 대해서다. 구글 트렌드에서 유튜브 저널리즘을 검색하면 2004년에 가장 많은 검색량을 보이고 점차 감소하다가 최근에 약간 상승하고 있다. 학술연구정보서비스(RISS)에서 검색하면 해외에서는 유튜브 저널리즘 용어가 2010년에 처음 나타나고[169], 국내에서는 2019년에 첫 등장한다.[170]

<그림60> 유튜브 저널리즘과 OTT 저널리즘 트렌드 분석(2023. 8. 9. 기준)

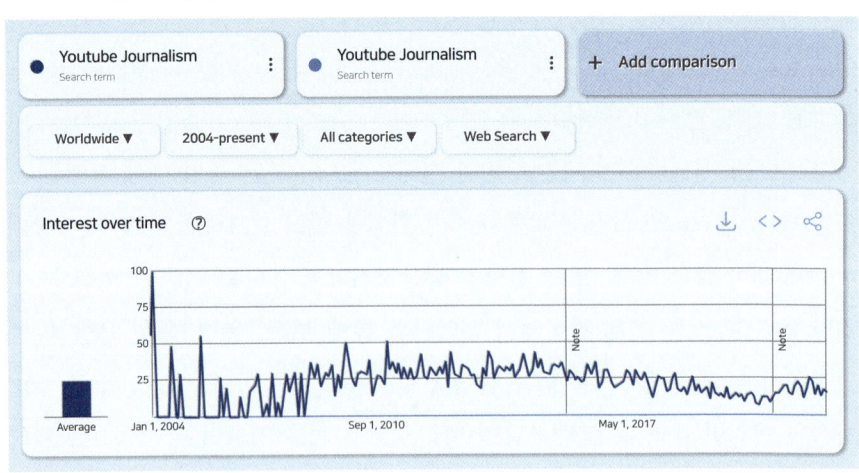

출처: https://trends.google.com/trends/에서 검색

유튜브도 큰 범주에서 OTT에 포함하지만, 일반적으로 OTT는 주로 SVOD를 뜻하고, 유튜브 저널리즘 논의는 OTT 플랫폼에 앞서 시작되었으므로 본 글에서는 OTT 저널리즘과 유튜브 저널리즘을 구분하고자 한다.

유튜브 저널리즘의 현황과 특징

유튜브 저널리즘은 유튜브 플랫폼을 통해 뉴스를 유통하고 소비하는 형태의 저널리즘을 뜻한다. 기존의 뉴스 미디어에 비해 영상 중심이며, 언론사뿐만 아니라 개인 저널리스트나 소규모 미디어 조직이 담당하는 경우가 많다. 유튜브는 저널리즘 경계의 새로운 탈경계화를 만들었다.[171]

유튜브가 영상 시청을 주도하다 보니 미디어로서의 유튜브의 영향력이 막강해졌고, 언론도 유튜브에 대한 의존도가 증가하면서 유튜브 저널리즘이라는 용어가 나왔다. 퓨 리서치 센터(Pew Research Center)는 <유튜브와 뉴스>라는 보고서에서 유튜브 저널리즘의 현상을 제시하였고[172], 미디어리서치 기관인 닐슨은 2019년 '2019 뉴스 미디어 리포트: 새로운 뉴스 생태계, 유튜브 저널리즘'을 내면서 유튜브 저널리즘이라는 용어를 사용했다. 디지털 뉴스 경험이 94%에 이르고, 2016년 이후 뉴스 이용 매체로서 유튜브 이용률이 급증하여 포털(85%)에 이어 36%로 2위에 올랐다. 2022년에는 유튜브 이용률이 72%로 카카오톡 70%보다 높고, 유튜브에서 뉴스 이용률은 44%로 2위인 카카오톡 24%보다 월등히 높다. 2016년만 해도 페이스북이 24%로 유튜브 16%보다 높았는데, 2022년 페이스북은 14%에 그쳤다.[173]

닐슨은 유튜브가 "새로운 영상 뉴스 유통 채널로 등장하면서 유통을 분화하고, 영상 생산 인프라의 보편화로 인한 콘텐츠 생산 비용 감소로 개인이 방송 생산자로 등장해 생산까지 분화되면서 뉴스 산업이 변화되었다"고 밝혔다.[174] 또한 유튜브는 "전문 기자집단을 넘어 유명인, 기관, 개인 등 다양한 생산자가 참여"하고, "유명인 및 개인 등에 의한 기존 뉴스 해설형 콘텐츠 제작이 증가"하는 특징을 보인다. 특히 개인 및 인플루언서 채널 수가 2018년도를 기점으로 크게 증가하였다.[175] 닐슨은 유튜브 뉴스를 크게 방송사 제작뉴스, 디지털 언론사 제작뉴스, 개인 제작뉴스, 인플루언서 제작뉴스로 구분하고, 유튜브 뉴스 이용자가 39%에서 82%까지 성장할 것으로 전망하면서 유튜브가 저널리즘의 영역이 될 것으로 내다봤다.

<그림61> 유튜브 뉴스 채널의 유형 및 콘텐츠 특징

방송사		디지털언론		개인		인플루언서	
JTBC, KBS 등 방송사의 뉴스 채널		디지털 언론사 및 방송사의 뉴미디어 브랜드		일반 개인이 제작한 뉴스 콘텐츠 제공		인지도가 높은 개인이 제작한 뉴스 채널	
구독자수 TOP 10 채널		구독자수 TOP 10 채널		구독자수 TOP 10 채널		구독자수 TOP 10 채널	
1 YTN NEWS	6 MBN NEWS	1 비디오머그	6 팩트TV 1NEWS	1 디바제시카	6 노래왕	1 신의한수	6 조갑제TV
2 JTBC NEWS	7 TBS시민의방송	2 딴지방송국	7 오마이뉴스TV	2 신인균의 국방TV	7 황태순TV	2 정규재TV	7 이안TV
3 SBS 뉴스	8 채널A뉴스TOP10	3 스브스뉴스	8 가로세로연구소	3 배승희 변호사	8 이춘근TV	3 황장수의뉴스브리핑	8 김용민TV
4 KBS NEWS	9 뉴스티비	4 뉴스타파	9 MediaVOP	4 펜앤TV	9 김동길TV	4 고성국TV	9 김용호연예부장
5 채널A 뉴스	10 TV연합뉴스	5 뉴스타운TV	10 엠빅뉴스	5 개폐지일짱	10 슈카월드	5 TV홍카콜라	10 전옥현안보정론TV

출처: Nielsen (2019). <뉴스 미디어 리포트: 새로운 뉴스 생태계, 유튜브 저널리즘>. p.12.

2023년 11월 2일 기준 유튜브 데이터 분석 사이트 블링(vling)에 따르면, 유튜브 뉴스 채널 구독자는 YTN 416만 명, MBC 386만 명, SBS 385만 명, JTBC 308만 명, KBS 261만 명, 채널A 239만 명, MBN 190만, TV조선 174만 명 순이다. 방송사들은 별도의 뉴스 콘텐츠를 제작하여 버티컬 채널도 운용하고 있다. MBC의 14F 186만 명, SBS 비디오머그 134만 명, MBC 엠빅뉴스 115만 명, SBS 스브스뉴스 92만 명, KBS 크랩 52만 명 순이다. 유튜브 저널리즘의 특징으로 양선희(2020)는 생산 주체의 다양화, 유통 구조의 다변화, 소비 동기의 차별화를 꼽는다.[176] 좀 더 풀이하면, 뉴스 생산이 개인으로 확장된 점, 뉴스 유통이 분화한 점, 개인 맞춤형 알고리즘에 따른 확증편향이나 필터버블이 증가하는 점, 확증편향과 관련되어 가짜뉴스의 파급이 강화되는 점, 저널리즘 경계가 약화하는 점, 뉴스 가치가 신뢰성이나 전문성의 전통적 뉴스 가치에서 흥미성이나 휴식/여가 등으로 변화하는 점 등이다.

OTT 저널리즘의 등장[177]

국내 OTT에서 화제가 된 다큐멘터리는 넷플릭스의 <나는 신이다>와 웨이브의 <국가수사본부>가 있고, 해외 OTT에서는 <타이거 킹(Tiger King)> 등이 있다. 마이클 무어(Michael Moore) 감독이 총괄 프로듀서를 맡은 기후 변화 대응을 비판적으로 검토하는 <인간의 행성(Planet of the Human)>(2019) 등 다큐저널리즘 성격의 콘텐츠 목록은 임종수의 글을 참조하기 바란다.[178]

탐사 다큐멘터리는 사회에 주의를 환기시키고 시정효과를 얻어야 한다. <나

는 신이다>는 넷플릭스가 콘텐츠 시청 시간을 공개하는 사이트에서 3월 6~12주에 글로벌 비영어 TV쇼 부문 5위, 한국 TV 부문 2위를 기록했다. 아울러 전 세계의 VOD, OTT 드라마 또는 영화의 시청률을 순위화하여 집계하는 웹사이트 '플릭스 패트롤(Flix Patrol)'의 TV쇼 부문에서 3월 8일 글로벌 16위를 기록했다. 국민에게 사이비 종교의 진실을 알게 하고, 검찰총장도 "엄정한 형벌이 선고될 수 있도록 공소유지에 최선을 다하라"[179]고 지시한 것을 보면 일정 정도 저널리즘의 목적을 달성했다. 다만, 선정적인 장면으로 화제를 끌어 모은 점과 한국기자협회와 여성가족부가 펴낸 <성폭력·성희롱 사건보도 공감기준 및 실천 요강> (2022)에 따른 피해자 보호 관점 부족[180], 사제들의 아동 성추행 사건을 다뤄 호평을 받은 영화 <스포트라이트> 같은 구조적인 접근 부족 등의 문제는 남는다.

경찰청 산하 조직으로서 국가수사본부는 「국가경찰과 자치경찰의 조직 및 운영에 관한 법률」 제16조에 따라 2021년 1월 1일 출범했다. 국가수사본부의 사건 발생부터 검거까지, 누군가의 삶을 위해 '끝을 보는' 강력계 형사들의 리얼 수사 장면을 보여준 측면에서 저널리즘의 기능을 했다고 볼 수 있으나, 경찰은 제작진에 협조한 영상 중에서 다큐멘터리에 사용한 피의자 조사 장면이 인권침해에 해당한다며 삭제를 요청한 것으로 알려졌다. 이를 보면 피의자 인격권 침해의 소지는 있다.

해외에서 OTT 저널리즘으로 불리는 대표적인 사례는 넷플릭스가 2020년 3월 공개하여 화제가 됐던 <타이거 킹>이다. 시즌 1은 총 7화, 시즌 2는 총 5화로 각각 구성되었고, 등급은 '청소년 관람불가'이다. 호랑이 같은 대형 고양이 맹수를 사육하여 돈벌이를 하는 인물을 다룬 범죄 다큐멘터리로 피카레스크[181] 방식을 취했다. 사자와 호랑이 등 온갖 별종들에 둘러싸인, 타이거 킹이라 불린 희대의 말썽꾼을 중심으로 전개되며 강력한 캐릭터와 맹수 사육의 세계에서 일어난 충격적인 실화를 보여 주면서 선풍적인 인기를 끌었다. 플릭스 패트롤에서 2020년 TV쇼 100위 중 44위를 할 정도로 인기가 많았지만 2021년 시즌2는 그만한 인기를 거두지는 못했다. 반면, 자극적 묘사와 인신공격적인 일방적 주장을 여과 없이 전달하는 방식 때문에 비판도 많았다.

앞에서 설명했듯이 해외에서는 유튜브 저널리즘이라는 용어가 2010년경 등장했지만, 아직 OTT 저널리즘이라는 용어는 본격적으로 등장하지 않고 있다. 지금까지 OTT는 드라마나 예능 콘텐츠가 주를 이루었고, 다큐멘터리는 저널리즘 성격보다는 볼거리로서의 콘텐츠 라이브러리 확보 차원이 강했기 때문이다. 해외에서 국내의 OTT 저널리즘에 해당하는 콘텐츠는 OTT 중에서 다큐멘터리 오리지널을 많이 제작한 넷플릭스의 범죄 다큐멘터리라고 생각된다.

전경란(2023)의 연구에 따르면 2013년 이후 넷플릭스 오리지널 다큐멘터리 543편의 연구에서 범죄 소재가 120편으로 가장 많았고 이중 80%가 청소년 시청불가 등급이었다. 2018년 이후 범죄 장르의 증가 폭이 크며, 내용적으로도 기존 지상파나 케이블 TV에서 찾아볼 수 없는 소재와 주제를 다룰 뿐만 아니라 살인자를 직접 인터뷰하는 등 재현 양식에서도 차별점을 갖는 것으로 평가했다.[182] 위키 웹사이트 '나무위키'에는 2015년부터 4월 14일까지 758개가 등록되어 있고, 이 중에서 범죄는 114개다. <나는 신이다>는 다큐시리즈, 범죄 시리즈, 범죄실화 다큐멘터리로 분류되어 있다. 범죄 다큐멘터리는 매년 증가 추세에 있고 2022년 29개로 가장 많다.[183]

OTT 저널리즘의 가능성과 한계

빌 코바치와 탐 로젠스틸(Kovach & Rosenstiel)은 저널리즘이 시민이 자유로울 수 있고, 자치를 시행할 수 있도록 정보를 제공하고 진실을 추구해야 한다고 주장했다.[184] 정보 제공 측면에서 OTT는 전통적인 저널리즘 이상의 효과를 볼 수 있다. 특히, 기술의 발달에 따른 편의성 때문에 콘텐츠 시청의 미래로 받아들여지고 있고, 결국에는 기존 방송의 영향력을 뛰어넘는 시기도 도래할 것이다. 또한, 기존 매체에 비해 심의에서 자유롭기 때문에 그동안 사회적 난제로 여겨왔던 문제 해결의 실마리를 제공하기도 하는 등 OTT 저널리즘의 순기능에 대한 기대감을 높이고 있다.

OTT 저널리즘은 지상파에서 시사 다큐멘터리 제작의 전문성을 가진 PD들이 OTT용으로 제작하므로 "기존 지상파에서의 제약을 극복해 기존 PD 저널리즘에 심층성을 더할" 수 있다.[185] 유튜브 저널리즘과 달리 공공 저널리즘의 재구조화와 재맥락화로 작용할 수 있는 것이다. 주제에 대한 다각적인 검토, 사회의 다양한 목소리를 입체적이고 긴 호흡으로 다루는 'PD 저널리즘 실천의 연장선상으로 기능할 수 있다'[186]는 주장과도 일맥상통한다.

<나는 신이다>와 <국가수사본부> 모두 방송사에서 제작하던 일정보다 긴 제작기간을 보장받고 제작비도 더 투입하여 다큐멘터리의 품질을 높였다. <나는 신이다>의 조성현 PD는 "<피디(PD) 수첩>등 고정 프로그램에서 만들었다면 8~10주간 빠듯하게 제작할 수밖에 없었겠지만, 2년의 시간이 주어지면서 인터뷰만 200명 넘게 실시하는 등 심층적으로 접근할 수 있었다"고 말했다.[187] <국가수사본부>의 배정훈 PD도 "OTT여서 다양한 이야기를 더 자유롭게 담을 수 있었다"고 한다.[188]

이 같은 제작환경은 좀 더 리얼하게 제작하여 사회적 의제화를 이루게 되면 문제 해결의 단초를 제공할 수 있고, 전통적 미디어에 대한 불신이 있는 상황에서 대안이 될 수도 있을 것으로 보인다. 최근 로이터저널리즘연구소에서 발간하는 <디지털 뉴스 리포트 2022>에 따르면 한국의 언론 신뢰도는 30%로 46개국 중 40위에 불과하고[189], KBS의 2023년 1분기 미디어신뢰도 조사에서도 국내 언론 신뢰도는 33.6%에 불과하다.[190] 더구나 로이터저널리즘연구소의 신뢰도(2016년 22%, 2017년 23%, 2018년 25%, 2019년 22%, 2020년 21%, 2021년 32%)를 보면 한국의 언론 신뢰도는 이른 시간 내에 회복되기 어려운 수준으로 보인다. 향후 OTT 저널리즘이 점차 사회적 영향력을 확장시켜간다면 레거시 미디어에 대한 대안 저널리즘의 기능을 수행할 수 있는 토대가 마련되는 셈이다.

글로벌 콘텐츠 유통 미디어로서의 OTT 플랫폼의 특성상 글로벌 차원으로의 이슈 확장이 가능함에 따라 탐사 다큐멘터리를 통한 글로벌 사회적 공감대 형성이 가능할 것으로 기대된다.[191] 공영방송 탐사보도의 쇠락 국면[192]에서 OTT에서 유통되는 다큐멘터리가 저널리즘 본연의 기능도 수행한다는 긍정적인 평가를 얻은 가운데, 글로벌 시장에서 사회적 주목을 받게 되면서 글로벌 차원으로 이슈의 확장이 가능한 것이다.

반면, <나는 신이다>를 통해 촉발된 OTT 저널리즘은 유튜브에 비해서는 훨씬 정제되었지만, 분명한 한계를 갖고 있기도 하다. 오늘날 유튜브를 통한 뉴스 소비 현상을 저널리즘이라고 부르는 데 논란이 있지만 실생활에서는 유튜브가 저널리즘의 기능을 수행하고 있다.[193] 이런 가운데 개인 맞춤형 알고리즘으로 개인의 성향에 맞춰 필터링된 정보만을 접하게 되어 확증편향을 만들어낼 우려가 있다.[194] 펜앤드마이크TV, 신의 한수, 가로세로연구소는 보수성향 유권자가 집결하는 대표 채널이고, 딴지방송국, 사람사는 세상 노무현재단 채널은 진보 성향의 유튜브 채널이다. OTT 플랫폼은 이용자가 콘텐츠를 이용할 때 개인 맞춤형 알고리즘이 작동한다는 점에서 유튜브 저널리즘의 폐단을 답습할 우려가 크다고 할 수 있다.

또한, OTT 콘텐츠는 심의에서 상대적으로 자유로운 속성 때문에 기존 방송 저널리즘보다 선정적이고 자극적이라는 지적을 받고 있다. OTT의 상업성으로 인한 저널리즘 본연의 기능이 부족할 수 있다는 것인데, OTT는 기본적으로 공적 기능을 수행할 의무가 없다는 점도 이러한 한계를 강화시킨다. OTT에 해당 콘텐츠를 제공했을 때 수익에 도움이 될지가 콘텐츠를 선택하는 기준일 수밖에 없다. 다큐멘터리 기획단계에서 상업성이 결여된다면 유통단계는 물론, 제작조차 어려워질 수 있다. 이는 결국 <나는 신이다>나 <국가수사본부> 등 고발성 다큐멘터리 편성이 유지되지 못하고 일회성으로 끝나 OTT플랫폼의 저널리즘 기능이 지속될 것이라는 기대감을 낮추게 한다.

변화된 시청 환경에서 유튜브와 OTT는 저널리즘의 기능을 수행할 가능성과 한계를 동시에 보여주었다. 유튜브는 기존 방송사 콘텐츠를 대세 플랫폼 유튜브로 유입하고 있으며 콘텐츠 생산 주체를 개인 유튜버로까지 확장한다는 주된 특징을 갖고 있다. OTT는 기존 방송사보다 시간과 비용을 투자하여 더

생생하고 심층적인 내용을 담아 제작하였으며 유사한 주제에 대해 글로벌 공감대 형성과 연대의 가능성도 보여 주었다. 이종명(2023)은 <나는 신이다>를 텍스트, 담론 실천, 사회적 실천 등 세 가지 차원에서 읽어내고, 새로운 미디어 플랫폼에서의 저널리즘 실천, PD 저널리즘의 연장선에서의 자율성, 공적 이슈에 대한 공론화의 가능성을 제시하기도 하였다. 그럼에도 OTT는 아직 저널리즘을 수행하기에는 한계가 많다. 그 특성에 따라 확증편향적인 동시에 저널리즘 본연의 기능보다 선정적이고 자극적인 면을 강화할 수 있으며, 무엇보다 공적 기능을 수행할 의무가 없어 저널리즘 기능을 지속적으로 수행할 것으로 기대하기는 어려워 보인다.

전통적 저널리즘도 최근에 화제가 된 OTT 작품을 고려하여 라이브 스트리밍 서비스에 중점을 두고, 고퀄리티의 브랜디드 콘텐츠 제작, 서브 채널의 활성화, 언론사의 가치 유지, 저널리즘의 원칙 준수, 시민 참여 확대 등에 중점으로 두고 유튜브에 맞는 콘텐츠 제작을 해야 할 필요도 있어 보인다.[195]

OTT 플랫폼 콘텐츠에 적용할 법제의 방향성과 관련하여, 네이버가 2009년 인터넷 뉴스 서비스 사업자로 규정되어 언론중재법 조정·중재 대상으로 포섭되었지만, OTT의 시사 다큐멘터리는 여기에 해당이 되지 않는다는 점이 지적될 수 있다.[196] 방송통신심의위원회에서도 넷플릭스 오리지널 콘텐츠를 심의한 적은 없다.[197] 이에 OTT 저널리즘의 성격 및 방향에 대한 고민과 더불어 OTT 플랫폼 콘텐츠를 둘러싼 법제에 대한 논의도 함께 검토해야 할 것이다.

09. 국내 OTT 해외 진출 전략

국내 OTT 사업자들의 경우 아직까지 본격적으로 해외 진출을 시도하고 있다고 보기는 어렵다. 하지만 웨이브의 경우 미국에 진출해서 경쟁력을 확보하기 위해 노력하고 있다. 웨이브는 SK스퀘어와 지상파 3사가 지분을 보유하고 있었던 코코와(KOCOWA·Korean Content Wave)의 지분 40%를 2022년 12월에 확보하면서 미국 진출의 기반을 다졌다.[198]

<그림62> 콘텐츠웨이브 지배구조도

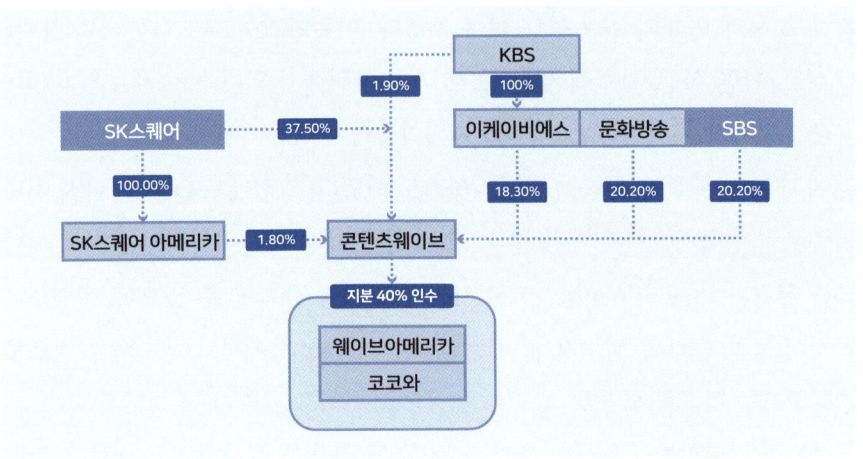

출처: 김슬기 (2022. 12. 26)

　이후 웨이브는 SK스케어아메리카로부터 250억 원 규모의 투자를 유치 받는 등 웨이브아메리크의 경쟁력 제고를 위해 노력하고 있다.[199] 웨이브는 오리지널 콘텐츠 <박하경 여행기>를 2023년 5월 24일 코코와와 NTT도코모가 서비스하고 있는 OTT 플랫폼 레미노 등을 통해 한국, 일본, 미국에서 동시에 공개하면서 글로벌화를 위해 노력하고 있다.[200]

　매각을 시도하고 있는 것으로 알려진 왓챠는 2020년에 일본에 진출한 바 있다. 왓챠는 2020년 9월 16일에 일본에 서비스를 런칭했다.[201] 2022년 <시맨틱 에러>, <좋좋소> 등의 왓챠 오리지널 콘텐츠가 좋은 반응을 얻었을 때는 1년 사이 가입자가 3배 증가하는 성과를 거두기도 했다.[202]

　국내 OTT 중 가장 경쟁력 있는 플랫폼으로 평가받고 있는 티빙은 아직까지 플랫폼 차원의 글로벌 진출을 시도하지는 않고 있다. 하지만 티빙 오리지널 <제로섬게임>은 베트남에 포맷을 수출하는 등[203] 글로벌과 관련된 시도를 전혀 하고 있지 않다고 보기는 어렵다. 비평적으로 좋은 평가를 받은 티빙 오리지널 콘텐츠 <몸값>은 글로벌 OTT 플랫폼인 파라마운트+에서 릴리즈되었다.[204]

몇 가지 주목할만한 사례들이 있으나 아직 국내 OTT들이 글로벌 진출을 통해 괄목할만한 성과를 거두지 못하고 있는 상황에서 국내 OTT 플랫폼의 글로벌화를 미디어 산업에서 가장 중요한 정책 목표로 꼽히고 있다. 과학기술정보통신부, 문화체육관광부, 방송통신위원회 등 미디어 관련 부처는 물론 기획재정부에서도 해외 진출형 콘텐츠에 제작지원을 할 경우 지원금액 확대, 콘텐츠·디바이스 기업과의 동반진출 등에 지원할 방침을 밝힌 바 있다.[205]

현재 국내 OTT 사업자들이 처한 현실을 고려할 때 2024년에도 괄목할만한 글로벌 진출 사례가 나오기는 어려울 전망이다. 하지만 앞에서도 언급한 바와 같이 국내 OTT 산업이 가지고 있는 한계를 극복할 수 있는 가장 근본적인 방법이 국내 OTT 사업자들의 글로벌 진출이라는 점을 감안한다면, 앞으로도 국내 OTT 사업자들이 글로벌 진출을 시도할 수 있는 기반을 다지기 위해 최선을 다해야 할 것이다.

쿠팡은 2020년 7월 싱가포르의 OTT 서비스 훅(HOOQ)을 인수했다. 쿠팡플레이를 해외에 진출할 때 주요한 교두보가 될 수 있다. 국내에서 쿠팡플레이가 성장할수록 HOOQ을 활용하여 글로벌로 진출하는 계획을 준비할 것이다.

10. 국내 OTT 정책 진단

OTT 정책에 대한 접근 방식은 OTT를 규제하지 말고 진흥하자는 '규제 혁신'의 관점과 OTT를 방송의 연장선상으로 보고 방송의 범주에 OTT를 포함시켜야 한다는 입장으로 접근하는 'OTT 산업 규제 관점'으로 구분하여 살펴볼 수 있다. 국내에서는 과학기술정보통신부를 중심으로 지금까지 OTT에 대해서는 최소규제 기조에 입각해서 진흥하자는 입장을 고수해 왔다. 규제 혁신의 관점은 OTT를 방송으로 포섭하기보다는 기존 방송 사업자의 규제를 완화해 사업자들이 자유롭게 혁신할 수 있는 기반을 마련해야 한다는 입장이다. 즉, 규제에 의존하는 해결방식보다는 공정경쟁을 유도하는 방식의 정책적 접근이 바람직하다는 입장이라고 할 수 있다.

앞에서도 언급했던 것과 같이 국내에서는 정부를 중심으로 OTT 진흥의 중요성을 지속적으로 강조하고 있다. 정부에서 OTT 진흥을 강조하고 있는 이유는 국내의 경우 콘텐츠 경쟁력은 높은 반면, 플랫폼 경쟁력이 떨어져서 해외 유통을 넷플릭스와 같은 해외 플랫폼 사업자에게 의존하고 있기 때문이다. 「전기통신사업법」상 "온라인 동영상 서비스"로 OTT 사업자에게 법적 지위를 부여한 것도 세제지원 등 진흥의 근거를 마련해 주기 위해서였다.

하지만 OTT를 규제 관점에서 방송 혹은 미디어법 체계에 포섭하는 방향으로 접근해야 한다는 규제 중심적 논의도 지속되어 왔다. 이 관점은 OTT가 기존 방송에 미치는 부정적 영향과 규제 형평성 차원에서 방송과 유사한 콘텐츠와 서비스를 제공하는 OTT에 대한 규제 방안을 마련해야 한다는 입장이라고 볼 수 있다.

<표8> OTT 정책에 관한 관점의 경합

OTT 산업 진흥 관점 (규제 혁신)	OTT 산업 규제 관점 (방송에 OTT 포섭)
◇ OTT를 진흥의 대상으로 보고 방송과 다른 별도의 영역으로 규정 ◇ OTT를 방송으로 포섭하기보다는 기존 방송 사업자의 규제를 완화해 사업자들이 자유롭게 혁신할 수 있는 기반을 마련해야 한다는 입장 ◇ 규제에 의존하는 해결 방식보다는 공정 경쟁을 유도하는 방식의 정책적 접근이 바람직하다는 입장	◇ OTT를 방송의 연장 선상으로 보고 방송의 범주에 OTT를 포함시켜야 한다는 입장에서 OTT 정책에 접근 ◇ OTT가 기존 방송에 미치는 부정적 영향에 대응해야 한다는 입장 ◇ 방송법이나 IPTV법에 OTT를 포섭하거나 통합방송법에 OTT를 포섭해야한다는 입장

◇ 규제 혁신 관점과 규제 관점을 대립적인 관점에서만 볼 필요는 없으며 중·장기적 관점에서는 양쪽의 접근 방식이 모두 필요
◇ OTT 산업의 진흥과 사회·문화적 영향을 고려한 정책적 접근 방식의 조화가 필요

출처 : 강명현(2018)[206]; 김수원·김재원(2019)[207]; 정인숙(2020)[208]을 바탕으로 재구성; 노창희(2023)[209]재인용

OTT와 방송 사이의 규제 형평성에 관해서는 앞서 언급했던 규제 관점에서 OTT에 대한 규제를 강화해야 한다는 입장과 방송을 OTT에 준해서 규제를 완화해야 한다는 두 가지 입장이 있다. 하지만 산업 진흥관점과 산업 규제 관점을 완전히 대립적으로 보기는 어려우며, 중·장기적으로는 OTT에 대한 진흥 기조를 유지하면서 미디어로써 OTT가 가진 특징을 고려할 수 있는 OTT 정책 방안을 마련하는 것이 바람직할 것이라고 판단된다.

OTT 진흥과 관련해서 가장 크게 주목받아온 것 중 하나가 OTT에 대한 세제지원이다. 「조세특례제한법」 개정을 통해 OTT(법상 '온라인 동영상 서비스')에서 유통된 영상콘텐츠에 대해서는 세액공제가 가능해졌다. 하지만 OTT 플랫폼 자체에 대해서는 세액공제가 이뤄지지 않아 OTT 플랫폼에 대한 세액공제가 필요하다는 주장이 지속적으로 제기되어 왔다. 이에 대해서는 찬반이 나뉘고 있다. 국내 OTT 플랫폼의 경우 티빙, 웨이브 등 대부분의 사업자가 적자인 상황에서 세액공제가 적용된다고 한들 실효성이 없다고 주장하는 입장이 있다. 하지만 국내 OTT 사업자가 적자에서 흑자로 전환되고 향후 글로벌 진출을 본격화 할 경우 세액공제와 같은 세제지원이 반드시 필요하다는 주장이 제기되어 왔고, 이러한 취지에서 OTT에 대한 법적 지위 마련과 「조세특례제한법」 개정이 이뤄진 것이다.

<표9> 「조세특례제한법」상 영상콘텐츠 제작비용에 대한 세액공제 관련 조항

제25조의6(영상콘텐츠 제작비용에 대한 세액공제) ① 대통령령으로 정하는 내국인이 2025년 12월 31일까지 다음 각 호의 어느 하나에 해당하는 것으로서 대통령령으로 정하는 영상콘텐츠(이하 이 조에서 "영상콘텐츠"라 한다)의 제작을 위하여 국내외에서 발생한 비용 중 대통령령으로 정하는 비용(이하 이 조에서 "영상콘텐츠 제작비용"이라 한다)이 있는 경우에는 해당 영상콘텐츠 제작비용의 100분의 3(중견기업의 경우에는 100분의 7, 중소기업의 경우에는 100분의 10)에 상당하는 금액을 대통령령으로 정하는 바에 따라 해당 영상콘텐츠가 처음으로 방송되거나 영화상영관에서 상영되거나 온라인 동영상 서비스를 통하여 시청에 제공된 과세연도의 소득세(사업소득에 대한 소득세만 해당한다) 또는 법인세에서 공제한다.

1. 「방송법」 제2조제17호에 따른 방송프로그램으로서 같은 조 제3호에 따른 방송사업자의 텔레비전방송으로 방송된 드라마, 애니메이션, 다큐멘터리 및 오락을 위한 프로그램
2. 「영화 및 비디오물의 진흥에 관한 법률」 제2조제1호에 따른 영화
3. 「영화 및 비디오물의 진흥에 관한 법률」 제2조제12호에 따른 비디오물로서 같은 법에 따른 등급분류를 받고 「전기통신사업법」 제2조제12호의2에 따른 온라인 동영상 서비스를 통하여 시청에 제공된 비디오물

② 제1항을 적용받으려는 내국인은 대통령령으로 정하는 바에 따라 세액공제신청을 하여야 한다.
③ 제1항을 적용할 때 영상콘텐츠의 범위, 제작비용의 계산방법과 그 밖에 필요한 사항은 대통령령으로 정한다.

자료: 영상물등급위원회(2023)

아울러 기획재정부는 영상콘텐츠 제작비용에 대한 세액공제율을 30%까지 상향하는 2023년 세법 개정안을 발표했다. 대기업, 중견기업, 중소기업의 기본

공제율을 각각 5%, 10%, 15%로 상향하고, 국내 제작비 비중이 일정 비율 이상인 콘텐츠에는 대기업과 중견기업 10%, 중소기업 15%의 세액공제를 추가로 적용한다는 내용이다. 이렇게 되면 최대 공제율은 대기업 15%, 중견기업 20%, 중소기업 30%가 된다.

추가 공제까지 받은 최대 공제율은 대기업 15%, 중견기업 20%, 중소기업 30%다.

OTT 정책과 관련해서는 진흥 이외에 방송통신위원회에서 추진하고 있는 '시청각미디어서비스법' 등 큰 틀에서 미디어법 규체체계 개편과 관련해서도 검토가 필요하다. 하지만 이 이슈는 OTT 차원의 이슈라기보다 전체 미디어 산업 차원에서 다뤄질 필요가 있는 사안이다.

국내 OTT 진흥을 포함해서 OTT 법제화 등 OTT 정책과 관련된 이슈는 2024년에도 많은 주목을 받을 가능성이 크다. OTT에 대한 실효성 있는 진흥 방안 마련과 더불어 OTT의 미디어적 속성을 합리적으로 담아낼 수 있는 정책적 대안이 나올 수 있기를 기대해 본다.

49) https://koreajoongangdaily.joins.com/2023/08/10/entertainment/television/Korea-Physical100-physical-100/20230810150624604.html
50) https://variety.com/2023/tv/news/netflix-subscribers-ads-password-sharing-q1-earnings-1235586770/
51) https://variety.com/2022/tv/news/dahmer-netflix-second-biggest-tv-show-1235399634/
52) https://www.wsj.com/articles/disneys-abc-espn-weakness-adds-pressure-to-make-streaming-profitable-196055c7?mod=article_inline
53) https://www.wsj.com/articles/disneys-abc-espn-weakness-adds-pressure-to-make-streaming-profitable-196055c7?mod=article_inline
54) https://variety.com/2023/digital/news/disney-plus-price-increase-hulu-espn-plus-1235692057/
55) https://variety.com/2023/digital/news/disney-plus-price-increase-hulu-espn-plus-1235692057/
56) https://www.axios.com/2023/07/13/disney-sale-abc-fx-espn
57) https://www.axios.com/2022/04/22/wall-street-streaming-pivot-ads
58) https://www.axios.com/2023/01/02/tv-streaming-profits-disney-paramount-nfl
59) https://www.axios.com/2023/03/28/us-ad-forecast-cut-again-2023
60) https://www.axios.com/2023/07/25/tv-shows-movie-hollywood-writers-strike
61) https://www.axios.com/pro/media-deals/2023/07/12/disney-star-india-sale
62) https://www.axios.com/2021/03/02/theatrical-window-movie-studios-pandemic-disney
63) https://www.theverge.com/2022/8/10/23300460/disney-plus-price-increase-ads-streaming; https://www.axios.com/2023/07/25/streaming-prices-2023-comparison-raise
64) https://www.sedaily.com/NewsView/29QZQ0KZDF
65) https://variety.com/2023/digital/news/netflix-password-sharing-business-paid-customers-ceo-1235713428/
66) https://www.usatoday.com/story/money/2023/08/10/netflix-disney-hulu-password-sharing-crackdown/70568259007/
67) https://variety.com/vip/breaking-down-googles-fast-move-1235582654/

68) https://www.latimes.com/entertainment-arts/business/story/2022-12-19/the-next-frontier-in-moviemaking-ai-edits
69) https://www.youtube.com/watch?v=kp_s7wJA3w4
70) https://www.youtube.com/watch?v=kWHkxvZyFOU
71) https://variety.com/vip/2023-newfronts-freevee-and-free-streaming-exclusives-emerge-as-winners-1235603199/
72) https://variety.com/2023/digital/news/tubi-chatgpt-rabbit-ai-recommendation-1235735415/
73) https://corporate.tubitv.com/press/find-your-next-obsession-with-tubis-new-gpt-4-powered-content-discovery-feature/
74) https://variety.com/vip/streaming-user-interface-consumer-survey-1235631524/
75) https://variety.com/vip/cord-cutting-q2-2023-review-from-worse-to-worser-still-verizon-comcast-charter-dish-hulu-1235693996/
76) https://variety.com/2023/digital/news/spotify-ai-podcast-language-translation-1235732548/
77) PD저널 칼럼(유건식, 2023.5.8.; 유건식, 2023.7.17.)과 방송작가 (유건식, 2023년 7월호)을 기초로 종합하여 정리하였음을 밝힌다.
78) 리지듀얼에 대해서는 『OTT 트렌드 2023』(유건식·한정훈·노창희, 2023) 참조.
79) https://deadline.com/2023/08/writers-strike-meeting-union-studios-no-new-talks-1235455349/
80) https://deadline.com/2023/07/writers-strike-hollywood-studios-deal-fight-wga-actors-1235434335/
81) https://variety.com/2023/biz/news/hollywood-ceos-meet-friday-wga-strike-1235699187/
82) https://www.dlapiper.com/en/insights/publications/2023/06/dga-and-amptp-reach-tentative-three-year-collective-bargaining-agreement
83) https://www.fastcompany.com/90889321/tiktok-k-dramas-and-canceled-subscriptions-how-a-writers-strike-could-look-different-in-the-streaming-era
84) https://worldscreen.com/sag-aftra-defends-indie-productions-position/

85) https://www.techradar.com/streaming/netflix-delays-the-release-of-six-movies-amid-the-writers-and-actors-strike?utm_term=1F41734C-0D74-4885-9FFE-F15FE4A86D23&utm_campaign=C74FC4FA-5D4D-4151-8915-3043BA411DBE&utm_medium=email&utm_content=76084AAB-8EB8-4F78-B91D-0D2EA111BB80&utm_source=SmartBrief
86) https://www.nexttv.com/news/viewers-support-hollywood-strikers-and-are-making-fall-viewing-plans?utm_term=1F41734C-0D74-4885-9FFE-F15FE4A86D23&utm_campaign=C74FC4FA-5D4D-4151-8915-3043BA411DBE&utm_medium=email&utm_content=DD518DEA-C91C-4A69-92E9-CDD161B7CBB2&utm_source=SmartBrief
87) https://www.theinformation.com/articles/hollywoods-pain-is-youtubes-advertising-gain
88) https://mashable.com/article/wga-writers-strike-ending-over?utm_source=email&utm_medium=newsletter&utm_campaign=topstories&zdee=gAAAAABjNLsgH3YU5oFGtQbOmtW8R6imCcTK7sYiu7bGj4-zYFxHJgb08lQlsu79BXYQ6zkZgOA26fnfOpXwKS1uH2K5IhdL60i-iGsj7Hs10EZdx1mlym0%3D
89) https://www.wgacontract2023.org/the-campaign/summary-of-the-2023-wga-mba
90) https://www.theguardian.com/culture/2023/nov/08/hollywood-actors-strike-ends-sag-aftra
91) https://www.nielsen.com/insights/2023/kids-push-tv-usage-up-in-june-with-90-of-their-increased-usage-coming-from-non-traditional-sources/
92) https://www.engadget.com/peacock-raises-subscription-prices-for-the-first-time-164405324.html?utm_source=newsletter&utm_medium=email&utm_campaign=newsletter_axiosmediatrends&stream=top
93) https://newsroom.spotify.com/2023-07-24/adjusting-our-spotify-premium-prices/?utm_source=newsletter&utm_medium=email&utm_campaign=newsletter_axiosmediatrends&stream=top
94) https://9to5google.com/2023/07/19/youtube-premium-price-increase/?utm_source=newsletter&utm_medium=email&utm_campaign=newsletter_axiosmediatrends&stream=top
95) https://www.ipsos.com/en-us/news-polls/cost-and-content-are-

key-for-those-deciding-to-keep-or-drop-streaming-services?utm_source=newsletter&utm_medium=email&utm_campaign=newsletter_axiosmediatrends&stream=top

96) https://www.bloomberg.com/news/newsletters/2023-01-02/last-year-was-brutal-for-hollywood-will-2023-be-any-better?sref=X1HNuu3U

97) https://www.hollywoodreporter.com/business/business-news/inside-amazon-studios-jen-salke-vision-shows-1235364913/

98) https://variety.com/2023/tv/news/citadel-ratings-nielsen-viewership-low-1235637650/

99) https://variety.com/2023/tv/news/citadel-ratings-nielsen-viewership-low-1235637650/

100) https://www.bloomberg.com/news/newsletters/2023-07-05/amazon-ceo-asks-his-hollywood-studio-to-explain-its-big-spending?sref=X1HNuu3U

101) https://cnnpressroom.blogs.cnn.com/2023/08/24/max-to-offer-24-7-live-news-streaming-service-with-cnn-max-launching-on-september-27-as-part-of-an-open-beta-in-u-s/

102) https://www.nytimes.com/2022/04/21/business/cnn-plus-shutting-down.html

103) https://edition.cnn.com/2023/08/30/media/cnn-ceo-mark-thompson/index.html

104) https://www.axios.com/2019/05/29/nbc-news-now-streaming-service-young-viewers

105) https://deadline.com/2018/10/fox-news-fox-nation-launch-date-and-pricing-streaming-service-1202489415/

106) https://variety.com/2014/tv/news/cbs-news-to-launch-video-streaming-service-thursday-1201348413/

107) https://variety.com/2014/tv/news/cbs-news-to-launch-video-streaming-service-thursday-1201348413/

108) https://digiday.com/future-of-tv/prime-time-starts-at-10-a-m-how-abc-news-live-has-adapted-its-programming-strategy-to-a-tumultuous-and-viewer-engaged-2020/

109) 모바일인덱스·마클 (2023). <2023 대한민국 OTT 트렌드 인사이트>

110) 박꽃 (2023. 5. 3). '5년간 K콘텐츠 전문인력 2000명 양성'… 콘진원·영진위, 넷플릭스와 업무협약. <이투데이>.

111) 이영아 (2023. 5. 31). [템터뷰] "제작환경의 새로운 물결"...넷플릭스, 韓 창작자와 '새판짜기'. <TechM>.

112) 강소현 (2023. 3. 14). 기술인재 양성나선 웨이브, AI모델 개발하는 티빙. <디지털데일리>.

113) 윤현성 (2023. 9. 18). 'SKB vs 넷플' 망값 협상 타결, 누가 이긴 걸까. <뉴시스>.

114) 한국콘텐츠진흥원이 발간하는 <방송영상 트렌드&인사이트> 2023년 7월호의 "국내 OTT 2위 차지한 쿠팡 앞으로의 행보는"(유건식) 글을 토대로 보완하였다.

115) https://www.fnnews.com/news/202308061816138306

116) 이영재, <진격의 쿠팡플레이, 웨이브 꺾고 국내OTT 2위 등극>, 아시아타임즈, 2023.3.3., https://www.asiatime.co.kr/article/20230303500216#_mobwcvr

117) 김성모, <디즈니는 돈 안 되는 디즈니플러스를 왜 할까>, 동아일보, 2023.2.5., https://www.donga.com/news/Inter/article/all/20230224/118062328/1

118) 이안나, <쿠팡 '와우 멤버십' 혜택, 배달앱으로 확대…매 주문 5~10% 할인>, 디지털데일리, 2023.4.12., http://ddaily.co.kr/page/view/2023041210364309853

119) 김국헌, <쿠팡이 '쿠팡플레이'로 원하는 것은 무엇인가>, 뉴스 저널리즘, 2021.11.25., https://www.ngetnews.com/news/articleView.html?idxno=404519

120) 이정현, <쿠팡플레이, 국내 OTT 중 신규설치 최다…사용자 수도 2위>, 연합뉴스, 2023.6.13., https://www.yna.co.kr/view/AKR20230613146400017

121) 정원엽, <무조건 돈 쓰지 않아…쿠팡플레이, 쿠팡스타일대로 간다>, 중앙일보, 2021.6.24., https://www.joongang.co.kr/article/24089707#home

122) 이수현, <쿠팡플레이는 왜 드라마보다 스포츠 중계에 매진할까>, 전자신문, 2023.3.25., https://www.etnews.com/20230324000201

123) 신기주, <총알 탄 쿠팡 와우 멤버십…가입자 1000만 돌파로 '이마롯'에 도전장>, 중소기업뉴스, 2023.5.22., http://www.kbiznews.co.kr/news/articleView.html?idxno=94043

124) https://byline.network/2023/08/09_2978167/

125) 넷플릭스와 SKB의 소송이 끝나지 않아 전반적인 소송의 경과를 이해하기 위해 <OTT 트렌드 2023>의 내용을 보완하였다.

126) https://about.netflix.com/ko/news/sk-telecom-sk-broadband-and-netflix-establish-strategic-partnership-to

127) 이국현(2019.7.16.). 통신사·콘텐츠업체, '망 이용료' 놓고 찬반 '팽팽'. 뉴시스. https://newsis.com/view/?id=NISX20190716_000071202

128) https://www.businesspost.co.kr/BP?command=article_view&num=323392

129) 유건식(2021.6.28.). 넷플릭스 패소 판결, 망중립성 해석에서 갈렸다. 피디저널. http://www.pdjournal.com/news/articleView.html?idxno=72655
130) https://todaycomms.kr/tips/?idx=8340072&bmode=view
131) 김문기(2020.4.8.). 넷플릭스 '새벽배송'에 통신사 '무급배송'인가. 아이뉴스24. https://m.inews24.com/v/1256506
132) https://www.asiae.co.kr/article/2022082421061410828
133) 심화영(2022.7.20.). 넷플릭스 vs SKB 망 이용료 항소심 '평행선'…내달 5차 변론. 대한경제. https://www.dnews.co.kr/uhtml/view.jsp?idxno=202207201551395990569
134) 김현아(2022.3.16.). "망 연결은 유상? 무상?"…넷플릭스·SKB 2심 첫변론부터 '후끈'. 이데일리. https://www.edaily.co.kr/news/read?newsId=04611686632263976&mediaCodeNo=257
135) http://m.ddaily.co.kr/page/view/2023071218324903391
136) https://www.ebn.co.kr/news/view/1543121/?sc=Naver
137) https://www.ddaily.co.kr/news/article/?no=246920
138) https://view.asiae.co.kr/article/2022091915254726695
139) https://www.yna.co.kr/view/AKR20220923146900017?input=1195m
140) https://www.inews24.com/view/1624247
141) https://www.fnnews.com/news/202308181619408201
142) https://www.sedaily.com/NewsView/29N7SXEZQL
143) Bologna, M. J.(2021.10.12.). Netflix, Hulu in Growing Fight With Cities Over Streaming Money. Bloomberg Tax. https://news.bloombergtax.com/daily-tax-report/netflix-hulu-in-growing-fight-with-cities-over-streaming-money
144) https://dot.la/netflix-hulu-franchise-fees-streaming-2657159255.html
145) https://www.texastribune.org/2022/08/04/disney-netflix-hulu-texas-cities-lawsuit-fees/
146) https://www.donga.com/news/Economy/article/all/20220302/112124581/1
147) https://www.yna.co.kr/view/AKR20221128145600017
148) https://www.kmrb.or.kr/kor/CMS/Board/Board.do?mCode=MN064&mode=view&mgr_seq=19&board_seq=31465
149) 노창희 (2022). 국내 OTT 산업 발전을 위한 자체등급분류 제도 정책 방향. <'온라인비디오물 자율등급제 정책 방향성 정립 세미나' 발제문>.

150) https://www.kmrb.or.kr/kor/CMS/Board/Board.do?mCode=MN064&mode=view&mgr_seq=19&board_seq=31602
151) 영상물등급위원회 (2023. 8. 25). <자체등급분류사업자 지정 후속조치 등 안내>
152) 김봉기·이태동·강다은 (2023. 8. 9). 마약·폭력·성기 노출… OTT 세계는 규제, 한국은 수수방관. <조선일보>.
153) 김샛별 (2023. 8. 31). 제대로 통한 '무빙', 암흑기였던 디즈니+ 구원. <더 팩트>.
154) 박로명 (2023. 9. 4). 출연료 1억? 연예인 총동원했더니…쿠팡 결국 대박 터졌다. <헤럴드경제>,
155) 영화진흥위원회 (2023). <2022년 한국 영화산업 결산>.
156) 전한신 (2023. 4. 29). [추천e종목] 넷플릭스, K-콘텐츠에 3.3조 투자… 관련주 전망은? <이뉴스투데이>.
157) 유재혁·이승우 (2018. 5. 17). LG유플러스·넷플릭스 제휴 논란… 지상파 "미디어산업 생태계 파괴". <한국경제>.
158) 오상헌 (2020. 8. 12). 위기의 지상파, 넷플릭스·KT 저격 "제휴 즉각 철회하라". <머니투데이>.
159) 박서연 (2023. 2. 3). MBC, 넷플릭스 투자 받아 '피지컬 100' 제작한 이유는. <미디어오늘>.
160) 윤상은 (2023. 3. 20). 지상파가 만들고 OTT가 유통...콘텐츠 제작 협력 활발. <지디넷코리아>.
161) 박서연 (2023. 2. 3). MBC, 넷플릭스 투자 받아 '피지컬 100' 제작한 이유는. <미디어오늘>.
162) 유건식 (2023. 2. 13). '피지컬: 100' 성공이 반갑지만은 않은 이유. <PD저널>.
163) <언론중재> 2023년 여름호 "방송콘텐츠 이용행태의 변화와 OTT 저널리즘" (유건식, 4~21쪽)을 기본으로 수정하였음.
164) 윤유경 (2023. 3. 22). '나는 신이다' 촉발 OTT 저널리즘 원칙 적용 숙제 남기다. <미디어오늘>. URL: http://www.mediatoday.co.kr/news/articleView.html?idxno=309142
165) 이재철 (2023. 4. 9). 저널리즘으로 포장된 OTT. <매일경제>. URL: https://www.mk.co.kr/news/it/10707940
166) Schudson, M. (2003). <The Sociology of News>. New York: W.W.Norton&Company. p.11.
167) 김찬중 (2019. 5. 2). 갈림길에 놓인 유튜브 저널리즘. <PD저널>. URL: http://www.pdjournal.com/news/articleView.html?idxno=63095

168) 유건식(2023. 5). 흥행을 위한 선택일 뿐 'OTT 저널리즘' 아직은 일러. <신문과 방송>. 서울: 한국언론진흥재단. p.13.
169) Antony, M. G. & Thomas, R. J. (2010). This is citizen journalism at its finest: YouTube and the public sphere in the Oscar Grant shooting incident. <New Media & Society>. Dec 2010, Vol. 12 Issue 8, pp.1280-1296.
170) 유용민 (2019). 유튜브 저널리즘 현상 논쟁하기 : 행동주의의 부상과 저널리즘의 새로운 탈경계화. <한국방송학보>, 33(6), p.6.
171) 앞의 유용민 (2019)
172) Pew Research Center (2012. 7). YouTube and news. <Pew Research Center Report>. URL : https://www.journalism.org/2012/07/16/youtube-news/
173) 한국언론진흥재단 (2022). <디지털 뉴스리포트 2022 한국>. p.8.
174) 앞의 한국언론진흥재단 (2022)
175) 한국언론진흥재단 (2022). <디지털 뉴스리포트 2022 한국>. p.10.
176) 양선희 (2020). 유튜브 저널리즘이 시대, 전통적 저널리즘의 대응 현황과 과제. <사회과학연구>, 31(1), pp.245-262. URL : http://jsscnu.re.kr/xml/23071/23071.pdf
177) 유건식(2023. 5). 흥행을 위한 선택일 뿐 'OTT 저널리즘' 아직은 일러. <신문과 방송>. 서울: 한국언론진흥재단
178) 임종수(2023). 국내외 OTT 다큐 저널리즘의 커뮤니케이션 관습과 법제. 언론중재, 2023년 여름호. 22-37쪽.
179) 신민지 (2023. 3. 6). '나는 신이다' 파장..검찰총장, "정명석에 엄정한 형벌 선고되게 최선 다하라". <kbc>. URL: http://www.ikbc.co.kr/article/view/kbc202303060020
180) 권순택 (2023. 4. 13). 〈나는 신이다〉, MBC는 안 되지만 넷플릭스에서는 괜찮다? <참세상>. URL: http://www.newscham.net/news/view.php?board=news&nid=107136
181) 5~16세기경 스페인에서 유래한 문학 장르의 하나로 주인공을 포함한 주요 등장인물들이 도덕적 결함을 갖춘 악인들로 등장해서 해당 이야기를 이끄는 소설 장르를 말한다.
182) 전경란 (2023). 넷플릭스 오리지널 다큐멘터리 연구. <영상문화콘텐츠연구>, 28호. p.43.
183) 나무위키. URL: https://namu.wiki/w/넷플릭스/오리지널%20콘텐츠%20목록/기타
184) Kovach, B. & Rosenstiel, T. (2021). The Elements of Journalism (1st ed.). 이재경 (역) (2003). <저널리즘의 기본요소>. 서울: 한국언론진흥재단. p.6.

185) 윤유경 (2023. 3. 22). '나는 신이다' 촉발 OTT 저널리즘 원칙 적용 숙제 남기다. <미디어오늘>. URL: http://www.mediatoday.co.kr/news/articleView.html?idxno=309142
186) 이종명 (2023. 5. 19). OTT 시대, "OTT(Over-The-Topic) 저널리즘": 뉴 미디어 플랫폼에서의 저널리즘 실천에 대한 화답과 '공공 저널리즘'의 가능성 진단. <한국언론학회 2023 봄철 정기학술대회 발제집>.
187) 김은형 (2023. 3. 10). '나는 신이다' 조성현 피디, 선정성 논란에 직접 답했다. <한겨레>. URL: https://www.hani.co.kr/arti/culture/culture_general/1083037.html
188) 김예슬 (2023. 3. 29). '국가수사본부', '그알'과 출발점부터 달랐죠. <쿠키뉴스>. URL: https://www.kukinews.com/newsView/kuk202303280202
189) 최진호·박영흠 (2022). <디지털 뉴스 리포트 2022 한국>. 서울: 한국언론진흥재단. p.17.
190) KBS (2023). <2023년 1분기 KBS 미디어 신뢰도 조사 결과>. URL: https://about.kbs.co.kr/index.html?sname=report&stype=reliability
191) 이종명 (2023. 5.19). OTT 시대, "OTT(Over-The-Topic) 저널리즘": 뉴 미디어 플랫폼에서의 저널리즘 실천에 대한 화답과 '공공 저널리즘'의 가능성 진단. <한국언론학회 2023 봄철 정기학술대회 발제집>
192) 박인규 (2017). 탐사저널리즘의 주체 변동: 공영모델의 조락과 비영리모델의 부상. <한국콘텐츠학회논문지>, 17(8), pp.27-38.
193) 마정미 (2020). 유튜브 저널리즘과 공론장(public sphere)에 관한 연구. <한국소통학보>, 19(1), p.222.
194) 양선희 (2020). 유튜브 저널리즘이 시대, 전통적 저널리즘의 대응 현황과 과제. <사회과학연구>, 31(1), p.251. URL : http://jsscnu.re.kr/xml/23071/23071.pdf
195) 앞의 글 pp.255-257.
196) 정철운 (2023. 5). 시사교양 PD들의 새로운 시도 OTT 저널리즘 시대 열리나. <신문과 방송>. 서울: 한국언론진흥재단. p.10.
197) 심영섭 (2023. 5). 현재는 규제 밖의 영역 심의 방향과 형식 모색해야. <신문과 방송>. 서울: 한국언론진흥재단. p.20.
198) 김슬기 (2022. 12. 26). 콘텐츠웨이브, '코코와' 지분 40% 확보⋯해외진출 거점 확보. <더벨>.
199) 윤정민 (2023. 5. 22). 웨이브, 250억원 유상증자⋯SK스퀘어아메리카에 투자받아. <뉴시스>.

200) 권혜미 (2023. 5. 23). 웨이브, 해외 사업 박차…'박하경 여행기' 글로벌 동시 오픈. <전자신문>.
201) 박계현 (2020. 9. 16). 왓챠, 5조원 일본 OTT 시장 진출…"국내 첫 해외진출". <머니투데이>.
202) 윤민혁 (2022. 6. 19). 왓챠, 日서 일냈다…"가입자 1년새 3배 급증". <서울경제>.
203) 신상민 (2023. 3. 16). '제로섬게임' 베트남 포맷 수출 확정. <뉴스토마토>.
204) 이광수 (2022. 11. 4). 티빙 '몸값' 파라마운트+ 통해 해외 진출... 출연진·줄거리는? <국제뉴스>.
205) 관계부처 합동 (2023. 6. 5). <디지털 분야 해외진출 및 수출 활성화 전략(안)>.
206) 강명현 (2018). OTT 방송환경에서 지역성 구현을 위한 규제정책에 관한 연구: 해외 OTT 규제 사례 분석을 중심으로. <언론과학연구>, 18권 4호, 5-35.
207) 김수원·김대원 (2019). OTT 서비스의 유형과 주요국의 규제 정책에 대한 고찰. <한국인터넷정보학회논문지>, 20권 6호, 143-156.
208) 정인숙 (2020). 글로벌 OTT의 확산에 따른 미래 예측과 정책 대응. <방송통신연구>, 109호, 9-32.
209) 노창희 (2023a). 국내 OTT 산업의 지속 가능한 발전을 위한 정책과제. <'국내 OTT 플랫폼 역차별 폐지 및 지원 정책 세미나' 발제문>.

04

2024 OTT 전망

해외

01. 슬픈 스트리밍의 시대

2024년 글로벌 OTT시장을 두 문장으로 전망하자면 '풍요속 빈곤'과 '뭉쳐야 산다'로 볼 수 있다. 2023년 8월 미국 스마트TV 플랫폼에서 스트리밍 점유율은 40%에 육박했다. 닐슨의 통합 시청 점유율 게이지(Gauge)에 따르면 스트리밍 1일 스마트TV 시청 점유율은 38.2%로 지상파(Broadcast)의 20.4%, 케이블TV는 30.2%에 앞섰다. 이제 지상파 TV와 케이블TV를 합친 점유율을 스트리밍 TV가 근소하게 앞서는 수준이다. 스트리밍 시장이 본격화되었음을 보여주는 사례다.

<그림63> 미국 플랫폼별 시청 시간 비중 현황(2023년 8월)

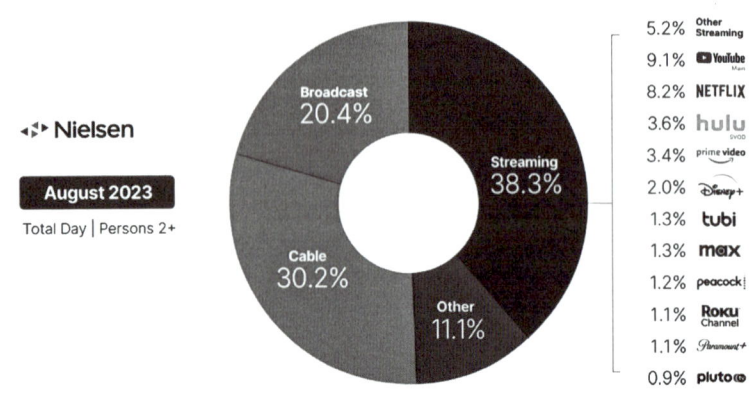

출처: 닐슨 게이지

그러나 스트리밍 시장 수익성은 좀처럼 나아지지 않고 있다. 2024년에도 마찬가지일 것으로 보인다. 2020년 넷플릭스, 디즈니+, 훌루, 파라마운트의 신규 구독자는 2,140만 명에 달했지만(글로벌) 2023년 2분기에는 310만 명으로 줄었다. 2024년에도 이 같은 흐름이 이어질 것으로 예상된다. 특히, 디즈니, MAX, 파라마운트 등 주요 스트리밍 서비스들이 모두 2024년 흑자 전환의 해로 선언한 바 있어 보다 신중한 시장 접근이 예상된다.

<그림64> 스트리밍 성장률 급감

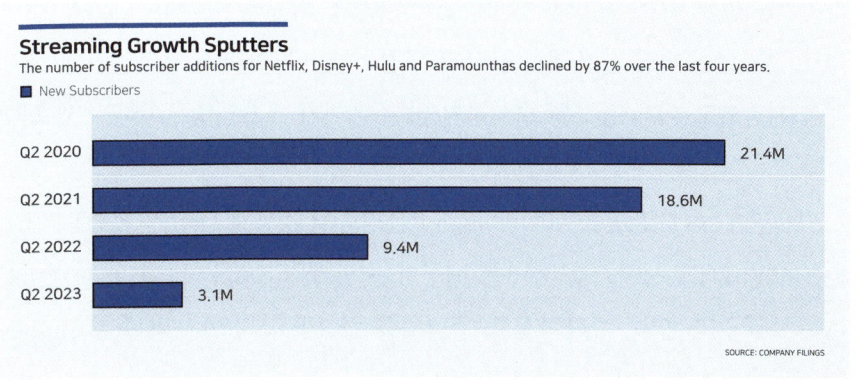

OTT 기업들의 적자폭이 상당수 줄어들기는 했다. 디즈니는 2022년 4~6월 분기만해도 DTC부문 적자는 40억 달러에 달했지만 2023년 2분기에는 22억 달러로 감소했다. 파라마운트 글로벌의 구독 매출은 전년 동기 대비 46% 증가한 13억 달러였다. 이는 파라마운트+의 가격 인상과 광고 매출 증대(18%)의 힘이 컸다. 동시에 OTT 부문 손실이 매분기 줄고 있다. 2023년 파라마운트 DTC 손실은 2억 3,800만 달러로 전년 동기 대비 1억 500달러의 적자가 감소했다.

하지만, 이들 적자폭 감소는 비용 지출을 줄여서 달성한 영향이 크다. 디즈니+, MAX, 파라마운트 등 주요 스트리밍 서비스들이 모두 2024년 흑자 전환의 해로 선언한 바 있어 보다 신중한 시장 접근이 예상된다. 가입자 확보를 위해 공격적인 투자는 없을 것이라는 이야기다.

02. 스트리밍 TV 및 번들링

　스트리밍, OTT는 이제 TV가 된다. 과거 케이블TV 등 실시간 채널의 전유물이었던 뉴스와 스포츠도 이제 스트리밍으로 넘어왔다. 맥스는 2023년 9월 27일 CNN맥스 채널을 편성하여 라이브 뉴스 채널을 품었고, 10월 5일에는 스포츠 중계까지 진행했다. 예능과 드라마에 이어 스포츠 뉴스까지 편성하면서 명실공히 스트리밍이 TV가 됐다. 애플(Apple) 역시 메이저리그 축구(MLS)와 메이저리그 야구(MLB)를 편성하면서 스포츠 장르를 강화하고 있다. TV가 되고 있는 스트리밍 시장에서 광고가 빠질 수 없다. 아마존 프라임이 광고 편성을 시작했고 이제 광고를 편성하지 않는 메이저 스트리밍은 애플 TV+밖에 없다.

　2024년에는 OTT 번들링(Bundling)이 본격화될 것으로 예상된다. OTT 번들링은 여러 OTT 서비스를 묶어서 제공하는 마케팅 기법을 말한다. 파라마운트는 쇼타임과 합쳐, 파라마운트+쇼타임을 런칭하고 디즈니+와 훌루(Hulu)도 2024년에는 통합되어 글로벌 시장에 나온다.

　이런 번들링은 글로벌 독점적 1위 자리를 굳히고 있는 넷플릭스와의 경쟁을 위해서다. 넷플릭스 외 OTT 사업자들은 서로 뭉쳐서 시장을 공략하고 있다. 넷플릭스와도 대항하고 OTT 가격 인상이 부담을 느끼는 고객을 위해 묶음 상품을 내놓고 있다.

　디즈니 역시 번들링이 타깃이다. 디즈니의 2023년 4~6월 실적 발표에서는 특이한 점이 있다. 광고가 없는 디즈니+ 프리미엄의 월 이용 가격을 27%나 인상(10.99달러에서 13.99달러)하면서 '디즈니+와 훌루(Hulu)'의 광고 지원 번들 가격은 10.99달러로 유지한 것이다. 10.99달러 번들(bundle, 묶음 상품)은 가장 인기가 많다. 전문가들은 디즈니가 광고 지원 번들 구독자 확대를 기대하며 가격을 올리지 않았다고 분석하고 있다.

　번들링은 전통적인 케이블TV 묶음 상품으로 돌아간다는 의미의 리번들링

(Bundling)이라고도 불린다. 리번들링 혹은 번들링은 2024년 두 방향으로 진화할 것으로 보인다. 바로 소프트 번들과 하드 번들이다. 소프트 번들(Soft Bundle)은 스트리밍을 통합하는 대신 2개 이상 구독할 때 할인을 제공하는 상품이다. 이에 반해 하드 번들(Hard Bundle)은 아예 스트리밍 앱들을 하나의 인터페이스에 통합하는 것이다.

장기적으로는 하드번들이 대세가 될 가능성이 높다. 2024년은 소프트 번들에서 하드 번들로 진화하는 첫 번째 해가 될 것이다. 이런 관점에서 현재 소프트 번들의 대표 주자인 '광고 지원 디즈니+ 훌루 번들'은 인기에도 불구하고 사라질 가능성이 높다. 디즈니가 OTT를 하나의 앱으로 물리적으로 통합하는 하드 번들을 추진하고 있기 때문이다.

밥 아이거 디즈니 CEO는 2023년 1분기 실적 발표에서 디즈니+와 훌루를 합치는 '원 앱 경험(One app experience)'을 제공할 것이라고 밝혔다. 현재까지는 메이저 OTT 중 유일하게 디즈니만 소프트 번들 판매를 유지하고 있다. 워너브러더스.디스커버리(WBD)도 하드 번들을 기획하고 있다. 2023년 말 HBO MAX에 디스커버리+(Discovery+)를 통합한 맥스는 이미 탄생했다. WBD는 여기에 더해 맥스에 모든 콘텐츠를 넣는 메가 OTT 정책을 구현하고 있다.

소프트 번들 전략은 디즈니 OTT 전략 중 효과적인 정책이다. 2023년 1분기 기준 미국 디즈니+와 훌루 가입자의 절반 가량이 번들 상품(2개)을 구독하고 있었다. 심지어 디즈니는 트리플 번들까지 제공하고 있다. ESPN+, 훌루, 디즈니+까지 3개 서비스를 함께 구독하는 '트리플 번들은 매년 가입자가 20% 이상 늘고 있다. 디즈니 번들은 이탈률을 낮추는 효과가 있다. 안테나(Antenna)에 따르면 번들 상품 구매자는 이탈률이 가장 낮다.[210] 2023년 4~6월 분기 역시, 디즈니+의 미국 내 가입자는 4,600만 명이다.

<그림65> 미국 디즈니 스트리밍 서비스 번들 구독자 현황

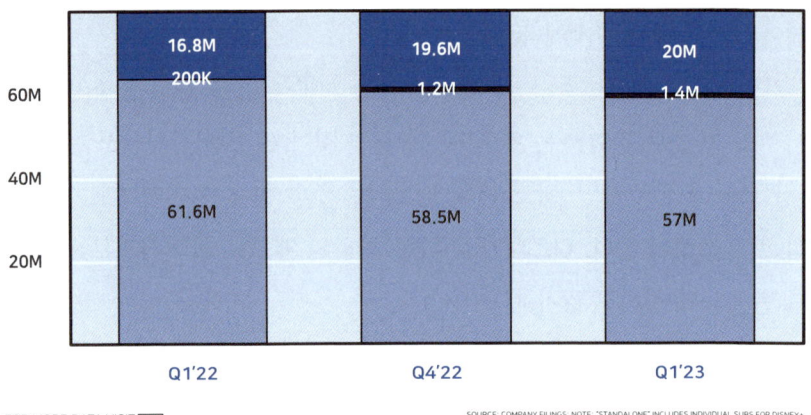

출처: 안테나

　OTT 투자 비용이 증가하고 투자자들은 가입자보다 수익성에 더 관심을 가지고 있다. 하드 번들의 장점이 부각되고 있다.[211] 물리적으로 두 앱을 합칠 경우 수백만 달러의 운영 비용을 줄일 수 있고 중복 콘텐츠 제거를 통해 효율성을 강화할 수 있다. 다른 두 사업자가 하드 번들을 만들경우 합병으로도 볼 수 있다. 현재 경제 상황을 봤을 때 하드 번들로의 전환은 놀랍지 않다. OTT 서비스가 증가함에 따라 이용자들은 자신이 좋아하는 콘텐츠를 보기 위해 여러 서비스를 구독해야 하는 상황이 됐다. 스트리밍 알 라카르테(à la carte options) 시대가 열린 것이다.

　디즈니의 3개 스트리밍 서비스가 합쳐진다면, 그야말로 슈퍼앱이 된다. 옥스포드 이코노믹스와 엑센추어가 미국 소비자 6,000명을 대상으로 2022년 10월 조사한 결과 응답자 86%가 '모든 스트리밍 서비스들이 제공되는 싱글 플랫폼'에 관심이 있었다.

　유럽 등 해외 시장에서만 뭉치는 사업자들도 있다. 파라마운트와 NBC유니버셜은 유럽 시장 공략을 위해 '스카이 쇼타임(SKY Showtime)'이라는 서비스를 내놨다. 사실상의 메가 스트리밍 시장이 된 것이다. 2024년에는 이런 번들링과 메가 스트리밍 경향이 더 강해질 것으로 전망된다.

03. 전통 미디어 생태계 붕괴

케이블TV 2위 사업자 차터(Charter)와 디즈니(Disney)는 2023년 9월 채널 송출 분쟁을 겪었다. 프로그램 사용료(Carriage fee)를 둘러싸고, 갈등이 생겼기 때문이다. 결국 차터는 분쟁 초기 디즈니 채널들(ABC, ESPN)의 송출을 중단했다. 이에 대해 차터 CEO는 '케이블TV의 비즈니스 모델'이 무너졌다고 선언했다.[212]

차터커뮤니케이션은 2023년 9월 1일 긴급 기자 간담회를 가지고 투자자들에게 11페이지 입장문을 냈기도 했다.[213] 입장문에서 "케이블TV는 이제 소비자와 공급자(플랫폼)에게 모두 너무 비싸졌다"며 코드 커터(케이블TV를 중단하고 스트리밍으로 옮겨가는 것)와 매년 상승하는 프로그램 사용료로 '악의적인 비디오 사이클(vicious video cycle)'에 빠졌다고 강조했다.

결국 양측은 서로 한 발씩 양보하면서 합의했다. 차터는 디즈니에게 프로그램 사용료, 송출료를 높여줬지만 성과가 있었다. 스트리밍 서비스 디즈니+를 인터넷 구독자들에게 무료로 제공할 수 있게 됐기 때문이다. 디즈니 역시 빈손은 아니었다. 디즈니+가 광고 모델을 시작한 만큼 많은 가입자가 필요했는데 차터의 고객을 광고 시청자로 끌어올 수 있다. 2023년 2분기 현재 차터의 인터넷 구독 고객은 1,500만 명 가량 된다. 하지만, 시청률 조사 기관 모펫내탄슨(MoffettNathanson)에 따르면 미국 케이블TV 구독자는 매년 500만 명 이상 감소하고 있다. 많은 시청자들이 스트리밍으로 이동하고 있다. 케이블TV 사업자들도 과거처럼 많은 돈을 콘텐츠 회사들에게 줄 수 없는 상황이다.

디즈니와 송출 분쟁을 겪은 차터(Charter)는 가입자 감소에 허덕이고 있다.

10여 일간 이어진 ABC, ESPN의 송출 중단이 가입자 유지에 악영향을 미친 것으로 보인다. 미국에서 유료 방송이 중단되는 블랙아웃은 흔하다. 2022년에도 200일이 넘는 기간 동안 케이블TV 사업자는 특정 채널을 끊었다. 그러나 그동안은 블랙아웃과 가입자 이탈의 연관성은 낮았다. 그러나 유료 방송을 끊고 스트리밍으로 옮겨가는 현상인 코드 커팅(Cord-cutting)이 일반화 된 데다 스포츠와 뉴스 마저 스트리밍에서 볼 수 있는 상황은 구독자들의 케이블 충성도를 매우 낮췄다.[214] 이제 케이블TV 구독자는 전체 미국 가정의 40% 이하다.

<그림66> 미국 TV 블랙아웃 연도별 일수

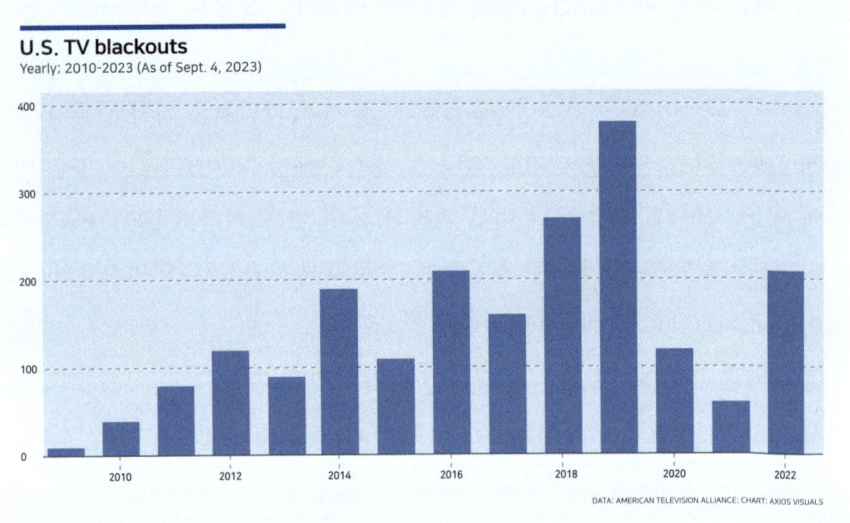

출처: Axios

디즈니와 차터의 분쟁은 10일 만에 끝났지만 잔상은 크게 남았다.[215] 다른 미디어 기업들도 비슷한 송출료 분쟁(carriage negotiations)을 겪고 있기 때문이다. 특히, 블랙아웃 이후 차터가 겪을 후유증에도 많은 관심이 쏠렸다. 차터는 2023년 3분기 실적 발표에서 32만 명의 유료 방송(residential pay-TV customers) 가입자가 줄었다고 밝혔다.[216] 32만 명은 당초 전문가들이 예상했던 10만 명의 3배가 넘는 출혈이다.

<그림67> 차터 유료 방송 구독자 감소 추이

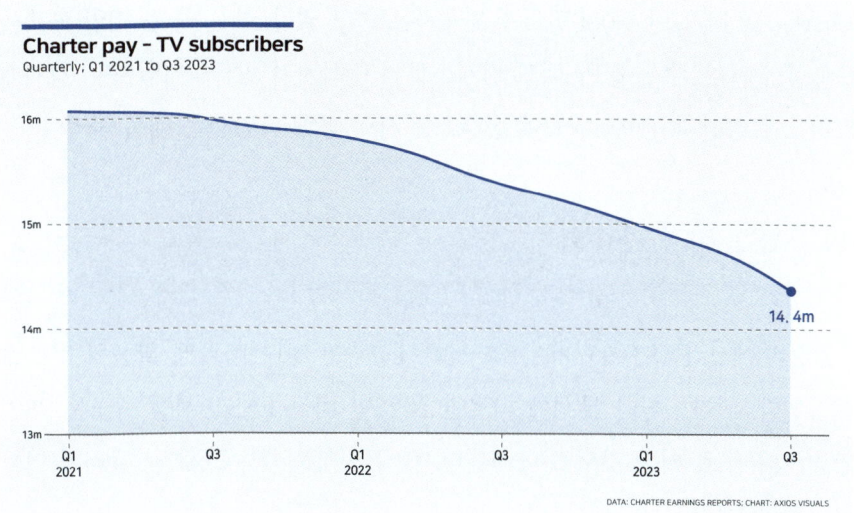

출처: Axios

　차터의 사태에서 보듯 유료 방송의 오랜 비즈니스 모델은 이제 붕괴되고 있다. 2024년에는 이런 현상이 더욱 가속화될 것으로 보인다.

　기존 유료 방송 생태계는 방송 채널들이 유료 방송을 위한 오리지널 콘텐츠를 만들고 케이블TV에서만 시청할 수 있는 뉴스와 스포츠 중계를 보기 위해 가입자가 몰리면서 발생한 수익이 다시 방송 채널(스튜디오)로 흘러가는 경제다. 그러나 이제 스튜디오들은 케이블이 아닌 스트리밍 오리지널에 투자한다.

　그러나 차터와 디즈니의 갈등은 새로운 상품을 만들어냈다. '케이블TV와 OTT 번들(디즈니+)'이 탄생한 것이다. 이른바 크로스 미디어 번들이다. 향후 다른 케이블TV와 프로그램 제공 사업자 간 분쟁도 비슷한 형태로 마무리될 수 있다. 이제 전통적인 케이블TV는 없다.

　케이블TV와 스트리밍 서비스가 결합되는 현상은 더욱 가속화될 것으로 전망된다. 디즈니 8개 채널들의 운명처럼 케이블TV에 성과를 내지 못하는 채널들은 도태될 수밖에 없다.

　차터와 컴캐스트는 현재 미국 케이블TV 1위 자리를 다투고 있다. 컴캐스트는 2023년 3분기 현재 1,449만 5,000명 구독자를 보유하고 있고 차터(Charter)는 1,437만 9,000명의 독자를 확보하고 있다. 이는 중소 기업 고객을 포함한 숫자다. 수년 전만 해도 컴캐스트의 구독자가 압도적이었지만, 컴캐스트가 스트리밍 피콕(Peacock)에 신경쓰는 사이 방송 가입자는 대폭 줄었다.

04. FAST 시장 가속화

2024년에도 FAST(광고 기반 무료 스트리밍 TV)는 보다 빠르게 확산될 것으로 예상된다. 버라이어티 분석에 따르면 2028년 미국 FAST 시장 규모는 98억 달러 가량으로 커질 것으로 예측된다. 한국 시장도 8억 7,600만 달러에 이를 것으로 전망된다.

한국과는 달리 글로벌 FAST 시장은 TV를 닮아가고 있다. ABC, NBC 등 주요 방송사들이 FAST에 일제히 뛰어들었다. 볼 것이 많아지니 이용자들도 증가하고 있다. 글로벌 FAST 시장은 2024년 더 커질 것으로 예상된다. 구글 TV역시 FAST 채널을 대거 편성했고 케이블TV 1위 기업 컴캐스트(Comcast)는 나우TV(Now TV)라는 20달러 FAST 패키지를 내놓기도 했다. CNN도 영국에서 FAST를 시작했다. 유료 방송의 1위인 CNN이 FAST에 진출했다는 것은 의미하는 바가 크다.

2024년 우리가 또 주목해야 하는 것은 FAST의 글로벌화다. 미국을 시작으로 FAST는 영국, 호주, 독일 등 콘텐츠 강국이나 영어를 모국어로 쓰는 나라들을 중심으로 확산되고 있다. 영국 시장은 미국에 이어 FAST가 가장 뜨거운 지역 중 하나다. 시장 규모는 미국에 이어 2위다. 100개 이상의 FAST 채널을 제공하고 있는 FAST 서비스 플랫폼도 5개가 넘는다. 삼성 TV플러스와 LG 채널스도 2023년 2월 현재 영국에서 120개가 넘는 FAST를 공급하고 있다. FAST를 통해 한국 콘텐츠를 전달하고 있는 코리아 FAST 플랫폼 뉴아이디(New ID)도 LG채널스와 함께 '빈지코리아(Binge Korea)' 플랫폼을 내놨다. 한국 콘텐츠를 전문적으로 편성하는 FAST 플랫폼이다. 빈지코리아는 FAST의 글로벌 열풍과 함께 전세계로 더 확산될 것으로 예상된다.

FAST 채널이 패스트(fast)하게 확산되는 이유는 분명하다. 무료라는 장점에다 콘텐츠의 다양성도 빠르게 확보되고 있기 때문이다. FAST는 방송 콘텐츠의 퀄리티와 유튜브 수준의 다양성을 갖춘 채널이 제공되고 있다. FAST는 TV 채널처럼 실시간으로 콘텐츠를 볼 수 있을 뿐만 아니라, VOD도 무료로 시청할 수 있어 젊은 층의 관심도 높다. 2024년을 FAST 원년으로 보는 이유도 여기 있다.

<그림68> 2028년 FAST 시장 전망

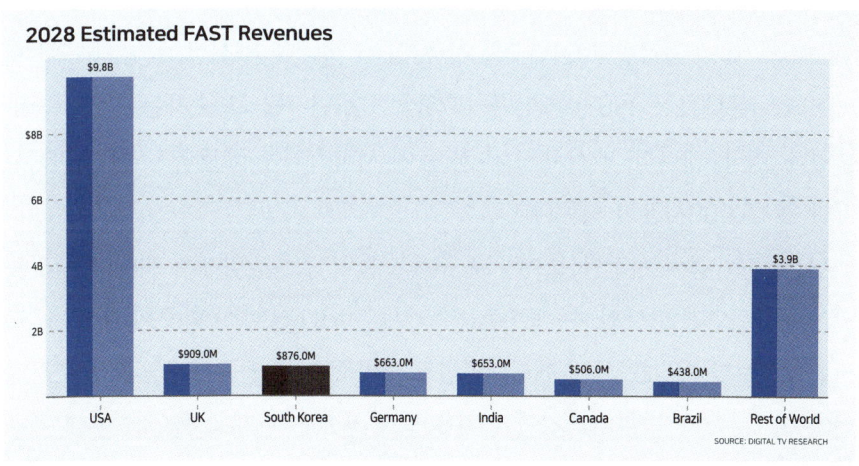

05. AI와 OTT

2024년 AI와 스트리밍이 만나는 원년이 될 것으로 예상된다. 할리우드 스튜디오들도 스트리밍 관련 AI인력을 찾고 있다. 이미 많은 스트리밍 서비스들은 AI를 탑재하고 있다. 폭스는 FAST 서비스 투비(Tubi)에 AI추천 검색 기능을 넣었고 한국산 미국 스트리밍 코코와+(Kocowa)도 AI 키토크라는 서비스를 탑재하여 보다 정교한 AI추천을 가능하게 했다. 미국의 경우 로쿠(Roku)도 로쿠 채널에 AI를 탑재해 보다 쉬운 콘텐츠 검색 시스템을 구축했다. AI의 경우 다양한 지점에서 스트리밍과 만나지만 가장 활발하게 적용되는 영역은 AI를 통한 라이브러리 검색이다. AI를 활용한 인간이 분류하는 기준보다 훨씬 정교하게 콘텐츠를 분류할 수 있다. 이에 간단한 검색어 하나로도 오래된 콘텐츠를 찾을 수 있는 것이다. EPG와 AI와 결합될 경우 소비자들의 만족도는 더 높아질 수 밖에 없다. 2024년 AI적용이 본격화된 스트리밍을 보게 될 것이다.

AI가 OTT 플랫폼과 만나 발생하는 가장 큰 장점은 바로 '검색시간' 단축이다. 닐슨이 2023년 8월에 발표한 자료에 따르면 자신이 원하는 드라마, 영화를 스트리밍에서 찾는데 미국인들은 평균 10.5분을 쓰고 있다. 닐슨(Gracenote data analysis)에 따르면 2021년 7월 미국, 영국, 캐나다, 멕시코, 독일 등에서 서비스되는 콘텐츠는 190만 개였다. 그러나 2023년 7월 그 숫자는 270만 개로 늘었다. 미국, 캐나다, 멕시코, 브라질 등에 서비스되는 코코와+ 역시 방송 시간만 2만 5,000시간이 넘는다.

AI는 이런 검색 시간을 줄여주고 구독자들이 스트리밍에서 벗어나는 것을 막아줄 수 있다. 코코와(웨이브아메리카스의 미국 내 OTT서비스) 박근희 대표는 "코코와+는 보다 더 개인화된 엔터테인먼트 소비 경험을 제공하기 위해 노력하고 있다"며 "구독자들은 기본적인 추천을 넘어 새로운 단계의 몰입과 콘텐츠 탐색 만족도를 AI키토크를 통해 얻을 수 있다"고 강조했다.

2024 OTT 전망

국내

01. 한계에 직면한 국내 OTT 시장

2024년을 맞이하는 입장에서 가장 큰 문제는 국내 OTT 시장이 성장 한계에 직면했다는 것이다. 사실 OTT 시장의 한계는 국내에만 국한된 문제는 아니다. 글로벌 OTT 사업자 중에도 넷플릭스 이외에 흑자를 기록하고 있는 사업자를 찾기는 어려운 상황이다. 하지만 국내의 경우 앞에서도 언급했던 것처럼 국내 미디어 산업 규모에 비해 콘텐츠 제작비가 급증하고 있다는 것이 문제다. 이로 인해 티빙, 웨이브와 같은 국내 사업자들의 적자 규모가 커지고 있다.

이와 같은 상황은 쉽게 개선되기 어려울 전망이다. 사업자 간 경쟁은 더욱 치열해지고 있는데, 경기 침체는 지속되고 있고, 콘텐츠 제작비용은 앞으로도 높아질 것으로 보이기 때문이다. 넷플릭스는 여전히 국내에서 압도적인 영향력을 발휘하고 있으며, 국내 사업자들은 당분간 넷플릭스와 대등하게 경쟁하기 어려울 전망이다. 국내 시장에서 고전하던 디즈니+ <무빙>이 좋은 반응을 이끌어내며 반등할 조짐을 보여주고 있다.

투자받기 쉽지 않은 상황 속에서 필요한 것은 효율적이고 창의적인 투자다. 예능이 차지하는 비중이 줄어들고 있기는 하지만 여전히 OTT 플랫폼의 핵심적인 텐트폴 콘텐츠는 드라마다. 드라마도 스타 작가나 많은 출연료가 필요한 특정 출연진에 의존하지 않는 신선한 기획을 가지고 승부할 수 있는 콘텐츠 제작이 이뤄질 필요가 있는 시점이다.

국내 미디어 시장이 가지고 있는 근본적인 한계는 내수시장이 협소하다는 것이다. 이를 극복하기 위해서는 국내 OTT 사업자들도 글로벌을 지향해야 한다. 국내 현실에서 글로벌화를 위해서는 여전히 해결해야 할 문제들이 많다. 먼저 국내 OTT 사업자들의 재정적 구조가 적자에서 흑자로 전환되어야 한다. 2024년에도 국내 OTT 시장은 쉽게 개선되기 어려울 것이라 판단한다. 단기적으로 국내 OTT 사업자들의 재무구조를 건전화하고 중·장기적으로 글로벌화를 지향해야 한다. 2024년에는 글로벌화를 통한 산업의 질적 도약까지는 아니더라도 국내 사업자 중 적자구조가 흑자구조로 전환되는 사업자가 등장하기를 기대해 본다.

02. 국내 OTT 시장 구조 개편 일어날까?

티빙과 웨이브의 합병설은 꾸준히 제기되어 왔다. 티빙과 웨이브의 합병설이 지속적으로 제기된 이유는 넷플릭스라는 절대적 강자가 존재하는 상황에서 국내 사업자들이 통합하는 것이 바람직하다는 주장이 끊이지 않았기 때문이다. 이러한 상황 속에서 2023년 다시 티빙과 웨이브의 합병설이 제기되었고, 당분간은 추진되지 않을 것이라는 전망이 우세한 상황이다.[217] 왓챠도 매각을 추진하고 있는 것으로 알려졌지만 매각이 쉽게 성사되지 못하고 있다.

특정 산업의 구조 개편은 산업이 큰 틀에서 변화할 때 이뤄진다. 가령, 케이블TV SO가 주도하던 국내 유료방송 시장은 IPTV 사업자가 성장하면서 IPTV 위주로 M&A가 진행되어 구조개편이 이뤄진 바 있다.

OTT 시장은 앞으로도 분명히 성장할 수 있는 여력이 있는 영역이다. 다만, OTT는 많은 투자가 필요하고 여러 가지 불확실성이 존재하는 시장이라는 특성을 가지고 있다. 약정 기반의 기존의 방송통신 서비스는 가입자 이탈이 급격히 이뤄지기 어려운 반면, OTT 시장은 경쟁력 있는 콘텐츠를 확보하지 못하면 바로 가입자 이탈이 발생할 수 있다. 더욱이 경기 침체로 투자받기 어려운 상황에서 새로운 영역의 사업자가 OTT 시장에 뛰어들기는 어려울 것으로 보인다.

현재의 상황을 종합적으로 고려해 본다면 티빙의 시즌 인수 이후 큰 틀에서의 빅 딜이 성사되기는 어려운 것이 국내 OTT 시장의 현실이라고 판단한다. 현재 국내 OTT 사업자들이 처해 있는 어려움을 고려해 본다면 OTT 사업자가 M&A 뿐 아니라 다른 영역의 사업자와의 제휴 등을 통해 돌파구를 마련하는 것도 필요해 보인다. 가령, 티빙의 경우 네이버와의 제휴, 글로벌 OTT 서비스인 파라마운트+와의 제휴 등을 통해 실적이 개선된 바 있다. 위기 극복을 위한 다양한 옵션을 고려해 볼 필요가 있는 시점이다.

03. 요금 정책 다양화

넷플릭스가 국내에서 광고요금제를 도입하면서 국내 OTT 사업자도 광고요금제를 도입하는 것이 아니냐는 전망이 나오고 있다. 넷플릭스는 광고요금제 도입과 더불어 국내에서도 계정공유 금지를 시작했고, 티빙은 광고요금제를 도입했다. 글로벌 사업자들의 경우 광고요금제를 도입하면서 저가 요금제를 도입하는 한편 프리미엄 상품의 요금을 인상하는 등 요금 정책을 다양화하고 있다.

<그림69> 콘텐츠웨이브 지배구조도

디즈니+ 멤버십 정책 변경 안내

2023년 11월 1일 이후 신규 가입자에 대해서는 새로운 멤버십 유형 및 구독료 정책이 적용됩니다.

선택하는 디즈니+ 멤버십 유형에 따라 영상 화질, 오디오, 동시 스트리밍 가능한 기기 수 등 기술사양이 달라집니다. 구독료를 포함한 각 멤버십 유형에 대한 자세한 정보는 아래와 같습니다.

	디즈니+ 스탠다드	디즈니+ 프리미엄
구독료* VAT 포함	월 9,900원 연 99,000원	월 13,900원 연 139,000원
영상 화질	최대 Full HD 1080p**	최대 4K Ultra HD & HDR
오디오	최대 5.1	최대 Dolby Atmos
동시 스트리밍	2	4
광고	x	x
콘텐츠 다운로드	o	o

※ 영상 화질 및 오디오는 인터넷 서비스, 기기 성능, 멤버십 유형 및 각 콘텐츠에 따라 달라질 수 있습니다.

출처: http://www.disney.co.kr/home/index.jsp

디즈니+의 경우 2023년 11월부터 위의 그림과 같이 월 이용료를 4천 원 인상할 방침이라고 밝혔다. 넷플릭스가 광고요금제를 도입했고, 디즈니+는 국내에서 요금 인상을 단행했다. 디즈니+도 국내에서 광고요금제를 도입할 가능성을 배제하기 어렵다.

국내 사업자들도 광고요금제 도입, 요금 인상 등을 고민하지 않을 수 없는 상황이다. 넷플릭스가 독주하고 있는 상황에서 국내 사업자들은 광고요금제 도입도 요금 인상도 조심스러울 수밖에 없다. 국내 사업자 입장에서 광고요금제 도입을 적극적으로 추진하기 어려운 이유는 광고요금제를 도입하게 될 경우 가입자는 증가할 가능성이 높지만 ARPU가 낮아져 전체적인 매출이 감소할 우려가 존재한다. 또한, 광고요금제 도입에 따른 불편으로 인해 이용자의 불만이 서비스 이탈로 이어질 수도 있다.[218] 이러한 상황 속에서 티빙은 11월 광고요금제를 도입했다.

2024년에는 웨이브도 요금 인상과 광고제를 내놓을 가능성이 높다. 어떠한 요금 정책이 효율적일지에 대한 사업자들의 고민과 어떤 상품을 선택하는 것이 합리적일지에 대한 이용자의 고민은 더욱 깊어질 것으로 보인다.

04. 제2, 제3의 누누티비는 다시 등장할 것인가?

2023년 국내 OTT 사업자들의 가장 큰 고민거리 중 하나는 누누티비를 비롯한 불법 스트리밍 사이트들이었다. 과학기술정보통신부, 방송통신위원회, 문화체육관광부, 방송통신심의위원회 등 관련 부처가 협력하여 누누티비를 차단하는데 성공했지만 누누티비 운영진과 같은 운영진이 운영하는 것으로 알려진 '티비위키'가 등장해서 유사한 서비스를 하고 있다.[219]

복수 OTT 플랫폼 이용에 대한 유인이 높아지고 있는 상황 속에서 이용자들은 누누티비와 같은 불법 서비스를 이용에 대한 니즈가 커질 수밖에 없다. 넷플릭스, 티빙, 웨이브 등에서 제공하는 오리지널 콘텐츠를 무료로 볼 수 있는 창구가 생겼기 때문이다. 실제 누누티비 이용이 활성화되면서 국내 OTT 사업자들의 가입자는 줄어드는 현상이 나타나기도 했다.

정부, 국회 등에서 여러 가지 대책을 마련하고 있으나 원천적인 차단이 어려워 '티비위키'와 같은 누누티비와 유사한 서비스는 계속 등장할 것으로 보인다. 누누티비와 같은 불법 스트리밍 서비스는 콘텐츠 투자로 인해 가뜩이나 적자에 시달리고 있는 국내 OTT 사업자들의 투자 유인을 위축시킬 수 있어 관련 대책 마련이 반드시 필요한 상황이다.

불법 OTT 서비스와 관련하여 입법적 대안 등이 지속적으로 시도되고 있으나 인터넷의 특성상 이를 원천적으로 차단하는 것은 불가능하기 때문에 제2, 제3의 누누티비가 등장할 가능성이 상존하는 상황이다. 정책적 대안을 마련하는 것도 중요하지만 사업자들과 관련 정부가 유기적으로 협력하는 것이 가장 현실적인 대안이라고 할 수 있다. 과학기술정보통신부, 방송통신위원회 등 정부가 사업자와 협력하여 누누티비를 차단했던 것처럼 2024년에도 이와 관련하여 사업자와 정부가 유기적으로 협력하여 불법 서비스를 차단하는 것이 중요하다.

이용자들의 인식 제고를 위한 노력도 필요하다. 일시적으로는 불법적인 콘텐츠 이용을 통해 무료로 여러 플랫폼에서 제공되는 콘텐츠를 이용하는 것이 이용자의 만족도를 높여 주겠지만 이는 사업자들의 유인을 떨어뜨리고 중장기적으로 국내 미디어·콘텐츠 분야 경쟁력에 부정적인 영향을 미친다는 메시지가 공유될 필요가 있다.

05. <오징어 게임> 시즌2와 넷플릭스와의 관계 설정

위키피디아는 넷플릭스의 역사를 다음과 같이 5가지로 구분하고 있다.[220] 첫 번째 시기는 우편을 기반으로 비디오 대여업을 하던 단계(Launch as a mail-based rental business(1997-2006))다. 두 번째 단계는 우편 서비스에서 스트리밍 서비스로 전환하는 시기(Transition to streaming services(2007-2012))다. 세 번째 시기는 오리지널 콘텐츠를 본격적으로 제작하던 시점이다(Development of original programming(2013-2017)). 네 번째 시기는 글로벌로 확장해 가는 시기다(Expansion into international productions(2017-2020)). 다섯 번째 시기는 게임 진출로 서비스 다각화, 오징어 게임 그리고 DVD 서비스 종료 시기(Expansion into gaming, Squid Game, end of DVDs(2021-present))다.

넷플릭스의 연혁을 확인하지 않더라도 <오징어 게임>은 넷플릭스 역사상 가장 중요한 오리지널 콘텐츠였음이 분명하다. 넷플릭스가 <오징어 게임>을 높게 평가하는 이유는 이용량, 비평적 성취, 그리고 시대정신을 제대로 구현해 낸 콘텐츠이기 때문이다. 그리고 미국에서 제작된 콘텐츠가 아닌 동아시아인 대한민국에서 제작된 콘텐츠로서 높은 성취를 거두었다는 점도 넷플릭스가 <오징어 게임>에 큰 의미를 부여하는 이유 중 하나일 것이다.

국내에서도 <오징어 게임>은 상징적인 콘텐츠다. K-콘텐츠의 위상을 더욱더 높인 콘텐츠라는 긍정적인 측면에서나 IP 확보의 중요성을 일깨워준 타산지석의 사례로서나 대한민국에서도 <오징어 게임>이 갖는 상징성은 대단하다. <오징어 게임> 시즌2를 제작 중인데 2024년에 공개될 것이라는 전망이 나오고 있다.

<오징어 게임> 시즌2의 공개는 대한민국과 넷플릭스 사이의 관계를 다시 한번 돌아보게 하는 계기로 작용할 가능성이 크다. 넷플릭스는 국내에 많은 콘텐츠 투자를 하고 있고, 많은 국내 기업들과 제휴 관계를 맺고 있다. 망 이용대가를 두고 소송을 벌여왔던 SK와도 협력 관계로 선회한 상황이다. 지금까지도 그렇고 앞으로도 그렇고 대한민국과 넷플릭스와의 특별한 관계는 이어질 것이다. 2024년에는 <오징어 게임> 시즌2 공개가 대한민국과 넷플릭스 사이의 생산적인 협력 관계에 대해 다시 한번 돌아보는 계기로 작용할 수 있을 것이다.

210) https://mcusercontent.com/c0e4083810bdd7de705491008/files/7188777b-da97-70b3-e4fd-2e5610dd7ac2/Antenna_State_of_Subscriptions_Adds_and_Ads_June_2023.01.pdf

211) https://variety.com/vip/q1-2023-streaming-earnings-season-crunch-time-1235619446/

212) https://www.nytimes.com/2023/09/01/business/charter-disney-cable-fight.html

213) https://ir.charter.com/static-files/05f899dd-7ef3-40d8-84c1-f16a7acfe318

214) Disney-Charter deal "reimagines" the TV bundle (axios.com)

215) Disney-Charter fight could be the start of the TV bundle breaking (axios.com)

216) Charter suffers worst quarter for TV subscriber loses (axios.com)

217) 이명지 (2023. 8. 11). '또 적자' 냈지만... 티빙, 웨이브와 합병 안 한다 [이명지의 IT뷰어]. <매거진 한경>.

218) 이시훈·변상규·노창희·강신규·남신영 (2023). <글로벌 OTT가 국내 광고시장에 미치는 영향>. 서울: 한국방송광고진흥공사.에서 수행한 전문가 인터뷰 결과를 인용한 것임

219) 이영재 (2023. 9. 11). "주소 바꾸고 우회 접속"…정부 단속 비웃는 불법 사이트. <아시아타임즈>.

220) https://en.wikipedia.org/wiki/Netflix

05
OTT 현황

OTT 현황

해외

01. 넷플릭스

넷플릭스(Netflix)는 2023년 7월 19일 2분기 실적을 발표하고 589만 명의 유료 구독자를 추가 확보했다고 밝혔다.[221] 넷플릭스가 가입자 증가 전망을 더이상 하지 않는 등 구독자 숫자에 집착하지 않겠다고 했지만 여전히 시장의 관심은 이곳을 향했다. 애널리스트들의 2분기 구독자 증가 예상은 176만 명이었다. 3분기에는 876만 명이 증가하였다.

600만 명이 넘는 구독자 증가는 경쟁사를 압도하기 충분했다.[222] 하지만 더 많은 구독자를 확보해야 했다. 당초 전문가들은 미국 등에서 가족이 아닌 사람들끼리 비밀번호를 공유할 경우, 추가 비용(extra member 7.99달러)을[223] 받기로 했기 때문에 '신규 구독자'가 더 늘어날 것으로 전망했다. 추가 비용을 내는 대신 자신의 계정을 구독하는 독자가 늘어날 것이라는 분석을 했기 때문이다. 시장은 예상대로 흘러가지 않았다. 추가 구독을 하는 대신, 시청을 중단하는 사례가 늘어난 것으로 보인다. 2023년 3분기 현재, 넷플릭스의 글로벌 오디언스는 2억 4,715만 명으로 늘었다. 1분기 구독자 숫자는 2억 3,250만 명이었고 연간 구독자 성장률은 8%였다. 8% 증가는 크게 보일 수 있지만 지난해 2분기 넷플릭스 100만 명을 잃었기 때문에 발생한 기저효과였다.

넷플릭스는 1분기 실적 발표 당시, 주주들에게 비밀 공유 제한을 시행한 일부 국가에서 '절독 효과(cancel reaction)'가 발생할 것이라고 경고한 바 있다. 그러나 동시에 넷플릭스는 비밀번호 공유 제한을 시작한 캐나다의 경우 이전보다 더 구독자가 늘었다고 긍정적인 희망을 내비치기도 했다.

<그림70> 2023년 2분기 넷플릭스 주요 실적

(In millions except per share data)	Q2'22	Q3'22	Q4'22	Q1'23	Q2'23	Q3'23 Forecast
Revenue	$7,970	$7,926	$7,852	$8,162	$8,187	$8,520
Y/Y % Growth	8.6%	5.9%	1.9%	3.7%	2.7%	7.5%
Operating Income	$1,578	$1,533	$550	$1,714	$1,827	$1,890
Operating Margin	19.8%	19.3%	7.0%	21.0%	22.3%	22.2%
Net Income	$1,441	$1,398	$55	$1,305	$1,488	$1,580
Diluted EPS	$3.20	$3.10	$0.12	$2.88	$3.29	$3.52
Global Streaming Paid Memberships	220.67	223.09	230.75	232.50	238.39	
Y/Y % Growth	5.5%	4.5%	4.0%	4.9%	8.0%	
Global Streaming Paid Net Additions	-0.97	2.41	7.66	1.75	5.89	
Net cash provided by operating activities	$103	$557	$444	$2,179	$1,440	
Free Cash Flow	$13	$472	$332	$2,117	$1,339	
Shares (FD)	450.2	450.3	451.6	452.4	451.6	

출처: 넷플릭스

2분기 미국과 캐나다 내 유료 가입자는 117만 명이 늘었고 유럽과 중동 아프리카는 243만 명이 증가했다. 또 라틴 아메리카와 아시아 태평양 지역에서는 각각 120만 명과 110만 명을 더 확보했다. 넷플릭스는 추가 구독자(extra member)는 전체 유료 구독자 숫자에 포함되지 않지만, 고객 1인당 매출(ARPU)에는 산정된다.

<그림71> 넷플릭스 가입자 분기별 순 증가

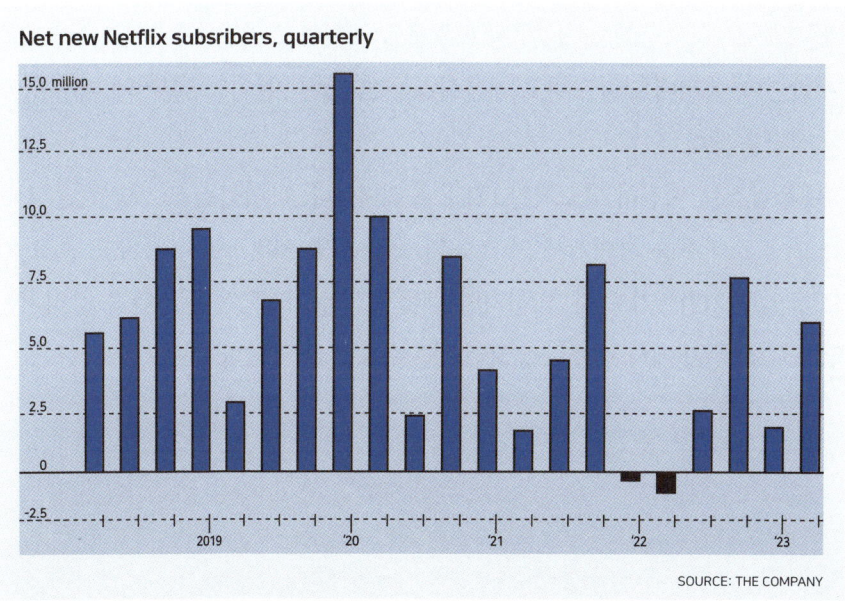

넷플릭스의 2023년 2분기 실적은 시장 예측을 하회했다. 주당 이익 3.29달러에 82억 달러 매출을 기록했다. 매출은 1년 전에 비해 2.7% 높아졌다. 넷플릭스는 2분기에 15억 달러 이익과 18억 달러 영업 이익을 올렸다고 밝혔다. 그 분기의 잉여 현금 흐름(Free cash flow)은 13억 달러였다. 넷플릭스는 작가와 배우 파업이 이어지고 있기 때문에 콘텐츠 지출은 더 낮아질 것이라고 예측했다. 제공 편수는 떨어지겠지만 현금 흐름은 좋아질 것이라는 이야기다. 이에 2023년 현금 흐름 전망을 35억 달러에서 50억 달러로 높였다. 2023년 3분기 넷플릭스의 실적은 더 좋아졌고, 4분기는 배우 파업의 종료와 연관될 것이다.

넷플릭스는 고품질 콘텐츠가 구독자를 유지하는 데 큰 효과를 발휘했다고 분석했다. 넷플릭스는 2분기 글로벌 시장에서 가장 인기 있었던 콘텐츠의 경우 <익스트랙션2(Extraction 2)>, <블랙미러>, <샬럿 왕비: 브리저튼 외전(Queen Charlotte: A Bridgerton Story)> 등을 꼽았다. 이외 한국 주주 서신에서 비영어 콘텐츠 중 <피지컬100(Physical: 100)>이 닐슨 집계 미국 스트리밍 시청률 순위에서 1주 이상 10위 내에 머물렀다고 공개했다.

미국 투자자들이 OTT를 평가하는 기준은 구독자 증가에서 수익으로 바뀌었다. 전통적인 미디어를 보는 관점을 OTT에도 적용하기 시작한 것이다. 이에 넷플릭스도 광고 2022년 11월 광고 모델을 도입하고 비밀번호 공유 제한 정책도 밝혔다. 그럼에도 불구하고 넷플릭스는 2023년 2분기와 3분기에 매우 강력한 실적을 냈다.

넷플릭스는 여전히 압도적인 OTT 플레이어다. 라이선스 및 오리지널 수요가 미국 소비자들 사이에서 가장 높다. 스트리밍 서비스에서 흑자를 보고 있는 유일한 기업이기도 하다. 하지만 넷플릭스의 지배력은 예전만큼 강하지는 않다. 수요 측면에서 넷플릭스 오리지널 수요는 줄고 있다.

<그림72> 글로벌 오리지널 수요 점유율

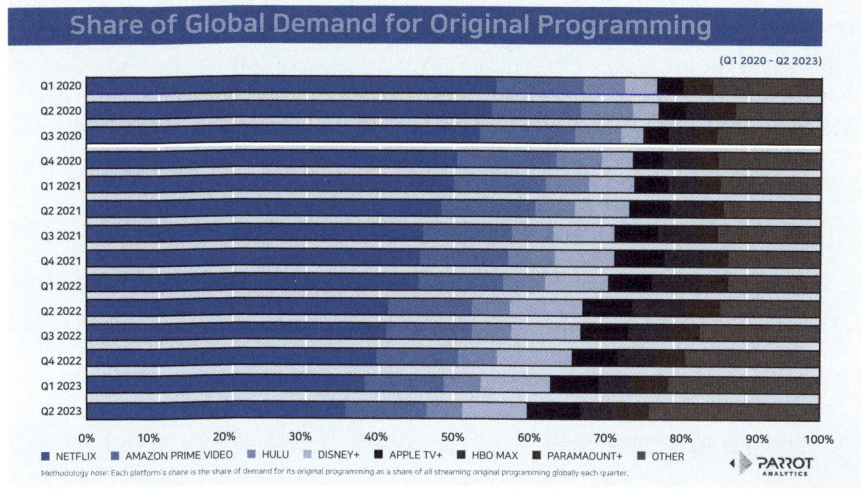

출처: 패럿 어낼릭틱스

미국에서 벌어진 작가와 배우 파업은 넷플릭스 성장에 걸림돌이 될 수도 있다. 2023년 상반기 전 세계 오리지널 콘텐츠 스트리밍 수요는 21.6% 증가했다. 하지만, 작가와 배우 파업이 상당히 길어져 이런 수요는 상당 수준 감소했을 것이다. 파업으로 인해 넷플릭스는 글로벌 콘텐츠를 더 늘릴 수 있다. 이럴 경우 한국 콘텐츠에 더 많은 기회가 올 수도 있다.

광고 기반 상품 구독자 전체의 25%

사람들의 많은 관심은 넷플릭스의 '광고 기반 저가 상품'제의 구독자 규모였다. 그러나 정확한 규모를 밝히지 않고 있다. 다만 2023년 2분기 실적 발표에서 해당 분기 광고 기반 상품 이용자가 전년 대비 두 배가량 늘었다고 공개했다. 지난 2023년 5월 넷플릭스는 광고 기반 상품 구독자가 (글로벌) 500만 명을 넘고 새로운 구독자의 25%가 광고 기반 저가 상품제를 선택했다고 밝힌 바 있다. 그러나 넷플릭스의 광고는 아직, 전체 수익에서 제한적인 위치를 차지하고 있다.[224]

공식 발표가 없다 보니 예측치들이 나오고 있다. 디인포메이션은 내부 자료를 인용해 2분기 현재 미국 내 넷플릭스 광고 기반 유료 구독자가 150만 명이라고 보도했다.[225] 이 수치가 맞다면 7,000만 명이 넘는 미국 넷플릭스 가입자와 비교하면 적은 숫자다. 훌루의 3,000만 명에 비해서도 턱없이 낮다. 15년 이상 광고 영업을 해온 훌루와는 달리, 넷플릭스는 2022년 11월에야 광고 시장에 뛰어들었다. 그러나 최근 글로벌에서 1,500만 명에 달한다고 밝혔다.[226]

넷플릭스는 광고 상품 판매 확대에 나서고 있다. 넷플릭스는 영국과 미국에서 광고 없는 상품 중 가장 낮은 가격인 9.99달러(월) 가격제를 없앤다고 밝혔다.[227] 저가 상품인 광고 기반 스탠다드 상품(미국 6.99달러) 유도하기 위해서로 보인다.

넷플릭스의 광고 기반 상품 구독자는 당분간 늘어날 것으로 보인다. 안테나에 따르면 2023년 7월 넷플릭스는 북미 지역에서 260만 명의 구독자를 추가 확보했다. 2023년 6월에 비해서는 25.7% 감소했다. 물론 이 숫자가 순증은 아니다. 감소도 있었다. 하지만 괄목한 만한 숫자가 있었다. 신규 구독자 중 23%가 광고 기반 상품이라는 것이다. 6월에 비해 4퍼센트 포인트 증가한 23%가 광고 기반 상품을 구독했다.

02. 디즈니+

디즈니(Disney)가 디즈니+ 등 스트리밍 서비스 사업 적자를 대폭 줄였다.[228] 또 테마파크 실적 호조로 4~6월 말 분기 매출이 3.8% 상승했다. 그러나 2분기 연속 미국 디즈니+ 구독자를 잃으면서 DTC(Direct to Consumer) 비즈니스 확대에 빨간불이 켜졌다. 6월 말 기준 글로벌 디즈니+가입자는 1억 4,610만 명이었다. 인상적이지 않은 실적에 주가 역시 90달러 아래에 머물렀다.

매출 3.8% 상승 그러나 영업 이익은 적자

디즈니+, 디즈니 스튜디오, 디즈니 테마파크 등을 보유한 월트디즈니는 8월

9일 2023년 4~6월 분기 실적을 공개하고 스트리밍 비즈니스 부문 적자가 5억 1,200만 달러로 전년 동기 10억 6,000만 달러에 비해 크게 감소했다고 밝혔다.[229] 적자 감소는 2022년 11월 밥 아이거 CEO의 부임 이후 이어진 비용 축소 및 절감에 따른 결과다. 당초 팩트셋 등 미국 전문가들은 7억 8,000만 달러의 손실을 예상한 바 있다.

스트리밍 비즈니스를 포함한 디즈니의 전체 분기 매출은 전년 동기 대비 3.8% 상승한 223억 달러를 기록했다. 스트리밍에서 여전히 적자를 기록했지만 테마파크 관련 매출이 증가했다. 하지만 영업 이익은 36억 달러 수준으로 보합세였다. 팩트셋(Fact)은 당초 225억 달러 매출에 영업 이익 33억 달러를 예상한 바 있다.

<그림73> 디즈니 주요 실적

	Quarter Ended			Nine Months Ended		
	July 1, 2023	July 2, 2022	Change	July 1, 2023	July 2, 2022	Change
Revenues	$ 22,330	$ 21,504	4 %	$ 67,657	$ 62,572	8 %
income (loss) from continuing operations before income taxes	$ (134)	$ 2,119	nm	$ 3,762	$ 4,909	(23) %
Total segment operating income[1]	$ 3,559	$ 3,567	_ %	$ 9,887	$ 10,524	(6) %
Net income (loss) from continuing operations[2]	$ (460)	$ 1,409	nm	$ 2,090	$ 3,031	(31) %
Diluted EPS from continuing operations[2]	$ (0.25)	$ 0.77	nm	$ 1.14	$ 1.66	(31) %
Diluted EPS excluding certain items[1]	$ 1.03	$ 1.09	(6) %	$ 2.94	$ 3.22	(9) %
Cash provided by continuing operations	$ 2,802	$ 1,922	46 %	$ 5,064	$ 3,478	46 %
Free cash flow[1]	$ 1,637	$ 187	>100 %	$ 1,469	$ (317)	nm

1. Diluted EPS excluding certain items, total segment operating income and free cash flow are non-GAAP financial measures. The most comparable GAAP measures are diluted EPS from continuing operations, income from continuing operations before income taxes, and cash provided by continuing operations, respectively. See the discussion on page 2 and on pages 11 through 14 for how we define and calculate these measures and a reconciliation thereof to the most directly comparable GAAP measures.
2. Reflects amounts attributable to shareholders of The Walt Disney Company, i.e. after deduction of income attributable to noncontrolling interests.

출처: 디즈니

분기 실적과 함께 내놓은 설명에서 밥 아이거 CEO는 "2월 내놓은 예산 콘텐츠와 운영 비용 감축 목표 55억 달러를 초과달성할 것이며 이는 조직 개편과 효율성을 높인 결과"라고 설명했다.[230] 이와 관련 디즈니는 올 초 이후 전체 직원의 7,000명 이상을 구조조정했다.[231]

아이거는 또 "CEO에 복귀한 지 8개월이 지난 시점에서 조직을 보다 효율적이고 능률적인 형태로 바꾼 것은 매우 의미가 있다" "하지만, 여전히 개선할 것이 많다. 디즈니의 장기 궤도에 대해서는 자신있고 긍정적"이라고 강조했다. 그러나 디즈니 주가는 시간 외 거래에서 1.4% 하락한 86.20달러를 기록했다. 수익 결과가 나오기 전, 지난 12개월 동안 디즈니 주가는 19% 떨어졌다. 디즈니의 주가는 2년 반 전까지만 해도 200달러를 넘었지만 현재는 주당 80달러 초반(11월 1일 현재 81.07달러)을 맴돌고 있다.

전체 디즈니 이익은 4억 6,000만 달러 순손실(Net loss)로 돌아섰다. 전년 동기에는 전년 동기 14억 1,000만 달러 흑자였다. 적자 대부분은 구조조정과 손상 비용(restructuring and impairment charges)이었다.

<그림74> 디즈니 스트리밍 실적

Paid subscribers(1) at: (in millions)	July 1, 2023	April 1, 2023	Change
Disney+			
Domestic (U.S and Canada)	46.0	46.3	(1) %
International (excluding Disney+ hotstar)(1)	59.7	58.6	2 %
Disney+ Core(2)	105.7	104.9	1 %
Disney+ Hotstar		52.9	(24) %
ESPN+		25.3	_ %
Hulu			
SVOD Only	44.0	43.7	1 %
Live TV + SVOD	4.3	4.4	(2) %
Total Hulu(2)	48.3	48.2	_ %

출처: 디즈니

2019년 이후 스트리밍에서만 100억 달러 손실

디즈니+ 구독자는 전분기 대비 7.4% 줄어든(1억 5,789만 명) 1억 4,610만 명을 기록했다. 감소의 대부분은 인도 지역이었다. 지난해 현지에서 가장 인기 있는 스포츠인 크리켓 중계권을 갱신하지 못한 여파다. IPL중계권은 경쟁사인 바이어컴18(Viacom18)로 넘어갔다.[232]

미국과 캐나다 지역 디즈니+ 구독자는 4,600만 명으로 전 분기에 비해 30만 명 감소했다. 디즈니+의 북미 지역 가입자 감소는 이번이 두 번째로 2022년 말에는 4,660만 명이었다. 2019년 11월 디즈니+ 런칭 이후, 디즈니는 스트리밍 부문(디즈니+, 훌루, ESPN+)에서 100억 달러(13조 1,500억 원)의 손실을 봤다.[233] 디즈니는 투자자들에게 2024년 디즈니+ 비즈니스가 흑자로 돌아설 것이라고 공개하기도 했다.

스트리밍 서비스 흑자 전환을 위해, 디즈니는 고객 1인당 단가를 높이기 위해 노력하고 있다.[234] 디즈니는 오는 10월 12일부터 디즈니+ 프리미엄(광고 없는) 월 이용 가격을 13.99달러로 현재보다 27% 올린다고 밝혔다. 광고 없는 훌루 이용 가격도 20% 높인 17.88달러를 받을 것이라고 밝혔다. 주력 상품인 '디즈니+훌루'(광고 포함) 서비스는 9.99달러로 현행 수준을 유지했다.

디즈니가 스트리밍 서비스의 대규모 적자에도 DTC비즈니스를 포기할 수 없는 이유는 '미디어의 미래'이기 때문이다. 소비자들의 시청 트렌드가 TV에서 스트리밍으로 넘어가면서 전통적인 리니어 TV 비즈니스의 실적은 계속 하락하고 있다. ESPN, ABC, FX채널, 디즈니 채널, 프리폼 등 디즈니의 실시간 TV부문(linear TV segment)의 영업 이익은 전년 동기 대비 23%가 폭락한 18억 9,000만 달러로 전문가들의 예상에 비해 1억 달러나 적었다.[235]

디즈니의 TV비즈니스는 한 때 현금 창출엔진이었다. 하지만, 최근 유료 방송을 떠나 스트리밍으로 옮기는 '코드 커팅' 트렌드가 가속화되면서 영업 이익이 급락했다. 버라이어티에 따르면 미국 내 유료 방송 가입자는 1분기에만 410만 명이 감소한 5,200만 명(가구)을 기록했다.

밥 아이거는 최근 이전 디즈니 임원이었던 케빈 마이어(Kevin Mayer)와 톰 스태그(Tom Staggs)를 고문으로 영입해 TV 비즈니스의 미래 개편 방안을 논의하기 시작했다.

디즈니는 케이블TV 스포츠 구독 채널 ESPN이나 다른 실시간 채널 매각 등 초강수도 고려하고 있다. ESPN은 다양한 스포츠중계권을 보유해 여전히 매력적이지만 케이블TV 구독자 감소로 콘텐츠 사용료 징수가 매년 어려운 상황이고 TV중계권료도 상승하고 있다.

ABC, 프리폼, 디즈니 채널 역시, 시청 트렌드 변화로 케이블TV 시청자 확보에 고전하고 있다.[236] 디즈니는 케이블과 지상파 채널만을 스핀오프하여 '별도 채널 그룹'을 만드는 것도 고려 중이다.

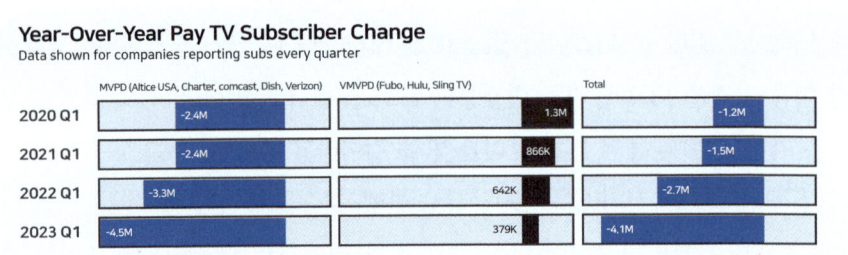

<그림75> 미국 유료TV 가입자 변화

월스트리트저널은 최근 밥 아이거가 ESPN을 스핀오프하는 대신 자본 조달을 통해 함께 회사를 운영할 전략적 파트너를 찾고 있다고 말했다고 보도한 바 있다. 2023년 7월 선밸리 미디어 컨퍼런스에서 CNBC와 인터뷰에서 '케이블TV사업 매각 검토 가능'에서 한발 물러선 것이다.

파업 관련, 올 가을 신작은?

지난 5월부터 이어지고 있는 배우와 작가 파업과 관련 밥 아이거 CEO는 "크리에이티브 커뮤니티와의 관계설정이 디즈니에게 가장 중요하다"며 "그들의 문제 의식을 공감하고 빨리 해결될 수 있도록 노력하고 있다"고 말했다.[237] 이는 자신에 대한 배우, 작가들의 비판을 의식한 발언이다.

배우노조SAG-AFTRA의 파업 직후인 7월 14일 아이거는 인터뷰에서 "매우 불안하다. 우리는 여전히 코로나바이러스, 경기 침체 등에 고통받고 있다. 파업은 이런 혼란을 가중시키는 최악의 시기에서 벌어졌다"고 말해 큰 빈축을 샀다. 그러나 이번에는 아이거는 "자신들의 창작 노력에 대한 정당한 평가를 받겠다는 요구를 완전히 이해한다"며 "우리도 조합들과 성실히 협상에 임할 것이며 감독 조합과도 좋은 결과를 냈다"고 밝혔다.

스트리밍으로 향하는 디즈니…100년 위기를 넘을 수 있을까?

2023년 10월 16일 디즈니(Disney)는 100주년을 맞았다. 100년 엔터테인먼트 기업은 디즈니가 처음이다. 100년을 이어올 수 있었던 이유는 디즈니는 시대 변화에 잘 적응해왔다. 특히, 위기마다 기술과 혁신적인 전략으로 새로운 길을 열었던 역사가 있다.

때문에 디즈니를 엔터테인먼트 테크놀로지 최고 기업으로 부른다. 1928년 유성 애니메이션을 처음 선보였고(증기선 윌리) 픽사 애니메이션, 스트리밍 서비스 디즈니+까지 디즈니가 만든 기술과 영광의 길은 셀 수도 없다.

100년 디즈니가 흔들리고 있다. 주당 300달러에 육박했던 주가는 100달러 미만으로 떨어졌고 밥 체이펙 CEO가 2022년 11월 CEO가 전격 경질됐다. 임명된지 3년도 안되는 시점이었다. 이후 15년 간 디즈니 CEO였던 밥 아이거 다시 돌아왔다.

그러나 아이거의 마법은 통하지 않았다. 시청 패턴의 변화로 TV, 영화 등 주 사업 모델의 수익 구조가 흔들리고 있다. 급기야 CEO가 TV사업 매각을 언급하기까지 했다. 이후 정치적인 논란에도 휩싸였다. 여기에 작가파업이 150일 가까이 넘게 이어졌고, 7월부터 동반파업하여 118일간 이어진 배우 파업이 디즈니에도 상처를 주었다. 최근 케이블TV 사업자 차터와 프로그램 사용료 갈등으로 블랙아웃(Black Out)도 겪었다. 미국 1,500만 명의 차터 고객은 디즈니 채널(ESPN, ABC, FX)을 보지 못했다.

전문가들은 2차 세계대전과 대공황도 이겨낸 디즈니가 이 위기도 극복할 것이라고 이야기하고 있다. 하지만 디즈니가 위기를 극복하는 방법에 대해 관심이 집중되고 있는 것도 사실이다.

TV의 미래에 대한 고민

OTT 시대가 왔다. 점점 더 사람들이 유료 방송을 떠나 스트리밍으로 이동하고 있다. 미국 케이블TV 구독 가구는 매년 줄어들고 있다. 2023년 2분기에만 미국 케이블TV 구독 가구는 380만 가구가 감소했다.

실시간 TV 소비량도 줄어들고 있다. 2023년 7월 닐슨이 발표한 스마트TV 소비 점유율은 게이지(The Gauge)에 따르면 지상파와 케이블TV 통합 점유율은 사상 처음으로 50% 미만(49.6%)으로 떨어졌다.[238] 그동안 스트리밍과의 전쟁에 마지막까지 버티고 있던 케이블TV의 점유율도 30% 미만(29.6%)으로 하락했다. 이에 반해 스트리밍TV는 점유율은 40%에 육박한 38.7%였다. 하루 10시간 중 4시간을 스트리밍을 본다는 이야기다.

더 의미있는 변화는 스트리밍 서비스로 향하는 젊은 세대다. 같은 콘텐츠를 보더라도 중장년 층은 TV, 젊은 층은 스트리밍을 통해 시청한다.[239] 닐슨이 조사한 결과 유명 드라마 <슈츠(Suits)>도 TV와 스트링의 시청 세대가 완전 달랐다. 슈츠의 매력은 여전하지만, 플랫폼은 세대를 갈랐다. USA네트워크 케이블TV 채널을 통해 슈츠를 보는 사람 중 18~35세 비중은 8%에 불과했지만 넷플릭스와 피콕은 23%에 달했다.

<그림76> <슈츠> 시청자 분포

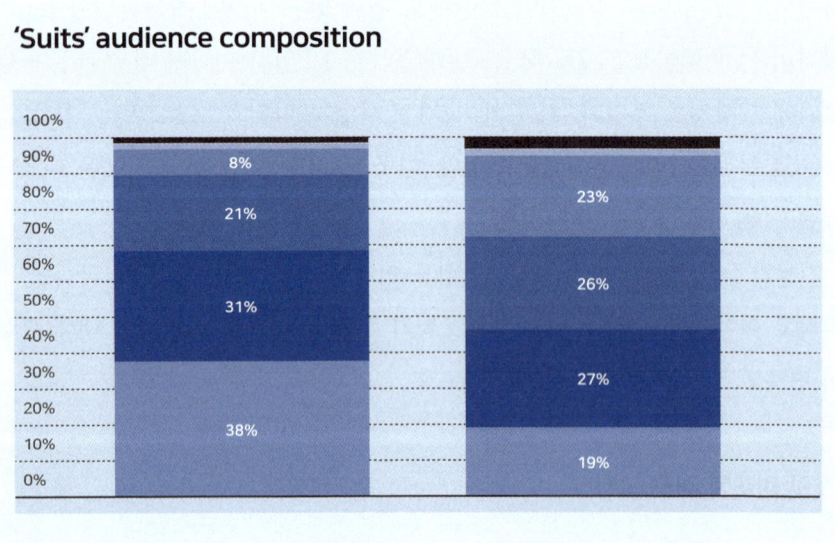

출처: 닐슨

OTT 시대가 왔지만 문제는 디즈니에게 수익을 안겨주는 플랫폼은 여전히 TV라는 점이다. 디즈니 채널에서부터 ABC, ESPN까지 장르와 영역의 TV채널을 보유하면서 많은 수익을 올리고 있다.

고민은 여기서 시작된다. 밥 아이거 디즈니 CEO는 2023년 2분기 실적 발표에서 "실시간 TV 부문이 여전히 수익을 내고 있지만, 코드 커팅(유료 방송을 중단하고 스트리밍으로 옮기는) 트렌드는 되돌릴 수 없다"고 말했다. 이어 그는 실시간 TV비즈니스의 미래를 다시 생각하고 있다고 말했다. 이 발언에 대한 내외부 반발이 심했다. 경우에 따라 TV사업을 매각할 수 있다는 이야기로 들릴 수 있었기 때문이다. 아이거는 극단적인 선택(TV사업 매각)은 고려하고 있지 않다고 했지만, 분사, 투자 등의 전략적 유연성에 대한 요구는 더 높아지고 있다.

디즈니 TV 사업, 지속적인 실적 하락

디즈니의 TV사업은 실적이 좋지 않다. 2023년 4~6월 분기 ESPN의 TV광고 매출이 10% 상승했지만 전체 디즈니의 TV네트워크 부문 매출(미국)은 4% 하락했다. 급기야 ESPN은 카지노 운영사 펜 엔터테인먼트(Penn Entertainment)로부터 5억 달러 주식과 10년 간 현금 15억 달러를 받는 조건으로 온라인 스포츠 베팅 시장에 공동 진출하기로 했다.[240] 어린이와 가족에 많은 신경을 쓰고 있는 디즈니가 스포츠 베팅에 뛰어들었다는 사실은 회사의 절박함을 보여준다. 스트리밍 서비스가 미디어의 미래는 맞지만 수익은 아직 나지 않고 있다. 이에 디즈니는 스트리밍 서비스 디즈니+ 수익을 높이기 위해 월 이용 가격을 27% 인상했다.[241] 디즈니는 2024년 디즈니의 스트리밍 부문 흑자를 기대하고 있다.

디즈니, 생존을 건 케이블 전쟁

급기야 디즈니는 케이블TV와 한판 싸움을 벌이고 있다. 미국 케이블TV 사업자 차터 커뮤니케이션(Charter Communications)과 ESPN, FX 등을 보유한 디즈니(Walt Disney Company)가 프로그램 사용료 갈등을 겪고 있다. 가치를 더 인정받아야 한다는 진영과 올려줄 수 없다는 측의 긴장이다. 급기야 차터는 '케이블TV의 비즈니스 모델'이 무너졌다고 선언했다.[242] 차터커뮤니케이션은 2023년 9월 1일 긴급 기자 간담회를 가지고 투자자들에게 11페이지 입장문을 냈다.[243] 입장문에서 "케이블TV는 이제 소비자와 공급자(플랫폼)에게 모두 너무 비싸졌다"며 코드 커터(케이블TV를 중단하고 스트리밍으로 옮겨가는 것)와 매년 상승하는 프로그램 사용료로 '악의적인 비디오 사이클(vicious video cycle)'에 빠졌다고 강조했다.

1,500만 명 차터 케이블 구독자(Spectrum TV service)는 현재 디즈니의 스포츠와 엔터테인먼트 채널을 볼 수 없다. US오픈이나 미국 대학 미식축구 경기를 중계하는 ESPN의 블랙아웃에 대한 불만이 당장 나왔다. 러시아 테니스 프로 선수 다닐 메드베데프는 뉴욕 지역에서 ESPN의 US 오픈 중계를 볼 수 없었다며 불만을 표시했다. 이에 '불법 시청'을 통해 경기를 관전했다고 털어놨다.

양측 분쟁은 케이블TV 프로그램 사용료(carriage fee)에 대한 시각차에서 시작됐다. 케이블TV PP를 플랫폼에 전송하는데 얼마를 줘야하는지 또 어떤 패키지에 포함되어야 하는지에 대해 양측 생각이 다른 것이다. 디즈니는 올려 받기를 원하고 차터는 고정 혹은 인하를 요구하고 있다.

그러나 ESPN의 평균 구독료는 도전 받고 있다. ESPN의 평균 월 구독료는 가입자당 9달러 정도로[244] 가장 비싸다. 2017년 6.7달러 수준이었는데 2022년 8.72달러로 상승했다. 이에 반해 대부분의 연예 채널은 1달러 이하다.

<그림77> 유료 방송 구독자 변동

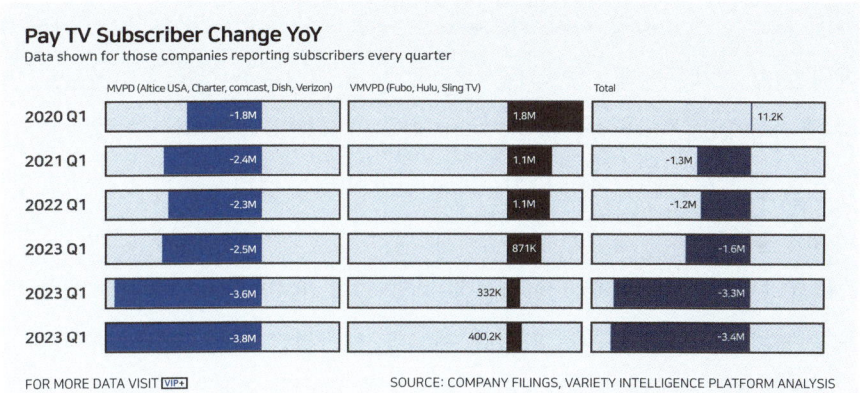

출처: 버라이어티

MSNBC는 ESPN이 2023년 9.42달러의 평균 구독료를 받고 있지만 ESPN2, FX, 디즈니 채널 등 다른 디즈니 채널은 1.21, 0.93, 1.25달러를 받고 있다고 보도했다. 디즈니는 20개 이상의 채널을 보유하고 있다. 디즈니 입장에선 위기인 셈이다. 차터는 "구독자들이 이제 보지 않는 채널을 위해 프리미엄(premium)을 지급하고 싶어하지 않는다"며 "(프리미엄 채널로 인한) 요금 인상이 고객들을 케이블에서 떠나게 한다"고 말했다. ESPN 등 디즈니 채널은 대부분 추가 요금을 내야 시청할 수 있는 '프리미엄 채널'로 운영되고 있다.

두 진영의 싸움은 케이블TV의 이용자 이탈 이후 더 치열해지고 있다. 모펫내탄슨(MoffettNathanson)에 따르면 미국 케이블TV 구독자는 매년 500만 명 이상 감소하고 있다.[245] 많은 시청자들이 스트리밍으로 이동하고 있다. 케이블TV 사업자들도 과거처럼 많은 돈을 콘텐츠 회사들에게 줄 수 없는 상황인 셈이다.

그러나 디즈니도 돈을 많이 받아야 하는 이유가 있다. 스포츠 중계권 시장에서 애플과 아마존 등 빅테크들의 공세에도 시달리고 있기 때문이다. 빅테크들은 라이브 스포츠 중계권을 인수하면서 방송의 전유물이었던 중계권 거래 가격을 높이고 있다.

차터는 디즈니와 갈등을 TV사업의 미래를 건 싸움으로 보고 있다. 디즈니는 성명을 통해 자신들이 디즈니+ 등 스트리밍에 수십억 달러를 투입해 키웠는데 차터는 스트리밍 서비스를 무료로 제공받길 원한다고 밝혔다. 차터가 케이블TV 고객들에게 디즈니+를 무료로 달라고 요구한 것을 우회적으로 비판한 것이다. 디즈니는 성명에서 "ABC와 ESPN채널 대학 미식 축구 개막을 앞두고 협상을 결렬한 차터의 행동으로 인한 피해는 소비자들에게 돌아갈 것"이라고 말했다.

디즈니도 케이블과 헤어질 결심을 하고 있다. ESPN은 케이블을 떠나 단독 스트리밍 버전을 추진하고 있다. 하지만, 케이블TV에서 가장 수요가 높은 ESPN이 스트리밍으로 빠질 경우 유료 방송 생태계에 큰 파장이 예상된다. ESPN을 포함하는 케이블TV 번들 상품에도 영향을 미칠 가능성이 크다. 밥 아이거 디즈니 CEO는 ESPN의 미래를 위한 전략적 파트너를 찾고 있다고 밝히기도 했다.[246]

2023년 9월 11일 디즈니와 차터는 채널 블랙아웃 분쟁을 끝내고 합의했다. 차터가 콘텐츠 재송신료를 올려주고 디즈니는 디즈니+와 ESPN+, 향후 출시될 것으로 보이는 ESPN 케이블TV채널 OTT를 차터 인터넷 고객에게 무료로 제공하는 형식이다. 갈등은 봉합됐지만 근본적인 해법은 아니다. 2024년에는 디즈니를 비롯하여, 케이블TV 진영과 OTT 측의 싸움이 더 강해질 것이다.

결론은 디즈니가 내려야겠지만 지금 그들에게 가장 필요한 것은 '거대한 항공모함'의 방향타를 바로 잡는 일이다. 이를 위해 가장 먼저 해야 할 일은 스트리밍 서비스에서의 건전성 확보다. 스트리밍으로의 전환을 선언한 이상 다시 돌아갈 길은 없다. 이곳에서 승부를 내야 한다. 하지만, 디즈니+ 역시 위기다. 인도 지역 크리켓 경기 중계권 상실로 2023년 2분기에만 1,250만 명의 고객이 사라졌다. 이제 그들은 1억 명의 구독자 유지도 걱정해야 할 처지다.

때문에 디즈니+를 살리기 위한 혁신적인 전략이 필요한 시점이다. 디즈니+ 등 스트리밍 서비스가 바로 서야 디즈니의 미래가 있다.

03. 훌루 매각 협상 시작

컴캐스트(Comcast)와 디즈니(Disney)가 스트리밍 서비스 훌루(Hulu)의 지분 매각 협상에 들어갔다. 1세대 스트리밍 훌루(Hulu)는 2007년 온라인 스트리밍 시대를 대비, 디즈니, 21세기 폭스(21st Century Fox), NBC유니버설(NBC Universal), 타임워너(Time Warner) 등이 합작해 만든 플랫폼이다. 그러나 2019년 디즈니가 폭스를 인수하면서, 디즈니가 1대 주주(66%)가 됐다.

이에 NBC유니버설의 대주주 컴캐스트는 자신들의 가진 지분(33%)을 디즈니에 매각하기로 합의한 바 있다. 훌루의 지분 변동은 스트리밍 시장에 큰 파장을 불러올 수 있다. 훌루를 가진 자가 메가 스트리밍을 구축할 수 있기 때문이다.

컴캐스트 CEO 브라이언 로버츠는 훌루 지분 매각 협상을 2023년 9월 30일로 앞당기기로 합의했다고 밝혔다. 당초 컴캐스트는 훌루 지분을 오는 2024년 1월부터 디즈니와의 매각 협상에 들어간다고 밝힌 바 있다.

훌루 지분 매각 협상에서 가장 중요한 쟁점은 회사 가치다. 이에 따라 컴캐스트가 가진 지분의 가치가 결정되기 때문이다. 9월 6일 골드만 삭스가 주최한 컨퍼런스(Goldman Sachs Communacopia + Technology investor conference)에 참석한 브라이언 로버츠 CEO는 훌루의 가치를 300억 달러 이상으로 분석했다. 이전 평가에서 훌루는 275억 달러의 가치를 인정받았다. 로버츠 CEO는 "이전 평가는 디즈니가 경영했을 때를 가정한 최소 금액"이라며 "지금은 5년 전보다 더 큰 가치가 있다"고 설명했다.

로버츠는 훌루의 지분 매각의 대가는 주주들에게 돌아갈 것이라고 설명했다. 로버츠 CEO는 "누가 사는 것에 대해 다르지만, 통합의 시너지는 수십억 달러에 달할 것이라며 관련 분석 보고서를 본 적 있다"고 강조했다. 그는 또 "시너지와 이탈률 관점만 봐도 가치는 300억 달러(40조 1,100억 달러)에 달할 것이다. 그러나 이는 훌루의 다른 가치를 더하기 전"이라고 덧붙였다. 컴캐스트가 훌루의 가치를 최소 300억 달러 이상으로 보고 있다는 의미다.

<그림78> 훌루의 재무 및 수요 현황

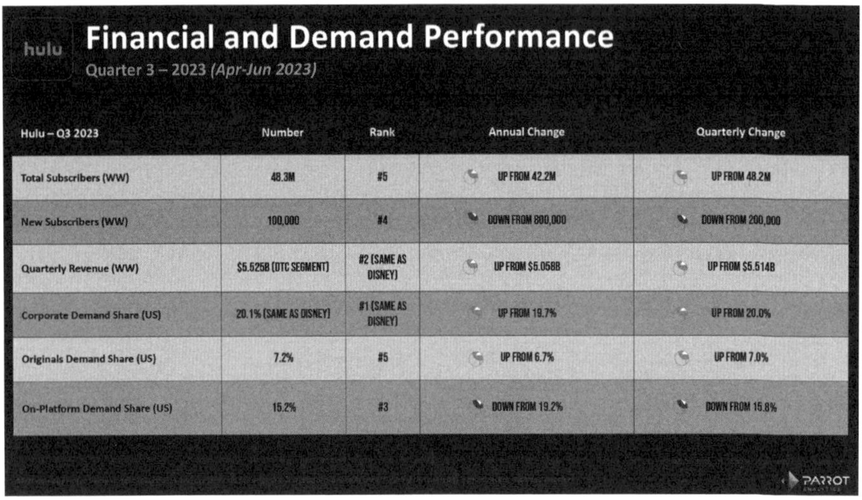

Hulu – Q3 2023	Number	Rank	Annual Change	Quarterly Change
Total Subscribers (WW)	48.3M	#5	UP FROM 42.2M	UP FROM 48.2M
New Subscribers (WW)	100,000	#4	DOWN FROM 800,000	DOWN FROM 200,000
Quarterly Revenue (WW)	$5.525B (DTC SEGMENT)	#2 (SAME AS DISNEY)	UP FROM $5.058B	UP FROM $5.514B
Corporate Demand Share (US)	20.1% (SAME AS DISNEY)	#1 (SAME AS DISNEY)	UP FROM 19.7%	UP FROM 20.0%
Originals Demand Share (US)	7.2%	#5	UP FROM 6.7%	UP FROM 7.0%
On-Platform Demand Share (US)	15.2%	#3	DOWN FROM 19.2%	DOWN FROM 15.8%

로버츠 CEO는 "현재 스트리밍 서비스들이 각자 분화되어 있는 상황에서 거의 모든 콘텐츠가 유통되는 훌루의 시너지는 과거에 본 적 없을 정도로 더 높다"며 "이런 경매 시장에서는 구매자가 모든 비용을 지불하고 판매자는 시너지의 모든 이점을 얻게 된다"고 말했다.

로버츠는 골드먼 삭스가 훌루 평가 작업을 벌이고 있다며 정확한 과정을 공개하려면 시간이 걸리겠지만 일정을 앞당기기로 했다며 그 누구도 순수하게 이 정도의 자산을 매각해본 적이 없다고 언급했다.

디즈니는 2023년 9월 8일 미국 연방증권거래위원회(SEC)에 낸 자료에서 매각과 가치 협상 과정을 공개했다. 지분의 공정한 가치(equity fair value)와 관련 디즈니와 컴캐스트가 합의에 이르지 못하면 각각 투자은행 회사를 지정해 가치를 결정한다고 밝혔다. 이렇게 산출된 가치가 10% 이내에 있지 않을 경우 두 투자은행은 제3의 회사를 선택하게 된다. 이 경우 최종값은 가장 가까운 두 개의 평균이 될 것이라고 공개했다

번들링 시대, 더이상 '스위스식' 스트리밍은 없다

2023년 2분기 현재 4,800만 명의 구독자를 보유한 훌루는 당초, 방송사들의 중립국의 역할로 탄생했다. 인터넷과 스트리밍 콘텐츠 소비가 증가하는 상황에서 각 방송사들의 이해관계를 담아 콘텐츠를 공동 유통하는 플랫폼이 필요했던 것이다. 마치 전쟁 속 중립국의 지위처럼 말이다.

<그림79> 미국 스트리밍 오리지널의 수요 점유율

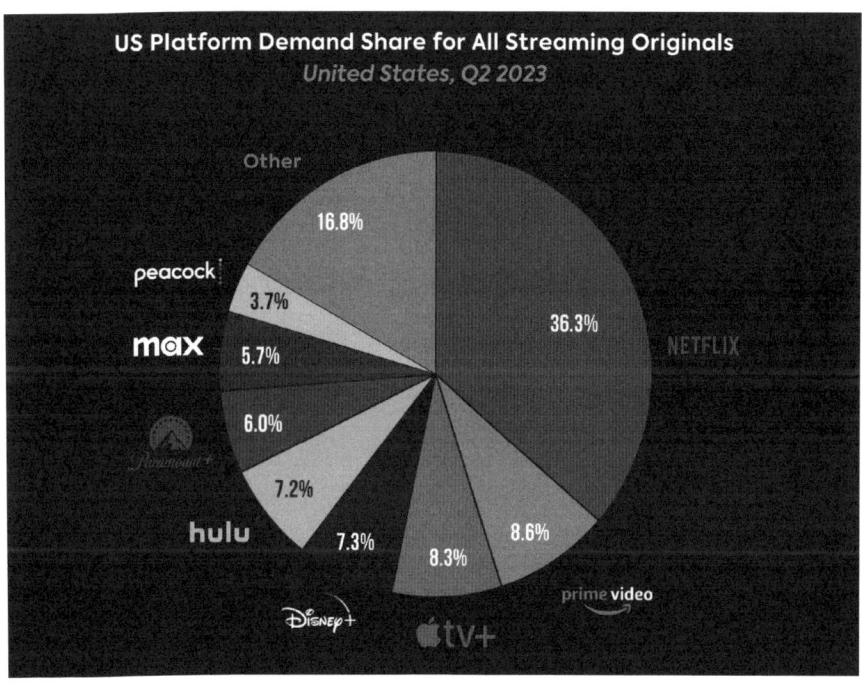

출처: 패럿 애널리틱스

그러나 미디어 환경 변화에 따라 상황이 바뀌었다. 디즈니가 21세기 폭스를 인수한 뒤 경영권이 디즈니로 넘어갔고 AT&T 역시 2019년 훌루 지분을 디즈니에 넘겼다. 이에 컴캐스트의 지분은 소액으로 떨어졌다. 폭스 인수 당시, 디즈니는 컴캐스트 훌루 지분까지 원했었다. ESPN+와 디즈니+와의 번들을 구상했기 때문이다. 당시에는 컴캐스트 역시 훌루를 원했기 때문에 지분 매각에 응하지 않았다.

하지만 2007년과 2023년의 미디어 환경은 완전히 달랐다. 스트리밍 서비스가 통합되고 번들링이 일상되고 있는 지금, 훌루의 미래는 모든 방향으로 열려있다. 디즈니가 훌루 지분을 전량 인수할 가능성이 높지만 경우에 따라 컴캐스트로 훌루가 넘어갈 수도 있다. 밥 아이거(Bob Iger) CEO는 "모든 가능성이 오픈되어 있다"고 말한 바 있다. 피콕을 광고 기반 스트리밍으로 키우길 원하는 피콕이 훌루를 가지게 되면 전세계에서 제일 큰 광고 기반 스트리밍을 구축할 수 있다. 최종 디즈니는 훌루 지분 33%를 86.1억 달러(약 11조 5,700억 원)에 인수하기로 했다. 이는 당초 양사가 합의한 275억 달러에서 NBC유니버설이 디즈니에게 지불해야 하는 캐피털콜(펀드자금 요청) 기여금을 제외한 금액이다.[247]

2023년 2분기 현재 훌루의 오리지널 콘텐츠 점유율은 7.2% 정도다. 아울러 뉴스, 드라마, 예능, 다큐멘터리, 스포츠 등 모든 장르의 콘텐츠가 모두 유통되는 거의 유일한 스트리밍으로 장점은 분명하다. 디즈니는 2023년 말 훌루와 디즈니+의 통합을 예고했다. 디즈니의 스트리밍 고객 중에는 디즈니+와 훌루의 번들 고객 이용률이 가장 높다.

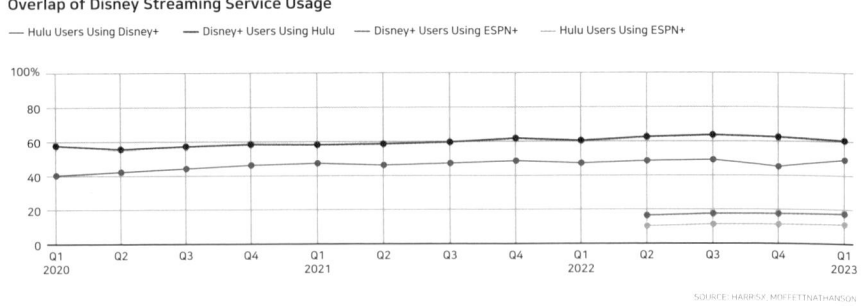

<그림80> 디즈니 스트리밍 서비스 사용 현황

미래 시청자 "통합을 원한다"

로버츠는 세션에서 최근 디즈니와 케이블TV 사업차 차터와의 분쟁을 언급하면서 '놀랍지 않은 일'이라고 설명했다. 로버츠 CEO는 "한 방송 구역에 같은 콘텐츠를 제공하는 수많은 유통 사업자가 있다. 이럴 경우 콘텐츠와 플랫폼 간 분쟁은 흔하다"며 "컴캐스트는 방송사업을 실시간 혹은 스트리밍이 아니고 실시간과 스트리밍 서비스로 보고 있다"고 설명했다. 스트리밍과 실시간 방송을 모두 키우는 것이 컴캐스트의 전략이라는 이야기다.

그는 또 "디즈니와 차터의 분쟁은 처음 있는 갈등이 아니다"라며 "확실히 비디오 생태계는 변하고 있다. 우리는 컴캐스트가 변화에 잘 적응하고 있다고 보고 있다"고 설명했다. 그러나 그는 "변화는 단절과 파괴를 불러올 수 있다. 그러나 소비자들이 원하는 것은 단순하다. 누군가가 콘텐츠를 모아주고 지불하는 돈을 줄여줄 수 있는 사업자를 원한다"고 말했다. 최근 스트리밍 시장에서 확산되고 있는 집합 서비스와 번들링을 강조하는 말이다.

04. Max

CNN과 HBO가 결합된 스트리밍은 언제나 옳을 수 있다. 글로벌 1위 뉴스 서비스와 세계 최고 드라마, 영화 콘텐츠를 한번에 볼 수 있기 때문이다. 여기에 라이브 스포츠가 가미된다면 그 스트리밍은 세계 최강이 될 수도 있다.

TV와 같은 맥스

워너브러더스 디스커버리(WBD)는 자사가 운영하고 있는 스트리밍 맥스(MAX)는 현재 TV에서 방송하는 모든 장르의 콘텐츠를 편성하면서 'TV비즈니스 모델'의 수익을 갉아먹지 않는 방법을 찾고 있다고 밝혔다.

WBD CEO 데이비드 자슬라브(David Zaslav)는 8월 3일 2분기 실적 발표에서 "회사가 스트리밍 맥스에 뉴스와 스포츠 경기 중계를 포함하기 위해 전략을 짜고 있다"고 새로운 스트리밍 전략을 공개했다.[248] WBD는 2023년 5월 HBO MAX와 디스커버리+를 합쳐 탄생한 통합 메가 스트리밍 서비스 맥스를 탄생시켰다.[249]

자슬라브 CEO는 실적 발표에서 "뉴스와 스포츠는 중요한 차별포인트다. 그들은 플랫폼이 살아있게 만들며 실시간으로 고객들을 끌어올 수 있다"며 "조만간 맥스에서 이런 장르 콘텐츠를 볼 수 있을 것"이라고 말했다. 그러나 자슬라브는 정확히 언제 뉴스와 스포츠 콘텐츠가 서비스될지는 밝히지 않았다. WBD는 현재 NBA와 전미 하키리그 NHL, 메이저리그 야구 MLB 등의 중계권을 보유하고 있다.

하지만, WBD의 고민은 기존 케이블TV 채널들의 수익을 갉아먹는다는 것이다. TBS나 TNT네트웍스 등 현재 스포츠 경기를 주로 편성하는 채널은 유료 방송으로부터 상당한 콘텐츠 사용료를 받고 있다. 그러나 스트리밍으로 스포츠 경기가 이전할 경우 수익 감소가 예상된다. 이를 막는 것이 급선무다.

CNN을 맥스(MAX)에 포함한다는 의미는 WBD가 별도 뉴스 스트리밍 서비스는 고려하지 않는다는 뜻이기도 하다. 2022년 4월 AT&T에서 워너미디어를 인수한 디스커버리가 가장 먼저한 결정이 유료 뉴스 스트리밍 서비스 CNN+를 폐쇄하는 일이었다.[250] 이미 서비스 구축에 3억 달러가 투입된 상황이어서 중단은 쉽지 않은 결정이었다. 그러나 유료 뉴스 스트리밍 서비스가 생존하기 어렵다는 판단에 과감하게 서비스 중단을 결단한 것으로 알려졌다.[251]

<그림81> WBD 2023년 2분기 주요 실적

Three Months Ended June 30, $ in millions	2023 Actual	2022 Actual	2022 Pro Forma Adjustments	2022 Pro Forma Combined	% Change Actual	% Change Pro Forma Combined (Actual)	% Change Combined (ex-FX)(*)
Total reven ues	$ 10,358	$ 9,827	$ 996	$ 10,823	5%	(4)%	(4)%
Neu loss available to Warner Bros. Discovery, Inc.	(1,240)	(3,418)	1,561	(1,857)	NM	NM	NM
Adjusted EBITDA(*)	2,149	1,664	102	1,766	29%	22%	23%
Cash provided by operating activities	2,014	1,011			NM		
Reported free cash flow(*)	1,722	789			NM		

Pro forma combined results represent the combinde results of the Company and the WarnerMedia business as if the transaction whereby the Company acquired the WarnerMedia business (the "Merger") had been completed on January 1, 2021. Pro forma adjustments for Q2 2022 represent the WarnerMedia business's results for April 1 to April 8, 2022. Refer to page 12 for more information.
NM-Not meaningful
Numbers presented in the following materials are on a rounded basis using actual amounts. Minor differences in totals and percentages may exist due to rounding
(*) A non-GAAP financial measure; see the section starting on page 12 titled Definitions & Sources for additional details. 1

출처: 워너브라더스.디스커버리

다른 미디어 기업들 또한 전통 TV비즈니스의 미래를 고민하고 있다. 스트리밍 TV시대로의 전환은 레거시 미디어의 황혼을 말하기 때문이다. 디즈니는

최근 향후 몇 년 내 케이블TV채널 ESPN을 스트리밍 서비스로 옮기겠다고 밝혔다. 스포츠 경기를 중계하는 ESPN을 중심으로 한 단독 스트리밍 서비스다.[252]

스트리밍 구독자 180만 명 감소

2023년 6월 말 기준, WBD의 분기 매출은 지난해보다 4%가 감소한 103억 6,000만 달러였다. 당초 팩트셋(Factset)의 예측이었던 104억 4,000만 달러에 미치지 못한 성과다. 이익 또한 적자를 봤다. WBD는 2분기 12억 4,000만 달러의 손실(주당 1.50달러)을 봤다. 회사가 부채를 계속 상환하며 1년 전 34억 2,000만 달러에 비해 크게 개선된 것이다.

흑자 전환을 꿈꾸는 WBD 앞에 놓인 미래 상황이 긍정적이지만은 않다. 광고 매출 감소와 작가, 배우 파업 등이 매출에 부정적인 영향을 미치는 요소들이 여전하다. 케이블TV네트워크 부분의 주된 수익원인 WDB의 광고 매출은 전반적으로 하락했다. 소비자들은 케이블TV와 지상파에서 벗어나 스트리밍으로 옮기고 있다.[253] 닐슨이 집계한 스트리밍 서비스 일일 시청 점유율이 1위로 37.8%였다. 2위는 케이블TV 30.6%, 3위는 지상파 TV 20.8%였다. 특히, 무료 광고 기반 스트리밍 TV FAST인 투비(Tubi) 1.4%, 로쿠채널(Roku Channel) 1%, 플루토TV 0.9%까지 스트리밍 범주 내에서 포함하면 점유율은 40%에 육박한다. 전체 TV 보는 시간의 40%를 스트리밍을 보는데 할애한다는 의미다.

스트리밍 서비스 시대로의 전환은 WBD 케이블TV채널 매출 감소에서도 확인할 수 있다. CNN, TBS, HGTV, 푸드네트워크 등 WBD 케이블TV 부문(networks segment) 매출은 전년 대비 5% 감소했다. 광고 매출이 13% 하락한 것이 전체 매출을 끌어내렸다.

2023년 7월 ESPN뿐만 아니라 장기적으로 케이블TV와 지상파 TV 매각도 검토하고 있다고 폭탄 발언을 한 디즈니 CEO 밥 아이거(Bob Iger)도 이런 현실을 직시하고 있다.[254] 2023년 기준, 스태티스타에 따르면 미국 유료 방송 구독은 6,050만 가구(households)로 10년 전에 비해 40% 감소했다.

맥스(MAX), 디스커버리+등 회사의 DTC 비즈니스는 2023년 2분기 180만 명의 구독자를 잃었다. 맥스와 디스커버리 일부 콘텐츠가 통합되면서 중복 사용자들이 이탈했기 때문으로 보인다.[255] 그러나 당초 WBD가 중복 가입자가 400만 명 정도라고 예상했던 것에 비하면 손실 규모는 낮았다. 2분기 WBD의 스트리밍 서비스는 손실 규모는 줄었지만 여전히 적자였다. 조정 손실은 300만 달러였다. 이에 대해 자슬라브는 "(스트리밍 통합 이후) 맥스로의 이전은 여전히 잘 진행되고 있다"며 "이전 보다 통합 이후 사용자들이 더 많이 스트리밍을 소비한다"고 강조했다.

하지만, 희망은 영화 <바비(Barbie)>였다. 바비는 여름 엄청난 수요를 반영해, 글로벌 박스 오피스에서 10억 달러 매출을 기록했다. 그러나 바비 영향은 3분기 본격적으로 반영될 것으로 보인다. WBD의 스튜디오 부문 매출은 전년 대비 24% 감소한 25억 8,000만 달러였다.

할리우드와 배우들의 파업은 WBD의 고민이지만, 수익 측면에서는 긍정적으로 작용했다. 지출 규모가 크게 줄었기 때문이다. WBD는 2분기 제작 비용 절감이 1억 달러에 달했다고 밝혔다. 하지만, 자슬라브는 파업이 빨리 끝나기를 바랬다. 장기적으로 더블 스트라이크(배우나 TV 부문 파업)는 콘텐츠 공급 감소를 불러와 수익 축소에 직결되기 때문이다.

WBD 재무 건전성 상승

자슬라브 CEO는 회사의 재무 건전성을 강조했다. 그는 WBD가 낮은 순 레버리지 비율(net leverage ratio)을 연말까지 4 이하로 낮출 것이라고 말했다. 순레버리지는 순부채를 이자, 세금, 감가상각 및 상각 전 마지막 12개월의 조정 수익으로 나눈 것으로 재무 건전성을 대표하는 지표다.

부채 감소도 자랑했다. WBD는 또한 "부채를 줄이는 데 상당한 진전을 이렸다"며 "스트리밍 구독자가 통합 서비스 런칭으로 다소 줄었다"고 말했다.

HBO, CNN, TNT 등의 케이블TV채널과 영화 TV스튜디오 워너브라더스 등을 보유한 WBD는 2023년 2분기 16억 달러의 부채를 줄이는데 성공했다고 밝혔다. 이에 전체 부채 규모도 478억 달러로 감소했다고 설명했다. 또 27억 달러 규모 부채 상환 계획을 발표했다. 2022년 2분기 말, 워너미디어와 디스커버리 합병 이후 발표한 첫 실적에서는 순 레버리지 비율은 5였다.

05. 파라마운트+

2023년 파라마운트 글로벌에게 더 이상의 톰 크루즈 마법은 없었다. 지난 2022년 <탑 건 : 매버릭>으로 큰 이익을 냈던 파라마운트 글로벌이 2023년 2분기 손실을 기록했다. 파라마운트의 스트리밍 서비스 파라마운트+(Paramount+)의 구독자는 70만 명이 증가해 6,100만 명을 넘어섰다.[256] 파라마운트 글로벌은 CBS, 니켈로디언, 파라마운트 영화 스튜디오 등을 보유하고 있다.

<그림82> 파라마운트 2023년 2분기 실적 현황

$ IN MILLIONS, EXCEPT PER SHARE AMOUNTS GAAP	Three Months Ended June 30			Six Months Ended June 30		
	2023	2022	B/(W)%	2023	2022	B/(W)%
Revenue	$ 7,616	$ 7,779	(2)%	$ 14,881	$ 15,107	(1)%
• TV Media	5,157	5,256	(2)%	10,350	10,901	(5)%
• Direct-to-Consumer	1,665	1,193	40%	3,175	2,282	39%
• Filmed Entertainment	831	1,363	(39)%	1,419	1,987	(29)%
• Eliminations	(37)	(33)	(12)%	(63)	(63)	—%
Operating income (loss)	$ (250)	$ 819	n/m	$ (1,476)	$ 1,594	n/m
Diluted EPS from continuing operations attributable to Paramount	$ (.59)	$ .53	n/m	$ (2.40)	$ 1.11	n/m
Non-GAAP†						
Adjusted OIBDA	$ 606	$ 963	(37)%	$ 1,154	$ 1,876	(38)%
Adjusted diluted EPS from continuing operations attributable to Paramount	$ .10	$ .64	(84)%	$ .19	$ 1.24	(85)%

출처: 파라마운트

파라마운트는 2분기 스트리밍 부문 실적이 선전했지만 실시간 TV매출은 떨어지고 스트리밍 부문 손실은 컸다고 밝혔다.[257] 그러나 손실 규모는 계속 줄어들고 있다. 파라마운트는 2분기 감가상각 전 조정 운영 손실(operating loss before depreciation and amortization)이 4억 2,400만 달러라고 밝혔다. 이는 전년 동기 4억 4,500만 달러, 1분기 5억 1,100만 달러의 손실과 비교해, 크게 줄어든 것이다. 또 파라마운트 글로벌은 스트리밍 광고 매출이 커졌다고 밝혔다. 지난해 동기 대비 무료 광고 기반 스트리밍 TV 등 플루토TV와 파라마운트+ 광고는 40% 가량 높아졌다.[258] 구독 매출 역시 상승했다. 파라마운트 글로벌의 구독 매출은 1년 전에 비해 21% 높아진 12억 달러를 기록했다.[259]

파라마운트 글로벌 CFO 네이븐 초프라(Naveen Chopra)는 실적 발표에서 "스트리밍 가입자가 급격히 늘지 않은 이유는 파라마운트+와 쇼타임 합병에 따른 일시적인 현상"이라고 말했다. 회사는 하반기에는 스트리밍 가입자의 더 큰 성장이 예상되지만, 라틴 아메리카 번들 조정 등으로 100만 명의 구독자가 빠질 것으로 예상했다. 파라마운트는 2024년 스트리밍 부문 실적 개선의 해로 보고 있다. 파라마운트+의 글로벌 시장 1인 고객 매출(ARPU)는 지금보다 20% 이상 상승할 것으로 예상하고 있다. 2023년 7월 23일 단행한 미국 내 구독 가격 인상이 본격 적용되고 글로벌 가격 조정, 서유럽, 캐나다, 호주 등에서의 가입자 증가 덕이다.

아울러 자사 스트리밍 파라마운트+ 와 쇼타임이 합쳐 '파라마운트+ 쇼타임'이 되면서 통합 효과도 나타날 것으로 회사는 보고 있다. 6월 스트리밍 통합 발표 당시 파라마운트는 '파라마운트+ 쇼타임 번들' 이용자가 파라마운트+ 단독 구독자에 비해 40%가 넘게 타이틀을 많이 보고, 이용시간도 20%가 더 길다고 밝힌 바 있다.

케이블TV와 지상파 TV 광고 부문 매출은 전년 대비 10% 하락했다. 그러나 파라마운트는 미국 내 제약, 유통, 영화, 여행 부문 광고는 아직 수요가 많다고 설명했다. TV광고 하락은 3분기 연속이었다. 파라마운트는 1분기 TV 광고 수입은 전분기 대비 11% 감소했고, 2022년 4분기는 7% 줄어든 바 있다.

<그림83> 피콕의 재무 및 수요 현황

Financial and Demand Performance

Quarter 2 – 2023

Peacock – Q2 2023	Number	Rank	Annual Change	Quarterly Change
Total Subscribers (WW)	24M	#6	UP FROM 13M	UP FROM 22M
New Subscribers (WW)	2M	#2	UP FROM FLAT GROWTH	DOWN FROM 5M
Quarterly Revenue (WW)	$820M	$5	N/A (COMCAST DIDN'T REPORT)	UP FROM FROM $685M
Corporate Demand Share (US)	9.8%	#4	DOWN FROM 10.1%	DOWN FROM 10.0%
Originals Demand Share (US)	3.7%	#8	UP FROM 2.2%	UP FROM 3.3%
On-Platform Demand Share (US)	7.5%	#7	UP FROM 7.0%	DOWN FROM 7.6%

출처: 패럿 어낼리틱스

2분기 영화 부문 매출은 39%나 감소해 8억 3,100만 달러에 머물렀다. <탑건 : 매브릭>에 대한 기저효과지만 하락폭도 컸다. 파라마운트 2분기 전체 매출은 76억 달러였다. 전년도 동기 78억 달러에 비해 약간 감소했다. 회사 이익은 2분기 2억 5,500만 달러(48센트) 적자를 기록했다. 1년 전에는 8억 1,900만 달러 흑자였다.

현재 진행되고 있는 작가와 배우 파업에 대해서도 이야기했다. 밥 바키쉬 CEO는 "스튜디오와 작가, 배우 간 파트너십은 매우 중요하다"고 말했다. 하지만, 가을 신작 라인업을 조정하고 스포츠와 라이선스 프로그램을 늘리는 등으로 라인업을 조정하고 있다고 설명했다. 또 바키쉬는 "파라마운트+를 위해 85편 이상의 인터내셔널 콘텐츠가 이미 제작됐다"며 "2024년까지 공개할 20개 이상의 글로벌 예능 포맷을 가지고 있다"고 강조했다. <Killers of the Flower Moon>, <Bob Marley: One Love>, <John Krasinki's IF>, <A Quiet Place: Day One>, <The Mean Girls> 등 많은 작품은 제작이 완료됐지만, 파업 속 마케팅에도 어려움을 겪고 있다. 파업으로 인한 현금 흐름 손실은 2억 1,000만 달러 정도라고 회사는 밝혔다.

06. 애플TV+

애플(Apple)의 실적은 2023년 2분기 월가의 전망을 넘어섰다. 아이폰 매출이 예상보다 떨어졌지만 서비스 구독 매출이 증가한 탓이다. 구독 매출 증가는 OTT서비스 애플TV+가 주도했다. 애플 CEO 팀 쿡은 테크 기업 사상 처음으로 유료 구독 건수(앱과 서비스)가 10억 건을 돌파했다고 강조했다. 애플이 하드웨어 기업을 넘어 서비스 기업으로 진화하고 있다는 반증이다. 애플의 구독 서비스는 처음 시장에 진출한 이후 매년 1억 5,000만 건 이상이 늘었다.

<그림84> 애플TV+의 재무 및 수요 현황

tv+ **Demand Performance**
Quarter 3 – 2023 *(Apr-Jun 2023)*

Apple TV+ – Q2 2023	Number	Rank	Annual Change	Quarterly Change
Corporate Demand Share (US)	1.8%	#8	UP FROM 1.4%	UP FROM 1.6%
Originals Demand Share (US)	8.3%	#3	UP FROM 7.0%	UP FROM 7.7%
On-Platform Demand Share (US)	1.3%	#11	DOWN FROM FROM 1.9%	DOWN FROM 1.6%

출처: 패럿 어낼리틱스

애플 TV+앞세워, 서비스 매출 기록

애플의 2023년 2분기 서비스 부문 매출은 전년 대비 8.2% 오른 212억 1,000만 달러를 기록했다. 애플 서비스 부문은 앱 스토어, 애플 TV+, 애플 뮤직, 애플 아이클라우드 등으로 구성되어 있다. 2분기 실적 발표에서 팀 쿡은 스트리밍 서비스 애플 TV+가 역대 최대 실적을 달성했다고 강조했다. 정확한 구독자 숫자는 공개하지 않았다. 2023년 에미상 시상식에서 애플 TV+작품이 54개 부문에 노미네이트 됐다고 밝혔다.[260] 애플의 2023년 2분기 전체 매출은 전년 대비 1.4%가 감소한 818억 달러를 기록했다. 순이익은 199억 달러로 2022년 같은 기간에 비해 5% 상승했다. 미국 증권가는 매출 816억 4,000만 달러, 주당순이익 1.19달러를 예상한 바 있다.

하지만, 애플 아이폰 매출은 397억 달러(전년 대비 2.4% 감소)로 추정치를 밑돌 았다. 전체 매출은 줄었지만 서비스 매출 증가는 의미가 컸다. 2023년 1분기 애플의 서비스 계약 건수는 9억 7,500만 건이었다. 팀 쿡은 "2분기 유료 구독 이 10억 건을 넘어 서비스 분야에서 사상 최대 매출 기록을 세웠다"고 말했다.

애플 TV+ 역시 어떤 콘텐츠보다 오리지널에 많이 기대고 있다. 2023년 2분 기에도 <테드 라소>와 <사일로(Silo)>의 히트로 내부적으로는 고무됐다. 패럿 어낼리틱스의 분석에 따르면 오리지널 시리즈만을 봤을때, 애플 TV+는 이제 미국에서 오리지널 콘텐츠 수요 3위로 디즈니를 넘어섰다. 글로벌에서 수요가 4위였다. <테드 라소> 시즌3는 2023년 4월~6월 글로벌 오디언스 가운데 가장 수요가 높았다.

<그림85> 리오넬 메시 경기 시즌권

"리오넬 메시와 오징어게임의 공통점"

블룸버그가 최정상 축구 선수 리오넬 메시가 미국 메이저리그 사커(MLS)로 옮기면서 애플이 얻게될 반사 이익을 분석하며 뽑은 제목이다.

애플의 스트리밍 서비스 애플 TV+는 2019년 11월 시장에 데뷔했다. 그리고 짧은 시간에 많은 성공을 거뒀다. <코다(CODA)>로 오스카 최고 작품상을 받았고 시트콤 <테드라소(Ted Lasso)>는 베스트 코미디상도 안겨줬다. 그러나 이런 호평에도 불구하고 아쉬운 점은 글로벌 확장이 신통치 않았다는 것이다. 글로벌 시장에서 애플 TV+의 구독자는 수천 만 명에 불과한 것으로 알려졌다.

하지만 반전이 일어났다. 축구 선수 리오넬 메시(Lionel Messi)가 미국 축구 리그(INter Miami CF)에 입단하자, 애플 TV+ 시청률이 급증한 것이다. 플로리다 기반 인터 마이애미 CF는 2년 반 동안 연봉, 보너스 등으로 1억 5,000만 달러를 지급하는 조건으로 메시를 영업했다.

애플TV+는 미국 메이저 리그 축구 MLS를 단독 스트리밍 중계한다. 애플은 MLS 중계권을 위해 매년 2억 5,000만 달러(10년 계약)를 지출한다.[261] 애플의 MLS 중계권은 아마존 목요일 NFL 등과는 다르다. 애플이 MLS를 국내외 지역에 방송할 수 있는 모든 권리를 가지고 있다.[262] 아울러 메시는 아디다스와 애플TV+와도 수익 공유 계약을 했다고 스포츠 구독 매체 애슬레틱은 보도했다.

리오넬 메시의 MLS 가세로 애플 TV+의 글로벌 구독자도 늘어날 것으로 보인다.[263] MLS를 시청을 위해서는 연 99달러(매달 15달러)를 추가로 내야한다. 안테나에 따르면 일단 리오넬 메시가 데뷔한 2023년 7월 21일 애플 TV+ 신규 가입자는 11만 명으로 전날 6,143건보다 크게 증가했다.

경쟁사와는 다르게 애플 TV+는 비영어권 콘텐츠는 거의 없다. 로컬 시장 공략을 위해 지역에서 제작된 콘텐츠를 수급하는 넷플릭스와는 완전히 다른 전략이다.[264] 애플 오리지널은 거의 모든 나라에서 더빙으로 제공된다.

넷플릭스는 한국, 프랑스 코미디, 독일 스릴러, 라틴 아메리카 텔레노벨라 등 인터내셔널 콘텐츠를 수천 시간 포함하고 있다. 이들 글로벌 콘텐츠는 넷플릭스가 글로벌로 확대되는데 큰 공헌을 했다. 미국 구독자를 넘어 인터내셔널 가입자를 모집하는데 큰 도움이 됐다. 2021년 9월에 공개된 오징어게임은 9억 달러의 수익을 넷플릭스에 안겨줬다.[265] 그러나 애플은 오징어게임과 같은 메가 히트 글로벌 콘텐츠에 필적할 자체 드라마도 없다.

애플은 일부 국가에서 제휴 모델을 채택하고 있다. 프랑스의 경우 애플은 현지 스트리밍 카날+(Canal+)와 제휴했다. 카날+구독자들은 2023년 4월부터 추가 비용 없이 애플TV+를 볼 수 있게 한 것이다. 이는 애플 자체 콘텐츠로만 구독자를 확보하는데 한계가 있다는 것을 드러낸 것이다.

메시의 메이저 리그 사커 이적은 애플에 도움이 될 것으로 보인다. 메시가 프랑스 최대 클럽 '파리 생제르망(Paris Saint-Germain)'에서 2년 동안 뛸 때 큰 센세이션을 일으켰기 때문이다. 메시의 인스타그램 팔로워는 4억 8,100만 명(2023년 8월)이 넘는다. 억만장자 마이애미 구단주인 조지 마스(Jorge Mas)는 2023년 7월 블룸버그와의 인터뷰에서 "메시는 2백 만 명의 새로운 구독자(애플의 MLS서비스)를 몰고 올 수 있을 것으로 본다"고 말하기도 했다.[266]

수십 억 명이 아이폰을 쓰는 애플에게는 적은 숫자일 수 있지만 애플TV+의 글로벌 진출에는 의미가 있다. 2억의 추가 수익(200만 명, 100달러)은 애플이 중계권 확보를 위해 투자한 2억 5,000만 달러를 한번에 회수한다는 뜻이기도 하다. 또 MLS 경기 시청을 위해 사이트를 방문하는 고객들이 다른 애플TV+ 콘텐츠를 볼 가능성도 높다.

전문가들은 애플 TV+가 현재 겨우 수천 만명의 구독자를 확보했을 것으로 보고 있다. 이에따라 MLS 투자로 얻게 될 200만 명도 크게 도움이 될 수 있다. 애플 스트리밍 서비스의 확대는 아이클라우드, 애플 뮤직 등 애플 서비스 부문 매출 증대를 의미하기도 한다.

애플이 수익을 높이기 위해 미래에 주력하는 영역이다. 2023년 2분기에도 떨어지는 아이폰 매출을 상쇄한 것은 서비스 부문 구독자 증가다. 애플의 가장 큰 매출원인 아이폰 판매액은 2023년 2분기 전년 대비 2.4% 감소한 397억 달러를 기록했다. 이에 반해 서비스 부문은 8.2% 높은 212억 달러의 매출을 달성했다. 당초 예상 208억 달러를 넘어선 것이다. 팀 쿡 애플 CEO는 "유료 구독 서비스 건수가 10억 건을 돌파했다"고 치켜세우기도 했다. 블룸버그는 "메시가 아이폰은 아니다. 그러나 아이폰 다음으로 글로벌 히트작을 찾는 애플에게는 상당히 매력적이고 설득력 있는 상품"이라고 분석했다.

애플 비전 프로, 공간 컴퓨팅 시대 열 것

애플(Apple)은 2023년 6월 가상 현실 헤드셋(AR) 비전 프로(Vision Pro)를 내놓는 기자 간담회에서 스트리밍 서비스 디즈니+를 3차원 공간에서 보는 영상을 공개했다. 공간 컴퓨팅이라는 개념의 디바이스 답게 가상의 공간에 나타난 스크린을 통해 영상을 보는 장면이었다. 그러나 당시 영화 및 컴퓨터 제작자 상당수는 3차원 가상 공간에서 시청하는 스트리밍 서비스에 부정적이었다. 피로도를 높이고 몰입감을 방해해 실제 이용하는 이들이 많지 않을 것이라는 이야기다.

팀 쿡은 2023년 2분기 실적 발표에서도 프로(Vision Pro)에 대한 기대도 드러냈다. 앞으로 새로운 시장을 열 것이라는 분석이다. 대당 3,500달러인 비전 프로는 오는 2024년 초 첫 발매가 예정되어 있다.[267]

비전 프로는 애플이 2015년 애플 워치(Apple watch)를 공개한 이후, 처음으로 내놓는 새로운 카테고리 제품이다. 오는 2024년 초 대당 3,500달러로 디즈니+ 등도 서비스된다.

비전 프로를 쓴 뒤 눈 깜박임으로 기기를 작동할 수 있는 기능은 많은 이들의 감탄을 자아냈다. 비전 프로 공개 당시, 디즈니 CEO 밥 아이거는 3차원 가상 공간에서 스트리밍 서비스 디즈니+를 시연하는 장면을 오디언스들에게 보여주기도 했다.

팀 쿡은 "아이폰이 수백만 명에게 스마트폰이라는 소개한 것과 같은 방식으로 비전 프로는 '공간 컴퓨팅' 시장을 구축할 것"이라고 예측했다. 또 그는 "증강현실은 앞으로 매우 중요한 기술이 될 것"이라며 "현재 비전 프로를 관련 개발 파트너에게 배송하고 있고 저도 이 제품을 사용하고 있다"고 덧붙였다.

애플의 스트리밍 성장은 비전 프로에도 큰 도움이 될 것으로 보인다. 애플이 메타버스 내 새로운 공간 컴퓨팅이라고 규정한 기기인 비전 프로의 경험 중 스트리밍 서비스 이용은 핵심 중 하나다.

비전 프로를 쓴 상황에서 애플 TV+를 본다면 몰입도가 높아진다. 애플은 비전 프로 소개 당시, 디즈니+를 시청하는 예시 장면을 공개하기도 했다. 디즈니+의 콘텐츠들이 TV를 넘어 공간에서 재생되는 경험이다. 애플은 비전 프로 역시, 2년 내 '아이폰 모먼트(iphone Moment)'을 맞이할 수 있을 것으로 보고 있다. 조만간 제품이 보다 대중화되고 일반화되는 시점이다.[268]

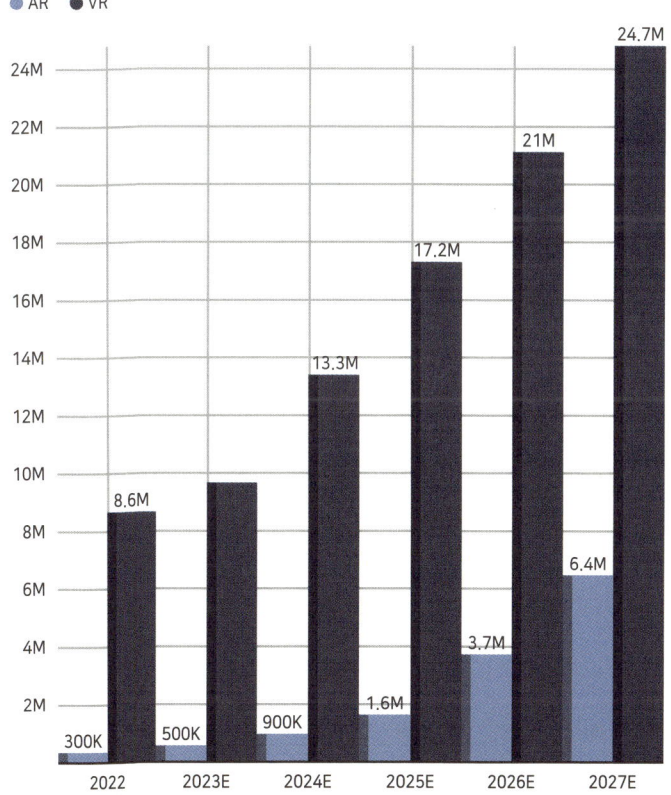

<그림86> 글로벌 AR/VR 헤드셋 선적 현황

출처: 버라이어티

비전 프로에 대한 팀 쿡 CEO의 애정은 상상 이상이다.[269] 애플이 워치를 내놓은 이후 새롭게 규정한 첫 기기다. 팀 쿡은 2023년 9월 CBS <선데이 모닝(Sunday Morning)>에 출연해 애플 비전 프로를 정기적으로 쓰고 있다고 밝혔다. 그는 방송에서 최근 비전 프로로 시트콤 <테드 라소(Ted Lasso)> 시즌3 전편을 시청했다고 말했다. 이 작품은 코미디 부문 에미상을 수상한 명작이다. 애플은 6월 제품 출시 당시에는 디즈니+를 비전 프로에서 보는 영상만 공개했는데 애플 TV+도 연동된다는 것을 말해주는 사례이기도 하다.

팀 쿡은 2023년 9월 12일 열린 애플의 가을 신제품 출시 이벤트에서도 비전 프로가 예정대로 2024년 초 배송될 것이라고 공개했다.[270] 쿡 CEO는 제품이 아이폰보다 다소 복잡하다는 것을 인지했고 그래서 단순한 개발이 아닌 제조에서도 혁신이 필요하다고 설명했다. 영국 파이낸셜타임스는 올해 여름, 애플이 비전 프로 판매 목표를 100만 대에서 40만대로 낮췄다고 보도했다. 부품 수급 문제가 걸림돌인 것으로 알려졌다.[271] 가장 중요한 부품은 비전 프로 안경에 들어가는 마이크로 LED인데 6월에 선보인 시제품은 소니와 TSMC 제품을 쓴 것으로 알려졌다. 그러나 애플은 마이크로 LED의 품질에 불만을 가진 것으로 알려졌다.

<그림87> 애플 비전 프로 판매량

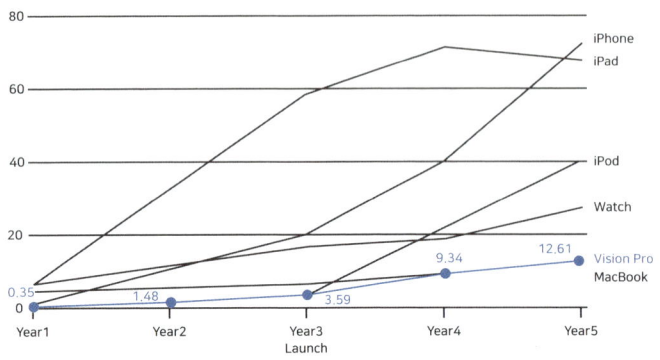

출처: 파이낸셜타임스

애플은 현재 2세대 헤드셋 생산을 위해 삼성과 LG 등 한국 LED 디스플레이 제조사와도 협업 중이다. 가격을 더 낮추기 위해 미니LED(mini-LED) 등과 같은 다른 디스플레이 기능을 활용하는 것을 검토했지만 결국 애플이 지금까지 모든 공급사가 기대에 미치지 못했음에도 불구하고 프로가 아닌 헤드셋에도 마이크로 OLED를 사용하는 것을 고집하고 있는 것으로 전해졌다. 어떤 제조사도 애플의 눈에 들지 못했다는 이야기다. 이런 결점에도 불구하고 애플은 향후 5년 내 비전 프로 출고량이 2,000만 대를 넘어설 것으로 보고 있다. 전문가들은 생산량도 2024년 35만 대에서 2028년 1,260만 대로 늘어날 것으로 예측했다. 애플은 초도 물량과 첫 확산을 애플 마니아에 기대하고 있다.

애플 아이폰과의 연동에도 신경쓰고 있다. 팀 쿡 CEO는 비전 프로를 애플 스마트폰과 비교하면서 그만큼 대중화될 것이라고 강조했다. 애플이 최근 선보인 아이폰15 프로 모델은 AR/VR 헤드셋으로 볼 수 있는 공간 영상을 캡처할 수 있다고 밝혔다.

하지만, 관건은 일반 이용자들이다. 첫 작품은 고소득이나 애플 마니아, 버전 프로 앱 개발자를 위한 것이라고 하지만 결국 PC처럼 보다 많은 구독자가 사용해야 한다. 애플은 2023년 6월 비전OS 소프웨어 개발을 위한 키트(SDK)을 공개했다.[272] 개발자들이 비전 프로에서 쓸 수 있는 앱을 개발할 때 사용하는 키트다. 시빅사이언스(CivicScience)가 올해 6월에 조사한 자료에 따르면 애플 비전 프로에 대한 일반인의 관심은 매우 낮았다. 미국 성인의 73%가 2024년에 비전 프로를 사지 않을 것이라고 말했다. 엄청나게 기다린다는 응답은 11%에 불과했다.[273] 기대가 낮은 이유는 너무 비싼 가격 때문이라는 응답이 가장 많았다(63%).

<그림88> 애플 비전 프로에 대한 소비자 관심도

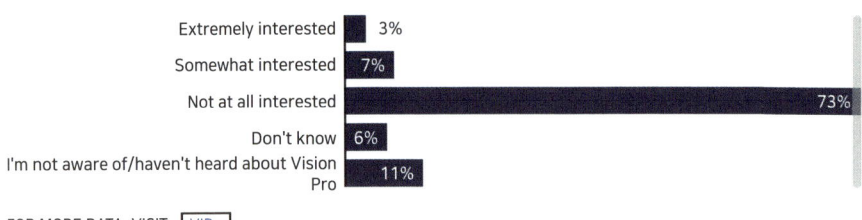

07. FAST의 TV화를 주도하는 아마존, 구글

아마존, 구글 등 빅테크 기업들이 패스트(FAST) 서비스를 확대하고 있다. FAST는 광고를 보는 대신 무료로 TV를 볼 수 있는 스트리밍 TV다. FAST 채널은 스마트TV에서 주로 소비되고 있다. 유튜브 채널을 TV에서 보는 것과 같은 흐름이다. FAST 시스템은 케이블TV 생태계와 유사하다. 콘텐츠를 편성하는 FAST 채널과 이들 채널을 묶어 오디언스에게 제공하는 FAST 플랫폼이 있다. FAST 시장에 진출한 빅테크들은 FAST 플랫폼을 강화하고 있다.

<그림89> FAST 플랫폼 증가 추이

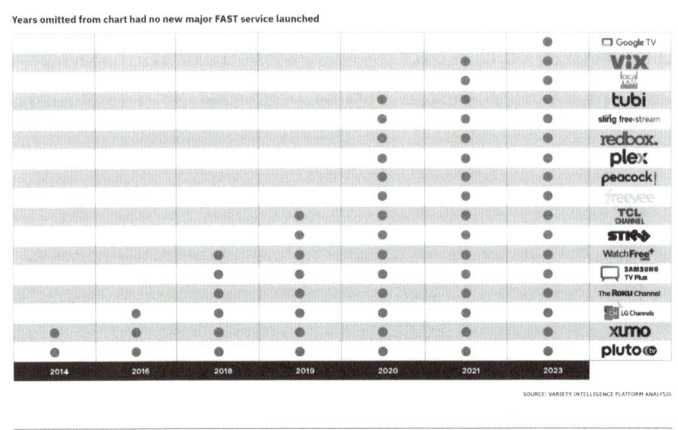

아마존 프리비, 구글 TV FAST 속으로

아마존 프라임(Amazon Prime)이 보유한 FAST 플랫폼 프리비(Freevee)는 FAST 채널을 늘리고 있다. 아마존 프리비는 프라임 비디오 앱은 물론 삼성TV플러스, LG채널스 등 스마트TV나 파이어TV와 같은 커넥티드 TV(Connected TV, 인터넷을 연결해서 보는)에서도 볼 수 있다. 프리비는 2023년 9월 4일 31개의 FAST 채널을 추가했다고 밝혔다. 이 중 NBC유니버셜 채널만 12개를 늘렸다. 추가 채널에는 유명 감독 알프레드 히치콕(Alfred Hitchcock)의 영화만을 편성한 싱글 IP 채널도 다수 있다.

커넥티드 TV의 한 종류인 구글TV 역시 FAST로 진화하고 있다. 구글TV는 TV앱 내에 채널이나 스트리밍 앱, 영화 등이 탑재된 '올인원' 스트리밍 플랫폼이었다. 원래는 스트리밍앱들을 옮겨가면서 자신들이 좋아하는 콘텐츠를 시청하려는 이들을 타깃으로 한 TV플랫폼이었다. 4개월 전 구글이 공개한 구글TV의 채널(콘텐츠) 편성 숫자는 800개가 넘는다.[274]

그러나 FAST 채널이 계속 탑재되면서 '개방형 FAST TV플랫폼'으로 진화하고 있다. 구글TV는 FAST 플랫폼이 아니었지만, 이제 단순 FAST를 넘어서고 있는 셈이다. 구글 FAST 채널 공급은 수모 엔터프라이즈(Xumo Enterprise)가 맡고 있다. 수모 엔터프라이즈는 FAST 서비스를 위해 케이블TV 회사 컴캐스트와 차터가 합작해 만든 회사 수모(Xumo)의 기업 부문이다.

컴캐스트의 FAST TV '나우 TV(Now TV)'도 런칭했다. 구글TV앱에 탑재되어 있는 네이티브 채널(구글TV런칭 당시 서비스한 채널)도 수모가 공급하고 있다.[275]

<그림90> 구글TV

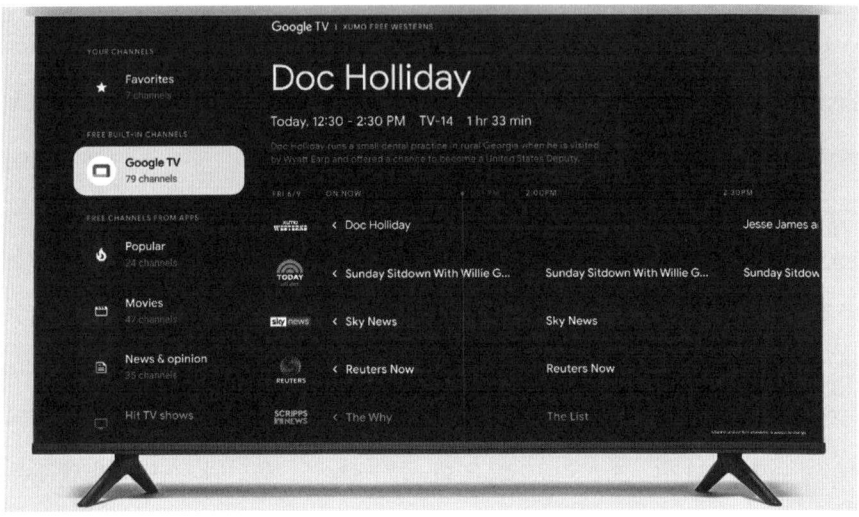

결과적으로 구글TV가 제공하는 FAST 채널은 100개가 넘는다. 2023년 9월 초에만 24개가 넘는 채널을 소싱해 이미 104개가 됐다. 구글TV는 이미 FAST 업계 상위다.[276)277)] 채널 공급수에서 피콕이나 지역 채널인 스티어(STIRR)를 앞섰다. 원래 구글이 서비스했던 무료 채널과 FAST의 가장 큰 차이점은 라이브 편성 개념이 도입됐다는 것이다.

<그림91> 미국 FAST 서비스별 채널 수

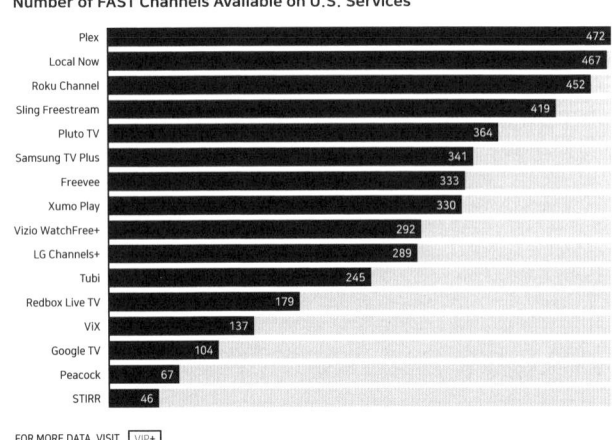

구글TV는 FAST 채널 확대를 위해 다른 FAST 플랫폼과 제휴하고 있다. 구글TV는 플루토TV와 투비, 헤이스택 뉴스(Haystack News), 플렉스(Plex) 등 FAST 플랫폼과 합종연횡을 선택했다.[278] 구글TV에서 새롭게 등장한 채널들은 대부분 엔터테인먼트 채널(TV예능 재방)이며 1년 전 47%에서 57%까지 비중이 높아졌다.

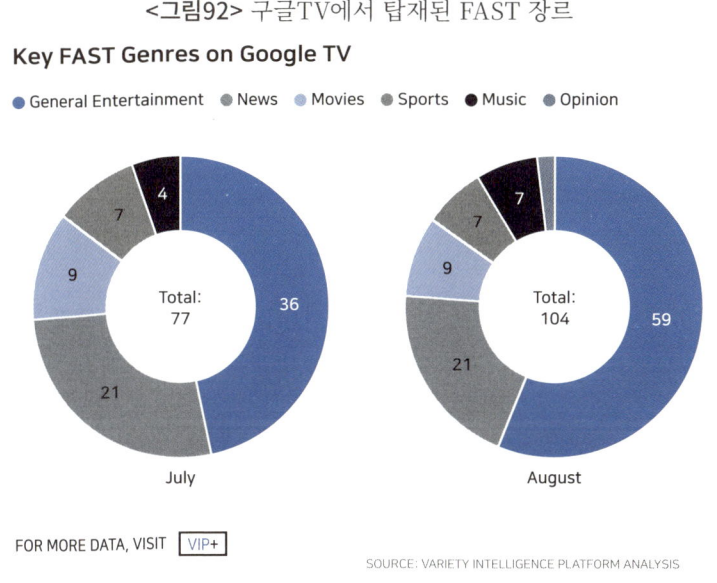

<그림92> 구글TV에서 탑재된 FAST 장르

출처: 버라이어티

TV가 되고 있는 빅테크

구글TV 등 빅테크 FAST 플랫폼에 편성되는 싱글 IP 채널도 늘고 있다. 싱글 IP 채널은 하나의 채널에 하나의 프로그램만 편성하는 채널이다. 요즘 FAST 시장이 대세다. 버라이어티에 따르면 새롭게 추가된 채널 절반은 'Murder She Wrote', 'Anger Management' 등 싱글 IP 채널이다.[279]

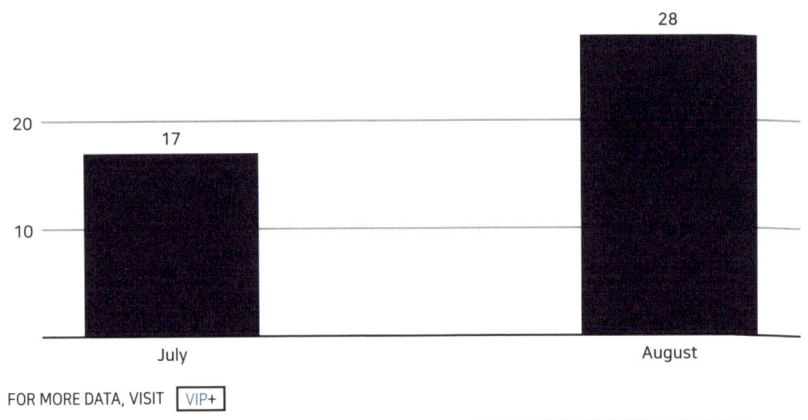

<그림93> 구글TV의 싱글 IP 채널 수

싱글 IP 채널과 함께 브랜드 채널도 증가하고 있다. FAST 플랫폼들은 메이저 엔터테인먼트 회사나 미디어 기업들이 제공하는 케이블TV와 같은 브랜드 채널도 증가하고 있다. 소비자 입장에서 무명 채널보다 유명 엔터테인먼트 기업들이 제공하는 브랜드 채널을 선호하고 있다. 늘어나고 있는 소비자 체류시간으로 광고 수익도 극대화할 수 있다.

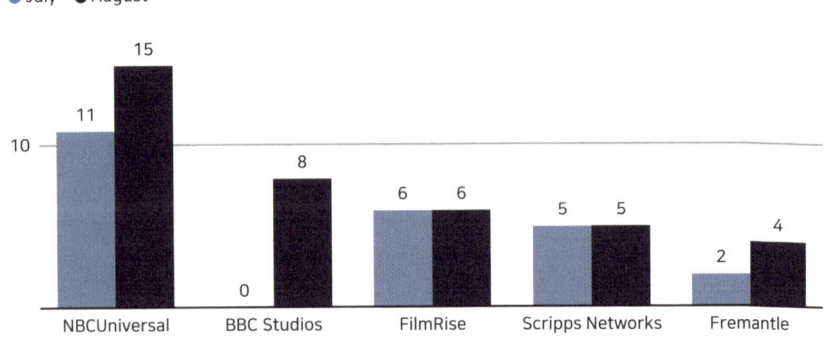

<그림94> 구글TV에서 서비스하고 있는 미디어 회사의 채널 수

구글TV가 새롭게 편성한 FAST 채널 중에는 브랜드 채널이 많다. BBC스튜디오가 8개 채널을 제공하고 프리맨틀(4개), 필름라이즈(6개), 스크립스 네트웍스(5개), NBC 유니버설(15개) 등도 구글TV에 브랜드 채널을 추가로 제공하고 있다.

구글 TV나 프리비 등은 FAST 시장 진입이 늦었지만 이미 핵심 플레이어가 됐다. FAST가 TV를 대체하는 흐름을 빅테크가 주도하고 있는 것이다.[280] 구글 TV는 원래 인터넷 콘텐츠 채널 등 메인이었지만 FAST 라이브 채널도 크게 늘리고 있다. 컴캐스트와 차터 등 케이블TV사업자들의 FAST 합작사인 수모 엔터프라이즈가 구글TV에 FAST 채널을 탑재하는 작업을 주도하고 있다.

페트리 노리스(Petrie-Noris, 수모 최고 매출 및 플랫폼 책임자)는 2023년 4월 피어스(Fierce)와 인터뷰에서 "수모는 구글과 계속 협업해 왔다"며 "수모 엔터프라이즈는 영상 플랫폼 사업자들이 스마트 TV, 스트리밍 등에 FAST 채널을 출시할 수 있도록 지원하는 기업"이라고 설명했다. 실제 수모는 구글이외 미국 및 전 세계 20개 이상 플랫폼에서 무료 FAST 스트리밍 채널을 런칭을 지원하고 있다.

빅테크가 주도하는 FAST 시장은 대중화 속도도 높이고 있다. 미국 FAST 시장은 빅테크들이 주도하는 FAST 플랫폼과 메이저 엔터테인먼트 기업, 방송사들이 내놓는 FAST 채널을 중심으로 크게 확장되고 있다. FAST는 이제 TV다.

유료 방송도 FAST

원래 수모는 삼성 TV플러스나 LG채널스 등에 FAST 채널을 공급하는 FAST 플랫폼이었다. 그러나 수모가 캠캐스트와 차터가 힘을 모아 수모를 런칭시키고 난 뒤 사업 모델이 변경됐다. 2022년 4월 컴캐스트와 차터는 스트리밍 플랫폼 서비스를 위해 조인트 벤처 수모를 런칭했다.

이후 두 회사는 스트리밍과 TV플랫폼, 유료 방송에서 브랜드를 통합하고 새로운 서비스를 내놓고 있다. 두 회사는 스트리밍 FAST 플랫폼 수모 플레이(Xumo Play)를 제공하고 있고 기존 케이블TV셋톱박스 플렉스(Flex)를 수모 스트림 박스(Xumo Stream Box)로, 스마트TV 엑스 클래스(XClass)의 브랜드를 수모TV(Xumo TV)로 변경했다.

현재 수모는 기업 타겟인 수모 엔터프라이즈와 개인 타겟인 수모 플레이(Xumo Play)를 운영하고 있다. 업계에서 유일하게 B2B 제품뿐만 아니라 소비자 서비스 B2C 제공하는 사업자인 셈이다.

수모 엔터프라이즈도 두 가지 사업 모델을 가지고 있다. 하나는 FAST 콘텐츠와 관련 기술을 모두 제공하는 것이고 다른 모델은 기술만 서비스하는 것이다. 구글TV의 경우 수모 엔터프라이즈는 콘텐츠(채널)와 기술(custom tech integration)을 함께 제공하고 있다. 특히 콘텐츠 측면에서는 구글 TV에 채널 77개를 공급했고 현재 구글의 모든 FAST 채널 탑재를 주도하고 있다. 구글 TV에 탑재되는 모든 FAST 채널은 수모의 CMS에 의해 구동된다. 그러나 수모는 자체 FAST도 내놓고 있다. LG채널스 등에 자체 FAST 플랫폼을 탑재하고 있다.

소비자 대상으로 내놓은 '수모 플레이(Xumo Play)'는 케이블TV 구독자들이 FAST 채널을 볼 수 있도록 하는 서비스다. 단독 앱을 설치할 수도 있고 파트너 플랫폼에 탑재할 수도 있다. 아울러 수모는 스마트TV OS도 서비스하고 있다. TVOS의 경우 컴캐스트는 하이센스 스마트TV(Hisense smart TV, 과거 X클래스)에 탑재했고 2023년 1월에는 차터와 함께 수모 TV를 북미 시장에 출시했다.[281] 수모 OS에서는 당연하지만, 수모 플레이가 핵심 인터페이스다.

수모는 동일한 기능을 다른 플랫폼에 적용하는 것을 목표로 하고 있다. 같은 기능이지만 해당 플랫폼에 최적화된 기술을 제공하는 것이다. 예를 들어 NBC유니버설은 쇼핑 TV 기능과 보다 인터랙티브한 광고 포맷을 피콕에 도입했다. 이런 유료 스트리밍에서 볼 수 있는 광고 혹은 대화형 기능은 수모에도 제공될 수 있다.

08. 프라임 비디오

아마존 프라임 비디오(Amazon Prime Service)는 쇼핑 구독 서비스 아마존 프라임의 부가 서비스다. 무료 배송과 할인 서비스를 위한 구독 상품을 이용하는 대신 스트리밍을 무료로 제공하는 것이다. 그러나 이제 프라임 비디오는 부가가 아닌 메인이 되고 있다. 오리지널 콘텐츠를 강화하고 스포츠 중계까지 시작하면서 '프라임 비디오'를 위해 프라임 멤버를 구독하는 상황을 만들었다.

아마존 프라임은 라이선스 콘텐츠를 대거 편성해 점유율을 높이는 것으로 유명하다. 그러나 아마존 역시 오리지널 콘텐츠에 많은 수요를 의존하고 있다. 패럿 애널리스틱에 따르면 10개 프라임 오리지널이 수요 상위 2.7% 내에 속했다. 그러나 일부 시리즈(The Marvelous Mrs. Maisel, Jack Ryan)는 할리우드 파업으로 결론을 내지 못하기도 했다.

아마존 프라임 비디오는 넷플릭스(36.3%)에는 밀리지만 애플TV+(8.3%), 디즈니+(7.3%), 훌루(7.2%) 등을 제치고 미국 내 오리지널 수요 점유율 2위를 유지하고 있다. 프라임 비디오는 프라임 번들의 일부이기 스트리밍 서비스가 전체 구독자 확보에 어느 정도의 영향을 미칠지는 알 수 없다.

아마존, 광고 모델 시작

글로벌 스트리밍 시장에서 1억 명이 넘는 구독자를 확보하고 있는 사업자는 세 곳이다. 넷플릭스, 디즈니+, 아마존 프라임 비디오 등이 그 주인공. 그러나 이제 이 3대 사업자의 공통점이 또 생겼다. '광고 상품'을 판매한다는 것이다.

<그림95> 프라임 비디오 수요 현황

prime video

Demand Performance

Quarter 2 – 2023

Amazon Prime Video – Q2 2023	Number	Rank	Annual Charge	Quarterly Change
Corporate Demand Share (US)	1.9%	#7	UP FROM 1.8%	UP FROM 1.8%
Originals Demand Share (US)	8.6%	#2	DOWN FROM 9.0%	DOWN FROM 8.8%
On-Platform Demand Share (US)	11.3%	#4	UP FROM 8.2%	DOWN FROM 11.5%

출처: 패널 어낼리틱스

스트리밍 서비스들의 수익 확보 전쟁이 치열해지는 가운데 아마존의 스트리밍 '프라임 비디오'도 광고 상품 대열에 합류했다. 아마존은 늘어나는 콘텐츠 수급 비용과 운영 자금을 확보하기 위해 프라임 비디오 수익성을 높이기 위해 서비스에 광고를 포함할 것이라고 밝혔다. 다만 실시간 TV에 비해서는 광고 시간이 짧을 것이라고 설명했다.

<그림96> 미국 광고 지원 SVOD의 추정 구독자

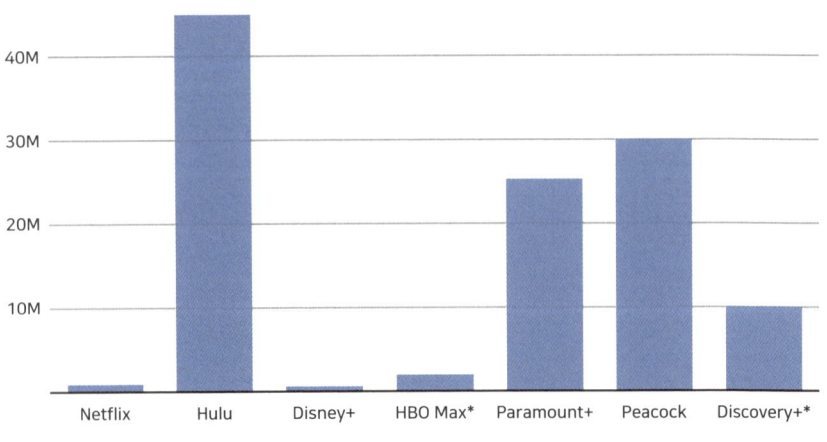

아마존은 광고 기반 '프라임 비디오'가 미국과 영국, 독일, 캐나다에서 2024년부터 기본값이 된다고 말했다. 현재 가격의 프라임 비디오 내 콘텐츠에는 광고가 포함될 것이라는 이야기다. 아마존은 쇼핑 프라임 구독 상품의 혜택으로 스피드 배송, 음악, 비디오 스트리밍을 오랫동안 제공해 왔다. 아마존은 현재 프라임 구독자(미국)은 연간 139달러를 내는데 광고를 보지 않으려면 월 2.99달러를 더 지불해야 한다. 아직 다른 나라 광고 및 광고 없는 구독 상품은 공개하지 않았다. 아마존은 추가로 프랑스, 이탈리아, 스페인, 멕시코, 호주 등에도 향후 광고 모델을 도입하겠다고 설명했다.

2022년 말 이후 글로벌 스트리밍 서비스들은 광고 상품을 잇달아 도입했다. 높아지는 콘텐츠 제작비로 구독료로만 생존이 어렵다는 판단 때문이다. 넷플릭스, 디즈니+ 등은 2022년 10월, 11월 광고 상품 패키지를 공개했고 이후 월 이용 가격도 인상했다.[282] 그러나 아직은 가입자들이 많지 않다. 아마존의 가세로 메이저 서비스 중 유일하게 광고를 편성하지 않는 곳은 애플 TV+만 남게 됐다.

높아지는 콘텐츠 제작비에 광고 상품 도입

아마존의 프라임 비디오에 광고를 도입한 이유는 '제작비 부담' 때문이다. 블룸버그는 "앤디 재시 아마존 CEO가 오리지널 콘텐츠에 얼마를 써야하는지를 조사해 왔다"고 보도한 바 있다. 지나치게 높아지는 오리지널 가격에 부담을 느낀 것이다.[283] 2022년 아마존은 70억 달러를 오리지널에 투입했다. 1년 전에 비해 20억 달러가 높아진 것이다. 이는 넷플릭스와 디즈니에 이은 3위 수준이다.

재시 CEO는 취임 2년 동안 경비 절감에 힘써왔다. 2만 7,000명을 정리해고하고 신규 고용을 중단시켰다. 또 수십 개의 프로젝트도 조사 후 멈추게 했다. 이런 노력 끝에 최근 분기 실적이 회복됐고 주가도 빅테크 중 가장 좋은 성과를 냈다. 아마존의 주력 서비스는 e커머스와 클라우드 컴퓨팅이다. 그러나 최근에는 수익성이 높은 광고 사업을 강화하고 있다. 웹사이트나 창고에서 상품을 파는 상인들에게 광고 자리를 제공하는 것이다. 아마존의 2분기 광고 매출은 전년 대비 22% 상승한 107억 달러였다. 프라임 비디오 광고가 시작될 경우 관련 수익은 더 높아질 것으로 보인다.

아마존 프라임 오리지널은 계속

비용 절감 조치와 광고 도입은 아마존이 프라임 비디오에 애정이 있다는 것을 보여주는 사례다. 앤디 제시 역시, 아마존 프라임 비디오 오리지널에는 계속 투자할 것이라고 지속적으로 밝히고 있다. 프라임 회원들에게 구독의 가치를 주기 위해서다.

2022년 아마존은 MGM 영화 스튜디오를 85억 달러에 인수해 프라임 비디오 라이브러리를 확장했다. 또 <반지의 제왕> TV시리즈(Lord of the Rings: The Rings of Power)'에 10억 달러를 투입했고 <The Wheel of Time>과 같은 대작도 이어가고 있다. 스포츠에도 투자하고 있다. 아마존은 향후 11년 동안 130억 달러를 투입해 목요일 미식축구 경기 'Thursday night National Football League'를 스트리밍한다. 아마존은 스포츠와 라이브 이벤트는 고객들이 프라임 비디오 광고 옵션을 선택 여부와 관계없이 광고를 포함할 것이라고 설명했다.

광고는 스트리밍의 미래

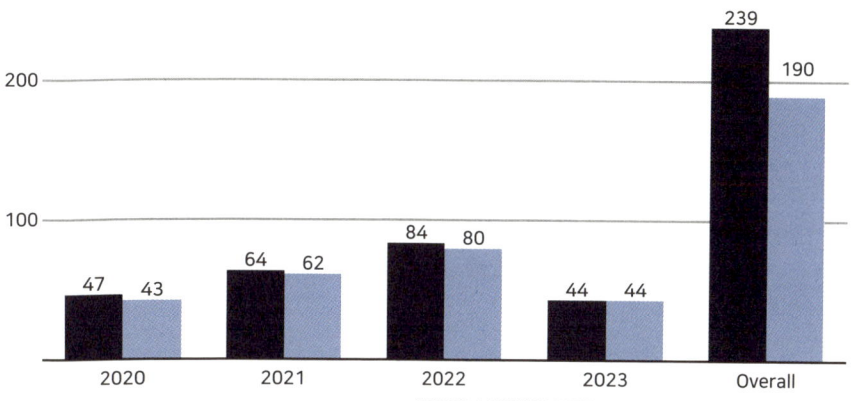

<그림97> 프라임 비디오 TV 콘텐츠

스트리밍이 방송의 미래라는 것은 모두가 알고 있는 사실이다. 드라마, 영화, 코미디 프로그램 등은 TV를 벗어나 스트리밍으로 옮겨가고 있다. 처음 투자자들은 넷플릭스를 추종하며 미디어 기업들의 스트리밍 전환을 반겼다. 많은 돈을 쓰지만, 구독자가 확보된다면 긍정적이었다. 하지만, 투자자들의 시선은 이제 바뀌었다. 스트리밍 사업자들은 아직 제작비조차 회수하지 못하고 있다.

이제 사업자들은 모든 활동을 수익에 집중하고 있다. 스트리밍들은 오리지널과 라이브러리 투자를 축소하고 광고 모델도 도입하고 있다. 광고 모델이 들어왔다는 것은 스트리밍이 TV의 수익 공식을 그대로 따라간다는 것과 같다. 스트리밍 세상이 마침내 전통적인 TV세상으로 들어왔다. 업계에서는 아마존이 한 시간에 4분 정도의 광고를 편성할 것으로 보고 있다.[284]

전통 TV미디어 기업들은 크게 두 종류의 수입원이 있다. 광고와 케이블TV로부터 받는 구독료이다. 스트리밍 서비스의 경우 처음에는 구독료로 운영이

됐지만 이제는 광고 시장으로 뛰어들고 있다. TV와 스트리밍이 같은 서비스 모델을 가지게 되는 것이다.

<그림98> SVOD 광고에 대한 소비자 반응

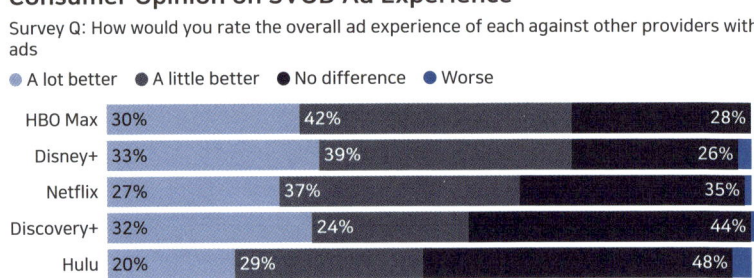

출처: 버라이어티

가장 아름다운 비즈니스 모델은 구독자와 광고에 돈을 받는 것이다. 아마존은 이미 광고 모델을 여러 서비스에서 운영하고 있다. 아마존의 무료 광고 기반 스트리밍 TV 프리비(Freevee)가 대표적이다. 광고를 받는 대신, 영화, TV시리즈를 무료로 제공하고 있다. 아마존 목요일 저녁 풋볼에도 광고가 포함됐다. 아마존 TV포털 '아마존 파이어(Amazon Fire broadband service)'에도 광고가 탑재되어 있다.

전문가들은 스트리밍 서비스들이 지금은 적은 수의 광고를 편성하고 있지만, 앞으로 이를 늘릴 것으로 보고 있다. 스트리밍 시장 경쟁이 치열해질수록 광고 매출의 압박도 더 늘어날 수 밖에 없다. 하지만, 이는 사람들이 스트리밍을 보게 한 매력 중 하나를 훼손시킬 수도 있다. 이럴 경우 TV와 (유료 구독이 기본인) 스트리밍이 큰 차이가 없어지면서 소비자들의 불만이 더 커질 수도 있다.

한국 메이저 스트리밍 사업자 중 광고 모델을 채택하고 있는 곳은 아직 없다. 웨이브와 티빙이 천억 원 이상의 적자를 내는 상황에서 한국도 광고 상품을 런칭해야 한다는 목소리가 높다. 물론 광고 모델에 대한 회의적인 시각도 있다. 한국 스트리밍 서비스들이 광고 모델 도입을 꺼려하는 이유 중 하나는 TV 시장의 광고를 잠식하는 상황이다. 주주들의 반발도 예상된다.

그러나 미국 등 해외 사례를 봤을 때 스트리밍 플랫폼 광고는 TV광고와 다르다. 겹치는 부분이 있지만 상당수 신규 광고주들을 끌어올 수 있다. 실시간 라이브 TV 채널 외 VOD 서비스에는 광고를 탑재해 월 이용 비용을 낮추거나 현재 있는 상품에 광고를 붙이고 광고 없는 스트리밍 이용을 원하는 고객들에게는 추가 요금을 내도록 하는 방법이 현실적이다.

그나마 희망적인 것은 광고 포함 스트리밍 상품에 대한 소비자 반응도 나쁘지 않다. 허브 엔터테인먼트가 조사한 바에 따르면 스트리밍 이용자의 60%가 광고 버전이 한 달에 4~5달러 저렴하다면, 광고 지원 버전을 볼 것이라고 답했다. 광고 버전에 대한 선호도는 가격이 비싼 스트리밍이 더 높았다. 또 광고 버전을 부정적으로 생각하는 응답은 MAX, 넷플릭스, 디즈니+ 등 조사 대상 모든 스트리밍에 거쳐 3% 미만이었다.

09. 로쿠

미국 1위 스트리밍 플랫폼 로쿠(Roku)가 전체 직원의 10% 가까운 300명의 인력을 정리해고 했다. 스트리밍 경쟁 악화로 신규 이용자 확보가 어려워졌기 때문이다. 또 비용 절감을 위해 로쿠는 일부 콘텐츠를 플랫폼에서 빼고 일부 보유하고 있는 콘텐츠도 제거하기로 했다.

이용률이 낮은 콘텐츠의 경우 라이선스 비용은 계속 지출되지만 이로 인한 수익은 거의 없기 때문이다. 로쿠는 스트리밍 서비스들을 한 플랫폼에서 볼 수 있는 일종의 포털이다. 스트리밍을 모아 송출하는 대신, 사업자들로부터 수수료를 받는다. 또 로쿠 채널 등 자체 채널도 운영하면서 광고 수익을 확보한다. 이에 로쿠의 부진은 스트리밍 서비스의 침체로도 볼 수 있다.

로쿠가 증권거래소(SEC)에 제출한 자료에 따르면 이 회사는 2023년 3분기 총 6,500만 달러의 손상 비용이 발생할 것으로 전망했다. 이에 따른 정리해고와 함께 비용 절감 조치로 로쿠는 사무실 공간을 줄이고 외부 비용 지출도 감축하기로 했다. 회사 측은 이를 통해 연간 비용 절감 증가율을 낮추는 것이 목표라고 말했다.

<그림99> 미국 기업의 정리해고 현황

Date	Company	Number of layoffs
Sep '23	Roku	10%
Aug '23	Barstool Sports	25%
Aug '23	Fifth Season	30
Aug '23	HBO & Max	N/A
Aug '23	CAA	60
Jug '23	Niantic Labs	25%
Jug '23	Variety	4
Jug '23	National Geographic	All writing staff
Jug '23	The Hollywood Reporter	N/A
Jug '23	Bloomberg	10
Jug '23	Cheddar News	12
Jug '23	The Athletic	4%
Jug '23	Los Angeles Times	74
Jug '23	Reddit	5%
Jug '23	Spotify	200
May '23	Paramount	25%
May '23	Linkedin	716
Apr '23	Vice Media	100
Apr '23	Clubhouse	50%
Apr '23	BuzzFeed	15%

3번째 정리해고… 불안한 로쿠

이번 정리해고는 로쿠가 2022년 200명의 직원(7%)을 감원[285]한 이후 1년 사이 3번째다. 로쿠는 2023년 3월에도 200명을 내보낸 바 있다.[286] 2022년 말 현재 로쿠는 약 3,600명 풀타임 직원이 있다. 로쿠는 정리해고와 함께 신규 직원 채용도 보류하기로 했다.

2023년 3분기, 로쿠는 사무실 임대 중단 등을 통해 약 1억 6,000만 달러에서 2억 달러 정도의 손상 비용(impairment charge)을 예상하고 있다. 또 서비스에서 기존 라이센스 및 제작 콘텐츠를 제거해 5,500~6,500 달러의 손상 비용을 기록할 것으로 예상하고 있다.

손상 비용은 자산의 회계상 가치가 시장에서의 공정가치보다 높을 때 발생하는 비용이다. 법적이나 경제적 상황의 변화, 또는 예상치 못한 위험으로 인한 재해 손실 등으로 인해 자산의 가치가 감소하거나 손실될 수 있다. 회사는 손상 비용과 관련, 물적 현금 지출은 예상하지 않고 있다. 로쿠는 손상 비용과 조직 개편 비용을 제외하면 2023년 4분기 분기 흑자(8억 5,000~8억 7,500만 달러)를 볼 것으로 예측하고 있다. 그리고 세전 영업 이익(EBITDA)을 마이너스 4,000만 달러에서 마이너스 2,000만 달러로 조정했다. 이는 이전 예측했던 것보다 약간 개선된 수치다. 로쿠의 분기 영업 비용은 2023년 1분기 42%, 지난해 4분기 71% 급증한 후 2023년 2분기 8% 증가한 5억 400만 달러를 기록했다. 로쿠는 주주들에게 보낸 주주 서한에서 "거시 경제 환경의 불확실성이 계속 커지고 있다"고 설명했다.

<그림100> 집합 플랫폼에 제공되는 스트리밍 서비스

Streaming Service Availability Via Aggregators

	YouTube TV	YouTube Primetime Channels	Amazon Prime Video Channels	Apple TV Channels	Verizon +play
Netflix	No	No	No	No	Yes
Disney+	No	No	No	No	Yes
Hulu	No	No	No	No	Yes
ESPN+	No	No	No	No	Yes
Max	Yes	No	Yes	No	Yes
Discovery+	No	No	Yes	No	Yes
Paramount+	No	Yes	Yes	Yes	Yes
Peacock	No	No	No	No	No
Starz	Yes	Yes	Yes	Yes	Yes
AMC+	Yes	Yes	Yes	Yes	Yes

SOURCE: VARIETY INTELLIGENCE PLATFORM ANALYSIS; *AVAILABLE AS PART OF DISNEY BUNDLE

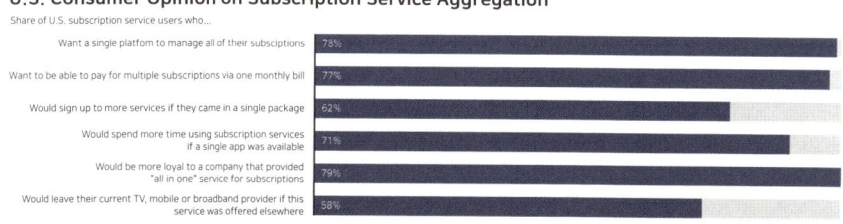

U.S. Consumer Opinion on Subscription Service Aggregation

Share of U.S. subscription service users who...
- Want a single platform to manage all of their subscriptions: 78%
- Want to be able to pay for multiple subscriptions via one monthly bill: 77%
- Would sign up to more services if they came in a single package: 62%
- Would spend more time using subscription services if a single app was available: 71%
- Would be more loyal to a company that provided "all in one" service for subscriptions: 79%
- Would leave their current TV, mobile or broadband provider if this service was offered elsewhere: 58%

SOURCE: 3GEM FOR BANGO; NOTE: DATA FIELDED OCTOBER 2022; BASE: N=2,500 U.S SUBSCRIPTION SERVICE USERS

스트리밍 번들 시장의 변화

스트리밍 서비스 소비 트렌드는 급격히 번들(Bundle)로 바뀌고 있다. 스트리밍을 묶어 간편하고 저렴하게 구독하는 경향이 늘고 있는 것이다. 번들 구독 트렌드는 로쿠의 지위에도 영향을 미치고 있다.

수년간 넷플릭스와 디즈니는 외부 번들에 속하길 거부했다. 여러 번들 서비스가 나왔지만 디즈니와 넷플릭스는 단 한번도 응하지 않았다. 프라임 비디오, 애플 TV+, 유튜브 등 적극적으로 번들 전략을 쓰는 것과 다른 흐름이었다. 그러나 시장은 바뀌었다.

버라이어티가 2,500명의 미국인들을 대상으로 '번들 선호도와 방법'을 조사한 결과 10명 중 8명(78%)은 '모든 구독이 하나로 몰리는 싱글 플랫폼'을 원했다. 물론 로쿠 역시 하나의 플랫폼에서 구독할 수 있지만 싱글 플랫폼은 아니다.

여기에 버라이즌(Verizon)이 스트리밍 스토어 '+Play'를 내놓으면서 두 회사를 품었다. 단순 중계만 해주던 로쿠(Roku) 입장에선 가장 큰 경쟁자를 만난 것이다.

스트리밍 포털, 집합(aggregation) 시장에 들어온 버라이즌은 게임체인저가 될 수 있다. 다른 통신사들도 버라이즌과 같은 스토어를 만들 수 있기 때문이다. 빅테크 기업들은 케이블 TV사업자의 자리(집합)를 꿈꿨지만, 번들링 시대 개막은 통신사들에게 유리하게 돌아가고 있다. 핵심 서비스(인터넷)를 가지고 있는 사업자 위주로 번들링이 만들어지기 때문이다.

현재 미국 유료 스트리밍 서비스 중 NBC유니버설의 피콕만이 어떠한 집합 서비스에서도 들어가 있지 않다. 그도 당연할 것이 케이블TV 사업자 컴캐스트가 모회사인 NBC유니버설의 경우 자체 번들을 구성할 생각을 가진 것으로 알려졌다. 하지만, 케이블TV 가입자가 계속 줄어들고 있는 상황에서 NBC의 계획을 구현하기에는 쉽지 않을 수 있다.

10. Tubi

폭스(FOX)그룹이 소유한 FAST 채널 투비(Tubi)는 2023년 FAST의 해를 맞아 점유율이 크게 늘었다. 폭스는 2023년 9월 월간활성사용자(MAU)가 7,400만 명을 돌파했다고 밝혔다. 2023년 상반기 스트리밍 시간은 40억 시간에 달했다.

전체 방송 시장 점유율도 높아지고 있다. 닐슨의 게이지에 따르면 2023년 7월 투비의 총 시청 점유율은 1.4%였다. 무료 OTT중에는 1위다. 투비의 안잘리 수드(Anjali Sud) 최고경영자(CEO)는 "관객들이 디지털 최초의 100% 무료 스트리밍 경험을 계속 수용하면서 투비는 상위 5개 케이블 방송과 시청량이 유사하다"고 말했다.

광고 매출도 늘고 있다. 수드 CEO는 "2022년 4분기에 비해 2023년 2분기 광고 수익이 47% 증가하는 등 지속적으로 확장되고 있으며, 다양한 콘텐츠, 열정적인 청중 및 혁신적인 기술 플랫폼을 통해 차세대 엔터테인먼트를 정의하길 노력하고 있다"고 강조했다. 투비는 20만 개의 영화와 TV에피소드를 보유하고 있으며 FAST 채널도 250개 이상이다. 2021년 7월에는 투비 오리지널을 만들기도 했다.

11. Pluto

파라마운트가 보유한 플루토TV는 무료 광고 기반 스트리밍TV, FAST다. 최근 플루토는 AI검색에 대응해 콘텐츠 '사람 추천(it's curated by humans)'을 내세우고 있다. AI추천 시스템을 도입한 넷플릭스와 다른 스트리밍과 전혀 다른 움직임이다. 새로운 플루토 광고에서는 사람이 AI보다 훨씬 더 검색을 잘한다는 내용을 담기도 했다.

파라마운트+는 2022년 말 월간 활성 이용자가 7,200만 명에 달했다고 밝혔다. 플루토TV의 이용자가 늘어남에 따라 광고 매출도 증가하고 있다. FAST 시장의 성장과 플루토TV의 부상을 궤를 같이한다. 2023년 2분기 파라마운트의 DTC 부문 광고 수익은 전분기 대비 27% 늘었는데 상당 부문이 플루토TV였다.

12. Freevee

아마존의 FAST 채널 프리비(Freevee)는 아마존 프라임 비디오와 함께 제공되어 점유율이 높아지고 있다. 최근 아마존은 프리비를 육성하기 위해 콘텐츠를 강화하고 있다. 2023년 5월 아마존은 The Wheel of Time 등 프라임 오리지널 영화와 TV 100여 편을 프리비로 이전했다. 프리비는 2023년 5월 현재, 350여 개의 FAST 채널을 보유하고 있다.

13. Plex

플렉스는 미국보다 해외에서 더 인기 있는 FAST 플랫폼이다. 독일 등 FAST 차트에서 높은 점유율을 가지고 있다. 2023년 5월 현재, 250개 이상의 라이브 채널과 VOD서비스가 제공된다. 플렉스는 50,000개 이상의 AOD TV 쇼 및 영화를 가지고 있다.

14. VUit

VUIT는 미국 내 지역에 최적화된 라이브 채널과 VOD 콘텐츠를 제공하는 무료 스트리밍 FAST 서비스다. VUIT 웹사이트나 앱을 통해 24시간 시청할 수 있다. 특히 케이블TV 시청을 중단하고 코드 커팅을 한 고객들에게 인기를 끌고 있다. 지역 뉴스 대부분이 송출되고 있기 때문이다.

15. LG 채널스

LG채널스는 LG의 FAST 서비스다. 앱으로는 서비스되지 않고 LG스마트TV에 공급된다. 2023년 9월 현재 미국에서만 350개가 넘는 채널을 제공하고 있다. 최근에는 독점 유통 채널을 늘리고 있다. 2023년 8월에는 피파의 스트리밍 플랫폼 FIFA+도 편성했다. LG채널스는 최근 공격적으로 채널을 늘리고 있다. 특히, LG채널스는 유럽시장에서 점유율을 높이고 있다.

16. 삼성 TV플러스

삼성 TV플러스는 2023년 독점 콘텐츠를 대거 확장했다. 5월에는 코미디언 코난 오브라이언 콘텐츠도 편성했다. 스포츠 콘텐츠도 잇달아 편성하고 있다. FAST 채널들을 모아 서비스하고 있는 삼성 TV플러스는 스마트TV, PC뿐만 아니라 갤럭시폰, 태블릿 등 안드로이드 기반 삼성 모바일 디바이스에서도 모두 시청할 수 있다.

삼성TV는 2015년 시작 초기에는 유튜브에 유통되는 VOD 등의 편성에 집중했지만 2020년 이후에는 스트리밍 채널 및 오리지널 방송 채널도 TV플러스를 통해 제공된다. 미국을 포함해 글로벌 시장에서 24개 시장에서 2,000개 FAST 채널을 서비스하고 있다. 미국에서는 300개 정도의 채널을 송출하고 있으며 50개의 채널은 자체 운영하고 있다. 2022년 현재 삼성 TV플러스의 글로벌 월간 활성 이용자(MAU)는 3,500만 명 정도다. 버라이어티는 삼성 TV플러스의 MAU가 2027년 5,800만 명까지 늘어날 것이다.

OTT 현황

국내

01. 전반적 현황

　국내외를 막론하고 OTT 시장이 직면한 가장 큰 위기는 시장이 어렵다는 것이다. 경기 침체가 길어지고 있는 상황 속에서 OTT 사업자들이 투자받기는 어려워지고 있으며, 복수로 OTT를 이용하고 있는 이용자들의 주머니 사정도 넉넉지 않은 상황이다. 현재로서는 글로벌 진출로 가시적인 성과를 얻을 수 있을지 불확실한 상황 속에서 한정된 가입자를 두고 넷플릭스, 티빙, 쿠팡플레이, 웨이브, 디즈니+, 왓챠 등 6개 사업자가 치열한 경쟁을 벌이고 있다. 기대를 모으며 서비스를 런칭한 카카오TV가 2년 6개월 만에 서비스를 접은 것은 국내 OTT 시장의 상황을 보여주는 하나의 사례라고 할 만하다.[287]

　앞서 살펴본 것과 같이 넷플릭스가 독주하고 있는 가운데 티빙, 쿠팡플레이, 웨이브 등이 3중으로 넷플릭스의 뒤를 잇고 있는 형국이다. 티빙과 웨이브는 CJ ENM, JTBC, 지상파 3사가 가진 콘텐츠를 기반으로 독자적인 오리지널도 제공하면서 타사업자들과 경쟁해 나가고 있다. 쿠팡플레이는 와우 멤버십이라는 강력한 패키징 서비스를 중심으로 스포츠 중계를 주력 콘텐츠로 활용하고 있다. 이와 더불어 타 플랫폼에서는 접근하기 어려운 최신 영화 판권을 독점적으로 확보하는 파격적인 행보를 작년부터 보이고 있다. 작년에는 <한산>과 <비상선언>의 판권을 독점적으로 확보했던 쿠팡플레이는 올해 <존윅4>의 판권을 독점적으로 확보해서 한편에서는 주목을 한편에서는 논란을 야기하기도 했다. 영화계에서는 쿠팡플레이의 행보가 기존의 홀드백 문법을 무너뜨리고 있다고 우려하는 시각이 제기되기도 했다.

2023년을 뜨겁게 달군 이슈는 앞서 다루었던 사업간 인수, 합병 관련 사안이었다. 시장에 매물로 나와 있다고 평가받고 있는 왓챠의 경우 OTT 시장의 상황이 어려워지면서 매각이 어려워 질 것이라는 전망이 나오고 있다. 하지만 뒤에서 다시 살펴보겠지만 왓챠의 경우 상품 다양화, 글로벌화 등 다양한 노력을 경주하고 있는 상황이다. 티빙과 웨이브의 합병설도 끊이지 않고 계속 제기되고 있다. 앞서도 언급했지만 티빙과 웨이브의 합병설이 대두되는 배경에는 실제 두 회사의 니즈와 무관하게 국내 OTT가 통합해야 넷플릭스와 경쟁할 수 있다고 생각하는 견해가 웨이브 런칭 때부터 지속적으로 존재해 왔던 것이 영향을 미쳤다고 할 수 있다.

넷플릭스가 광고요금제를 도입하면서 국내 사업자들도 광고요금제를 도입하는 것이 아니냐는 전망이 나오고 있지만 아직까지 광고요금제를 본격적으로 도입한 국내 OTT 사업자는 없다. 광고요금제 도입을 포함하여 요금 인상 및 요금 다양화가 시도될 가능성은 충분히 존재한다.

2023년의 가장 큰 화두는 '어려움'이다. 많은 콘텐츠 제작비를 투입하여 경쟁을 해야 하는 OTT 사업자 입장에서 2023년은 그야말로 '터프한' 한 해였다. 글로벌화 등 근본적으로 시장의 규모를 확장할 수 있는 상상력 발휘가 필요한 시점이다. 뒤에서 개별적인 사업자들의 구체적인 상황을 다루었다. 다만, 쿠팡플레이의 경우 앞에서 상세히 다루었기 때문에 간단히 다루었다.

국내 OTT의 9월 순이용자수 현황을 보면 넷플릭스가 1,154만 명으로 압도적으로 많지만 점차 하락 추세임을 알 수 있다. 2위는 572만 명인 티빙, 3위는 560만 명인 쿠팡, 4위는 500만 명인 디즈니+, 5위는 414만 명인 웨이브이다. 디즈니+가 <무빙>으로 8월과 9월에 급격하게 증가했음을 알 수 있다. 쿠팡플레이는 7월에 티빙보다 많은 이용자를 기록했다.

02. 넷플릭스

넷플릭스는 2016년 국내에 진출한 이후 지속적으로 매출과 영업 이익을 늘려나가고 있다. 다만, 매출원가와 영업 이익에 대해서는 논란이 존재하는 상황이다. 영업 이익 감소는 본사로 보내는 수수료가 늘어났기 때문이라는 분석이 나오고 있다.[288] 2019년부터 현재까지의 넷플릭스의 매출 추이를 살펴보면 매출이 지속적으로 큰 폭으로 상승하고 있다는 것을 알 수 있다.

<표10> 넷플릭스 국내 월간 이용자 수(MAU)

구분	2019년	2020년	2021년	2022년
매출	1,859	4,155	6,317	7,733
매출원가	1,309	3,370	5,335	6,772
영업이익	-	88	171	143억

출처: 전자공시시스템(DART)

넷플릭스는 국내 오리지널에 꾸준히 투자하면서 국내에서 경쟁력을 유지하고 있으나 2023년에는 <더 글로리>가 가입자 확보와 MAU 향상에 가장 크게 기여한 콘텐츠라고 할 수 있다. <더 글로리> 시즌1은 2022년 12월 30일에 릴리즈되었고, 시즌2는 3월 10일에 릴리즈되었다. 월별 MAU를 보면 <더 글로리> 시즌1이 릴리즈된 직후인 2023년 1월 MAU가 1,264만 명으로 가장 많고 다음으로 높은 시점이 2023년 3월로 <더 글로리> 시즌2가 릴리즈된 시점이다. 2023년에는 티빙, 쿠팡플레이와 같은 국내 OTT 사업자들의 가입자와 MAU가 상승세를 보이고 있어, 넷플릭스가 독보적인 1위 사업자이긴 하지만 향후 국내 사업자들의 추격도 이어질 것으로 보인다. 6월 30일에 릴리즈된 <셀러브리티>가 좋은 반응을 보이면서 7월에는 다시 MAU가 반등하는 양상을 보여주었다. 7월 28일에 릴리즈된 <D.P.> 시즌2와 8월 18일에 릴리즈된 <마스크걸>이 좋은 반응을 보이고 있어 넷플릭스는 올해도 국내에서 독보적인 영향력을 가진 플랫폼이 될 가능성이 크다.

앞에서 국내 넷플릭스 오리지널의 국내 기여도를 살펴봤지만 2023년에도 K콘텐츠는 넷플릭스에서 좋은 반응을 이끌어 내며 넷플릭스의 안정적인 운영에 크게 기여했다. 넷플릭스 오리지널 <셀러브리티>는 비영어권 TV 부문에서 1위를 기록했으며, <킹더랜드>는 <이상한 변호사 우영우> 이후 처음으로 영어, 비영어 통합 1위를 차지하기도 했다.[289]

넷플릭스는 국내에 향후 4년 동안 한화 3조 3,000억원 규모에 달하는 25억 달러를 투자하기로 화제를 모은 바 있다.[290] 넷플릭스 국내 투자에 대해서는 어려운 국내 시장 상황 속에서 질적 도약을 위한 계기가 될 것이란 측면에서 긍정적인 평가가 존재한다.[291]

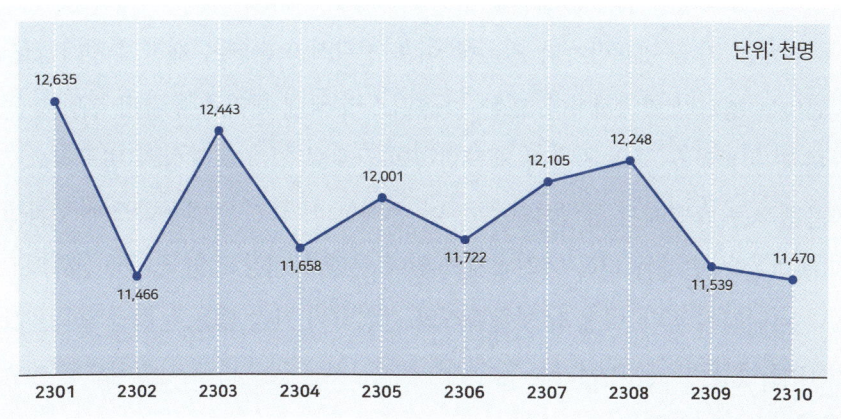

<그림101> 넷플릭스 국내 월간 이용자 수(MAU)

자료: 코리안클릭

하지만 IP 독점 등 넷플릭스 국내 투자에 대한 우려도 같이 제기되고 있다. 사실 넷플릭스는 국내투자에 대한 좋다, 나쁘다 등 단정적으로 볼 것이 아니라 사안에 대해 복합적으로 접근할 필요가 있다. 먼저 국내 이용자 측면에서 넷플릭스의 국내 진출 및 투자는 실질적인 선택 다양성을 늘려 줬다는 측면에서 긍정적으로 바라볼 수 있다. 넷플릭스 국내 진출을 국내에서 OTT 시장이 형성되는 계기가 됐고, 넷플릭스가 국내 오리지널에 적극적으로 투자하면서 국내 콘텐츠를 좋아하는 국내 이용자들은 넷플릭스에서 제작 및 투자한 작품을 통해 다양한 콘텐츠를 접할 수 있는 기회를 얻게 되었다. 하지만 넷플릭스 국내 진출은 이용자 입장에서 미디어 소비에 대한 지출 부담이 늘어나게 되는 계기로 작용하기도 했다. 넷플릭스 국내 진출 이후 OTT 환경에서의 경쟁이 치열해지면서 복수 OTT 이용에 대한 니즈도 증가하고 있다. 하지만 OTT에서 제공되는 영화 등 오리지널이 다른 여가 생활에 비해 저렴한 측면이 있어 단순한 소비 지출 부담으로 한정 짓기는 어렵다.

OTT의 경우 넷플릭스로 인해 국내에서도 OTT에 대한 유효수요가 존재한다는 것이 확인되면서 국내 사업자들이 OTT 시장에 본격적으로 뛰어들게 되는 계기가 되었다는 측면에서 의미가 있다. 하지만 넷플릭스 국내 진출 이후 넷플릭스가 국내에서 압도적 우위로 대응한 경쟁이 어렵다는 것은 앞으로도 한계점으로 작용할 것으로 보인다.

콘텐츠의 경우 넷플릭스가 진출한 이후 전반적인 콘텐츠 제작 환경이 개선되었다는 평가가 지배적이다. 또한, 넷플릭스의 국내 투자로 투자비 부담이 경감하고 넷플릭스 국내 진출이 제작인력의 글로벌 인지도 향상의 변곡점으로 작용했다는 측면에서 긍정적인 부분이 존재한다. 하지만 넷플릭스에 투자받지 못하는 사업자는 더욱 어려워지고 있어 콘텐츠 시장의 양극화가 심화되고 있다는 단점이 있다. 아울러 넷플릭스와 관련하여 가장 많은 논란을 불러일으킨 IP를 넷플릭스를 가져가는 경우가 많다는 것은 앞으로도 지속적으로 이슈가 될 것으로 보인다.

<표11> OTT 정책에 관한 관점의 경합

구분		내용
이용자		◇ 넷플릭스 국내 진출로 실질적인 선택 다양성 증진 ◇ 미디어 소비 지출 부담 증가
시장	OTT	◇ 넷플릭스로 인해 국내에도 OTT에 대한 유효수요가 존재한다는 것이 확인되어 실질적인 OTT 시장 형성에 기여 ◇ 넷플릭스의 압도적 우위로 대등한 경쟁이 어려운 상황

시장	콘텐츠	◇ 전반적인 콘텐츠 제작 환경 개선 ◇ 넷플릭스의 국내 투자로 투자비 부담이 경감하고 넷플릭스 국내 진출이 제작 인력의 글로벌 인지도 향상의 변곡점으로 작용 ◇ 콘텐츠 제작 투자를 받고 있는 사업자는 제작비 부담이 경감되는 측면이 있으나 IP 확보가 어려움 ◇ 넷플릭스향 콘텐츠 제작이 중·장기적으로 국내 영상 콘텐츠 생태계에 긍정적으로 작용할지에 대한 검토가 필요한 시점
	방송 플랫폼	◇ 제작비 상승 여파로 콘텐츠 제작비, 콘텐츠 대가 등 감당해야 할 비용이 높아지고 있는 상황 ◇ VOD 시장에서는 넷플릭스로 인해 VOD 매출이 급감하는 등 부분 대체 현상이 일어나고 있으며, 향후 코드커팅 가능성을 배제하기 어려운 상황
정부		◇ 넷플릭스 국내 진출로 인한 OTT 시장 활성화는 미디어 산업 진흥, 큰 틀에서의 법체계 정비, IP를 포함한 공정 경쟁 환경 조성을 위한 제도적 정비 등 정부의 대응 필요성을 높이고 있음

출처 : 노창희(2023)[292]

국내 유료방송 플랫폼의 경우 넷플릭스가 제작비 상승을 부추기면서 콘텐츠 제작비, 콘텐츠 대가 등 넷플릭스로 인해 감당해야 비용이 늘어나고 있다. 또한, 넷플릭스 국내 진출 이후 VOD 매출이 급감하는 VOD 시장에서의 부분 대체 현상이 나타나고 있으며, 향후 코드 커팅 가능성을 배제하기 어려운 상황이다.

한편, 넷플릭스는 2022년 11월 국내에서도 광고요금제를 도입했다. 아직까지 국내에서 넷플릭스 광고요금제 도입의 성과를 평가하기는 어렵다. 하지만 넷플릭스의 광고요금제 도입은 OTT를 포함해서 국내 미디어 산업 입장에서는 큰 주목을 받을 만한 사건이었다. 넷플릭스 광고요금제 도입은 국내 OTT 사업자뿐 아니라 광고를 주된 수익원으로 삼고 있는 레거시 방송콘텐츠 사업자들에게까지 영향을 줄 수 있는 BM이기 때문이다.[293]

<표12> 넷플릭스 광고요금제의 광고시장 파급효과

단위: 억 원

전망 시나리오	광고매출 전망	지상파방송 광고매출	전체 광고매출
KAI	824.4	-279	568
보수적	2,687	-909	1,851
낙관적	3,716	-1,257	2,560
전문가 인터뷰	825	-279	568
	2,000	-676	1,378

출처: 이시훈·변상규·노창희·강신규·남신영(2023)[294]

넷플릭스의 광고요금제 도입의 영향이 어떻게 나타날지 아직은 예측하기 어려운 상황이다. 이시훈·변상규·노창희·강신규·남신영(2023)의 연구에 따르면 넷플릭스의 국내 광고 매출 연간 825억에서 3,716억 사이에서 형성될 전망이다. 넷플릭스 광고요금제 도입의 영향은 계정공유 금지 여부에 따라서도 다르게 나타날 전망이다. 2023년 11월 계정공유를 금지했으므로 광고형 가입자의 동향이 어떻게 될지 주목된다.

넷플릭스와 국내 사업자 및 제작자들과의 IP 등 수익배분 관련 이슈는 올해도 지속적으로 이슈가 되고 있다. 방송연기자노동조합은 넷플릭스에 대해 재영상분배금(residual) 지급을 요구한 바 있다. 재상영분배금은 해외에서도 이슈가 된 바 있으나 넷플릭스는 이에 대해 이미 공정한 보상을 하고 있다는 입장을 취하고 있다.[295] 넷플릭스는 앞서도 살펴 보았던 것처럼 국내에 긍정적인 영향과 부정적인 영향을 동시에 미칠 수 있는 사업자인 만큼 향후의 움직임에 대해 예의주시할 필요가 있다.

03. 티빙

티빙은 가입자, 매출액, MAU 등 OTT와 관련된 주요 지표 기준으로 성장하고 있는 플랫폼이다. 티빙의 MAU는 오리지널 출시일 등에 따라 등락이 있기는 하지만 런칭 이후 지속적으로 성장하고 있다. 국내를 대표하는 콘텐츠

기업인 CJ ENM은 거리두기 해제 이후로 대부분의 분야에서 실적이 악화되는 가운데 티빙의 경우 2023년 1/4분기에 비해 2023년 2/4분기에 유료 가입자가 69.2%가 상승해서 CJ ENM에서 티빙에 투자할 모멘텀이 마련된 것으로도 분석된다.[296]

문제는 2020년 티빙 리브랜딩 이후 3년간 적자 폭이 계속 커지고 있다는 것이다. 2021년 762억원의 적자를 기록했던 티빙은 2022년 1,192억원의 적자를 기록해서 적자 폭이 커지고 있다. 티빙의 적자는 상당 부분 오리지널 콘텐츠 제작 및 콘텐츠 수급에 투입되는 매출원가 때문인 것으로 보인다. 콘텐츠 제작비 증가로 인한 적자폭 증가는 티빙뿐 아니라 국내에서 서비스되고 있는 OTT 플랫폼들이 공통적으로 가지고 있는 문제다. 하지만 티빙의 국내 경쟁력은 지속적으로 높아지고 있으며, 앞으로도 가장 큰 성장세가 기대되는 OTT플랫폼이 티빙이다.

<그림102> 티빙 국내 월간 이용자 수(MAU)

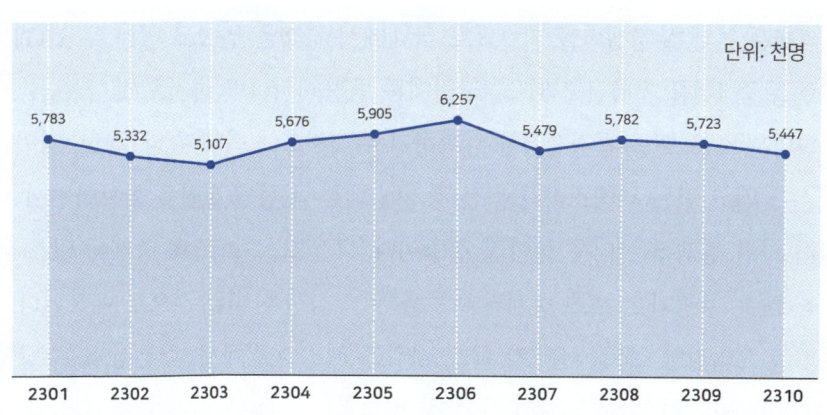

자료: 코리안클릭

티빙은 모회사인 CJ ENM의 tvN을 비롯한 방송채널과 JTBC 방송채널에서 제공되는 콘텐츠들이 경쟁력을 확보하는 기본적인 자원으로 활용되고 있다. 여기에 드라마, 예능, 다큐멘터리 분야에서도 티빙은 경쟁력 있는 포트폴리오를 갖추고 있다.

<표13> 티빙 매출 및 영업 이익

단위: 억 원

구분	2020년	2021년	2022년
매출	155	1,315	2,476
매출원가	109	706	1,168
영업 이익	-61	-762	-1,192

출처: 전자공시시스템(DART)

티빙은 <경이로운 소문2: 카운터 펀치>, <뿅뿅 지구오락실2>, <댄스가수 유랑단>, <킹더랜드>, <재벌집 막내아들>과 같은 CJ ENM 계열 채널들의 오리지널 콘텐츠와 JTBC의 오리지널 콘텐츠를 기반으로 <방과 후 전쟁활동>, <술꾼도시여자들>, <아일랜드>, <환승연애>, <마녀사냥 2022> 등 티빙 오리지널도 좋은 반응을 얻으며 콘텐츠 경쟁력을 높여 나가고 있다. CJ ENM은 <방과 후 전쟁활동>이 신규 유료 가입에 가장 기여한 오리지널 콘텐츠라고 밝혔다.[297]

티빙은 콘텐츠 경쟁력을 기반으로 국내에서 경쟁을 벌이고 있는 주요 OTT 플랫폼 중 1위를 기록하고 있으나 7월에는 쿠팡에 추격당하기도 했다.

티빙은 스포츠 중계 경쟁력을 강화하기 위해서도 노력해 왔다. 특히, 김민재 선수가 뛰고 있는 분데스리가 출전 경기에 대한 독점 중계권을 확보하면서 티빙이 가진 경쟁력은 더욱 높아질 전망이다.[298] 앞으로 스포츠 중계에 많은 투자를 해온 쿠팡과 스포츠 중계권 확보를 두고 경쟁을 벌일 것으로 예상된다.

티빙 오리지널 <몸값>은 '칸 국제 시리즈 페스티벌'에서 '각본상'을 수상하고 '뉴미디어 콘텐츠상'을 수상하는 등 비평적으로 높은 평가를 받고 있다.[299] 이는 티빙이 상업성 있는 콘텐츠 뿐 아니라 작품성 있는 콘텐츠 제작 측면에서도 상당한 경쟁력을 지니고 있음을 보여주는 부분이다.

엔터 분야에 적극적으로 투자하고 있는 CJ EMM은 공연 중계도 적극적으로 하고 있다. 티빙은 임영웅의 콘서트 <아임 히어로(IM HERO) - 앵콜> 영상을 독점 공개해서 유료 가입자 수 증가 등 효과를 본 바 있으며,[300] 케이콘 LA

2023도 티빙을 통해 생중계된 바 있다.

 티빙은 드라마, 예능, 스포츠, 공연 중계까지 콘텐츠 포트폴리오가 다양화되고 있어 앞으로도 경쟁력이 높아질 것이라 기대되는 플랫폼이다. 앞으로 티빙이 글로벌 진출에 성공할 수 있을지 예의 주시할 필요가 있다.

04. 웨이브

 웨이브는 치열한 경쟁 속에서도 꾸준한 MAU와 가입자를 확보하고 있다. 매출액도 지속적으로 성장하고 있다. 웨이브는 넷플릭스의 압도적인 영향력과 경쟁 플랫폼인 티빙과 쿠팡플레이의 성장에도 불구하고 400만명 수준의 MAU를 유지하고 있다. 웨이브는 지상파 3사의 콘텐츠를 기반으로 좋은 반응을 얻어낸 <박하경 여행기>, <피의 게임2> 등 오리지널 콘텐츠에도 꾸준히 투자를 해 왔다. 문제는 경쟁사인 넷플릭스, 티빙, 쿠팡플레이와 비교할 때 경쟁력이 떨어지고 있다는 것이었다.

 웨이브는 넷플릭스 국내 진출 이후 가장 적극적으로 OTT 리뉴얼에 나선 사업자다. 2019년 본격적으로 OTT 시장에 투자하기 시작하면서 넷플릭스 다음으로 경쟁력 갖춘 플랫폼으로 평가받았다. 하지만 티빙과 쿠팡플레이가 적극적으로 투자하면서 큰 차이는 아니지만 4위 플랫폼으로 입지가 좁아진 양상이다. 물론, 넷플릭스를 제외한 티빙, 쿠팡플레이, 웨이브 등 세 플랫폼의 경우 가입자나 MAU 차이가 크지 않기 때문에 웨이브라는 사업자가 가지고 있는 전력을 감안할 때 다시 2위로 올라설 잠재력을 갖춘 사업자가 웨이브라고 할 수 있다.

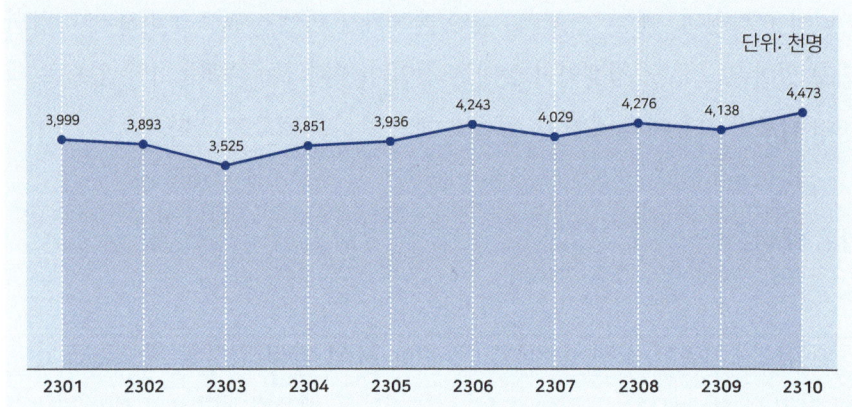

<그림103> 웨이브 국내 월간 이용자 수(MAU)

자료: 코리안클릭

경쟁사에 비해 경쟁력이 떨어진다는 것보다 더 큰 문제는 적자 폭이 커지고 있다는 것이다. 티빙과 마찬가지로 웨이브도 매출액은 늘어나고 있다. 문제는 콘텐츠 투자비로 인해 발생하는 적자다.

<표14> 웨이브 매출 및 영업 이익

구분	2019년	2020년	2021년	2022년
매출	973	1,802	2,301	2,735
매출원가	-	-	1,452	2,111
영업 이익	-137	-169	-558	-1,213

출처: 전자공시시스템(DART)

웨이브는 2024년 상장을 목표로 삼았으나 적자로 인해 가능성이 불투명한 것으로 평가받고 있다.[301] 웨이브의 경우 현재의 분위기를 반등시킬 수 있는 모멘텀 마련이 필요해 보인다. 하지만 웨이브는 <약한영웅>, <박하경 여행기> 등의 오리지널이 좋은 반응을 보이는 등 가능성을 보여온 플랫폼이기 때문에 향후 경쟁 상황에 따라 현재의 어려움을 극복할 수 있는 계기를 마련할 수 있을 것이라 기대된다.

이와 같은 어려움 속에서도 웨이브는 2022년에 미국 시장에 진출하기 위해 코코와를 인수했다.[302] 티빙보다 먼저 본격적인 글로벌 진출을 시도한 것이다. 웨이브의 글로벌 진출 행보는 티빙 등 다른 플랫폼의 해외 진출에 영향을 미칠 것으로 보인다. 웨이브는 콘텐츠 투자와 글로벌 사업 확장을 위해 SK스퀘어아메리카로부터 250억 원의 투자를 유치하기도 했다.[303]

국내 OTT를 대표했던 웨이브의 행보에 대해서는 앞으로도 주목해 볼 필요가 있으며, 글로벌 성과와 상장 여부 등에 대해 예의주시할 필요가 있다고 판단된다.

05. 쿠팡플레이[304]

유통업으로 시작한 쿠팡이 쿠팡플레이를 선보인 후 2년 7개월 만에 7월 기준 월간 활성 이용자 수가 548만 명으로 국내 OTT 중에서 1위인 티빙의 뒤를 이었다. 토종 OTT들이 넷플릭스에 밀리고 있는 지금, 쿠팡은 스포츠 중계에 주력하며 오리지널 콘텐츠를 확대하는 전략을 펴고 있다. 쿠팡플레이는 8월 기준으로 티빙의 MAU를 넘어서며 563만명(티빙은 540만명)의 MAU를 기록했다는 조사결과가 발표되기도 했다.[305] 상세한 내용은 앞을 참고하기 바란다.

<그림104> 쿠팡플레이 국내 월간 이용자 수(MAU)

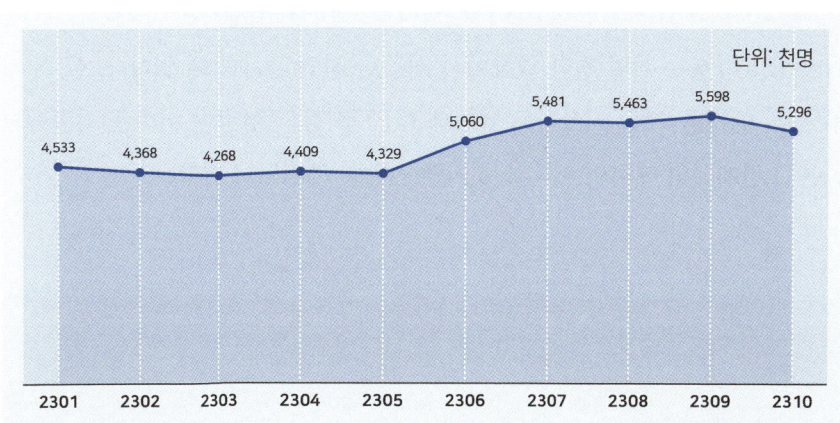

자료: 코리안클릭

06. 왓챠

왓챠는 규모가 큰 사업자는 아니지만 국내에서 상징적인 의미를 가지고 있는 OTT 플랫폼이다. 왓챠는 2021년 영화평을 기록하고 추천해주는 서비스로 출발했다. 2016년에 '왓챠플레이'라는 명칭으로 OTT를 출시했고, 2020년에 왓챠는 왓챠피디아로 브랜드명을 바꾸면서 왓챠플레이가 현재의 왓챠로 명칭을 변경했다. 2022년에는 왓챠웹툰을 OTT 서비스에서 이용 가능하도록 출시했다.[306]

<표15> 왓챠 매출 및 영업 이익

구분	2019년	2020년	2021년	2022년
매출	220	380	708	734
매출원가	89	123	227	328
영업 이익	-109	-155	-248	-555

출처: 전자공시시스템(DART)

왓챠의 가장 큰 문제점은 다른 국내 사업자들과 마찬가지로 적자 폭이 커지고 있다는 것이다. 왓챠의 재무적 상황이 어려워지면서 지속적으로 제기되었던 것이 왓챠 매각설이었다. 왓챠의 경우 티빙, 웨이브, 쿠팡플레이 등 모회사가 대기업인 기업들과 달리 OTT를 주력으로 하는 사업자이기 때문에 OTT 서비스의 적자는 기업 경영 입장에서 심각한 사안일 수밖에 없다. 또한, 왓챠의 경우 매각을 계속 시도하고 있는데 OTT 시장의 상황이 어려운 상황에서 좋은 조건에서의 매각이 어려울 것이란 전망이 제기되고 있다.

<그림105> 왓챠 국내 월간 이용자 수(MAU)

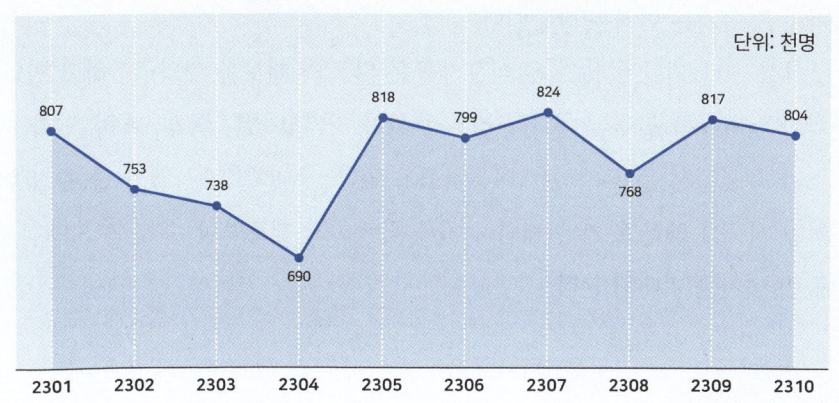

자료: 코리안클릭

2022년 <좋좋소>, <시맨틱 에러> 등 오리지널에 공격적으로 투자하던 왓챠는 2023년에는 재정적인 상황이 어려워지면서 다큐멘터리 <우리가 춤추는 시간>, <다음 빈칸을 채우시오> 등 2개의 오리지널을 출시했으며, 향후 오리지널 출시 계획이 불투명한 상황이다. MAU도 100만을 넘기지 못한 상황에서 9월 기준으로 81만 명의 MAU를 기록하고 있다.

하지만 왓챠는 다른 플랫폼에 없는 영화 수급을 통해 영화를 좋아하는 시페필들에게 절대적인 지지를 받고 있는 OTT 플랫폼이고, 2020년 9월 일본에 진출하면서 국내 OTT 중 최초로 본격적인 글로벌 진출한 OTT 플랫폼이기도 한다. <다음 빈칸을 채우시오>가 출시된 2023년 1월에는 신규 가입자가 전월 대비 3.4배 증가하는 성과를 거두기도 했다.[307]

왓챠는 현재 처한 위기를 벗어나기 위해 다양한 시도를 하고 있다. 왓챠는 음원 유통 자회사 블렌딩을 콘텐츠 플랫폼 오지큐에 매각했다. 블렌딩 지분 51%를 오지큐에 매각하기로 결정한 것이다.[308] 오지큐 매각은 재정적인 어려움을 극복하기 위해 단행한 조치로 보여진다. 왓챠는 2023년 8월 7일부터 왓챠웹툰 이용방식을 구독에서 단건 판매와 대여를 통한 이용방식으로 변경했다.[309] 하지만 성인물 서비스 도입에 이용자들이 부정적인 반응을 보이며 논란이 되기도 했다.[310] 어려운 행보 속에서 왓챠는 여러 가지 시도를 하고 있지만 돌파구를 찾기는 어려운 상황이다.

왓챠를 오랜 기간 이용해 온 이용자들은 왓챠의 행보를 예의주시하고 있다. 왓챠가 서비스를 접거나 매각될 경우 왓챠가 가지고 있는 특성, 특히, 영화 서비스가 축소될 것을 우려하는 이용자들도 있다. 국내 OTT 사업자 중 가장 혁신적인 시도를 해온 왓챠 현재의 위기를 극복하고 재도약할 수 있는 모멘텀을 만들어 내기를 기대해 본다.

07. 디즈니+

디즈니+는 여전히 한국에서 국면 전환할 모멘텀을 찾지 못한 것으로 보인다. 디즈니+는 국내에서 서비스되고 있는 주요 OTT 서비스 중에서 왓챠와 애플TV 플러스를 제외하고 가장 낮은 MAU를 기록하고 있다. 디즈니+는 런칭 시점의 기대감에 비해 글로벌 시장에서도 기대에 못미친다는 평가를 받으며, 2023년에는 가입자가 감소하고 있다가 <무빙>이 엄청난 반전을 일으켰다.

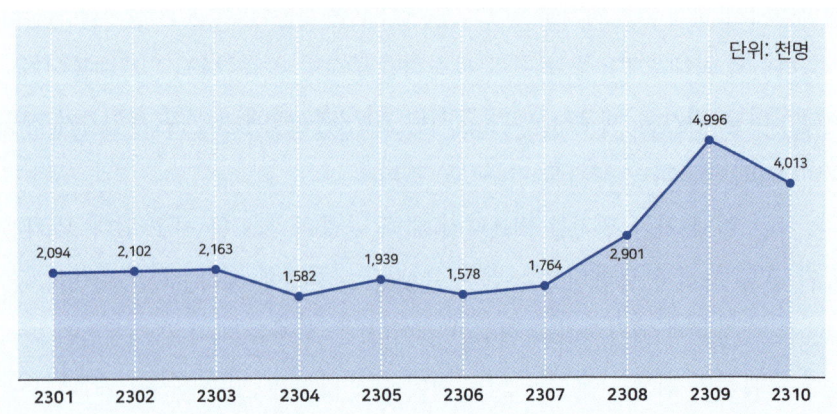

<그림106> 디즈니+ 국내 월간 이용자 수(MAU)

자료: 코리안클릭

그럼에도 불구하고 다른 글로벌 시장과 비교할 때 국내에서의 실적이 유독 저조한 한 편이라고 할 수 있다. 디즈니+가 국내에서 다른 사업자들과 비교할 때 경쟁력을 확보하기 어려운 가장 큰 이유는 넷플릭스, 티빙, 웨이브와 비교할 때 국내 콘텐츠의 경쟁력이 낮다는 것이다. 또한, 쿠팡플레이와 비교할 때 가입자 및 이용률이 저조한 이유는 쿠팡플레이와 같이 패키징, 스포츠 중계 등 국내 시장에서 경쟁력을 확보할 수 있는 특이점을 만드는 데 실패했기 때문인 것으로 분석된다.

하지만 디즈니+는 언제든 국내에서 넷플릭스와 경쟁할 수 있는 잠재력을 가진 사업자다. 디즈니+의 반등이 기대된 시점은 <카지노> 시즌1이 국내에서 릴리즈 되었던 2022년 12월이었다. <카지노> 시즌1은 예상대로 좋은 반응을 얻었으나 디즈니+가 경쟁사 수준의 경쟁력을 확보할 정도로 큰 반향을 일으키지 못했다. 또한, 시즌제보다는 파트제에 가깝게 릴리즈 된 <카지노>의 공개 방식으로 인해 많은 비판을 받기도 했다.

디즈니+는 2023년에도 <카지노> 시즌2, <무빙> 등 경쟁력을 있는 콘텐츠를 릴리즈 하며 국내 가입자를 유인하기 위해 노력하고 있으나 일각에서 국내 콘텐츠를 투자를 접을 것이라는 예측도 나오고 있는 상황이다.[311] 하지만 조인성, 류승룡, 한효주, 차태현, 류승범이 출연하고 제작비 500억을 투입한 <무빙>이 좋은 반응을 보이며 가입자 확보에 긍정적인 영향을 미치고 있어 디즈니+는 여전히 국내에서 성장할 수 있는 가능성을 가진 사업자라고 판단된다. <무빙> 릴리즈 후 디즈니+의 일 방문자수(DAU)는 8일 23만 명에서 12일에 37만 명까지 늘어나 14만 명 증가한 것으로 나타났다.[312] 9월에는 500만 명까지 급증하였다. 지금은 글로벌 시장에서 고전하고 있지만 현재의 위기를 잘 버텨낸다면 디즈니+는 언제든 넷플릭스와 경쟁할 수 있는 잠재력을 가진 사업자라는 측면에서 향후에도 디즈니+의 국내 동향을 예의주시할 필요가 있다. 특히, 앞서 언급한 것처럼 <무빙>의 성공은 디즈니+의 가능성을 보여준 좋은 사례라 할 수 있다. 2024년에 디즈니+가 본격적인 반등의 모멘텀을 만들어낼 수 있을지 예의주시할 필요가 있다.

221) https://s22.q4cdn.com/959853165/files/doc_financials/2023/q2/FINAL-Q2-23-Shareholder-Letter.pdf
222) https://www.wsj.com/articles/netflix-nflx-q2-earnings-report-2023-92a620c8?mod=hp_lead_pos1
223) https://variety.com/2023/digital/news/netflix-us-password-crackdown-paid-sharing-block-devices-1235607517
224) https://variety.com/2023/digital/news/netflix-ad-tier-subscribers-q2-2023-revenue-not-material-1235674327/
225) https://www.theinformation.com/articles/netflix-signs-up-1-5-million-u-s-subscribers-for-ad-tier-so-far?utm_content=article-10904&utm_source=sg&utm_medium=email&utm_campaign=article_email&rc=uhfow
226) https://www.adweek.com/convergent-tv/netflixs-ad-tier-15-million-monthly-active-users/?utm_content=position_1&utm_source=postup&utm_medium=email&utm_campaign=ConvergentTV_Newsletter_231101141525&recip_id=138031&lyt_id=138031
227) https://variety.com/2023/digital/news/netflix-ends-basic-plan-us-uk-ad-supported-tier-1235673948/
228) https://www.wsj.com/articles/disney-dis-q2-earnings-report-2023-fcacec47?mod=article_inline
229) https://thewaltdisneycompany.com/app/uploads/2023/08/q3-fy23-earnings.pdf
230) https://www.wsj.com/articles/disney-dis-q1-earnings-report-2023-11675825320?mod=article_inline
231) https://www.wsj.com/articles/disney-to-start-its-7-000-job-cuts-this-week-6192d51e?mod=article_inline
232) https://www.wsj.com/articles/disney-wins-tv-rights-loses-streaming-rights-for-indian-premier-league-cricket-11655223683?mod=article_inline
233) https://www.wsj.com/articles/disney-ceo-iger-need-to-figure-out-disney-pricing-strategy-aa470a0a?mod=article_inline
234) https://variety.com/2023/digital/news/disney-plus-price-increase-hulu-espn-plus-1235692057/
235) https://www.wsj.com/articles/disneys-abc-espn-weakness-adds-pressure-to-make-streaming-profitable-196055c7?mod=article_inline

236) https://www.wsj.com/articles/disneys-iger-hints-at-strategic-partner-for-espn-possible-sale-for-linear-tv-assets-35230a1a?mod=article_inline
237) https://variety.com/2023/tv/news/bob-iger-strike-wga-sagaftra-comments-disney-1235691096/
238) https://www.nielsen.com/insights/2023/streaming-grabs-a-record-38-7-of-total-tv-usage-in-july-with-acquired-titles-outpacing-new-originals/
239) https://www.nielsen.com/insights/2023/plot-twist-the-suits-boomerang-highlights-the-value-of-streaming-content/
240) https://www.axios.com/2023/08/08/espn-gambling-penn-gaming-barstool-portnoy
241) https://variety.com/2023/digital/news/disney-plus-price-increase-hulu-espn-plus-1235692057/
242) https://www.nytimes.com/2023/09/01/business/charter-disney-cable-fight.html
243) https://ir.charter.com/static-files/05f899dd-7ef3-40d8-84c1-f16a7acfe318
244) https://variety.com/vip/espn-going-direct-to-consumer-may-save-cable-1235630881
245) https://variety.com/vip/cord-cutting-q2-2023-review-from-worse-to-worser-still-verizon-comcast-charter-dish-hulu-1235693996/
246) https://www.nytimes.com/2023/07/21/business/media/espn-talks-nfl-mlb-nba.html
247) https://thewaltdisneycompany.com/disney-hulu/
248) https://s201.q4cdn.com/336605034/files/doc_earnings/2023/q2/earnings-result/WBD-2Q23-Earnings-Release.pdf
249) https://www.wsj.com/articles/warner-bros-discovery-unveils-new-max-streaming-service-b39cb23b?mod=article_inline
250) https://www.wsj.com/articles/warner-bros-discovery-wont-overspend-to-win-streaming-subscribers-ceo-david-zaslav-says-11650977570?mod=article_inline
251) https://www.wsj.com/articles/inside-the-collapse-of-cnn-the-news-channels-apollo-mission-11652439600?mod=article_inline
252) https://www.wsj.com/articles/disney-iger-pixar-streaming-8b6eaf8c?mod=article_inline
253) https://www.wsj.com/articles/americans-spent-more-time-streaming-

than-watching-cable-tv-in-julya-first-11660827184?mod=article_inline
254) https://www.wsj.com/articles/disneys-iger-hints-at-strategic-partner-for-espn-possible-sale-for-linear-tv-assets-35230a1a?mod=article_inline
255) https://www.wsj.com/articles/warner-bros-discovery-to-keep-discovery-in-strategy-shift-11675859633?mod=article_inline
256) https://www.hollywoodreporter.com/business/business-news/paramount-q2-2023-earnings-1235557791/
257) https://ir.paramount.com/static-files/bdcfccbb-17b8-4bd6-95d5-fdeec95150e9
258) https://variety.com/2023/tv/news/paramount-global-posts-q2-loss-advertising-declines-top-gun-1235689979/
259) https://www.hollywoodreporter.com/business/business-news/paramount-q2-2023-earnings-1235557791/
260) https://variety.com/2023/biz/news/succession-top-network-emmys-nominations-1235667879/
261) https://www.bloomberg.com/news/newsletters/2023-08-07/lionel-messi-could-be-apple-tv-answer-to-squid-game?srnd=technology-vp&sref=X1HNuu3U
262) https://www.businessinsider.com/apple-tv-mls-lionel-messi-tim-cook-mls-soccer-sports-2023-8
263) https://www.wsj.com/business/media/messi-apple-mls-subscriptions-inter-miami-ee777c26
264) https://www.bloomberg.com/news/newsletters/2023-06-11/what-netflix-s-local-programming-shift-means-for-streaming-platforms?cmpid=BBD080723_TECH&utm_medium=email&utm_source=newsletter&utm_term=230807&utm_campaign=tech&sref=X1HNuu3U
265) https://www.bloomberg.com/news/articles/2021-10-17/squid-game-season-2-series-worth-900-million-to-netflix-so-far?cmpid=BBD080723_TECH&utm_medium=email&utm_source=newsletter&utm_term=230807&utm_campaign=tech&sref=X1HNuu3U
266) https://www.bloomberg.com/news/articles/2023-07-18/man-who-bought-messi-is-convinced-he-will-make-us-soccer-prosper?sref=X1HNuu3U
267) https://www.youtube.com/watch?v=l2OWo1DElVY
268) https://variety.com/2023/digital/news/apple-one-billion-paid-

269) subscriptions-services-earnings-june-2023-1235686807/
269) https://www.youtube.com/watch?v=M-FBYmIhRoo&t=177s
270) https://variety.com/2023/digital/news/apple-iphone-15-price-availability-eliminates-lightning-usb-c-port-1235720875/
271) https://www.ft.com/content/b6f06bde-17b0-4886-b465-b561212c96a9
272) https://techcrunch.com/2023/06/21/apples-vision-pro-sdk-is-now-available-in-person-developer-labs-launch-next-month/
273) https://variety.com/vip/survey-consumers-ho-hum-on-apples-vision-pro-headset-1235657156/
274) https://www.youtube.com/watch?v=Nue4Sv-L0eU
275) https://www.streamtvinsider.com/video/xumo-enterprise-powers-google-tvs-built-free-streaming-tv-channels
276) https://support.google.com/googletv/answer/11167990?hl=en-GB&co=GENIE.CountryCode%3DUS&sjid=3901731466114801296-NA#zippy=%2Cavailable-channels
277)
278) https://variety.com/vip/breaking-down-googles-fast-move-1235582654/
279) https://variety.com/vip/fast-programming-data-reveals-two-top-trends-1235396375/
280) https://variety.com/vip/the-brandification-of-fast-paramount-nbcuniversal-lionsgate-sony-bbc-amc-1235693287/
281) https://www.streamtvinsider.com/video/comcast-charter-jv-xumo-launch-smart-tvs-element
282) https://www.bloomberg.com/news/articles/2023-08-09/disney-raises-prices-for-streaming-services-by-as-much-as-27?sref=X1HNuu3U
283) https://www.bloomberg.com/news/newsletters/2023-07-05/amazon-ceo-asks-his-hollywood-studio-to-explain-its-big-spending?sref=X1HNuu3U
284) https://variety.com/2023/tv/news/netflix-advertising-commercials-top-prices-low-impressions-1235613985/
285) https://variety.com/2022/digital/news/roku-layoffs-200-employees-1235435468/
286) https://variety.com/2023/digital/news/roku-layoffs-200-employees-2-1235568723/
287) 박정선 (2023. 5. 30). 카카오TV의 쓸쓸한 퇴장…위기의 국내 OTT. <데일리안>.

288) 변휘 (2023. 4. 18). "넷플릭스, 한국서 착취"…매출의 80% '본사 수수료'로 챙겼다.
<머니투데이>.
289) 김유림 (2023. 8. 6). '넷플릭스' 1위? 뭐 어렵나… K콘텐츠 '승승장구'. <머니S>.
290) 전한신 (2023. 4. 29). [추천e종목] 넷플릭스, K-콘텐츠에 3.3조 투자…
관련주 전망은? <이뉴스투데이>.
291) 이성민 (2023. 4. 28). 넷플릭스의 K-콘텐츠 투자, 더 큰 도약을 위한 마중물.
<대한민국 정책브리핑>.
292) 노창희 (2023). 전환기 스트리밍 환경 변화와 넷플릭스의 영향.
<'넷플릭스 한국투자 어떻게 볼 것인가?' 세미나 발제문>.
293) 노창희 (2022. 12. 2). 넷플릭스 광고요금제 도입의 의미와 과제. <아주경제>.
294) 이시훈·변상규·노창희·강신규·남신영 (2023). <글로벌 OTT가 국내 광고시장에
미치는 영향>. 서울: 한국방송광고진흥공사.
295) 오명언 (2023. 8. 10). 국내 배우들 재상영 대가 요구에 넷플릭스 "이미 공정한
보상 중". <연합뉴스>.
296) CJ ENM (2023. 8. 10). <CJ ENM Earnings Conference: 2Q23 실적발표회>.
297) CJ ENM (2023. 8. 10). <CJ ENM Earnings Conference: 2Q23 실적발표회>.
298) 이진욱 (2023. 8. 7). '김민재 경기' 티빙 독점 생중계…"8일 친선전부터".
<노컷뉴스>.
299) 박로사 (2023). 티빙 '몸값' 뉴미디어 콘텐츠상 대상 쾌거. <일간스포츠>.
300) 정두용 (2023. 1. 25). '임영웅 효과' 본 티빙, 설 볼거리 대목 확실히 잡았다.
<이코노미스트>.
301) 김재훈 (2023. 8. 11). 벼랑 끝 몰린 '웨이브', 생존 해법 놓고 고심. <탑데일리>.
302) 김슬기 (2022. 12. 26). 콘텐츠웨이브, '코코와' 지분 40% 확보…
해외진출 거점 확보. <더벨>.
303) 최은정 (2023. 5. 22). OTT 콘텐츠웨이브, 250억원 유상증자…
"콘텐츠 투자·글로벌 사업 확대". <아주경제>.
304) 한국콘텐츠진흥원이 발간하는 <방송영상 트렌드&인사이트> 2023년 7월호의
"국내 OTT 2위 차지한 쿠팡 앞으로의 행보는"(유건식) 글을 토대로 보완하였다.
305) 모바일인덱스·마클 (2023). <2023 대한민국 OTT 트렌드 인사이트>.
306) https://namu.wiki/w/왓챠
307) 신상민 (2023. 1. 26). 왓챠, 일본 신규 가입자 3배 상승…'다음 빈칸을 채우시오'
효과. <뉴스토마토>.
308) 허지은 (2023. 6. 22). '적자의 늪' 왓챠…자회사 매각으로 한숨 돌리나.
<이코노미스트>.

309) 김윤수 (2023. 8. 6). 왓챠도 넷마블도…12조 웹툰시장 정조준. <서울경제>.
310) 이선명 (2023. 9. 10). 왓챠, 위기돌파로 내놓은 성인물서비스…보이콧 조짐 '솔솔'. <스포츠경향>.
311) 장주연 (2023. 7. 19). '韓 철수설' 디즈니플러스, K-콘텐츠 제작 멈추나. <MTN>.
312) 이영아 (2023. 8. 18). 500억 대작 '무빙', 효자됐나…'디즈니플러스' 일 이용자 14만명 '껑충'. <TechM>.

06
국내 OTT 이용행태

국내 OTT나 OTT에서 유통되는 콘텐츠의 이용행태를 주기적으로 파악할 수 있는 곳은 닐슨코리아의 코리안클릭, KBS의 스톰(StoRRm), CJ ENM의 CPI, 굿데이터코퍼레이션의 화제성 지수, 한국리서치의 KOI(Korean OTT Index), 플릭스 패트롤(flixpatrol.com)과 패럿 어낼리틱스(parrotanalytics.com) 등이 있다.

국내에서 미디어 이용행태는 과기정보통신부와 방송통신위원회가 공동으로 전년도 조사 자료를 연초에 공표한다. 하루가 멀다하고 환경이 바뀌고 있는 상황에서 1년 전 자료를 활용할 수 없어 국내 서베이 회사 중에서 OTT 인덱스 KOI(Korean OTT Index)를 발표하고 있는 한국리서치의 자료를 토대로 지난해에 이어 국내 OTT 이용행태를 정리하였다.

OTT 플랫폼 이용 현황

01. 플릭스 패트롤

   넷플릭스가 K-콘텐츠를 전 세계 190개 국가에 동시에 유통하면서 가장 회자가 되는 곳이 플릭스 패트롤이다. 이 업체는 영화와 TV쇼를 구분하여 OTT 플랫폼별로 인기 순위를 매일 공개한다. 또한 주별, 월간, 연간으로 인기 순위도 파악할 수 있다. 한국의 경우 OTT 플랫폼은 넷플릭스, 디즈니+, 아마존 프라임, 애플, 구글의 자료를 제공한다. 국내 OTT인 웨이브와 티빙 순위를 제공하지 않는다.

   국내에서[313] K-콘텐츠의 인기를 파악하기 위해 국내 콘텐츠가 많이 유통되는 넷플릭스와 디즈니+에서 연간 순위를 정리하면 <표 16>와 같다. 넷플릭스의 경우 TV쇼는 <더 글로리>가 1위, 영화는 <길복순>이 1위다. 디즈니+는 TV쇼에서는 <카지노>가 1위, 영화에서는 <범죄도시 2>가 1위다. 디즈니+의 점수가 높은데 이는 콘텐츠가 많이 수급되는 넷플릭스에 비해 신규 콘텐츠 유입이 적기 때문으로 판단된다. 이를 보면 2022년에는 드라마가 아닌 <나는 Solo>가 1위를 했었는데 다시 드라마가 1위를 차지했다.[314]

<표16> 플릭스 패트롤 기준 2023년 국내 인기 콘텐츠 순위(괄호안은 점수)

순위	넷플릭스		디즈니+	
	TV쇼	영화	TV쇼	영화
1	더 글로리 (920)	길복순 (450)	카지노 (2,067)	범죄도시2 (1,789)
2	일타 스캔들 (629)	공조2 (337)	모던 패밀리 (1,307)	어벤저스: 엔드게임 (1,479)
3	닥터 차정숙 (548)	스위치 (283)	형사록 (1,212)	블랙팬서: 와칸다 포에버 (851)
4	나는 Solo (507)	스마트폰을 떨어 뜨렸을 뿐인데 (258)	심슨 (1,122)	아바타: 물의 길 (740)
5	킹더랜드 (487)	카운트 (251)	크리미널 마인드 (717)	앤트맨과 와스프: 퀀텀매니아 (514)
6	나쁜 엄마 (480)	익스트랙션 (250)	낭만닥터 김사부 (692)	올빼미 (502)
7	신성한 이혼 (397)	압꾸정 (245)	사랑이라 말해요 (616)	아바타 (470)
8	빨간 풍선 (374)	-	만달로리안 (578)	주토피아 (425)
9	철인왕후 (358)	-	레버넌트 (560)	알라딘 (422)
10	사냥개들 (331)	-	더 존: 버터야 산다 (496)	-

출처 : https://flixpatrol.com/top10/streaming/south-korea/2023/

02. 넷플릭스

넷플릭스는 모든 콘텐츠에 대해 시청 시간을 공개하지는 않지만 10위까지 글로벌과 국가별로 자료를 공개한다. 2023년 6월부터 기존에 시청 시간(Hours viewed)[315]으로 순위를 발표하던 것을 시청 수(Views) 기준으로 변경하였다. 시청 수는 시청 시간을 러닝타임(Runtime)으로 나누고, 시청 시간을 계산하는 기준을 28일(4주)에서 91일(13주)로 바꾸었다.[316] 글로벌에서는 영화와 TV쇼를 영어권과 비영어권으로 구분하여 화요일에 주간 단위(월요일부터 일요일)로 순위를 공개하고, 개별국가는 순위만 발표하므로 모든 콘텐츠에 대한 정확한 데이터는 알 수가 없다.

글로벌에서 인기 있었던 콘텐츠 현황을 보면 2023년 8월 20일 기준으로 <오징어 게임>이 22.1억 시간으로 가장 많고, 러닝타임은 8시간 19분이므로 시청 수는 2.65억이다. 다음으로는 <웬즈데이>가 17.2억 시간이고, 러닝타임은 6시간 49분, 시청 수 2.5억이다. 비영어권 TV쇼에는 <오징어 게임>에 이어 <지옥>이 시청 수 5,550만으로 8위이다.

국내에서는 콘텐츠별 시청 시간은 공개하지 않고, 주별로 영화와 TV 순위만 공개한다. 주별 1위를 많이 한 순으로 집계하니 8월 14일 주까지 1위는 <더 글로리>로 7주를 했다. 2위 <일타 스캔들>이 6개, 3위 <길복순> 5개, 4위 <닥터 차정숙>과 <익스트랙션 2>가 4개, 6위 <D.P.>, <퀸메이커>, <단지 핸드폰을 떨어뜨렸을 뿐>이 3개다.

<그림107> 넷플릭스 국내 순위(2023.8.14~8.20)

#	TV IN SOUTH KOREA	WEEKS IN TOP 10
1	Mask Girl: Season 1v	1
2	Behind Your Touch: Season 1	2
3	The Uncanny Counter: Season 2: Counter Punch	4
4	The killing Vote	1
5	D.P.: Season 2	4
6	Zombieverse: Season 1	2
7	Love After Divorce: Season 4	4
8	Longing for You: Season 1	3
9	My happy Marriage: Season 1	5
10	King the Land: Season 1	10

출처: https://top10.netflix.com/south-korea

화제성 조사

디지털 시청이 증가하면서 시청률이나 시청자 수 외에도 화제성을 조사하여 많이 활용하고 있다.

시청률 조사가 TV 프로그램을 시청하는 시청자를 대상으로 한다면, 화제성은 프로그램에 대한 바이럴을 조사하는 개념이기 때문에 TV 프로그램 시청 여부와는 직접적인 관계는 없을 수도 있다. 그럼에도 프로그램의 인기를 측정하기 좋은 지표다. CJ ENM이 화제성 지수를 개발하여 발표하고, 광고주에게 소구력이 있게 되면서 화제성에 대해 여러 곳에서 파악하고 있다. 대표적으로 CJ ENM의 CPI, 코바코의 라코이, 굿데이터 코퍼레이션 등이 있다.

01. CJ ENM의 CPI

CPI는 "2012년 전후로 tvN을 중심으로 한 CJ 계열의 프로그램들이 급성장하면서 … 20~30대 젊은 시청자를 중심으로 온라인 반응을 기본으로 한 콘텐츠영향력지수(CPI)를 자체 개발"하였다.[317] 주간 CPI를 발표하고, IR PACK[318]에서 기존의 주별 CPI 점수를 확인할 수 있다.

<그림108> CJ ENM CPI(2023년 6월 2주)

Content Power Index

- *Source: KOBACO, Nielsen, CJ ENM*
- *Unit: Rating(%), CPI(pt)*

▲Coverlist ◀ Back Next ▶

2023 Jun. Week2 Language Korean

Rank	Channel	Genre	Program	Rating	CPI
1	Mnet	예능	퀸덤퍼즐	0.080	3.171
2	JTBC	드라마	킹더랜드	3.098	270.7
3	MBC	예능	실화탐사대	1.138	257.7
4	SBS	드라마	낭만닥터 김사부3	6.775	257.2
5	SBS	예능	런닝맨	1.695	251.7
6	KBS1	예능	더 라이브	0.633	246.3
7	tvN	예능	장사천재 백사장	2.196	243.3
8	tvN	드라마	이로운 사기	1.614	235.4
9	MBC	예능	일타강사	0.614	231.3
10	MBC	예능	나혼자산다	4.059	228.1

출처: CJ ENM IR PACK(2023년 6월)

02. 코바코 RACOI

라코이는 방송콘텐츠 가치정보 분석시스템으로 화제성 지수를 주간과 월 단위로 제공한다. 프로그램별로 인터넷 반응을 조사하는데 시청자 버즈와 미디어 버즈로 나누어진다. 시청자 버즈는 게시글, 댓글, 동영상 조회수를 조사하고, 미디어 버즈는 뉴스기사와 동영상 조회수를 계산한다. 8월 3째주를 보면 <1박 2일> 시즌4가 게시글 4,409, 댓글 28,509, 동영상 조회 31,000건이 일어났다.

<그림109> RACOI 인터넷 반응DB

《 8월 3주 (2023.08.14~2023.08.20) 》 (K표기 : 천단위) 버즈 건수보기 | 점유율 보기 | 상세보기 | 기간별다운 | Excel다운

프로그램	채널	요일	시청자버즈			미디어버즈		시청률(%) | 시청자수(K)	
			게시글수 ▼	댓글수 ▼	동영상조회수(K) ▼	뉴스수 ▼	동영상수 ▼	가구 ▼	2049 ▼
1박 2일 시즌4	KBS2	일	4,409	28,509	31	479	45	6.9	2.9
퀸덤퍼즐	Mnet	화	1,818	3,054	31	276	105	0.2	0.1
선을 넘는 녀석들 - 더 컬렉션	MBC	일	1,554	41	13	96	25	0.0	0.0
힙하게	JTBC	토일	1,441	5,380	1,677	227	94	4.5	2.5
소용없어 거짓말	tvN	월화	1,010	4,249	2,752	278	223	1.8	0.9
불후의 명곡	KBS2	토	954	4,808	454	217	130	5.6	1.6
회장님네 사람들	ENA/tvN STORY	월	949	2,435	69	173	35	1.3	0.7
*나혼자 산다	MBC	금	941	2,816	1,259	429	39	5.6	4.1
런닝맨	SBS	일	852	4,067	1,245	216	78	3.5	2.0
최강야구	JTBC	월	806	6,295	3,119	134	127	2.0	1.3

출처: https://www.racoi.or.kr/kobaco/nreport/ibuzz.do?racoi

03. 굿데이터 코퍼레이션

TV 프로그램의 화제성을 분석하는 굿데이터코퍼레이션은 매주 펀덱스(FUNdex)를 발표한다.[319] 크게 'TV-OTT종합 화제성', 'TV종합 화제성', '출연자종합 화제성'을 종합, 드라마, 비드라마로 구분하여 10위를 발표한다.

펀덱스(FUNdex)는 TV와 OTT의 K-콘텐츠와 출연자에 대한 화제성 조사 순위와 함께 프로그램의 재미를 계산하여 보고 싶은 드라마와 예능 선택하는데 도움을 주고자 개발했다고 한다. 화제성 순위는 TV, OTT에서 방송 또는 공개 중이거나 예정인 드라마, 예능, 시사, 쇼와 이 프로그램에 출연한 출연자(PLAYER)를 대상으로 뉴스 기사, VON(블로그/커뮤니티/카페), 동영상, SNS에서 발생한 프로그램 관련 정보들과 이에 대한 네티즌 반응을 분석한 결과이다. 조사대상 채널은 지상파, 종합편성, 케이블 39개사, OTT 5개사이며, 프로그램은 TV드라마, TV예능, 정보, 시사, OTT 오리지널 드라마, OTT 오리지널 쇼 국내 제작 또는 국내 기술 및 인력이 투입된 프로그램에 한한다. 제외대상은 뉴스, 스포츠 중계, 영화 등이다.

2023년 상반기 화제성 분석 결과 드라마는 넷플릭스의 <더 글로리 파트2>가 압도적으로 1위를 했고, 비드라마는 Mnet의 <보이즈 플래닛>이 1위를 했다. 드라마는 2023년 1~6월 내에 첫 방송하고 종영된 기준이며, 비드라마는 방송된 모든 프로그램을 대상으로 하였다.

<표17> 굿데이터 코퍼레이션의 2023년 상반기 TV-OTT종합 화제성 톱10

순위	드라마			비드라마		
	프로그램	채널	지수	프로그램	채널	지수
1	더 글로리 파트2	NETFLIX	43,178	보이즈 플래닛	MNET	22,676
2	일타 스캔들	TVN	30,200	피크타임	JTBC	20,207
3	모범택시2	SBS	20,438	피지컬: 100	NETFLIX	16,896
4	대행사	JTBC	12,544	퀸덤퍼즐	MNET	14,675
5	카지노 시즌2	디즈니+	11,445	하트시그널 시즌4	채널A	12,755
6	종이달	ENA	9,569	알유넥스트	JTBC	11,579
7	신성한, 이혼	JTBC	7,520	미스터 트롯2	TV조선	10,635
8	법쩐	SBS	6,864	서진이네	TVN	9,603
9	방과 후 전쟁활동	TVING	6,318	피의 게임2	웨이브	8,643
10	비의도적 연애담	TVING	5,114	솔로지옥2	NETFLIX	8,614

출처 : 굿데이터코퍼레이션

국내 OTT 이용행태

K-콘텐츠의
OTT 소비 현황

한국리서치는 국내 유일의 1,500명의 OTT 콘텐츠 데이터 베이스를 운영하고 있으며, 모바일로 365일 실시간 디지털 행동 데이터를 수집하고 있다. 조사하는 데이터는 앱에서 이용하는 콘텐츠의 세부 내용과 유튜브 광고 세부 내용이다.

조사대상은 유료 OTT는 **넷플릭스, 웨이브, 티빙, 왓챠, 디즈니+, 프라임 비디오, 아이치이, 위티비**, 시즌,[320] U+모바일TV, 쿠팡플레이 등 11개이고, 무료 OTT는 **유튜브**, 트위치, 아프리카TV, 틱톡, 네이버NOW, 네이버 시리즈온, Weverse, V LIVE,[321] 카카오TV, 삼성 TV 플러스, 바바요 등 11개로 총 22개이다. 콘텐츠 수집은 볼드체로 된 9개 앱이다.

<그림110> KOI 조사데이터

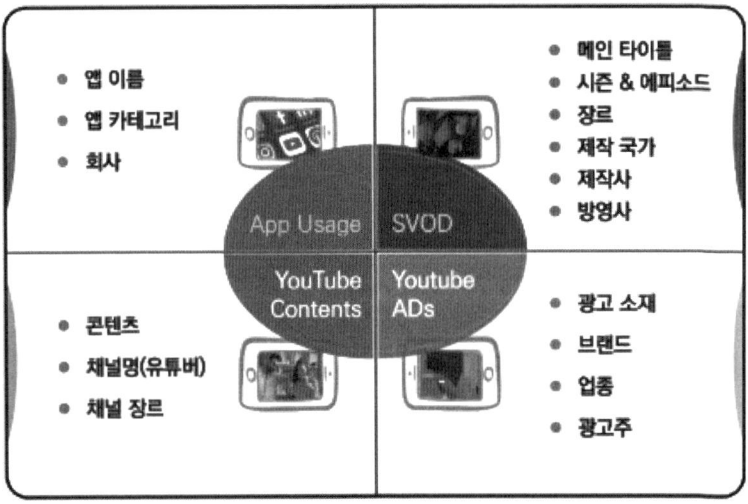

- 앱 이름
- 앱 카테고리
- 회사

App Usage | SVOD
YouTube Contents | Youtube ADs

- 메인 타이틀
- 시즌 & 에피소드
- 장르
- 제작 국가
- 제작사
- 방영사

- 콘텐츠
- 채널명(유튜버)
- 채널 장르

- 광고 소재
- 브랜드
- 업종
- 광고주

출처: 한국리서치

01. OTT 앱 이용현황

KOI 패널을 기준으로 2023년에 모바일에서 이용한 앱을 카테고리로 구분하면 OTT가 44.4억 시간(비중 17.40%)으로 가장 많고, 2022년보다 1.4%가 증가하였다. 다음으로 게임 28.7억 시간(비중 11.3%), 커뮤니케이션 24.4억 시간(9.6%), 소셜 20.8억 시간(8.2%) 순이다. 특이점은 커뮤니케이션이 3위로 올라왔다는 점이다.

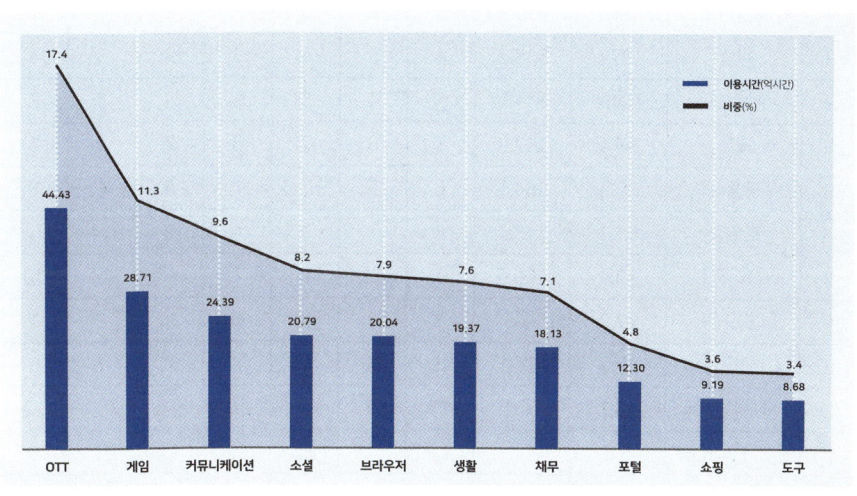

<그림111> 2023년 앱 이용 현황

OTT 앱은 25개를 이용하고 있으며, 남자(24개)가 여자(22개)보다 더 많이 이용한다(2022년은 남자 21개, 여자 22개). 연령별로는 15~19세는 21개, 20대와 30대 23개, 40대 23개, 50대는 20개를 이용하고 있다. 지난해에 비해 젊은 층의 사용개수가 증가하였다.

2023년 상반기 OTT 앱별 이용시간은 유튜브가 33.9억 시간으로 압도적으로 높다. 2위는 넷플릭스로 3.5억 시간이고, 3위는 티빙으로 2.0억 시간, 4위는 웨이브로 1.6억 시간이다. 성별로 보면 티빙과 웨이브는 여성의 선호 경향이 강하고, 틱톡과 아프리카TV는 남자의 선호 경향이 강하다. 연령별로 보면

10대는 틱톡(2위)을 선호하고, 티빙(6위)을 선호하지 않는다.

참고로 2022년 OTT 앱별 이용시간은 유튜브가 79.5억 시간으로 압도적으로 높다. 2위는 넷플릭스로 8.2억 시간이고, 3위는 웨이브로 3.45억 시간, 4위는 티빙으로 3.38억 시간이다.

<표18> 2023년 상반기 OTT 앱별 이용순위

순위	OTT 앱	시간(백만)		남자	여자	15~19	20대	30대	40대	50대+
		2023(1~6)	2022							
1	유튜브	3,392.5	7,952.9	1	1	1	1	1	1	1
2	넷플릭스	354.7	823.4	2	2	3	2	2	2	2
3	티빙	197.1	338.2	4	3	6	3	3	3	4
4	웨이브	159.2	344.9	5	4	5	5	4	4	3
5	틱톡	97.4	162.9	3	6	2	8	7	5	5
6	쿠팡플레이	68.3	164.1	6	5	7	7	5	6	6
7	트위치	53.2	118.1	8	7	4	4	8	14	
8	아프리카TV	30.4	160.6	7	11	8	6	6	10	10
9	디즈니+	22.3	41.6	9	8	10	9	10	8	7
10	U+모바일tv	17.2	68.0	10	10	17		9	7	8
11	왓챠플레이	13.1	37.1	11	9	9	10	13	9	12
12	SPOTV NOW	5.3		12		11	12	11	12	9
13	카카오 TV	4.8	3.2	13		15		12	11	14
14	아이치이	3.2	4.9	24	12		11	14		
15	위버스	2.4	4.5	18	13	12	16	16	13	16
16	네이버 나우	2.0	17.6	14	14	13	13	15	17	11
17	지니 TV 모바일	1.1		16	15		14		15	15
18	네이버 시리즈온	1.1	6.0	15	17	14	17	17	16	13
19	위티비	0.9	5.8		16		15			
20	아마존 프라임 비디오	0.1	0.9	17						

2023년 상반기에는 SVOD와 AVOD의 비중은 큰 변화가 보이지 않는다. 2022년 하반기에는 AVOD가 증가하는 경향을 보였으나, 2023년 2분기에는 오히려 SVOD가 소폭 증가하는 경향이 있다.

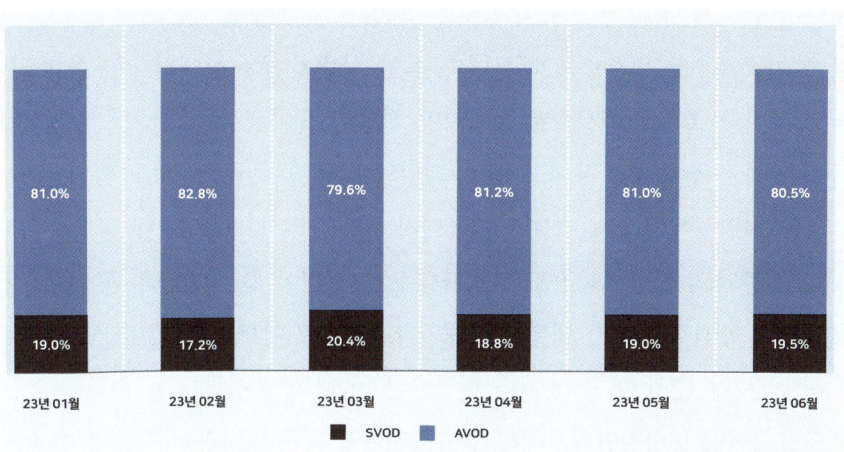

<그림112> 2023년 상반기 월별 SVOD와 AVOD 이용시간 점유율

SVOD와 AVOD를 보면 유튜브로 인해 AVOD가 81.0%(35.8억 시간)로 압도적으로 높고, SVOD는 19.0%(8.4억 시간)에 불과하다. AVOD는 유튜브가 94.7%로 거의 대부분이고, 틱톡과 아프리카TV가 각각 2.7%(2022년 1.9%), 트위치 1.5%이나 매우 미미하다. SVOD는 넷플릭스가 42.1%(2022년 40.9)로 가장 높고, 티빙 23.4%(2022년 16.8%), 웨이브 18.9%(17.1%), 쿠팡플레이 쿠팡플레이 8.1%(2022년 8.2%), U+모바일tv 2.0(2022년 3.4%), 디즈니+ 2.7(2022년 2.1%) 등이다. 티빙과 웨이브의 순위가 완전히 역전된 것이 가장 큰 변화이다.

콘텐츠의 국적을 보면 한국이 78.8%(5.33억 시간)으로 압도적 1위를 기록하고 있으며, 2022년 73.1%(9.53억 시간)보다 비중이 늘어났다. 다음으로 미국 콘텐츠가 8.68%로 5,876만 시간으로 2022년 13.8%(1.8억 시간)보다 많이 감소했다. 3위는 일본이 6.8%(4,615만 시간)으로 2022년 4.4%(5,687만 시간)보다 증가했다. 4위는 중국 2.35%(1,592만 시간)으로 2022년 3.6%(4,630만 시간)보다 낮아졌다.

02. 주요 SVOD 점유율

　SVOD OTT별 점유율은 넷플릭스가 2022년 1월 36.2%에서 12월 48.1%로 지속적으로 증가하였지만, 2023년에 들어서는 감소한 것으로 나타났다. 지난해에는 <이상한 변호사 우영우>, <재벌집 막내아들> 등 화제성 있는 작품을 지속적으로 방송했기 때문이다. 올해 상반기에는 상대적으로 화제성있는 작품이 부족했기 때문으로 보이지만, 하반기 들어서서 <D.P.>, <마스크걸> 등의 효과로 상승세를 보이고 있다. 티빙의 점유율이 급상승하고 있다. 2022년 1월 14.3%에서 12월에는 19.0%까지 증가하였고, 2023년에 급상승하고 있다. 시즌과의 합병, <술꾼도시 여자들 2>, <서진이네>, 특히 <뿅뿅 지구오락실> 등의 공격적인 투자 덕분으로 보인다. 반면, 웨이브는 2022년 1월 23.0%에서 2022년 12월 16.1%까지 급락했으나, 올해 상반기에 조금 회복했다. 코리안클릭이나 모바일인덱스에서 쿠팡플레이가 최근 티빙과 비슷한 수준을 보여준 바와 다른 결과를 보여준다. 이는 월 순이용자 수와 실제 이용시간의 차이에서 발생하며, KOI에서도 월 순이용자 수를 기준으로 하면 유사한 경향을 보인다.

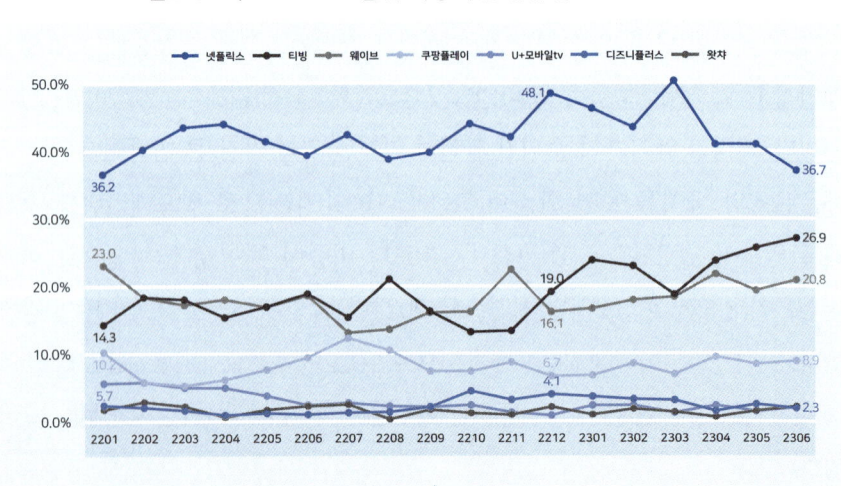

<그림113> 주요 SVOD 월별 이용시간 점유율(2022.1 ~ 2023.6)

03. SVOD 이용 콘텐츠 톱10

    SVOD 이용의 주된 장르는 드라마&로맨스로 1.35억 시간인 19.9%를 차지했지만 2022년 26.7%보다 3.8%나 하락한 수치이다. 다음으로 토크&버라이어티쇼가 1.2억 시간으로 17.7%로 2022년 14.5%보다 상승하였다. 이는 국내 경제 상황이 좋지 않아 감소하는 광고 때문에 드라마를 축소하고 예능을 증가시킨 점과 넷플릭스 등에서 장르물이 인기가 많은 영향으로 보인다. 다음으로 범죄&스릴러는 16.5%로 전년 12.3%보다 상승하였다. SF&판타지는 10.5%, 리얼리티쇼 9.7%, 코미디 8.8%이다.

    2023년 상반기 콘텐츠별 이용시간을 보면 <더 글로리>가 2,719만 시간으로 1위로 2022년 <이상한 변호사 우영우> 2,392만 시간보다 300만 시간 이상이 많아 그 인기를 알 수 있다. 2위 <일타 스캔들> 1,261만 시간, 3위 <모범택시> 1,217만 시간으로 2022년 2위 <뭉쳐야 찬다> 2148만 시간, 3위 <재벌집 막내아들>이 1,689만 시간에 비해 연간이 아닌 6개월이라는 특성이 있지만 시청시간이 상당히 낮아졌다. 예능은 <서진이네> 1위, <나는 Solo>, <런닝맨> 순이다. 연간 전체로 보면 더욱 증가할 것이다.

<표19> 2023년 SVOD 콘텐츠 이용 순위

순위	프로그램명	장르	플랫폼	이용시간 (만 시간)
1	더 글로리	범죄&스릴러	넷플릭스	2,719
2	일타 스캔들	코미디	넷플릭스, 티빙	1,261
3	모범택시	범죄&스릴러	웨이브	1,217
4	닥터 차정숙	코미디	넷플릭스, 티빙	929
5	나 혼자 산다	리얼리티쇼	웨이브, 왓챠	826
6	서진이네	리얼리티쇼	티빙	699
7	낭만닥터 김사부	드라마&로맨스	웨이브, 왓챠, 디즈니+	652
8	퀸 메이커	드라마&로맨스	넷플릭스	625

순위	프로그램명	장르	플랫폼	이용시간 (만 시간)
9	나는 Solo	리얼리티쇼	넷플릭스, 웨이브, 티빙	623
10	런닝맨	리얼리티쇼	웨이브, 왓챠	609

<표20> 2022년 SVOD 콘텐츠 이용 순위

순위	프로그램명	장르	플랫폼	이용시간 (만 시간)
1	이상한 변호사 우영우	법&드라마	넷플릭스	2,392
2	뭉쳐야 찬다	스포츠&버라이어티쇼	넷플릭스, 티빙	2,148
3	재벌집 막내아들	비즈니스&드라마&판타지	넷플릭스, 티빙, 디즈니+	1,689
4	우리들의 블루스	로맨스&드라마&가족	넷플릭스, 티빙	1,510
5	스물다섯 스물하나	로맨스&드라마	넷플릭스, 티빙	1,368
6	나의 해방일지	로맨스&드라마&가족	넷플릭스, 티빙	1,273
7	런닝맨	버라이어티	넷플릭스, 웨이브, 왓챠	1,092
8	꼬리에 꼬리를 무는 그날 이야기	리얼리티쇼	웨이브	1,018
9	심야 괴담회	미스터리&호러	웨이브, 왓챠	963
10	지금 우리 학교는	액션&드라마&판타지&호러&스릴러	넷플릭스	937

　2023년 상반기에 여성은 <일타 스캔들>, <모범택시>, <나 혼자 산다>를 남성보다 많이 봤고, 남성은 <KBO리그>, <카지노>, <골때리는 그녀들>을 여성에 비해 많이 봤다. <KBO리그>와 <카지노>는 남성 2, 3위인데 여성은 10위 안에 포함되지 않았다. <나 혼자 산다>와 <닥터 차정숙>은 여자 4, 5위인데 남성은 10위 안에 없다.

　연령별로 보면 <더 글로리>는 10대를 제외한 모든 연령대에서 인기가 많다. <일타 스캔들>은 40대와 50대, <모범택시>와 <런닝맨>은 10대와 20대에 인기가 많았다.

<표21> 2023년 상반기 프로그램별 성별 및 연령별 이용 순위

순위	프로그램명	시간(만)	남자	여자	15~19	20대	30대	40대	50대+
1	더 글로리	2,719	1	1	4	1	1	1	1
2	일타 스캔들	1,261	5	2	5	5	7	2	2
3	모범택시	1,217	6	3	1	2	3	3	
4	닥터 차정숙	929		5			6	5	7
5	나 혼자 산다	826		4	7		4	7	
6	서진이네	699		6		8			
7	낭만닥터 김사부	652		9	3			6	
8	퀸메이커	625	8					8	3
9	나는 Solo	623	9			9	5		
10	런닝맨	609			9	3			

참고로 2022년 전체를 보면, 성별로는 여성이 <뭉쳐야 찬다>, <우리들의 블루스>, <나의 해방일지>를 남성보다 많이 봤고, 남성은 <재벌집 막내아들>, <지금 우리 학교는>을 여성에 비해 많이 봤다. <뭉쳐야 찬다>는 여성이 1위인데, 남성은 7위이다. <재벌집 막내아들>은 남성이 1위인데, 여성은 10위안에 못 들었다.

연령별로는 <이상한 변호사 우영우>가 30대와 40대가 인기가 많은 반면, 상대적으로 10대는 인기가 덜했다. <뭉쳐야 찬다>는 20대와 30대가 주로 좋아했다. <런닝맨>은 10대가 좋아하는 프로그램으로 나타났다.

<표22> 2022년 프로그램별 성별 및 연령별 이용 순위

순위	프로그램명	시간(만)	남자	여자	15~19	20대	30대	40대	50대+
1	이상한 변호사 우영우	2,392	2	2	4	3	1	1	2
2	뭉쳐야 찬다	2,148	7	1		1	2	10	
3	재벌집 막내아들	1,689	1		6	7	3	4	9
4	우리들의 블루스	1,510	6	3			5	3	8
5	스물다섯 스물하나	1,368		4	5	9	9		3
6	나의 해방일지	1,273	9	6			6		4
7	런닝맨	1,092	8		1	5			
8	꼬리에 꼬리를 무는 그날 이야기	1,018		8		6	8		
9	심야 괴담회	963		5		2			
10	지금 우리 학교는	937	4					7	

2023년 OTT 서비스별 이용시간 1위는 넷플릭스 <더 글로리>, 웨이브 <모범택시>, 티빙 <서진이네>, 디즈니+ <카지노>이다. 1위와 2위 이용시간이 상당하다. 넷플릭스는 <더 글로리>가 2,719만 시간인데 비해, <일타 스캔들>은 858만 시간이다. 디즈니+는 <카지노>가 491만 시간인데 비해, <낭만닥터 김사부>는 61만 시간이다.

<표23> 2023년 상반기 OTT별 이용 콘텐츠 톱10

순위	넷플릭스	웨이브	티빙	디즈니+
1	더 글로리	모범택시	서진이네	카지노
2	일타 스캔들	나 혼자 산다	뿅뿅 지구오락실	낭만닥터 김사부
3	퀸메이커	런닝맨	구미호뎐 1938	엑스 파일
4	나는 신이다: 신이 배신한 사람들	낭만닥터 김사부	유 퀴즈 온 더 블럭	3인칭 복수
5	닥터 차정숙	KBO리그	명탐정 코난	소방서 옆 경찰서

순위	넷플릭스	웨이브	티빙	디즈니+
6	피지컬:100	꼬리에 꼬리를 무는 그날 이야기	닥터 차정숙	천원짜리 변호사
7	사냥개들	전지적 참견시점	일타 스캔들	형사록
8	나쁜엄마	놀면 뭐하니?	놀라운 토요일	괴물
9	슬기로운 의사생활	미운 우리 새끼	뭉쳐야 찬다	심슨가족
10	택배기사(2023)	홍김동전	텐트밖은 유럽	왓쳐

참고로 2022년 OTT 서비스별 이용시간 1위는 넷플릭스 <이상한 변호사 우영우>, 웨이브 <꼬리에 꼬리를 무는 그날 이야기>, 티빙 <뭉쳐야 찬다>, 디즈니+ <재벌집 막내아들>이다.

<표24> 2022년 OTT별 이용 콘텐츠 톱10

순위	넷플릭스	웨이브	티빙	디즈니+
1	이상한 변호사 우영우	꼬리에 꼬리를 무는 그날 이야기	뭉쳐야 찬다	재벌집 막내아들
2	재벌집 막내아들	심야 괴담회	놀라운 토요일	천원짜리 변호사
3	지금 우리 학교는	런닝맨	유 퀴즈 온 더 블럭	심슨 가족
4	우리들의 블루스	놀면 뭐하니?	환승연애	너와 나의 경찰수업
5	수리남	나 혼자 산다	백패커	소방서 옆 경찰서
6	스물다섯 스물하나	시카고 피디	어쩌다 사장	형사록
7	소년심판	미운 우리 새끼	NCIS 로스앤젤레스	홈랜드
8	나의 해방일지	트레이서	우리들의 블루스	키스 식스 센스
9	그 해 우리는	요즘 육아 금쪽같은 내새끼	스물다섯 스물하나	변론을 시작 하겠습니다
10	사내맞선	어게인 마이 라이프	뽕뽕 지구오락실	그리드

국내 OTT 이용행태

이용행태 설문조사

01. 조사개요

한국리서치 MS패널을 상대로 2023년 9월 4일부터 8일까지 설문조사를 실시하였다. 만 15-59세 OTT 이용자 1,000명을 대상으로 실시하였으며, 유효응답자는 1,001명이다.

성별로 보면 여자 49.3%, 남자 50.7%이다. 연령별로 보면 10대 7.0%, 20대 21.0%, 30대 21.5%, 40대 25.7%, 50대 24.9%이다. 60대 이상은 유료 가입자가 거의 없다고 판단하여 제외하였다.

<표25> 설문 응답자 현황

	전체	남자	여자	15-19	20대	30대	40대	50대
사례	1001	508	493	70	210	215	257	249
비율(%)	100.0	50.7	49.3	7.0	21.0	21.5	25.7	24.9

02. 이용 현황

OTT별 이용은 넷플릭스가 70.0%로 압도적이고, 쿠팡플레이 39.7%, 티빙 33.0%, 디즈니+ 23.8%, 웨이브 19.4%순이다.

성별로 보면, 여성이 남성에 비해 티빙(38.7%)과 웨이브(22.1%) 이용률이 높고, 디즈니+(22.3%)로 낮다.

연령별로 보면, 30대가 OTT 이용률(넷플릭스 79.5%, 쿠팡플레이 48.8%, 티빙 43.7%)이 높고, 10대가 전반적으로 OTT 이용률이 낮다.

<그림114> OTT 이용 현황

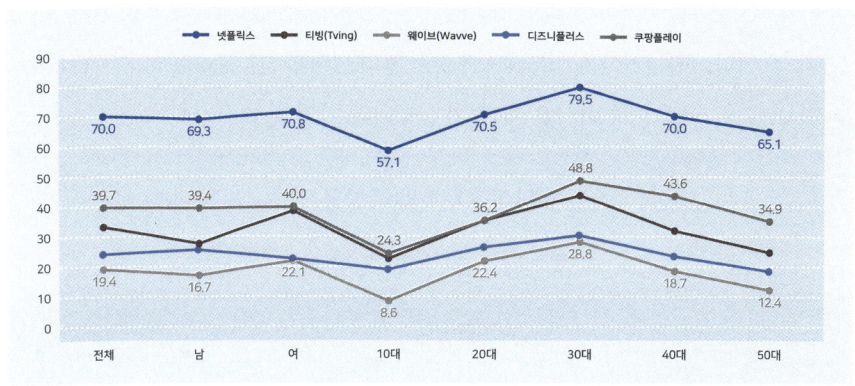

OTT 이용 개수는 평균 3.2개이고, 유료형은 평균 2.3개, 무료형은 0.9개이다. 전체로 보면 3개 이상의 비중이 62.4%로 상당히 높다. 유료형은 1~2개가 50%(1개 27.1%, 2개 24.4%)를 넘고, 무료광고형은 1개가 41.9%를 차지한다.

유료 OTT 서비스를 이용하는 인원은 924명이며, 남자 421명, 여자 426명이다. 평균 2.3개를 이용하고 있으며, 1개가 27.1%로 가장 많고, 2개 24.4%, 3개 20.9%, 4개 17.5%, 5개 이상도 22.3%에 달한다.

무료광고형 이용자는 618명으로 평균 0.9개를 이용하고 있으며, 1개 이용이 41.9%로 가장 많다. 다음으로 2개 14.4%, 3개 4.3% 순이다.

<표26> OTT 이용 서비스 개수

구분	인원	1개(%)	2개(%)	3개(%)	4개(%)	5개 이상(%)	평균
전체	1001	17.6	20.0	22.7	17.5	22.3	3.2
유료형	924	27.1	24.4	20.9	10.6	9.4	2.3
무료광고형	618	41.9	14.4	4.3	1.1	0.1	0.9

03. 이용 서비스 현황

직접 이용료를 납부하는 인원은 832명으로 83.2%이다. 1개를 지출하는 비율이 38.1%로 가장 많고, 2개 22.3%, 3개 13.5%, 4개 5.1%, 5개 이상 4.2% 순이다. 50대가 2개 비율(44.6%)로 높다. 10대가 1개(32.9%)와 2개(42.9%) 구독 비율이 높다. 5개 이상은 30대가 8.8%로 가장 높다.

<그림115> OTT 유료 구독 개수

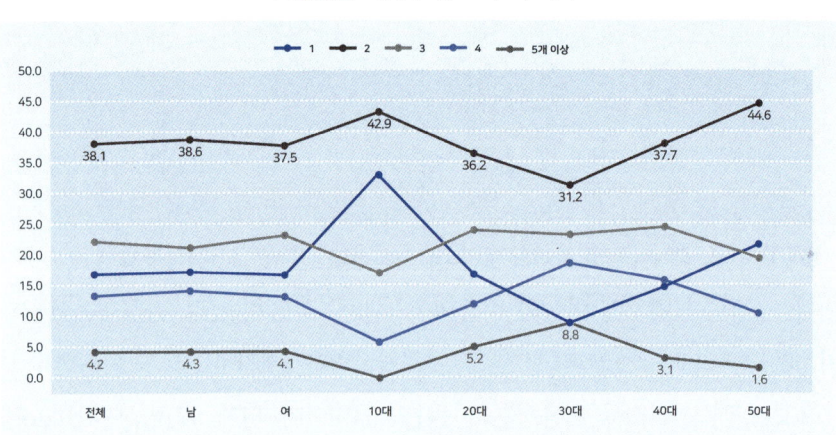

한 달에 지출하는 비용은 1만원 미만이 39.%로 가장 많고, 다음은 1만 원 이상 ~ 2만 원 미만을 지출하는 비율이 35.2%이다. 2만원 이상 ~ 3만원 미만 14.6%, 3만원 이상 ~ 4만 원 미만 6.6%, 5만원 이상 1.7% 순이다. 30대와 40대가 가장 많은 비용을 지출하고, 10대가 낮은 경향을 보인다.

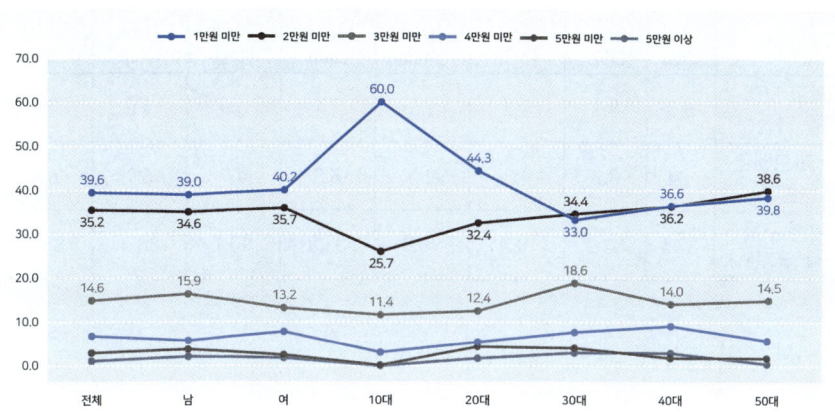

<그림116> OTT 이용 금액

04. 넷플릭스 광고 모델 도입에 대한 의견

넷플릭스는 광고모델을 2022년 11월에 도입하였다. 지난해 조사에서 넷플릭스 미이용자의 경우에는 21.4%가 광고 모델에 가입할 의사가 높았다. 남자가 24.1%로 여자 18.9%보다 높고, 40대와 50대가 각각 28.0%와 24.5%로 높게 나타났다.

그렇지만 실제로 넷플릭스를 이용하지 않다가 광고모델을 통해 넷플릭스를 이용한 경우는 6.3%로 낮았다. 남성이 8.2%로 여성 4.3%보다 2배 정도 높다. 연령별로는 10대가 7.5%로 높지만 연령별 차이는 크지 않다. 광고 모델로 전환한 비율도 6.4%이며, 20대가 8.8%로 가장 높다. 그럼에도 국내에서 광고 모델을 도입하여 일정정도 효과를 봤다고 볼 수 있다.

<표27> 넷플릭스 광고 모델 가입 현황

구분	전체 (701)	남 (352)	여 (349)	10대 (40)	20대 (148)	30대 (171)	40대 (180)	50대 (162)
광고 모델 처음 가입(%)	6.3	8.2	4.3	7.5	7.4	5.3	5.0	7.4
광고 모델로 전환(%)	6.4	8.5	4.3	2.5	8.8	4.7	6.7	6.8
기존 구독 모델 유지(%)	87.3	83.2	91.4	90.0	83.8	90.1	88.3	85.8

05. 넷플릭스 ID 공유 제한에 대한 의견

넷플릭스는 한 때 ID 공유를 장려해 왔다. 넷플릭스의 확산에 기여하기 때문이다. 그러나 이제 가입자 확대에 한계에 도달했다고 판단하여 ID 공유를 금지하고 있다. ID 공유 금지를 2022년 3월부터 페루, 코스타리카, 칠레에서 테스트를 거쳐, 7월부터 아르헨티나, 도미니카공화국, 엘살바도르, 과테말라, 온두라스로 확대되었다. 아르헨티나에서는 한 달에 219페소(약 2,134원)이 추가로 부과되었다. 이에 대해 '#ChauNetflix'(안녕 Netflix) 해시태그로 반발하고 있다.[322] 2023년 2월부터 뉴질랜드, 스페인, 캐나다, 포르투갈 등 4개국[323]과 5월부터 미국[324]에서도 계정 공유를 금지하였다.

국내에서도 ID 공유를 제한한다고 발표는 했지만 아직 실시하고 있지는 않다.

넷플릭스 이용자들은 ID 공유 제한에 대한 의견에 대해서는 매우 부정적인 의견이다.

설문조사 결과 64.3%가 ID 공유 정책을 수용하기 어렵기 때문에 탈퇴하겠다고 답했고, 2022년 59.6%보다 높다. 이 때문에 넷플릭스가 아직 한국에 적용하지 않는지도 모르겠다. 여자가 66.8%로 남자 61.9%보다 더 높다. 연령으로는 30대가 66.7%로 가장 높고, 다른 연령대도 60%를 상회한다. 과연 실제로 ID 공유 정책을 폐기하면 어떻게 될지 궁금하다.

<표28> 넷플릭스 이용자의 ID 공유 제한에 대한 반응

구분	전체 (701)	남 (352)	여 (349)	10대 (40)	20대 (148)	30대 (171)	40대 (180)	50대 (162)
추가요금 납부(%)	35.7	38.1	33.2	40.0	36.5	33.3	36.7	35.2
탈퇴(%)	64.3	61.9	66.8	60.0	63.5	66.7	63.3	64.8

06. 토종 OTT 합병에 대한 의견

국내에서 넷플릭스가 독주하고, 이에 대응하기 위해 국내 토종 OTT인 웨이브와 티빙이 통합해야 한다는 의견이 있다. 실제로 2022년 5월 20일 언론학회 봄철 정기 학술대회의 방송사 사장단 라운드테이블에서 박성제 방송협회장은 "지상파가 만든 OTT 웨이브(wavve)와 CJ의 OTT 티빙(tving)이 합쳐져야 한다"고 주장도 했다. 최근에는 SKT와 CJ 경영진이 통합 추진 막바지라는 소식도 나왔다.[325] 그럼에도 CJ ENM이 티빙을 공격적으로 키우려는 노력을 하고 있기 때문에 토종 OTT의 통합은 쉽지 않다고 전망한다.

설문조사 결과 바람직하다는 의견 45.3%와 매우 바람직하다는 의견 22.8%를 합하면 68.0%에 달한다. 바람직하지 않다는 의견은 10.3%에 불과하다. 2022년 조사에서는 바람직하다 56.3%와 바람직하지 않다 22.2%에 비하여 통합을 더욱 긍정적으로 보고 있다.

07. 토종 OTT의 성장성에 대한 의견

국내 OTT에 대한 성장에 대해서는 토종 OTT보다는 글로벌 OTT에 대한 기대를 더 하고 있는 것으로 나타났다. 그 중에서 넷플릭스의 성장성은 83.5%(2022 77.5%)로 압도적이다. 디즈니+ 61.5%(2022 75.1%), 티빙 58.8%(2022 70.9%), 웨이브 46.1%(2022 61.8%), 애플TV+ 37.5%(2022 79.5%), FAST 19.7%

순이다. 디즈니+ 실적이 좋지 않음에도 성장성은 높게 보고 있다. 웨이브와 애플TV+는 50%도 되지 않아 고전이 예상된다. 아직 활성화되지 않은 FAST는 19.7%로 나타나 서서히 존재감을 나타내고 있다고 보여진다.

<그림117> OTT 플랫폼의 성장성

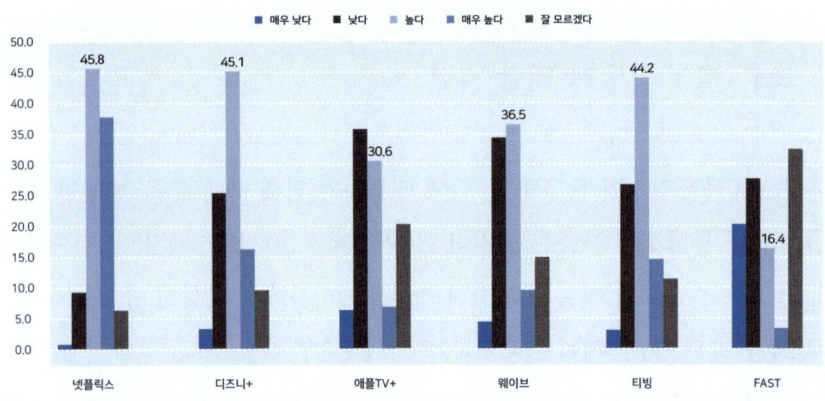

313) 2023년 8월 23일 검색
314) 플릭스패트롤은 OTT 서비스별로 '많이 본 콘텐츠 톱 10'의 국가별 자체 순위를 바탕으로 1위 10점, 2위 9점, 3위 8점, … 10위 1점 순으로 점수를 준다. 개별 국가의 점수를 합산하여 전 세계 순위를 산정한다.
315) 2021년 6월 28일 이후 시즌 공개 후 28일 동안 시청 시간 기준으로 10위까지 발표
316) https://pgr21.com/spoent/76903
317) https://post.naver.com/viewer/postView.nhn?volumeNo=24596740&memberNo=23163643
318) https://www.cjenm.com/ko/investors/ir/
319) http://www.gooddata.co.kr/fxmain.do
320) 2022년 12월 티빙으로 통합.
321) 2022년 12월 Weverse로 통합.
322) https://www.nexttv.com/news/netflix-faces-chaunetflix-backlash-in-argentina-over-password-sharing-policy-tests?utm_term=1F41734C-0D74-4885-9FFE-F15FE4A86D23&utm_campaign=C74FC4FA-5D4D-4151-8915-3043BA411DBE&utm_medium=email&utm_content=D52981DC-ACDC-4BC8-BBF3-EAE370FDAE7B&utm_source=SmartBrief
323) https://www.donga.com/news/Inter/article/all/20230221/118001692/1
324) https://www.tvdaily.co.kr/read.php3?aid=16895782181679766002
325) https://www.inews24.com/view/1615224

07 에필로그

에필로그

서울대 김난도 교수 등이 저술한 『트렌드 코리아 2024』에서 재미있는 표현을 봤다. '모나리자 경제(Mona Lisa Economy)'다. 영국의 이코노미스트가 "팬데믹 이후 경제가 모나리자 같다"[326]는 표현에서 나왔는데, 모나리자가 한 편으로는 웃는 얼굴이고 다른 한 편으로는 미소가 없는 얼굴이 교차하여 아무리 여러 번 봐도 알 수 없듯이 경제도 그렇다는 의미이다.

OTT 세상도 마찬가지다. 너무 빨리 바뀐다. 강정수 박사가 『디지털 미디어 인사이트 2024』에서 소개한 미국의 매체 더 컷(The Cut)은 "바이브 시프트가 오고 있다. 우리 누가 살아남을 수 있을까?(A Vibe Shift Is Coming Will any of us survive it?)"[327]라는 기사를 실었다. 이 기사를 쓴 트렌드 연구자 앨리슨 데이비스(Allison P. Davis)이 이제 트렌드가 너무 빨리 너무 많이 변해서 더 이상 연구를 못하겠다고 한다.[328] 바이브 시프트(Vibe Shift)는 2022년 영국의 콜린스 사전이 영구적 위기인 'Permacirisis'와 함께 선정한 올해의 단어[329] '지배적인 문화 분위기의 변화' 또는 '트렌드의 중대한 변화', '시대정신의 변화'를 의미한다.

스트리밍 시장도 정말로 빨리, 그것도 크게 변한다. 구독경제인 SVOD 쪽으로 흘러가다가 요즘에는 광고를 기반으로 하는 AVOD나 FAST가 강조되고 있다. 오리지널이 대세여서 막대한 자금을 투자해오다가 예상했던 만큼 가입자가 증가하지 않고 그에 따라 적자가 심해지면서 제작을 줄이고 콘텐츠 라이센스 쪽으로 전환하고 있다. 스튜디오가 계열의 OTT 플랫폼을 키우기 위해 IP를 소유한 콘텐츠를 계열 OTT에만 독점으로 공급하다가 조금씩 풀고 있다.

결국 이익에 따라 전략은 바뀔 수 있다는 점을 보여주고 있다. 과연 어떤 방향이 내년에는 대세가 될지 궁금하다.

OTT 서비스에 대한 만족도를 보면 어떤 서비스가 우위를 지속할지도 관심사다. 윕미디어(Whip Media)가 2023년 7월 2,011명을 조사한 "2023 스트리밍 만족도 보고서"에 따르면 전체적으로 만족도가 하락하고 있다. 서비스 중에서는 맥스가 88%로 1위를 차지했다. 2021년에는 2위를 차지했던 넷플릭스는 훌루 87%, 디즈니+ 85%, 애플TV+ 81%, 파라마운트+ 79%에 이은 77%로 6위로 하락했다.

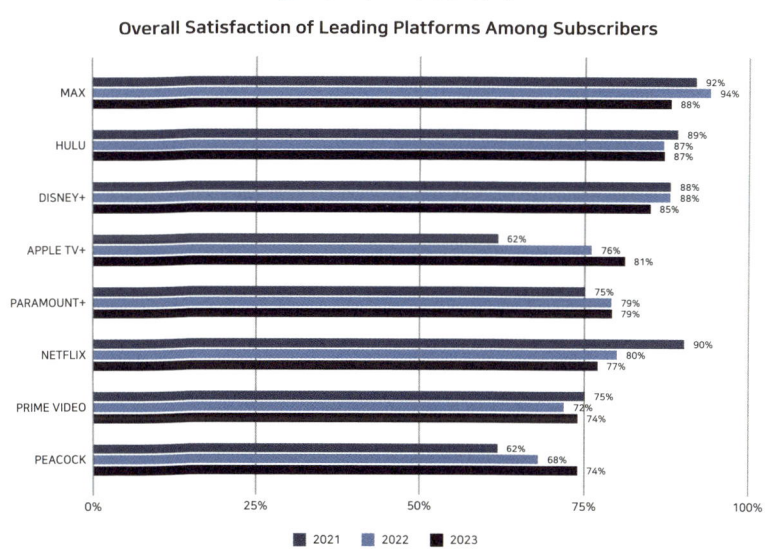

<그림118> 주요 OTT 만족도

출처: 버라이어티

OTT가 TV가 되고 있다. 처음에는 OTT는 단순히 기존 콘텐츠를 VOD 형태로 유통하는 비즈니스였다. 넷플릭스는 이제 방송과 동일하다. 기획을 하고 제작을 하고 편성을 하고 스포츠를 라이브 중계까지 한다. OTT와 TV가 상호 유사해지면 보완재에서 대체제로 경쟁하는 상황이 되었다.

미국에서 TV쇼를 취소한 비율을 봐도 그렇다. OTT는 많은 라이브러리를 쌓아놓고 과거의 콘텐츠를 언제 어디서나 볼 수 있다는 장점이 있었다. 그러나 넷플릭스, 디즈니+ 등 OTT의 TV쇼 취소율이 12.2%에 달한다. 리니어 TV 평균 10.8% 보다는 높으나 지상파 26.6%보다는 낮다. 맥스의 경우에는 가장 높은 26.6%나 되고, 디즈니+는 21.1%, 파라마운트+도 16.9%로 높다.[330]

<그림119> 미국 스트리밍 대 리니어 TV 취소율(2020 ~ 2023.8)

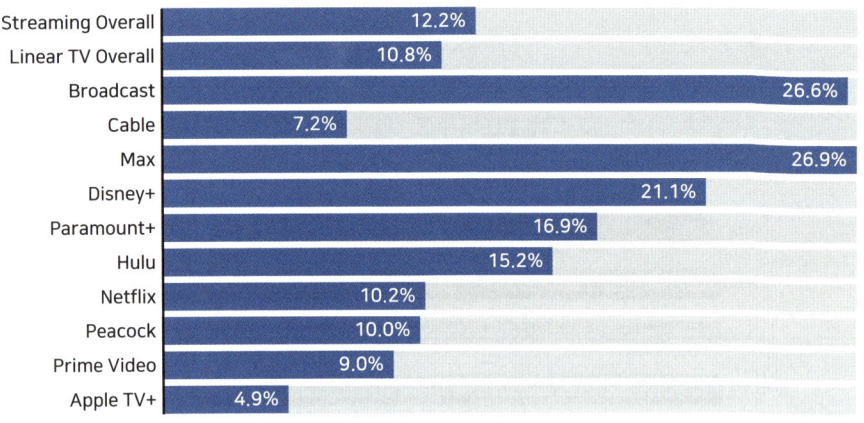

출처: 버라이어티

　상당한 OTT가 출현하면서 OTT에 대한 불만족도 증가하고 있다. OTT의 지속성에 의문이 제기될 수 있다. 워크플로우 솔루션 업체인 비트센트럴(Bitcentral)의 뷰넥사(ViewNexa)에 따르면 46%가 주요 OTT 서비스에서 좋은 가치를 얻지 못한다고 응답했다. 75%가 OTT가 아닌 플루토나 투비 등의 FAST 서비스를 사용해 볼 의향이 있다고 답변했다.[331] 앞에서도 언급했듯이 향후에는 광고 기반의 서비스에 관심을 TV처럼 더 기울여야 할 것이다.
　올해는 서둘러 11월 초에는 발간하는 것이 목표였다. 본업에 바쁜 일정들 때문에 목표를 달성하지 못했다. 트렌드 책은 일찍 나올수록 좋다고 하는데 그래도 좋은 반응을 기대한다.

<유건식>

어쩌다 OTT와 인연을 맺으면서 영상 시장은 결국 TV에서 OTT로 전환한다는 인사이트를 얻으면서 OTT 연구를 지속하고 있다. 이러한 생각은 여전히 유효한 듯하다. 글과 강의와 책으로 지속적으로 이어지고 있기 때문이다.

그 하나의 노력과 결과가 『OTT 트렌드』다. 지난해에 이어 두 번째 책을 내게 되었다. 지난해 출간을 해 놓고 부족함을 많이 느꼈다. 그래서 1년간 열심히 정보를 찾고 정리하여 2024년을 대비한 『OTT 트렌드 2024』를 선보이게 되었다. 역시나 부족함과 한계가 많다.

그렇기 때문에 요즘 업계와 학계에서 가장 핫한 인플루언서인 한정훈 미디어랩 대표와 노창희 디지털산업정책연구소장이 함께하여 든든하고 힘이 되었다.

하루가 멀다하고 바뀌는 시장 상황을 쫓아가기도 힘이 부치고, 거시적인 트렌드를 잡아내기도 어려운 것이 사실이다. 책이 발간되면 필자들의 손을 떠나 독자로 넘어간다. 추후 작업을 위해 독자들의 솔직한 리뷰를 기대한다.

어려운 여건하에서도 지난해부터 책을 내주신 형설EMJ 장진혁 대표, 기획을 평가해 준 황승주 상무, 짧은 기간에 멋지게 편집해 준 담당자에게 감사한다. OTT에 관한 한국의 대표 지수 KOI를 만들면서 자료를 제공해 준 한국리서치 임정관 부장과 자료를 정리해 준 이상민 연구원에게 진심으로 감사한다. 항상 물심양면으로 응원해주는 사랑하는 아내 주은경과 워킹홀리데이를 마치고 열심히 공부하는 딸 혜민에게 감사한다.

<한정훈>

지난 2023년에 이어 2024년에도 글로벌 OTT시장을 정리할 수 있는 기회를 주신 유건식 소장님과 노창희 박사님께 감사드린다. 저의 졸필을 눈부시게 잘 다듬어 세상에 나올 수 있도록 해주신 형설출판사에게도 고마움을 전한다. 2023년과 2024년 글로벌 OTT시장을 집필하면서 가장 힘들었던 것은 미래를 예측하기 어려울 정도로 시장이 요동쳤던 것이다.

글을 중간에 다듬어 놓으면 늘 새로운 뉴스들이 등장해 기존 데이터를 무력화했다. 또 늘 긍정적인 전망만을 보여줬던 넷플릭스가 불안한 모습들을 보였다는 것도 정리에는 어려움을 줬다. 넷플릭스의 미래가 어떻게 될까? 하는 것은 글을 쓰는 내내 가장 큰 숙제였다. 하지만, 두 분의 동료 필진과 의견을 교환하며 OTT의 미래에 대한 어느 정도 윤곽을 잡을 수 있었다.

2024년 책을 잘 마무리하며 내년과 내후년에도 OTT의 현재를 정리하고 미래를 예측하는 책을 쓸 수 있었으면 좋을 것이라는 생각이 든다. 마지막으로 OTT에게도 한마디를 남기고 싶다. 'OTT의 미래는 TV의 미래다.' 내년에도 OTT를 통해 희망을 보고 싶다.

<노창희>

2022년에 이어 두 번째 OTT 트렌드 작업이다. 유건식 소장님, 한정훈 대표님의 독려가 없다면 불가능한 작업이었다. 특히, 전체 책의 틀을 잡아주시고 다른 일들에 치여 책 작업을 소홀히 할 때마다 따뜻한 격려로 책 작업을 지원해 주신 유건식 박사님께 이 자리를 빌어 다시 한 번 감사를 전하고 싶다.

미디어를 연구하는 사람의 입장에서 2022년에 이어 2023년에 느끼는 가장 큰 우려는 미디어 산업이 너무도 어렵다는 것이다. 특히, 지금의 어려움이 더욱 크게 다가오는 것은 그 어느때 보다도 높은 K-콘텐츠의 위상이 비해 국내 미디어 산업의 내실을 다지기는 더욱 어려워지고 있기 때문이다.

국내 OTT 사업자들의 적자폭은 여전히 크고 적자 구도가 흑자 구도로 전환될 시점도 예측하기 어려운 상황이다. OTT 산업뿐 아니라 국내 미디어 산업의 전반적인 재도약을 위해서라도 국내 OTT 산업의 진흥은 반드시 필요하다.

OTT 트렌드 2024가 어려움을 겪고 있는 국내 OTT 산업의 현실을 각인시키고 이와 더불어 OTT 산업 활성화 필요성에 대한 공감대를 넓히는 계기가 될 수 있으면 하는 바람이다. 이에 앞서 독자들께서 OTT라는 친숙하면서도 어려울 수 있는 영역에 대해 관심을 갖게 된다면 저자로서 더 이상 바랄 바가 없을 것 같다.

두 번째 OTT 트렌드 책을 마무리하면서 아쉬움도 많다. 앞에서도 이야기 했듯이 너무나 빨리 바뀌기 때문에 다 담을 수 없기 때문이다. 부족함은 또 다른 공간을 통해 채울 수 있기를 희망한다.

326) https://www.economist.com/finance-and-economics/2023/04/17/how-to-explain-the-puzzle-of-the-world-economy
327) https://www.thecut.com/2022/02/a-vibe-shift-is-coming.html
328) 강정수(2023). 새로운 SNS 서비스가 촉발한 미디어 지형도의 변화. 『디지털 미디어 인사이트 2024』. 이은북. 31쪽.
329) https://m.blog.naver.com/yoons_seoulnam/222918661948
330) https://variety.com/2023/tv/news/streaming-services-cancellations-study-hbo-max-highest-1235718137/
331) https://advanced-television.com/2023/09/27/survey-46-dissatisfied-with-major-streaming-services/

08 부록
(국내 OTT 오리지널)

부록 (국내 OTT 오리지널)

넷플릭스

넷플릭스는 2023년에도 경쟁력 있는 국내 오리지널을 잇따라 출시했다. 가장 큰 반향을 불러일으킨 작품은 <더 글로리>다. 예능에서는 <피지컬: 100>이 새로운 예능 형식을 선보이며 많은 주목을 받았다. 영화의 경우에는 변성현 감독이 연출을 맡고 전도연이 주연한 <길복순>이 상반기에 글로벌 시장과 국내 시장에서 좋은 반응을 얻었다.

<표29> 넷플릭스 국내 오리지널 출시 연혁

연도	드라마	영화	예능	다큐멘터리 애니메이션
2017		· 옥자		
2018			· 범인은 바로 너 · 유병재 B의 농담 · 블랙코미디 유병재	
2019	· 킹덤 · 첫사랑은 처음이라서 · 좋아하면 울리는	· 페르소나	· 범인은 바로 너2 · 박나래의 농염주의보	· (다큐멘터리) 길 위의 셰프들
2020	· 나 홀로 그대 · 인간수업 · 보건교사 안은영 · 스위트홈	· 사냥의 시간 · 콜 · 낙원의 밤		
2021	· 무브 투 헤븐 · 내일 지구가 망해 버렸으면 좋겠어 · D.P. · 오징어 게임 · 마이 네임	· 차인표 · 승리호	· 범인은 바로 너3 · 이수근의 눈치코치	· (다큐멘터리) 레인코트 킬러: 유영철을 추격하다

연도	드라마	영화	예능	다큐멘터리 애니메이션
2021	· 지옥 · 고요의 바다	· 새콤달콤 · 제8의 밤	· 신세계로부터 · 먹보와 털보	
2022	· 지금 우리 학교는 · 소년심판 · 안나라수마나라 · 종이의 집: 공동경제구역 · 블랙의 신부 · 모범가족 · 수리남 · 글리치 · 더 패러독스 · 썸바디 · 연애대전 · 택배기사 · 종말의 바보 · 더 글로리(파트1) · 더 패불러스	· 모럴센스 · 야차 · 카터 · 서울대작전 · 20세기 소녀	· 솔로지옥 · 셀럽은 회의중 · 코리아 넘버원	· (다큐멘터리) 사이버 지옥: N번방을 무너뜨려라 · (애니메이션) 외모지상주의
2023	· 연애대전 · 더 글로리(파트2) · 퀸메이커 · 택배기사 · 사냥개들 · 셀러브리티 · D.P. 시즌2 · 마스크걸 · 너의 시간 속으로 · 도적: 칼의 소리 · 이두나!	· 정이 · 스마트폰을 떨어뜨렸을 뿐인데 · 길복순 · 발레리나	· 피지컬: 100 · 성+인물 · 사이렌: 불의 섬 · 19/20 · 좀비버스	· 나는 신이다: 신이 배신한 사람들
공개일 미확정 (2023 ~ 2025)	· 정신병동에 아침이 와요 · 스위트홈 시즌2 · 경성크리처 · 종말의 바보 · 지금 우리 학교는 시즌2 · 스위트홈 시즌3 · 살인자 o 난감	· 독전2 · 승부 · 대홍수 · 로기완	· 데블스 플랜 · 솔로지옥 3	· 노란문: 봉준호 감독의 미공개 단편 영화를 찾아서 · 아일랜드

연도	드라마	영화	예능	다큐멘터리 애니메이션
공개일 미확정 (2023~2025)	· 기생수: 더 그레이 · 경성크리처 시즌2 · 닭강정 · 아무도 없는 숲속에서 · 지옥 시즌2 · 돌풍 · 하이라키 · 중증외상센터 · 오징어 게임 시즌2 · MR. 플랑크톤 · 트렁크 · 폭싹 속았수다 · 트리거 · 캐셔로	· 전, 란 · 무도실무관 · 페르소나: 설리		

출처: https://namu.wiki/w/넷플릭스%20오리지널%20한국%20드라마, https://ko.wikipedia.org/wiki/틀:대한민국의_넷플릭스_오리지널_프로그램; 유건식·한정훈·노창희(2023)[332] 재인용 및 https://namu.wiki/w/넷플릭스%20오리지널%20한국%20드라마; https://namu.wiki/w/넷플릭스%20오리지널%20한국%20영화; https://namu.wiki/w/틀:넷플릭스%20오리지널%20한국%20콘텐츠(2021~2025)

부록 (국내 OTT 오리지널)

티빙

티빙은 드라마 <방과 후 전쟁활동>과 예능 <브로 앤 마블>이 좋은 반응을 얻었다. <환승연애>는 시즌1과 시즌2 모두 꾸준한 반응을 얻어내며 화제성 측면에서 돋보이는 성과를 보여줬다.

<표30> 티빙 국내 오리지널 출시 연혁

연도	드라마	영화	예능	다큐멘터리 애니메이션
2021	· 당신의 운명을 쓰고 있습니다 · 마우스: 더 프레데터 · 마녀식당으로 오세요 · 유미의 세포들 · 술꾼도시여자들 (시즌 1) · 해피니스 · 어른 연습생 · 이머전스	· 서복 · 샤크: 더 비기닝 · 미트나이트 · 해피 뉴 이어	· 여고 추리반(시즌1) · 백종원의 사계 - 이 계절 뭐 먹지? · 신서유기 스페셜 스프링캠프 · 아이돌 받아쓰기 대회(시즌1) · 환승연애(시즌1) · 골신강림 · 가상세계지만 스타가 되고 싶어 · 러브캐처 인 서울 · 아이돌 받아쓰기 대회(시즌2) · 여고 추리반(시즌2)	· (다큐멘터리) 이종건 비평가의 건축학 개론 · (애니메이션) 신비아파트 특별판: 빛의 뱀파이어와 어둠의 아이
2022	· 내과 박원장 · 아직 최선을 다하지 않았을 뿐 · 돼지의 왕 · 괴이 · 씬: 괴이한 이야기 · 유미의 세포들2		· ALIVE · 서울체그인 (시즌1) · 전체관람가+: 숏버스터 · 결혼과 이혼사이 · 서울체크인 (시즌2) · 제로섬게임 · 환승연애 (시즌2)	· (다큐멘터리) 푸드 크로니클

연도	드라마	영화	예능	다큐멘터리 애니메이션
2022	· 나를 사랑하지 않는 X에게 · 개미가 타고 있어요 · 욘더 · 몸값 · 술꾼도시여자들 (시즌2) · 아일랜드(파트1)		· 마녀사냥 2022 · 청춘 MT · 각자의 본능대로 (시즌2) · 러브캐처 인 발리 · 보물찾기	
2023	· 아일랜드(파트2) · 방과 후 전쟁활동 (파트1) · 방과 후 전쟁활동 (파트2) · 우리가 사랑했던 모든 것 · 샤크: 더 스톰 · 좋거나 나쁜 동재 (비밀의 숲 스핀오프) · 운수 오진 날 · 하이드 · 이제, 곧 죽습니다 · LTNS · 이머전시		· 두발로 티켓팅 · 만찢남 · 웹툰싱어 · 더 타임 호텔 · 더 디저트 · 결혼과 이혼 사이 (시즌2) · 브로 앤 마블 · 여고추리반(시즌3) · 환승연애(시즌3) · 김태호PD 신규 예능 · 마녀사냥 새 시즌	· (다큐멘터리) 케이팝 제너레이션 · (다큐멘터리) 아워게임: LG트윈스 · (다큐멘터리) MBTI vs 사주

출처: https://ko.wikipedia.org/wiki/TVING의_오리지널_프로그램_목록
https://ko.wikipedia.org/wiki/TVING의_오리지널_콘텐츠_목록

부록 (국내 OTT 오리지널)

웨이브

웨이브는 드라마 <약한영웅>과 <박하경 여행기>가 좋은 반응을 얻었고, 예능 중에는 <피의 게임2>가 좋은 반응을 얻었다. 웨이브는 아직까지 오리지널보다는 지상파 3사의 콘텐츠에 의존하는 비중이 높은 상황이다.

<표31> 웨이브 국내 오리지널 출시 연혁

연도	드라마	영화	예능	다큐멘터리 애니메이션
2016	· 통 메모리즈			
2017	· 복수노트(옥수수) · 회사를 관두는 최고의 순간(라이프타임) · 수요일 오후 3시 30분(SBS 플러스) · 뇌맘대로 로맨스 LR(네이버TV, 옥수수) · 멜로홀릭(OCN) · 애타는 로맨스(OCN)		· NCT LIFE in Osaka(KBS Joy) · 레벨업 프로젝트 시즌1(KBS Joy)	
2018	· 이런 꽃 같은 엔딩 (네이버TV, 옥수수) · 오목소녀(옥수수) · 넘버식스 (네이버TV, 옥수수) · 나는 길에서 연예인을 주었다(옥수수) · 독고 리와인드 (옥수수, 카카오 페이지)		· 레벨업 프로젝트 시즌2(XtvN) · 레벨업 프로젝트 시즌3(XtvN) · EXO의 사다리타고 세계여행 시즌1 (XtvN)	
2019	· 너 미워! 줄리엣 (옥수수) · 조선로코 녹두전 (KBS2)		· EXO의 사다리타고 세계여행 시즌2 (XtvN)	

연도	드라마	영화	예능	다큐멘터리 애니메이션
2020	· 꼰대인턴(MBC) · 거짓말의 거짓말 (채널A) · 좀비탐정(KBS2) · 앨리스(SBS) · 나의 위험한 아내 (MBN) · SF8(MBC) · 복수해라(TV조선) · 날아라 개천용(SBS) · 바람피면 죽는다 (KBS2)		· 레벨업 - 아슬한 프로젝트 · 소년멘탈캠프 · M토피아 · 어바웃타임 · 마녀들- 그라운드에 서다	
2021	· 러브씬넘버#(MBC) · 모범택시(SBS) · 오월의 청춘(KBS2) · 보쌈-운명을 훔치다 (MBN) · 경찰수업(KBS2) · 유 레이즈 미 업 · 검은태양(MBC) · 뫼비우스: 검은태양 (MBC) · 원 더 우먼(SBS) · 쇼윈도: 여왕의 집 (채널A) · 엉클(TV조선) · 꽃 피면 달 생각하고 (KBS2) · 이렇게 된 이상 청와대로 간다		· 유노윤호의 출발 뮤직비디오 여행 · 반전의 하이라이트 · 소년멘탈캠프 - NCT DREAM 편 · 신과 함께(채널S) · 신과 함께 시즌2 (채널S) · 잡동산(채널S) · 취향의 아이콘 · 편먹고 공치리(SBS) · 한국사람(E채널) · 노는 언니2(E채널) · THE BOYZ의 타임 아웃(라이프타임채널) · 피의 게임(MBC) · 탱키박스	· (다큐멘터리) 키스 더 유니버스 (KBS1) · (다큐멘터리) 문명: 최후의 섬 (MBC)
2022	· 트레이서 · 악의 마음을 읽는 자들 · 위기의X · 청춘 블라썸 · 치얼업 · 진검승부 · 일당백집사 · 약한영웅 Class1	· 젠틀맨 · 데드맨 · 용감한 시민	· 홀인러브 · EXO의 사다리타고 세계여행 시즌3 · 에덴 · 메리 퀴어 · 남의연애 · 도포자락 휘날리며 · 입주쟁탈전: 펜트하우스 · Listen-Up(리슨 업) · 썸핑	· (다큐멘터리) MMM_Where are we now

연도	드라마	영화	예능	다큐멘터리 애니메이션
2023	· 박하경 여행기 · 거래 · 룩앳미 · 귀왕 · 미션 투 파서블 · 제4차 사랑혁명		· WET! · 피의 게임2 · 남의연애 시즌2	· (다큐멘터리) 국가수사본부

출처: https://namu.wiki/w/wavve

부록 (국내 OTT 오리지널)

쿠팡플레이

쿠팡플레이는 2023년에 드라마 <미끼>, <소년시대>와 예능 <지수의 꽃향기를 남기러 왔단다>와 같은 오리지널을 내놓은 바 있으나 스포츠 중계와 영화 판권 구매 중심으로 경쟁을 펼치고 있다. 쿠팡플레이는 앞으로도 오리지널 투자보다는 스포츠 중계권 확보와 영화판권 확보를 통해 경쟁 기반을 다질 것으로 보인다.

<표32> 쿠팡플레이 오리지널 출시 연혁

연도	드라마	영화	예능	다큐멘터리 애니메이션
2021	· 어느 날		· SNL 코리아	
2022	· 안나 · 유니콘 · 복학생: 학점은 A지만 사랑은 F입니다 · 판타G스팟		· 국대: 로드 투 카타르 · 체인리액션 · 사내연애	
2023	· 미끼 · 소년시대		· 지수의 꽃향기를 남기러 왔단다	

출처: https://namu.wiki/w/쿠팡플레이

부록 (국내 OTT 오리지널)

왓챠

왓챠는 재정위기로 2023년에는 다큐멘터리 <우리가 춤추는 시간>과 <다음 빈칸을 채우시오> 외에 오리지널 내놓지 못했다. 하지만 <다음 빈칸을 채우시오>는 일본에서 좋은 반응을 얻었다.

<표33> 왓챠 오리지널 출시 연혁

연도	드라마	영화	예능	다큐멘터리 애니메이션
2021		· 언프레임드	· 런닝맨: 뛰는 놈 위에 노는 놈	
2022	· 좋좋소 · 시맨틱 에러 · 최종병기 앨리스 · 오늘은 좀 매울지도 몰라 · 사막의 왕	· 시맨틱 에러: 더 무비	· 조인 마이 테이블 · 지혜를 빼앗는 도깨비 · 노키득존 · 나의 계절에게: 봄 박재찬 편 · 인사이드 리릭스 · 도둑잡기	· (다큐멘터리) 한화이글스: 클럽하우스
2023				· (다큐멘터리) 우리가 춤추는 시간 · (다큐멘터리) 다음 빈칸을 채우시오

출처: https://namu.wiki/w/%EC%99%93%EC%B1%A0

부 록 （국 내 OTT 오 리 지 널）

디즈니+

디즈니+는 <카지노>와 <무빙>이 좋은 반응을 얻었으며, <무빙>이 어떠한 반응을 이끌어낼지는 아직 지켜볼 필요가 있는 상황이다. 디즈니+가 국내에 공격적으로 투자할 경우 국내 OTT 시장의 경쟁 지형이 변화할 수 있을 것으로 보인다.

<표34> 디즈니+ 오리지널 출시 연혁

연도	드라마	영화	예능	다큐멘터리 애니메이션
2021			· 런닝맨: 뛰는 놈 위에 노는 놈	
2022	· 너와 나의 경찰수업 · 그리드 · 사운드트랙 #1 · 키스 식스 센스 · 변론을 시작하겠습니다 · 형사록 · 3인칭 복수 · 카지노 파트1 · 커넥트		· 더 존: 버텨야 산다 · 핑크 라이	
2023	· 카지노 파트2 · 사랑이라 말해요 · 레이스 · 형사록 시즌2 · 무빙 · 한강 · 최악의 악		· 더 존: 버텨야 산다 시즌2	

출처: https://namu.wiki/w/디즈니%2B; https://namu.wiki/w/디즈니%2B%20오리지널%20한국%20드라마

332) 유건식·한정훈·노창희 (2022). <OTT 트렌드 2023>. 서울: 형설

OTT 트렌드 2024

2023년 12월 15일 초판 1쇄 인쇄 | 2023년 12월 22일 초판 1쇄 발행

공저 유건식·한정훈·노창희 | **발행인** 장진혁 | **발행처** (주)형설이엠제이
주소 서울시 마포구 월드컵북로 402 KGIT 상암센터 1212호 | **전화** (070) 4896-6052~3
등록 제2014-000262호 | **홈페이지** www.emj.co.kr | **e-mail** emj@emj.co.kr
공급 형설출판사

정가 20,000원

ⓒ 2023 유건식, 한정훈, 노창희 All Rights Reserved.

ISBN 979-11-91950-51-9 03680

* 본 도서는 저자와의 협의에 따라 인지는 붙이지 않습니다.
* 본 도서는 저작권법에 의해 보호를 받는 저작물이므로 동영상 제작 및 무단전재와 복제를 금합니다.
* 본 도서의 출판권은 ㈜형설이엠제이에 있으며, 사전 승인 없이 문서의 전체 또는 일부만을 발췌/인용하여 사용하거나 배포할 수 없습니다.

OTT
트렌드 2024

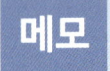